Geschichte
Studium – Wissenschaft – Beruf

Akademie Studienbücher

Geschichte

Gunilla Budde, Dagmar Freist, Hilke Günther-Arndt (Hg.)

Geschichte
Studium – Wissenschaft – Beruf

Akademie Verlag

Die Herausgeberinnen:
Prof. Dr. Gunilla Budde, Jg. 1960, lehrt an der Carl von Ossietzky Universität Oldenburg.
Prof. Dr. Dagmar Freist, Jg. 1962, lehrt an der Carl von Ossietzky Universität Oldenburg.
Prof. Dr. Hilke Günther-Arndt, Jg. 1945, lehrt an der Carl von Ossietzky Universität Oldenburg.

Die Autorinnen und Autoren:
Prof. Dr. Ralph Jessen, Jg. 1956, lehrt an der Universität Köln.
Prof. Dr. Jürgen Kocka, Jg. 1941, lehrt an der Freien Universität Berlin.
Dr. Christine G. Krüger, Jg. 1975, lehrt an der Carl von Ossietzky Universität Oldenburg.
Dr. Martin Lindner, Jg. 1977, lehrt an der Carl von Ossietzky Universität Oldenburg.
Prof. Dr. Jürgen Osterhammel, Jg. 1952, lehrt an der Universität Konstanz.
Prof. Dr. Thomas Welskopp, Jg. 1962, lehrt an der Universität Bielefeld.
Mareike Witkowski, M.A., Jg. 1977, lehrt an der Carl von Ossietzky Universität Oldenburg.

Bibliografische Information der Deutschen Nationalbibliothek
Die Deutsche Nationalbibliothek verzeichnet diese Publikation in der Deutschen Nationalbibliografie; detaillierte bibliografische Daten sind im Internet über http://dnb.d-nb.de abrufbar.

ISBN 978-3-05-004435-4

© Akademie Verlag GmbH, Berlin 2008

www.akademie-studienbuch.de
www.akademie-verlag.de

Das eingesetzte Papier ist alterungsbeständig nach DIN/ISO 9706.
Alle Rechte, insbesondere die der Übersetzung in andere Sprachen, vorbehalten. Kein Teil dieses Buches darf ohne schriftliche Genehmigung des Verlages in irgendeiner Form – durch Fotokopie, Mikroverfilmung oder irgendein anderes Verfahren – reproduziert oder in eine von Maschinen, insbesondere von Datenverarbeitungsmaschinen, verwendbare Sprache übertragen oder übersetzt werden.

Einband- und Innenlayout: milchhof : atelier, Hans Baltzer Berlin
Einbandgestaltung: Kerstin Protz, Berlin, unter Verwendung des Gemäldes
Die Malkunst (um 1665/66) von Jan Vermeer van Delft. akg-images/Erich Lessing.
Satz: Druckhaus „Thomas Müntzer" GmbH, Bad Langensalza
Druck und Bindung: CS-Druck Cornelsen Stürtz GmbH, Berlin

Printed in Germany

Geschichte
Studium – Wissenschaft – Beruf

	Vorwort	8

Geschichte als Wissenschaft und als Beruf

1	**Geschichte als Wissenschaft** (Jürgen Kocka)	12
1.1	Lebenswelt und Geschichte	14
1.2	Geschichte als empirische Wissenschaft	16
1.3	Gegenstand, Wandel und Kontext	19
1.4	Standortgebundenheit, Kritik und Verständigung	21
1.5	Erkenntnisinteressen	25
2	**Geschichte als Beruf** (Hilke Günther-Arndt)	32
2.1	Geschichtskultur	34
2.2	Berufsfeld Schule	37
2.3	Berufsfeld Wissenschaft	41
2.4	Berufsfeld Sammeln – Ausstellen – Erinnern	44
2.5	Berufsfeld Medien	48

Das Material und die Ordnung der Geschichte

3	**Quellen, Quellen, Quellen** … (Gunilla Budde)	52
3.1	Vom Nutzen der Quellen: Quellenertrag	54
3.2	Von der Scherbe bis zum Popsong: Quellentypen	57
3.3	Von Zauberwelten und Zerberussen: Fundorte von Quellen	59
3.4	Von Siegeln, Wappen und Münzen: Quellenwegweiser	62
3.5	Von den acht großen „W": Quellenkritik	66
4	**Zeiten** (Jürgen Osterhammel)	70
4.1	Zeit, Chronologie, Kalender	72
4.2	Das Epochenschema	74
4.3	Feinperiodisierung	77
4.4	Historische Prozesse	79
4.5	Zeitordnung und Zeitempfinden	82
5	**Räume** (Jürgen Osterhammel)	86
5.1	Karten: Die Sichtbarkeit des Raumes	88
5.2	Die begriffliche Konstruktion von Räumen	90

5.3	Region und Territorium, Grenze und Diaspora	93
5.4	Bewegung und Interaktion im Raum	95
5.5	Raum als Landschaft und Umwelt	98
6	**Dimensionen** (Ralph Jessen)	102
6.1	Wie viele Dimensionen hat die Geschichte?	104
6.2	Inhaltliche Dimensionen	106
6.3	Struktur und Ereignis	113
6.4	Kultur und/oder Gesellschaft	117

Geschichtswissenschaftliches Denken und Forschen

7	**Historische Erkenntnis** (Thomas Welskopp)	122
7.1	Ohne Perspektive keine Geschichte	124
7.2	Geschichte(n) als historische Betrachtungsweise	126
7.3	Die Historische Methode im 19. Jahrhundert	128
7.4	Das Historische an der „historischen Erkenntnis" heute	131
7.5	Zweifel an der Wissenschaftlichkeit der Historie	134
8	**Theorien in der Geschichtswissenschaft** (Thomas Welskopp)	138
8.1	Warum überhaupt Theorie?	140
8.2	Vier Dimensionen von Theorie	143
8.3	Historismus und Historik	146
8.4	Theorien statt Theorie	149
8.5	Acht ‚Do's' und ‚Don'ts'	156
9	**Verfahren, Methoden, Praktiken** (Gunilla Budde, Dagmar Freist)	158
9.1	Historische Methode	160
9.2	Quantitative Methoden	162
9.3	Qualitative Methoden	165
9.4	Historischer Vergleich und Verflechtungsgeschichte	172
10	**Geschichte der Geschichtsschreibung** (Dagmar Freist)	178
10.1	Wozu Historiografiegeschichtsschreibung?	180
10.2	Entwicklung von der Antike bis zur Aufklärung	182
10.3	Verwissenschaftlichung und Pluralisierung	189

Schlüsselkompetenzen – für Studium und Beruf

11	**Recherchieren** (Mareike Witkowski)	198
11.1	Wissenschaftliche Literatur	200
11.2	Bibliotheken, Datenbanken und Internet	202

11.3	Recherchestrategien und Informationsmittel	206
11.4	Recherche im Beruf	213
12	**Lesen** (Martin Lindner)	216
12.1	Lesen kann jeder (?)	218
12.2	Lesen mit Bleistift	219
12.3	Verstehen und Ordnen	220
12.4	Zwischen den Zeilen lesen	223
12.5	Leseziele und Hindernisse	225
12.6	Wegweiser, Landkarten und Abkürzungen	228
13	**Schreiben** (Christine G. Krüger)	232
13.1	Konzeption und Gliederung	234
13.2	Die schriftliche Hausarbeit	237
13.3	Zitierweisen, Formalia, Sprache	240
13.4	Schreiben ist Dialog	245
13.5	Schreiben im Beruf	245
14	**Geschichte präsentieren** (Hilke Günther-Arndt)	252
14.1	Referate vorbereiten und schreiben	254
14.2	Referate halten: Vom Schreiben zum Sprechen	256
14.3	Das Handout	261
14.4	Visualisieren	262

Serviceteil und Anhang

15	**Serviceteil**	272
15.1	Studienstart	272
15.2	Sprachanforderungen	274
15.3	Stipendien und Studienpreise	275
15.4	Studium im Ausland	276
15.5	Historische Institute	279
15.6	Verbände	281
16	**Anhang**	284
16.1	Zitierte Literatur	284
16.2	Abbildungsverzeichnis	298
16.3	Personenverzeichnis	299

Vorwort

Erinnern Sie sich noch, wann der Funke übergesprungen ist, wann Sie begannen, an Geschichten aus der Vergangenheit Gefallen zu finden? Fing es schon an mit Ritterburgen und Puppenhäusern im Gründerzeitstil von „Playmobil", „Asterix"-Comics, Großelternerzählungen und Sonntagsausflügen zum Hermannsdenkmal? Die Antworten, wann aus Neugierde an weit zurückliegenden Geschichten Interesse an Geschichte wurde, werden vielfältig ausfallen: ein inspirierender Geschichtslehrer, ein spannender historischer Roman, eine Fernsehdokumentation, ein Griechenlandurlaub, eine Klassenfahrt nach Prag, die Lektüre vom *Tagebuch der Anne Frank*, eine Teilnahme am „Geschichtswettbewerb des Bundespräsidenten", ein Familienfoto.

Interessen

Das Interesse an Geschichte ist das eine, der Entschluss, Geschichte zu studieren und später in Wissenschaft und Beruf zu erforschen und zu vermitteln, das andere. Großes Interesse ist wichtig, aber es reicht nicht aus. Geschichte in Studium, Wissenschaft und Beruf bedeutet weit mehr als ein ‚Sammelsurium' von Geschichten und eine Ansammlung von Daten und Fakten. „Geschichte" wird in unserer Gesellschaft ‚gebraucht': Historisches Wissen ist unumstrittener Teil der Allgemeinbildung, es ist als Hintergrundwissen in politischen und sozialen Entscheidungssituationen unabdingbar, und jede andere Wissenschaft bedarf in der einen oder anderen Form historischer Einbettung. Die Geschichtswissenschaft bringt durch Forschung neues Wissen hervor, strukturiert durch reflektierte Anwendung von Theorien und Begriffen vorhandenes Wissen neu oder um und vermittelt schließlich in unterschiedlichen Berufssituationen historisches Wissen an ein Publikum. Das Geschichtsstudium soll Ihre Interessen aufnehmen und erweitern, vor allem aber Ihre Kompetenzen für das ‚Kerngeschäft' von Historikerinnen und Historikern – Forschung und Vermittlung – aufbauen und entwickeln.

Geschichtsstudium

Wenn Sie beschreiben sollten, wann jemand „kompetent" ist, werden Sie wahrscheinlich sagen: Er oder sie verfügt über das notwendige fachliche Wissen, kennt die zentralen Zusammenhänge seines Gebiets und ist auch in der Lage, dieses Wissen in der Praxis angemessen und fehlerfrei anzuwenden. Mit diesen Merkmalen wäre der Begriff „Kompetenz" schon gut definiert und eine sinnvolle Leitlinie für Ihr Studium. Bildhaft gesprochen: Sie sollen sich vom „Novizen" zum „Experten" für das Fach Geschichte entwickeln.

Kompetenzen

Betrachtet man den Kompetenzbegriff etwas genauer, lassen sich zwei Ausprägungen unterscheiden. Im Studium geht es zum einen um die Entwicklung von Schlüsselkompetenzen. Damit sind überfachliche Qualifikationen gemeint, die zum Teil schon in der Schule gelernt worden sind, aber an der Universität sowohl verbreitert als auch verfeinert werden müssen: Lesen, Schreiben, Recherchieren, Präsentieren, Mehrsprachigkeit, Medienkompetenzen, aber auch Sozialkompetenzen wie Teamfähigkeit oder Moderieren und Selbstkompetenzen wie Zeitmanagement oder ethisches Verhalten. Schlüsselkompetenzen sind allerdings kein separierter Teil des Wissenserwerbs, sie können nur an fachlichen Inhalten gelernt werden, sind also *content*basiert, um es modisch auszudrücken, und prägen sich jeweils fachspezifisch aus. Theologen, Physiker oder Historiker müssen beispielsweise gleichermaßen Recherchekompetenz erwerben, sie werden in der Bibliothek oder im Internet aber andere Orte aufsuchen und andere Instrumente benutzen.

<small>Schlüsselkompetenzen</small>

Damit ist die fachliche Ausprägung von Kompetenzen angesprochen. Fachkompetenz im Fach Geschichte lässt sich über alle Epochengrenzen von der Alten Geschichte bis zur Zeitgeschichte – metaphorisch gesprochen – in ‚Handwerkzeuge' und ‚Denkwerkzeuge' aufgliedern, in der Praxis sind es zwei Seiten einer Medaille. Wie in allen Berufen müssen Historikerinnen und Historiker ihr Handwerk beherrschen: Quellen finden und prüfen, angemessene Methoden anwenden, Untersuchungsergebnisse verständlich darstellen. Dafür benötigen sie neben handwerklichen Fähigkeiten Denkwerkzeuge wie die Kenntnis von Theorien zur Geschichte oder von historischen Kategorien und Begriffen, außerdem wissenschaftliche Reflexionsfähigkeit. Mit beiden Werkzeugen gleichsam verwoben werden ein breiter Fundus an Wissen zu historischen Ereignissen und Prozessen sowie die Entwicklung von Schlüsselkompetenzen, wobei unter fachlichen Gesichtspunkten Recherchieren, Lesen, Schreiben und Präsentieren, Mehrsprachigkeit und Medienkompetenz im Geschichtsstudium im Vordergrund stehen.

<small>Fachkompetenz</small>

Der Titel des Buches ist Programm. Es geht um Geschichte mit ihren theoretischen wie praktischen Implikationen und Bezügen. Geschichte umspannt eine weite Zeit – mehr als 2 000 Jahre. Dies spiegeln die durchgehend epochenübergreifend konzipierten Beiträge wider. Sie zeigen damit einerseits, dass die Geschichtswissenschaft unabhängig von den Zeiten, mit denen sie sich befasst, spezifischen Regeln und Bedingungen folgt. Sie zeigen aber andererseits durchaus Eigen-Arten der jeweiligen historischen Zeitabschnitte. Grundsätzlich

<small>Ziel</small>

geht es uns darum, Sie vertraut zu machen mit dem Fach Geschichte, seinem Charme und seinen Chancen, seinen Regeln und Grenzen.

Geschichte als Wissenschaft und Beruf

Der erste Teil „Geschichte als Wissenschaft und Beruf" greift das Grundkonzept des Bandes explizit auf, fragt zum einen, was Geschichte zur Wissenschaft macht und welche Aufgaben sie hat. Zum Zweiten geht es um berufliche Möglichkeiten. Sie werden selbst überrascht sein, wo überall sie als Historikerin und Historiker gefragt sein könnten. Auch die skeptische Verwandtschaft sieht ihre Studienwahl dann womöglich in einem optimistischeren Licht.

Das Material und die Ordnung der Geschichte

Der zweite Teil widmet sich den Materialien, derer wir uns als Historiker und Historikerinnen bedienen, und den Mitteln, die uns helfen, sie zu ordnen. Es geht um mehr oder minder sprudelnde Quellen, ihre täuschenden Offenkundigkeiten und versteckten Botschaften, die einen kritischen Blick und Gebrauch erfordern. Es geht um das Phänomen der Zeit, den Wandel ihrer Wahrnehmung und ihre wechselnden Zusammenhänge, es geht um Räume und ihre fluiden Grenzen. Und es geht um Dimensionen, die sich die Geschichtswissenschaft als Ordnungsfaktoren gewählt hat und immer wieder neu wählt.

Geschichtswissenschaftliches Denken und Forschen

Die Beiträge im dritten Teil gehen der Frage nach, was geschichtswissenschaftliches Denken und Forschen ausmacht und wie historische Erkenntnis entsteht. Welche Theorien bieten sich als Fundamente historischen Arbeitens an, welche Vielfalt von Methoden nutzt die Geschichtswissenschaft, wie haben sich im Laufe der Zeit die Akzente verschoben, die Fragen verändert, die Motive gewandelt?

Schlüsselkompetenzen im Fach Geschichte

Im abschließenden vierten Teil wird es dann ganz ‚praktisch'. Im Mittelpunkt steht das ‚tägliche Brot' geschichtswissenschaftlichen Arbeitens: das Recherchieren, das Lesen, das Schreiben und das Präsentieren von Geschichte. Zu guter Letzt bietet der Serviceteil noch einige nützliche Informationen für Studium und Beruf.

Ein so konzipierter Band reagiert auf häufige Fragen, Wünsche und Erwartungen von Studierenden. Er soll dazu beitragen, dass Sie sich in ‚Ihrem' Fach zunehmend heimisch fühlen und sich seine Bedingungen zu eigen machen. Dass aus dem mehr oder minder früh entfachten Interesse an der Geschichte Begeisterung für die Geschichtswissenschaft wird – das ist die nicht gerade bescheidene Hoffnung, die die Herausgeberinnen an diesen Band knüpfen.

Oldenburg, im Februar 2008

Gunilla Budde
Dagmar Freist
Hilke Günther-Arndt

Geschichte als Wissenschaft und als Beruf

1 Geschichte als Wissenschaft

Jürgen Kocka

Abbildung 1: Jan Vermeer van Delft, *Die Malkunst* (um 1665/66), Öl auf Leinwand, 120 × 100 cm, Wien, Kunsthistorisches Museum

GESCHICHTE ALS WISSENSCHAFT

In schwerer königsblauer Seide gewandet, lorbeerbekränzt, ein gewichtiges Buch im linken Arm, eine Posaune in der rechten Hand: So stellte der niederländische Maler Jan Vermeer (1632–1675) um 1665/66 Klio dar, nach der griechischen Mythologie die Muse der Geschichtsschreibung. „Die Malkunst", so nannte der Künstler sein Werk, auf dem er sich selbst und seine Werkstatt als barocke Allegorie der Malerei präsentierte. Eine Schicht ‚Realgeschichte' kommt mit der historischen Karte im Hintergrund ins Bild. Sie zeigt die 17 alten Provinzen der Niederlande vor 1581, als sich die Provinzen der Utrechter Union von Spanien lossagten. Der Blick der Muse ist weniger selbstbewusst als selbstversunken, von der Karte abgewandt, die Leinwand des Malers noch fast nackt. Das Bild im Bild ist unvollendet, lässt nur Ahnungen zu.

Vermeers Werke sind selten eindeutig. Auf Klio fällt der Lichtstrahl durchs Fenster. Sie, das deuten die ersten Pinselstriche des Meisters an, soll das Zentrum des entstehenden Bildes sein. Diese Perspektive hat der Maler bewusst gewählt. Wenn Vermeer, wie Quellen nahe legen, sein Kunstwerk als Huldigung der Malerei verstand, dann sollte Klio als Muse der Geschichtsschreibung und des Heldengedichts vom immerwährenden Ruhm der niederländischen Malerei und des Malers künden.

Auch wenn die Geschichtsschreibung des 17. Jahrhunderts noch abhängig von Vorstellungen ihrer Auftraggeber war, folgte sie bereits einer Reihe von Regeln, Bedingungen und Verpflichtungen. Doch erst seit dem 18. Jahrhundert wurden diese systematisiert und setzten sich als allgemeine Standards durch: die Empirie, also die Bindung an auf ihre Zuverlässigkeit geprüfte Quellen; eine geregelte Methode, die eine intersubjektiv überprüfbare Interpretation ermöglicht; die Reflexion der Standortgebundenheit historischer Erkenntnis; wissenschaftliche Kritik. Die institutionellen Rahmenbedingungen dafür schufen die Universitäten seit Anfang des 19. Jahrhunderts und die Professionalisierung des Historikerberufs.

1.1 **Lebenswelt und Geschichte**
1.2 **Geschichte als empirische Wissenschaft**
1.3 **Gegenstand, Wandel und Kontext**
1.4 **Standortgebundenheit, Kritik und Verständigung**
1.5 **Erkenntnisinteressen**

1.1 Lebenswelt und Geschichte

Geschichte und Lebenswelt

Geschichte gehört in sehr unterschiedlichen Formen zum Leben. Im Alltag der Einzelnen ergeben sich vielfach Bezüge auf Geschichte, wenngleich meist nur beiläufig. So erfährt man von früheren Erlebnissen der eigenen Familie und interessiert sich für die eigene Herkunft im Mehrgenerationenzusammenhang. Man hält inne vor Gräbern, Denkmälern und anderen Erinnerungsorten der nahen oder weiteren Umgebung. Reisen führen zu historischen Sehenswürdigkeiten und zur Begegnung mit Fremdem, das nur durch Rückgriff auf seine Entstehung verstanden werden kann. Ständig begegnet man visuellen Hinweisen mit historischem Gehalt, etwa auf Fassaden und Reklameplakaten. Man genießt Unterhaltung mit historischen Zitaten – von den Kelten der „Asterix"-Comics über die höfische Welt mancher Opern bis zum idealisierten Wilden Westen des 19. Jahrhunderts im einschlägigen Film. Kunstausstellungen sind voll von historischen Bezügen. Die Popularität historischer Museen und Ausstellungen hat in den letzten Jahrzehnten sehr zugenommen. Die öffentliche Erinnerung an Umbrüche, Katastrophen und Höhepunkte der nahen und fernen Vergangenheit, ihre Deutung im Hinblick auf Heute und Morgen, ihre Diskussion als Beispiele und „Lehren" sind allgegenwärtig in Diskussionen und Veranstaltungen zur Selbstvergewisserung der Völker, für die politische Kultur des Gemeinwesens, bei der Rechtfertigung und der Kritik von Politik, in öffentlichen Diskussionen über Zugehörigkeit und Abgrenzung, bei der Legitimation und Infragestellung von Macht und Recht. Für Religionen und Kirchen, für soziale Bewegungen, Nationen und Staaten sind historische Erinnerungen, Erzählungen und Darstellungen in aller Regel zentral, wenn es um die Begründung ihrer Identität und ihrer Ansprüche nach innen und außen geht. Wer Zukunft plant, braucht den Rückblick in die Vergangenheit; Erwartungen und Erfahrungen gehören zusammen. Manche gehen noch weiter: Wer sich und seine Welt verstehen und sich in ihr verhalten will, kommt ohne Geschichte nicht aus.

Geschichte als kulturelle Praxis

Wenn man so denkt und spricht, setzt man allerdings einen breiten Begriff von Geschichte voraus: etwa im Sinn verschiedener kultureller Praktiken, durch die sich ein Mensch, eine Gruppe, ein Gemeinwesen oder eine Kultur auf Vergangenes bezieht, um unterschiedliche Bedürfnisse in der Gegenwart – auch im Hinblick auf Zukunft – zu erfüllen. Anders formuliert: Geschichte ist ein Ensemble von Praktiken (Erzählungen, Thesen, Erinnerungen, Forschungen, Deutungen, symbolischen Akten, Ritualen, Vergegenständlichungen, Sammlungen), durch die Vergangenes bewahrt oder rekonstruiert und mit Bedeutung für Gegenwart und Zukunft versehen wird. Geschichte ist also ein Verhältnis, das zwischen Vergangenheit und Gegenwart unter Berücksichtigung der Zukunft hergestellt wird.

Durchweg geht es dabei um Strukturen des Vorher und Nachher, um Ordnung und Darstellung von Wirklichkeit in der Zeit, und zwar in doppelter Bedeutung: um die Rekonstruktion vergangener Wirklichkeit in ihrer zeitlichen Erstreckung *und* um die Interpretation der Vergangenheit als bedeutsam für die Gegenwart mit unterschiedlichen Funktionen, u. a. Identitätsbildung, Orientierung und Unterhaltung. Ein solches Verständnis von Geschichte ist angeregt von und kompatibel mit zahlreichen Umschreibungen des Begriffs in einer langen Tradition des Nachdenkens über Geschichte (Stern 1966; Hardtwig 1990; IESBS 2001; Goertz 2007). Wenn Johann Gustav Droysen (1808–1885) Geschichte als „Wissen der Menschheit von sich selbst, ihre Selbstgewißheit" versteht (Droysen 1977, S. 444), und Johan Huizinga (1872–1945) Geschichte definiert als die „geistige Form, in der sich eine Kultur Rechenschaft gibt" über ihre Vergangenheit (Huizinga 1942, S. 104), dann betonen sie, was auch für die hier vorgeschlagene Umschreibung zentral ist: dass Geschichte nicht identisch ist mit Vergangenem, sondern im Kern eine Relation, ein Verhältnis zwischen Vergangenheit und Gegenwart darstellt. Geschichte als Relation

Der Umgang mit Geschichte und ihre Einbeziehung in das Leben der Gegenwart sind in der einen oder anderen Weise, in unterschiedlicher Intensität, Einbettung und Selektion, ein nahezu ubiquitäres, durch die Zeiten beobachtbares Phänomen, wenngleich nicht ausgeschlossen werden kann, dass künftige Menschen, Gemeinwesen und Kulturen ohne Geschichte auskommen können (Rüsen 2001, S. 6862). Der Umgang mit Geschichte ist über die Zeiten in sehr unterschiedlichen Formen erfolgt, sehr oft in Gestalt von Sagen, Legenden und Mythen, in Parabeln und Traktaten, in religiösen Bildern, Schriften und Ritualen, in Werken der Kunst, beispielsweise auf Gemälden und in Romanen, in Theater und Film, in politischen Belehrungen und Vorgaben, in Verfassungen und im Recht; in Form isolierter Fragmente oder in umfassenden Erzählungen; mündlich, schriftlich, visuell und in symbolischen Handlungen; doktrinär oder diskursiv; in Erinnerungen, Erzählungen und Belehrungen mit ganz unterschiedlichen Beglaubigungsgrundlagen. Der Umgang mit Geschichte nach den Regeln der Wissenschaft ist nur eine Variante unter vielen, die spät entstand und auch heute kein Monopol besitzt. Formen

1.2 Geschichte als empirische Wissenschaft

Entwicklung zur Wissenschaft

Einzelne Elemente des wissenschaftlichen Umgangs mit Geschichte finden sich früh in unterschiedlichen Zivilisationen, vor allem in der griechischen und römischen Antike seit Herodot und Thukydides im 5. Jahrhundert vor Christus wie auch, amalgamiert mit heilsgeschichtlich-theologischen Konstruktionen, bei Geschichtsschreibern des christlichen Mittelalters (Meinhold 1967; Momigliano 1990) (→ KAPITEL 10). Man denke aber auch an die von Hofkanzleien hergestellten Chroniken der chinesischen Herrscherdynastien seit dem 2. Jahrhundert vor unserer Zeitrechnung, die allmählich, mit Höhepunkt im 18. Jahrhundert, Methoden der Quellen- und Textkritik entwickelten, oder an den nordafrikanisch-islamischen Rechtsgelehrten und Historiker Ibn Khaldun, der im 14. Jahrhundert Geschichte als Gesellschaftsgeschichte und Zweig der Philosophie betrieb (Humphreys 2001, S. 6788; Sato 2001, S. 6777f.). Doch der wirkliche Durchbruch des wissenschaftlichen Zugangs zur Geschichte geschah in Europa seit der zweiten Hälfte des 18. Jahrhunderts, unter dem Einfluss der Aufklärung und im Zusammenhang mit dem Aufschwung der Wissenschaften generell, nach Vorbereitung in Humanismus und Renaissance. Im 19. Jahrhundert etablierte sich im Westen die Geschichtswissenschaft als eine zunehmend professionalisierte Disziplin. Das 20. Jahrhundert setzte dies fort und erbrachte einen massiven Ausbau und tief greifende Wandlungen des Fachs, mit Ausstrahlung in andere Teile der Welt, in denen eigenständige Traditionen des Umgangs mit Geschichte teils weiterlebten, teils verdrängt wurden, teils mit der westlichen Geschichtswissenschaft neue Verbindungen eingingen (Reill 1975; Breisach 1994; Raphael 2003; Iggers 2007; Iggers/Wang 2008). Was unterscheidet den wissenschaftlichen Zugang zur Geschichte von anderen? Was zeichnet Geschichte als Wissenschaft aus?

Leopold von Ranke

Eine klassische Antwort gab 1824 Leopold von Ranke (1795–1886) in der „Vorrede" zu seiner Darstellung *Geschichten der romanischen und germanischen Völker von 1494–1514*:

„Man hat der Historie das Amt, die Vergangenheit zu richten, die Mitwelt zum Nutzen zukünftiger Jahre zu belehren, beigemessen: so hoher Ämter unterwindet sich gegenwärtiger Versuch nicht: er will bloß zeigen, wie es eigentlich gewesen. Woher aber konnte dies neu erforscht werden? Die Grundlage vorliegender Schrift, der Ursprung ihres Stoffes sind Memoiren, Tagebücher, Briefe, Gesandtschaftsberichte und ursprüngliche Erzählungen der Augenzeugen; andere Schriften nur alsdann, wo sie entweder aus jenen unmittelbar abgeleitet, oder durch irgendeine originale Kenntnis ihnen gleichgeworden schienen [...]. Strenge Darstellung der Tatsache, wie bedingt und unschön sie auch sei, ist ohne Zweifel das oberste Gesetz." (Ranke 1877, S. VIIf.)

In anderen Worten: Geschichtswissenschaftliche Aussagen sind an empirischer Evidenz – an den Quellen – zu überprüfen. Zumindest dürfen sie diesen nicht widersprechen (→ KAPITEL 3). Sie sind möglichst weitgehend durch Quellen abzustützen. Soweit sie über das quellenmäßig Belegbare hinausgehen – und das tun sie mit gutem Recht sehr oft –, muss dies durch die Art ihrer Formulierung deutlich werden, beispielsweise dadurch, dass man sie als Aussagen über *mögliche* Zusammenhänge, als bloße Wahrscheinlichkeitsaussagen oder als nur plausible Interpretationen kenntlich macht. Der kritische Quellenbezug ist für die Geschichtswissenschaft zentral und unterscheidet sie von Legenden, Mythen, historischen Romanen oder subjektiver Erinnerung. So wird verständlich, dass jede Einführung in die Geschichtswissenschaft der Definition und Gliederung der Quellen wie dem richtigen Umgang mit ihnen viel Aufmerksamkeit widmet. Die Probleme liegen im Detail und im erkenntnistheoretischen Verhältnis zwischen den – ja ihrerseits bereits vorgeformten – ‚Tatsachen' der Quellen und den Interpretationen, die sich darauf stützen (Arnold 2007).

Quellen

In seiner einflussreichen *Historik*, einer Grundlegung der Geschichtswissenschaft von 1857, gab Johann Gustav Droysen eine *zweite* Antwort: Geschichte als Wissenschaft begründe sich durch ihre Methode, und das Wesen der historischen Methode sei es, „forschend zu verstehen" (Droysen 1977, S. 423). Das bleibt wichtig, auch wenn sich seit Droysen das Spektrum der den Historikern zur Verfügung stehenden Verfahren kräftig erweitert und gewandelt hat. Will man die Methoden – oder besser: Verfahren bzw. Zugriffe – der Historiker in Kürze umschreiben, sind die Begriffe Verstehen, Erklären und Beschreiben sowie die Unterscheidung zwischen Untersuchung und Darstellung zentral.

Historische Methode

„Verstehen" ist ein philosophisch sehr voraussetzungsvoller Zentralbegriff der Geisteswissenschaften, über den ausgiebig diskutiert worden ist (Mommsen 1988). Hier meint Verstehen eine besondere Art des Nachvollzugs menschlicher Motive, Handlungen und Hervorbringungen aus ihrem Kontext. Es handelt sich um eine Erkenntnisweise, die auf die Bedeutung oder den Sinn menschlicher Handlungen oder Handlungsergebnisse zielt, auf Bedeutungen, die ein

Verstehen

historisches Phänomen für die damals lebenden Zeitgenossen gehabt hat, wie auch auf Bedeutungen, die es für uns heute hat. Die Entschlüsselung von Bedeutungen nennt man Interpretation. Die Lehre vom Verstehen nennt man auch Hermeneutik. Weil die Welt der Geschichte, anders als die Natur, im Kern eine von Menschen gestaltete ist, lässt sie sich – von Menschen – ein Stück weit „verstehen" (Droysen 1977, S. 423ff.).

Verstehen hat nichts mit Verzeihen oder Billigen zu tun. Verstehen ist auch nicht mit Intuition gleichzusetzen. Vielmehr muss man im Versuch des geschichtswissenschaftlichen Verstehens ständig prüfen, ob das, was man zu verstehen meint, in der damaligen Zeit überhaupt möglich war; ob es nicht andere Verstehensmöglichkeiten gibt, und was an Gründen dafür spricht, eine bestimmte Deutung des vergangenen Phänomens einer anderen vorzuziehen. Man spricht von kontrolliertem Verstehen. Oft bleibt das Ergebnis hypothetisch, mit Geltung bis auf Weiteres (Faber 1974, S. 109ff.).

Erklären

Erklärung zielt im Kern auf die Zuschreibung von Ursachen und Wirkungen, auf Analyse (Welskopp 2007). Sie kann sich manchmal, auch in der Geschichtswissenschaft, quantifizierender Verfahren bzw. statistischer Methoden bedienen (→ KAPITEL 9.2). Erklärung wird durch die Verwendung von Theorien ermöglicht oder erleichtert (Kocka 1975; Kocka 1986, S. 83ff.) (→ KAPITEL 8). Oft gehen Erklärung und Vergleich Hand in Hand, wobei im Kern des Vergleichs die systematische Suche nach Ähnlichkeiten und Unterschieden steckt (Kaelble 1999) (→ KAPITEL 9.4). Erklärung ist ein wichtiges Ziel der geschichtswissenschaftlichen Arbeit. Sie geht im Verstehen nicht auf, sondern darüber hinaus. Man kann aber auch umgekehrt sagen: Verstehen geht in Erklärung nicht auf, sondern über sie hinaus. Verstehen und Erklären sind keine Gegensätze. Es gibt viele Varianten, wie Verstehen und Erklären miteinander in der geschichtswissenschaftlichen Forschung und Darstellung in Verbindung gesetzt werden (Danto 1987; Haussmann 1991).

Beschreibung

Verstehen und Erklären setzen Beschreibung voraus. Genaue Beschreibung von historischen Phänomenen aller Art gehört zu den unabdingbaren geschichtswissenschaftlichen Verfahren. Verstehen, Erklären, Beschreiben – das sind Verfahren der historischen Forschung

Darstellung

oder Untersuchung. Sie prägen aber auch die historische Darstellung oder Präsentation, sie sind zugleich Bausteine der Darstellung von Geschichte – innerhalb des Faches wie auch gegenüber einem breiteren Publikum. Dabei gehört zum Verstehen eher die Erzählung als Darstellungsform, zur Erklärung eher die Argumentation und zur Beschreibung die Schilderung. Weil Geschichte ganz wesentlich aus einem *Verhältnis* zwischen Vergangenheit und Gegenwart besteht, ist für Geschichtswissenschaft die Dimension der Vermittlung zentral. Geschichtswissenschaftliches Wissen ist nichts, wenn es nicht dargestellt wird. Die sprachliche Darstellung ist der Geschichtswissenschaft nicht äußerlich, sondern gehört zu ihr dazu. Forschung und Darstellung sind in der Geschichtswissenschaft prinzipiell aufs Engste verknüpft. Viele Berufshistoriker unterschätzen die sprachliche Dimension ihrer Arbeit. Schilderung, Erzählung und Argumentation lassen sich kunstvoll verknüpfen, die sprachlich-stilistischen Mittel sind unbegrenzt. Wissenschaftliche Genauigkeit mit literarischer Brillanz zu verbinden, ist ein lohnendes Ziel (Faber 1974, S. 147ff.; Koselleck u. a. 1982; Lorenz 2001).

Erzählung, Erklärung und Beschreibung werden unterschiedlich verknüpft, je nachdem, ob es sich um Erforschung und Darstellung von Ereignissen, Erfahrungen, Handlungen, Prozessen oder Strukturen handelt. Das Ziel ist zwar immer die Einsicht in deren Zusammenhang, aber je nach Erkenntnisinteresse und Untersuchungsbereich konzentrieren sich unterschiedliche Forschungen bzw. Darstellungen mehr auf das Eine oder das Andere. Die lange vorherrschende Politikgeschichte etwa ist den Ereignissen, Handlungen und handelnden Personen besonders nachgegangen, während Wirtschafts-, Sozial- und Gesellschaftshistoriker sich stärker der Untersuchung von Strukturen und Prozessen widmeten, und in der Kulturgeschichte die Rekonstruktion von Erfahrungen, Deutungen und symbolischen Handlungen Priorität besaß. Über das relative Gewicht dieser Zugriffe ist viel diskutiert und gestritten worden. Doch die genannten Unterscheidungen sind grob und sehr im Fluss, besondere Erkenntnisgewinne verspricht ihre Verknüpfung (Koselleck 1979, S. 144ff.; Kocka 1986, S. 48ff.; Lüdtke 1989; Revel 1996; Daniel 2001; Iggers 2007).

Dimensionen

1.3 Gegenstand, Wandel und Kontext

Zu den Gegenständen der Geschichtswissenschaft gehören Individuen, Gruppen und Strukturen, Wirtschaft und Technik, Gesellschaft und Politik, die Welt der Ideen, Deutungen und Symbole, Wissenschaft, Kunst und Religion in all ihren Verzweigungen. Die Geschichtswissenschaft hat die Menschenwelt als ihren Gegenstand. Sie untersucht also Kultur (im weiten Verständnis des Wortes, im Unter-

Geschichts‑
wissenschaft als
Kulturwissenschaft

schied zur Natur), in diesem Sinn ist sie eine Kulturwissenschaft. Aber sie kann auch die Geschichte in ihren natürlichen Beziehungen thematisieren und – beispielsweise in einer Geschichte des Klimas – nach natürlichen Veränderungen fragen, die nur zum Teil Menschenwerk sind. Mit dem derzeitigen Aufstieg der Neurowissenschaften nimmt auch das Interesse von Historikern an Überschneidungsbereichen zwischen Kultur und Natur zu.

Ausgehend vom Erkenntnisinteresse am Verhältnis von Vergangenheit, Gegenwart und Zukunft, das sie mit anderen Formen des Umgangs mit Geschichte teilt, untersucht die Geschichtswissenschaft Kultur im Wandel der Zeit. Wandel verstand Droysen als Entwicklung:

Grundkategorie
Wandel

„In anderen Erscheinungen hebt unser Geist das im Gleichen Wechselnde hervor. Denn er bemerkt, daß sich da in der Bewegung immer neue Formen gestalten [...], während jede neue Form eine individuell andere ist; und zwar so eine andere, daß jede, der früheren sich anreihend, durch sie bedingt ist, aus ihr werdend sie ideell in sich aufnimmt, aus ihr geworden sie ideell in sich enthält und bewahrt. Es ist eine Kontinuität, in der jedes Frühere sich in dem Späteren fortsetzt, ergänzt, erweitert [...], jedes Spätere sich als Ergebnis, Erfüllung, Steigerung des Früheren darstellt." (Droysen 1977, S. 472)

Aber auch Historiker, die diesem Ansatz – das Alte hängt mit dem Neuen zusammen (Kontinuität), das Neue unterscheidet sich vom Alten (Wandel), und das Neue entwickelt sich mindestens zum Teil aus dem Alten heraus (Entwicklung) – nicht zur Gänze folgen, teilen die Überzeugung, dass die Geschichtswissenschaft den Wandel zum Gegenstand macht und „Veränderung des Menschen und seiner gesellschaftlichen Verhältnisse in der Zeit" zu untersuchen hat (Schulze 2002, S. 249). Kontinuität und Wandel, Vorher und Nachher, Beschleunigung und Verlangsamung, Tendenzen und Gegentendenzen, Beginn und Ende – das sind zentrale Kategorien in der Geschichtswissenschaft, die sie von anderen Wissenschaften unterscheidet.

Für Geschichte als Wissenschaft war und ist von großer Bedeutung, dass es seit dem 18. Jahrhundert möglich und üblich wurde, nicht nur von Geschichten (einzelner Personen, Ereignisse, Länder)

Geschichte
im Kollektivsingular

im Plural, sondern von Geschichte im Kollektivsingular zu sprechen. Es setzte sich durch, Geschichte als umfassenden Zusammenhang zu denken und damit im Prinzip Geschichte als Menschheitsgeschichte und Weltgeschichte zu konzeptionalisieren, so sehr auch im 19. Jahrhundert in der Praxis der Historiker die Nationalgeschichte dominierte (Koselleck u. a. 1975, S. 647ff.). Diese Verallgemeinerung des

Geschichtsbegriffs – der Übergang vom Denken in Geschichten zum Denken in Geschichte – erleichterte es, Geschichte wissenschaftlich zu bearbeiten. Denn wissenschaftlichen Fragestellungen, Begriffen und Ergebnissen ist ein grenzüberschreitender, tendenziell universeller Geltungsanspruch eigen. Der Übergang vom Singular zum Plural im Begriff der Geschichte hängt mit dem Aufstieg der Geschichte als Wissenschaft wechselseitig zusammen.

Die Geschichtswissenschaft ist keine („nomologische") Gesetzeswissenschaft. Zwar geht es ihr nicht nur um einzelne Ereignisse, Personen und Handlungen, sondern auch und vor allem um komplexe Bewegungen und Konstellationen, Prozesse und Strukturen. Auch rekonstruiert sie allgemeine Zusammenhänge und Muster, die für eine Zeit, ein Land, eine Kultur typisch gewesen sein mögen. Sie benutzt und produziert Verallgemeinerungen, oft im engen Austausch mit den benachbarten Sozialwissenschaften. Sie vergleicht und benutzt Begriffe und Theorien explizit. Sie strebt nach Typisierung. Aber sie untersucht die Phänomene in der Regel nicht als Anwendungsfälle allgemeiner Gesetze. Sie bedient sich oft idealtypischer Verfahren, d. h. sie geht davon aus, dass zwischen dem generalisierenden Begriff und der historischen Realität eine sich verändernde Differenz besteht, die es zu beschreiben und zu begreifen gilt. Die Geschichtswissenschaft bringt vor allem raum- und zeitspezifische Einsichten hervor. In letzter Instanz zielt sie auf die Rekonstruktion von „Individualitäten", wenn auch oft der komplexesten Art. Sie sperrt sich gegen die Isolierung von „Variablen", weil sie die Einbettung der Phänomene in ihre Kontexte ernst nimmt. Das Interesse an Wandel und Kontext ist für die Geschichtswissenschaft konstitutiv. Dadurch unterscheidet sie sich von anderen Sozial- und Geisteswissenschaften (Lorenz 1997; Fuchs 2002).

Wandel, Kontext, Individualitäten

1.4 Standortgebundenheit, Kritik und Verständigung

Die Epoche, in der Geschichte als Wissenschaft entstand, bezeichnete Immanuel Kant (1724–1804) als „das eigentliche Zeitalter der Kritik" (Kant 1781, S. 13). Der Philosophischen Fakultät wies er später die Aufgabe zu, „alle Teile des menschlichen Wissens [...] zum Gegenstande ihrer Prüfung und Kritik" zu machen (Kant 1794, S. 291). 1791 gebrauchte die *Ökonomische Enzyklopädie* von Krünitz die Begriffe „Geschichtswissenschaft" und „Historische Kritik" synonym (Röttgers 1982, S. 661ff.). In den letzten zwei Jahrhunderten hat die

Kritik

Geschichtswissenschaft die Fahne der Kritik nicht immer hochgehalten. Ganz im Gegenteil: Sie hat sich oft instrumentalisieren lassen oder nur allzu gern der unkritischen Affirmation – etwa von nationalen Selbstbildern – gedient. Im Prinzip aber ist Kritik ein Grundelement von Geschichte als Wissenschaft, durch das sie sich von anderen Zugängen zur Geschichte wesentlich unterscheidet.

Historisch-kritische Methode

Kritik gilt in vierfacher Hinsicht: *zum einen* als historisch-kritische Methode der Quellenkritik und als Pflicht, die Annahmen, Thesen, Ergebnisse und Interpretationen soweit wie irgend möglich an den Quellen zu überprüfen. *Zum andern* fordert das Prinzip der Kritik, dass die Annahmen, Thesen, Ergebnisse und Interpretationen die kritische Überprüfung im geregelten Diskurs mit anderen Mitgliedern der Wissenschaftlergemeinschaft suchen. Geschichtswissenschaftliche Forschungen und Darstellungen brauchen den Plural, die Kommunikation zwischen mehreren, den Austausch und die Auseinandersetzung zwischen unterschiedlichen Positionen. Geschichtswissenschaft braucht den geregelten Streit. Nur durch ihn hindurch ist der Wahrheit näher zu kommen. Man muss bereit, ja begierig sein, sich gegenseitig mit Fragen, Zweifeln und Gegenthesen zu kritisieren (was nicht verletzend sein muss). Und man muss bereit sein, sich angesichts neuer Evidenz oder besserer Argumente zu revidieren (was nicht immer leicht fällt). Zur Kritik gehört die Bereitschaft zur Selbstkritik. Das ist ein Ideal, dem die Wirklichkeit oft nicht ganz entspricht. Aber Kritik als Prinzip ist wichtig, sie funktioniert auch oft, wenngleich nicht perfekt. Dafür braucht es eine kritikförderliche Organisation des Faches: ein Minimum an innerem Pluralismus, ein funktionierendes Rezensionswesen, eine Kultur der Kritik.

Drittens fordert das Prinzip wissenschaftlicher Kritik die Zurückweisung der Fremdbestimmung durch außerwissenschaftliche Instanzen und damit ein Minimum an disziplinärer Autonomie. Geschichte als kritisch-selbstkritische Wissenschaft konnte eben erst entstehen, als sich die Untersuchung und Ausdeutung der Geschichte aus der jahrhundertealten Umklammerung durch theologisch-kirchliche Vorgaben befreite und Geschichte als säkularer anthropozentrischer Prozess begriffen wurde, so religiös viele Historiker als Individuen auch blieben. Dies geschah im Zeitalter der Aufklärung. Geschichte als kritisch-selbstkritische Wissenschaft setzt Unabhängigkeit von inhaltlich-methodischer Gängelung durch Staat, Politik oder Religion voraus, sie braucht Freiheit von Forschung und Lehre. Erst allmählich wurde diese Bedingung realisiert, mit gravierenden Rückschlägen, vor allem in Zeiten der Diktatur.

Wissenschaftliche Autonomie

Geschichte als wissenschaftliche Disziplin unterscheidet sich auch von der allgemeinen Publizistik und ihrer Behandlung historischer Themen. Zwar kann und sollte die Grenze zwischen beiden nicht allzu scharf gezogen werden: Einzelne Historiker verstehen sich auch als Publizisten, wie einzelne Journalisten gleichzeitig gute Historiker sind. Dennoch besitzt die Geschichtswissenschaft als professionalisierte, akademische Disziplin eine besondere Qualität: spezialisierte Ausbildung (→ KAPITEL 2) und entsprechende Rekrutierungsvoraussetzungen, besondere Verfahren und Regeln, beruflicher Zusammenhalt, informelle Kontrollen im Innern und institutionelle Absicherung beispielsweise durch Universitäten. Die Professionalisierung hat die Geschichtswissenschaft zur Aufgabe eines spezifischen Berufes gemacht, wenngleich die akademischen Historiker (zum Glück) kein Monopol besitzen, sich mit der Geschichte zu befassen. Die Professionalisierung hat die Geschichtswissenschaft von den sonstigen Wissenschaften und der allgemeinen öffentlichen Diskussion ein Stück weit separiert, was nicht nur Vorteile impliziert. Vor allem aber hat die Professionalisierung die Erkenntniskraft der Geschichtswissenschaft erhöht und ihre Fähigkeit verbessert, sich gegenüber außerwissenschaftlicher Indienstnahme, Gängelung und Überformung zur Wehr zu setzen, jedenfalls im Prinzip (Torstendahl/Veit-Brause 1996; Lingelbach 2003).

Professionalisierung

Nur als selbstbestimmte Disziplin mit erheblichen Freiheitsgraden kann die Geschichtswissenschaft *viertens* ein kritisches Verhältnis gegenüber anderen Varianten des Umgangs mit Geschichte entwickeln. Geschichtswissenschaftliche Fragen und Antworten sind durch vor- und nicht-wissenschaftliche Geschichtsdeutungen angeregt. Umgekehrt gehört die Kritik an historischen Mythen, Legenden und Stereotypen zur Aufgabe von Geschichte als Wissenschaft. Sie sind weiterhin zahlreich und mächtig, zumal man sie oft nicht als solche erkennt. In den kollektiven Erinnerungen einer Zeit und im „kulturellen Gedächtnis" (Assmann 1992; Assmann 2006) einer Sprach- und Diskussionsgemeinschaft steckt in aller Regel vieles, das sich nicht wissenschaftlicher Geschichtsforschung verdankt und mit deren Ergebnissen nicht harmoniert: eine Chance und Aufgabe für wissenschaftliche Kritik.

Kritische Funktion

Spätestens seit der Leipziger Theologe und Historiker Johann Martin Chladenius 1752 seine Lehre von den „Sehepunkten" veröffentlichte, ist die Standortgebundenheit oder Perspektivität historischer, auch geschichtswissenschaftlicher Erkenntnis im Grundsatz bewusst. Max Weber hat 1904 klassisch gezeigt, wie die Gesichtspunkte der His-

Standortgebundenheit

toriker einerseits von ihren Erkenntnisinteressen, Präferenzen und Zeiterfahrungen abhängen und andererseits die Fragen, Begriffe und Ergebnisse ihrer Forschung beeinflussen (Chladenius 1985; Weber 1985, S. 146ff.). Die konstruktivistische Wissenschaftstheorie und der *cultural turn* in den Wissenschaften der letzten Jahrzehnte (→ KAPITEL 10.3) haben pointiert unterstrichen, dass die Ergebnisse der Geistes- und Sozialwissenschaften durch die Sprache und Zugriffe der Wissenschaftler mitkonstituiert und insofern immer auch Konstrukte sind. Dies geschah zum Teil mit relativistischen Zweifeln an der Wahrheitsfähigkeit der Kulturwissenschaften und mit Skepsis gegenüber der Möglichkeit einer Verständigung auf gemeinsame Deutungen der Geschichte über kulturelle, nationale, ethnische und biografische Unterschiede hinweg (White 1991; Conrad/Kessel 1994a; Bachmann-Medick 2006).

An der Selektivität, Gesichtspunktabhängigkeit und Historizität geschichtswissenschaftlicher Einsichten ist in der Tat nicht zu zweifeln. Geschichtswissenschaftliche Befunde sind zweifellos immer zugleich Konstrukte. Unterschiedliche Erfahrungen, Präferenzen und Zugehörigkeiten der Historiker legen ihnen unterschiedliche Fragen und Antworten nahe. Geschichtswissenschaftliche Interpretationen verändern sich mit der Zeit und sind selbst Teil der Geschichte.

Wahrheitsfähigkeit Trotzdem ist die Geschichtswissenschaft wie andere Wissenschaften in der Lage, zu wirklichkeitsangemessenen und intersubjektiv gültigen, also wahren Aussagen mit universalem Geltungsanspruch zu gelangen. Diese Fähigkeit verdankt sie ihrer empirischen Basis (dem Quellenbezug) sowie ihren methodischen Überprüfungs- und Diskursregeln, in Verbindung mit dem Prinzip der Kritik. Vor allem dieses begründet eine für Wissenschaft konstitutive Rationalität, die ständige Überprüfung und gleichberechtigte Kommunikation einfordert. Soweit dies gelingt, arbeiten sich Vertreter unterschiedlicher Positionen über die zwischen ihnen bestehenden kulturellen, sozialen, nationalen, biografischen und anderen Differenzen hinweg aneinander ab – in Spannung und in gegenseitiger Anerkennung, mit dem Ziel und der Chance, sich über Kritik und Revision zu verständigen und der Wahrheit zu nähern (Koselleck u. a. 1977; Kocka 1989, S. 140ff.; Evans 1998). Gesichtspunktabhängigkeit und Wahrheitsfähigkeit müssen keine Gegensätze sein.

Geschichte als kulturelle Praxis ist alt, ihre Verknüpfung mit Wissenschaft aber ist ein Produkt der Moderne. Das damit gewonnene **Aufklärungspotenzial** grenzüberschreitende Aufklärungspotenzial sollte man nicht überschätzen, aber auch nicht übersehen. Über die Jahrtausende war Geschichte eine Ressource der Sinnbildung, Identitätssicherung, Orientierung und Unterhaltung – jeweils für die einzelnen Erinnerungsgemeinschaften, Ethnien, Religionen, Völker und Nationalitäten, aber in scharfer Absetzung von den nicht dazu gehörenden Anderen, also einigend und fragmentierend zugleich. Als besonders kraftvoll und problematisch erwiesen und erweisen sich dabei historische Legenden, Mythen und Ideologien.

Mythenkritik

„Denn die Geschichte ist der Rohstoff für nationalistische oder völkische oder fundamentalistische Ideologien, so wie Mohnpflanzen den Rohstoff für die Heroinsucht enthalten. Die Vergangenheit ist ein wesentliches Element, wenn nicht *das* wesentliche Element überhaupt in diesen Ideologien. Wenn es keine passende Vergangenheit gibt, lässt sie sich stets erfinden." (Hobsbawm 1998, S. 18)

Dagegen verliert Geschichte als Wissenschaft einen Teil der vergemeinschaftenden, mobilisierenden und zugleich Grenzen ziehenden Kraft, die sie als Mythos und Legende, als hochstilisierte kollektive Erinnerung oder als Element eines ungeprüften kulturellen Gedächtnisses haben mag. Doch umgekehrt bietet Geschichte in wissenschaftlicher Gestalt Chancen zu Kritik, Orientierung und grenzüberschreitender Verständigung, die nicht-wissenschaftlichen Varianten des Umgangs mit Geschichte fremd waren und sind.

1.5 Erkenntnisinteressen

Die Geschichtswissenschaft gleicht einem Haus mit großen Fenstern, offenen Türen und sehr vielen Zimmern. Das Spektrum dessen, was Historiker tun, ist riesengroß und fortwährend in Erweiterung begriffen. Auch methodisch ist das Feld der Geschichtswissenschaft bunt und in ständiger Bewegung. Entsprechend breit und vielfältig ist das Spektrum der Erkenntnis leitenden Interessen, die die Arbeit der Historiker prägen. Hier seien nur die drei wichtigsten Interessen genannt, die zwar außerwissenschaftlichen Ursprungs sind, aber oft auch die Beschäftigung mit Geschichte in wissenschaftlicher Form leiten, wobei jedes dieser drei Interessen (Identitätsbildung, Geschichte als Bildung und Unterhaltung, Geschichte als Orientierung) in unterschiedlichen Varianten auftreten und sich mit den jeweils anderen verknüpfen kann.

Disziplin in Bewegung

Da ist zum einen Geschichte als Grundlage von Identität, in der Absicht, den Einzelnen Bewusstsein und Gefühl der Zugehörigkeit zu

Identitätsbildung

vermitteln. Mit weltbürgerlicher Absicht argumentierte Friedrich Schiller 1789 nach diesem Muster:

Menschheits-
geschichte

„Der [einzelne] Mensch verwandelt sich und flieht von der Bühne; seine Meinungen fliehen und verwandeln sich mit ihm: die Geschichte allein bleibt unausgesetzt auf dem Schauplatz, eine unsterbliche Bürgerin aller Nationen und Zeiten." (Schiller 1789, S. 376)

Durch die Darstellung dieses umfassenden Zusammenhangs rege die Historie den einzelnen Bürger an,

„an das *kommende* Geschlecht die Schuld zu entrichten, die er dem *vergangenen* nicht mehr abtragen kann. Ein edles Verlangen muß in uns entglühen, zu dem reichen Vermächtnis, von Wahrheit, Sittlichkeit und Freiheit, das wir von der Vorwelt übernahmen und reich vermehrt an die Folgewelt wieder abgeben müssen, auch aus unseren Mitteln einen Beitrag zu legen und an dieser unvergänglichen Kette, die durch alle Menschengeschlechter sich windet, unser fliehendes Dasein zu befestigen." (Schiller 1789, S. 376)

Nationsbildung

Später, im 19., 20. und 21. Jahrhundert, begriffen Historiker Geschichte vor allem als nationale Geschichte und trugen kräftig zur mentalen Nationsbildung bei – indem sie nationale Traditionen rekonstruierten und auch bisweilen erfanden, indem sie die Phänomene der Vergangenheit im nationalen Rahmen zu Geschichte verarbeiteten und indem sie nicht selten die Geschichte der eigenen Nation in Bezug zur Geschichte anderer Nationen setzten, manchmal hochmütig, meistens selbstbewusst, vielfach aber auch kritisch-selbstkritisch zerknirscht. Sogar der selbstkritischste Umgang mit der eigenen Vergangenheit dient noch der Bildung, Klärung und Bekräftigung nationaler Identität, so weit er im nationalgeschichtlichen Rahmen erfolgt und beispielsweise einen unglücklichen „deutschen Sonderweg" in Abkehr vom Westen bis 1945 ausmacht (Kocka 1998).

Geschichte und Identität – das Thema ist vielfältig. Eine besondere Variante formulierte Jacob Burckhardt (1818–1897), der große Basler Kulturhistoriker, um 1870 so:

Gegengewicht
zur Beschleunigung

„Die gewaltigen Änderungen seit Ende des 18. Jahrhunderts haben etwas in sich, was zur Betrachtung und Erforschung des Frühern und des Seitherigen gebieterisch zwingt, selbst abgesehen von aller Rechtfertigung oder Anklage. Eine bewegte Periode wie diese 83 Jahre Revolutionszeitalter, wenn sie nicht alle Besinnung verlieren soll, muß sich ein solches Gegengewicht schaffen. Nur aus der Betrachtung der Vergangenheit gewinnen wir einen Maßstab der Geschwindigkeit und Kraft *der* Bewegung, in welcher wir selber leben." (Burckhardt 1982, S. 248)

Dieses Argument hat später der Philosoph Hermann Lübbe subtil reformuliert. Angesichts der sich ständig beschleunigenden, uns überwältigenden und alles standardisierenden Modernisierungsprozesse um uns herum brauche es den Rückgriff auf die Geschichte, und zwar oft auf die Geschichte der kleinen Räume, der Heimat, der Region und der Stadt, um gegenzuhalten, Individualität zu bilden und Identität zu erhalten. Geschichte als Widerlager, Geisteswissenschaft als Kompensation, so erklären Lübbe und andere auch die heutige Attraktivität kulturhistorischer Museen, die Ubiquität des Denkmalschutzes, die verbreitete Neigung zur Nostalgie, die Hochschätzung der Geschichte im Kulturbetrieb der Gegenwart (Lübbe 1989, S. 13–45).

Widerlager
der Beschleunigung

„Wer die Enge seiner Heimat ermessen will, reise. Wer die Enge seiner Zeit ermessen will, studiere Geschichte" (Tucholsky 1926, S. 64). Damit ist ein zweites Interesse an Geschichte bezeichnet, an Geschichte als Bildung und Unterhaltung. Gerade die Geschichte ferner Zeiten und entfernter Kulturen kann die Erfahrung des frappierend Anderen verschaffen und die Bekanntschaft mit Formen des menschlichen Lebens vermitteln, die einem sonst ganz verschlossen blieben. Dabei geht es weniger um die kausale Erklärung als um die Präsentation des Phänomens, der Differenz zwischen ihm und der Gegenwart, um seine vielen Bedeutungen. Es geht nicht um die Systematik der historischen Welt, vielmehr um ihre Vielfalt, um das überraschende Einzelne, das Bunte und Unerwartete, das die Neugier befriedigt, den Geist überrascht und unterhält. Geschichte in diesem Sinn verspricht, das Möglichkeitsbewusstsein zu weiten, die Vorstellungskraft zu bilden und den Umgang mit Anderem zu üben – sei es im Bemühen um Annäherung durch Verstehen, sei es als Akzeptanz des Fremden als solchen. Gerade in jüngster Zeit befindet sich Geschichte, verstanden als Genuss exotischer Vielfalt, im Aufwind, beispielsweise in der jüngsten Kulturgeschichte.

Bildung
und Unterhaltung

Schließlich und vor allem ist Geschichte als Grundlage der Orientierung zu nennen. *Historia magistra vitae* – die Geschichte als Lehrmeisterin des Lebens: Das ist eine einflussreiche Denk- und Begründungsfigur seit der Antike. Sie fußt auf der Überzeugung, dass sich durch das Studium von Erfahrungen und Handlungen, Problemen und Problemlösungen vergangener Zeiten Grundsätze und Regeln richtigen Verhaltens erlernen lassen, weil letztlich, trotz aller Veränderungen, menschliches Verhalten sich über die Zeiten hinweg in seiner Grundstruktur gleicht. Diese Voraussetzung geriet spätestens im 18. und frühen 19. Jahrhundert in Zweifel, als die Erfahrung beschleunigten Wandels dominant wurde und die Geschichte als Wis-

Geschichte
als Orientierung

senschaft entstand. Die Überzeugung verbreitete sich, dass immer wieder Neues entsteht, das sich vom Alten grundsätzlich unterscheidet, wenngleich aus diesem heraus entwickelt. Damit wuchs die Diskrepanz zwischen Erfahrung und Erwartung, um Reinhart Kosellecks bekanntes Begriffspaar zu verwenden. Je mehr das geschah, desto unwahrscheinlicher wurde es, aus vergangener Erfahrung für zukünftiges Handeln zu lernen, denn die Zukunft würde sich grundsätzlich von der Vergangenheit unterscheiden (Koselleck 1979, S. 38ff.). Die führenden Historiker des 19. Jahrhunderts hatten diese spezifisch moderne Erfahrung bereits hinter sich. Trotzdem waren viele von ihnen überzeugt, aus der Geschichte Orientierung für ihr Handeln in der Gegenwart beziehen zu können: indem sie zeigten, wie gegenwärtige Verhältnisse Ergebnis früherer Prozesse waren, indem sie über die Rekonstruktion von Anfang und Entwicklung die Ursachen und den Charakter der Kräfte erkannten, die Gegenwart und nahe Zukunft bestimmten und indem sie versuchten, durch historische Betrachtung Kategorien zu gewinnen, mit denen man sich auch in der Gegenwart besser zurechtfinden werde. „Das historische Studium ist die Grundlage für die politische Ausbildung und Bildung" (Droysen 1977, S. 449).

Dieses aufklärungsgeprägte oder doch aufklärungskompatible Interesse an Geschichte als Grundlage der Orientierung wirkt bis heute als mächtiger Antrieb, sich mit Geschichte zu befassen. Es passt am besten zur Geschichte als Wissenschaft. Es korreliert tendenziell mit nach Erklärung strebenden Varianten historischer Arbeit, mit der Suche nach historischer Zusammenhangserkenntnis, mit argumentierenden Darstellungsformen und mit der Fähigkeit zur selbstkritischen Reflexion der Autoren auf die eigenen Voraussetzungen und Prioritäten. Ein Beispiel liefert Hans-Ulrich Wehler in der Einleitung zu seiner monumentalen *Deutschen Gesellschaftsgeschichte*:

„Wissenschaftlich gesicherte Kenntnisse können über historische Chancen und Widerstände in der gesellschaftlichen Entwicklung orientieren und in diesem indirekten, vermittelten Sinn auch politisches Handeln anleiten [...]. Das mag als aufklärerische Illusion belächelt werden. Aber birgt nicht Geschichte die einzigen verläßlichen Erfahrungen, aus denen wir zu lernen versuchen können?" (Wehler 1987, S. 20)

Wer noch skeptischer ist und mit Hegel als ernüchterndste Lehre der Geschichte zu erkennen meint, dass Völker und Regierungen niemals aus ihr lernen können, wird vielleicht Jacob Burckhardts Sentenz aus dem Jahr 1868 zu folgen bereit sein: „Wir wollen durch Erfahrung nicht sowohl klug (für ein andermal) als vielmehr weise (für immer) werden" (Burckhardt 1982, S. 230). Auch dies ist eine Variante von Geschichte als Orientierung, durch die der Satz *Historia magistra vitae* einen höheren und zugleich bescheideneren Sinn gewinnt.

Soviel zu den drei wichtigsten Interessen an Geschichte, die auch die Arbeit der Historiker leiten. Allerdings geschieht dies nur sehr indirekt und implizit. Besonders die – insgesamt ja vorherrschende – hoch spezialisierte Einzelforschung ist im Rahmen des in der wissenschaftlichen Welt etablierten Fächerkanons so gründlich legitimiert, dass sie nicht ständig im Hinblick auf Zwecke und Funktionen der Geschichtswissenschaft neu begründet werden muss. Am ehesten reflektieren Historiker zu Beginn und am Ende ihrer jeweiligen Arbeiten auf deren grundsätzlichen Sinn, und auch dies nicht durchweg. Zumeist betreiben sie ihre Untersuchungen und Darstellungen wie selbstverständlich. Dies ist Ausdruck und Zeichen der weit fortgeschrittenen Professionalisierung des Faches. Denn zur Wissenschaft als Beruf gehört, ihn nach seinen eigenen Regeln zu betreiben und ihn durch diese für hinreichend gerechtfertigt zu halten. Zur Wissenschaft als Beruf gehört die Überzeugung vom tragenden Selbstwert des wissenschaftlichen Tuns (Weber 1985, S. 582ff.). Die Reflexion auf die außerwissenschaftlichen Bedingungen und Folgen tritt deshalb in der Alltagspraxis wissenschaftlicher Arbeit weit zurück. Die Geschichtswissenschaft macht dabei keine Ausnahme.

Wissenschaft als Beruf

Fragen und Anregungen

- Stellen Sie konkrete Beispiele für „Geschichte" in der „Lebenswelt" zusammen.

- Erläutern Sie die Begriffe „Verstehen", „Erklären", „Beschreiben".

- Kritik gilt als zentrales Merkmal von Wissenschaft. Fassen Sie die unterschiedlichen Aspekte von Kritik in der Geschichtswissenschaft zusammen und diskutieren Sie deren Bedeutung für die wissenschaftliche Praxis.

Lektüreempfehlungen

- **Johann Gustav Droysen, Historik.** Bd. 1: Rekonstruktion der ersten vollständigen Fassung der Vorlesungen (1857). Grundriss der

Primärtexte

Historik in der ersten handschriftlichen Fassung (1857/58) und in der letzten gedruckten Fassung (1882). Historisch-kritische Ausgabe von Peter Leyh, Stuttgart-Bad Cannstatt 1977.

- Reinhart Koselleck, Vergangene Zukunft. Zur Semantik geschichtlicher Zeiten, 3. Aufl. Frankfurt am Main 1984.

- Jörn Rüsen, Historische Vernunft. Grundzüge einer Historik, Bd. 1, Göttingen 1983.

- Max Weber, Die „Objektivität" sozialwissenschaftlicher und sozialpolitischer Erkenntnis (1904), in: ders., Gesammelte Aufsätze zur Wissenschaftslehre, 6. Aufl. Tübingen 1985, S. 146–214.

Forschung
- Georg Iggers, Geschichtswissenschaft im 20. Jahrhundert, 2. Aufl. Göttingen 2007. *Knappe Übersicht über Haupttrends.*

- Jürgen Kocka, Sozialgeschichte. Begriff – Entwicklung – Probleme, 2. Aufl. Göttingen 1986. *Unter anderem zu Objektivitätskriterien in der Geschichtswissenschaft (S. 40–47) und zu den gesellschaftlichen Funktionen der Geschichtswissenschaft (S. 112–131).*

- Reinhart Koselleck u. a., Art. „Geschichte, Historie", in: Otto Brunner u. a. (Hg.), Geschichtliche Grundbegriffe. Historisches Lexikon zur politisch-sozialen Sprache in Deutschland, Bd. 2, Stuttgart 1975, S. 593–717. *Ausführliche und eindringliche Darstellung des Geschichtsdenkens und der Geschichtswissenschaft von der Antike bis zur Gegenwart.*

- Lutz Raphael, Geschichtswissenschaft im Zeitalter der Extreme. Theorien, Methoden, Tendenzen von 1900 bis zur Gegenwart, München 2003. *Ausführlicher als Iggers, sehr brauchbar.*

Lexika, Handbücher
- International Encyclopedia of the Social & Behavioral Sciences (IESBS), Bd. 10, Amsterdam 2001. *Zum Teil hervorragende, englischsprachige Artikel über Theorie, Methode und Praxis der Geschichtswissenschaft, auch außerhalb des Westens.*

- Stefan Jordan (Hg.), Lexikon Geschichtswissenschaft. Hundert Grundbegriffe, Stuttgart 2002. *Gehört in die Handbibliothek jedes Studierenden.*

2 Geschichte als Beruf

Hilke Günther-Arndt

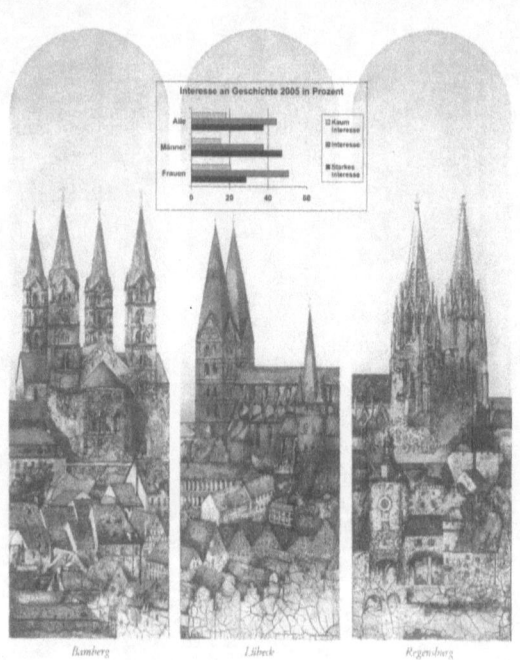

Abbildung 2: Michael Mathias Prechtl, *Eine Zukunft für unsere Vergangenheit* (1974), Plakat; Ergebnisse einer repräsentativen Meinungsumfrage der Forschungsgruppe Wahlen im Auftrage der Zeitung *Die Welt* und des ZDF (2005)

"Eine Zukunft für unsere Vergangenheit" – mit diesem Slogan warb ein Plakat für das Denkmalschutzjahr 1975. Werbung gehört zwar weiterhin zum ‚Geschichtsmarkt', doch inzwischen gilt: *„history sells".* Jährlich besuchen mehr als 100 Millionen Besucher die deutschen Museen. Historische Romane finden viele Leser. Im Fernsehen ist Geschichte, vor allem Zeitgeschichte, ein ausgesprochener ‚Quotenmacher', das gilt für fiktionale Zeitgeschichte in Filmen wie *„Die Sturmflut"* (2005) oder *„Die Flucht"* (2006) ebenso wie für dokumentarische Zeitgeschichte. Auch in Magazinen oder Wochenzeitschriften garantieren historische Themen höhere Auflagen. Nach einer repräsentativen Bevölkerungsumfrage im Jahr 2005 interessierten sich nur 18,4 Prozent aller erwachsenen Deutschen *„kaum",* aber 37,3 Prozent *„stark"* für Geschichte (Kellerhoff 2006, S. 1083).

Das Interesse an Geschichte ist also beträchtlich, ebenso das Interesse am Geschichtsstudium – mehr als 10 000 junge Menschen beginnen es jedes Studienjahr und nehmen dafür ein hohes „biografisches Risiko" auf sich, wie Arbeitsmarktforscher meinen. Es gibt etwa 66 000 Geschichtslehrer und wahrscheinlich etwa 25 000 Historiker in anderen Berufen der Geschichtskultur von den Universitäten bis zu den Medien. Statistisch ergibt sich daraus ein jährlicher Ersatzbedarf von rund 3 000 Stellen – das sind weniger, als Jahr für Jahr das Studium erfolgreich abschließen. Deshalb arbeiten Historiker in vielen anderen Berufsfeldern: Verbände, Parteien, Stiftungen, Parlamente, Ministerien, Kulturmanagement, „HisTourismus", historische Recherche-Agenturen, Personal- und Wirtschaftsberatung und manches mehr. Studierende im Fach Geschichte sollten also flexibel sein – und gerade dafür die zentralen Kompetenzen von Historikern während des Studiums sicher ausbilden: ein Thema zuverlässig und rasch recherchieren, Probleme erkennen, große Textmengen lesen und verarbeiten, strukturiert und lesbar schreiben, Ergebnisse anschaulich in unterschiedlichen Formaten vermitteln können. Als Historikerin oder Historiker sollten Sie das nicht nur ‚ein bisschen' können, Sie müssen es wirklich gut können – dann werden Sie auch Erfolg haben.

2.1 **Geschichtskultur**
2.2 **Berufsfeld Schule**
2.3 **Berufsfeld Wissenschaft**
2.4 **Berufsfeld Sammeln – Ausstellen – Erinnern**
2.5 **Berufsfeld Medien**

2.1 Geschichtskultur

Wenn Sie die Suchmaschine Ihrer Universitätsbibliothek beauftragen, das Schlagwort „Geschichtskultur" zu finden, werden Sie feststellen, dass alle Titel jüngeren Datums sind und sehr unterschiedliche Gegenstände behandeln:

<small>Felder der Geschichtskultur</small>

- *Werbung mit Geschichte. Ästhetik und Rhetorik des Historischen* (Seidensticker 1995);
- *Verwaltete Vergangenheit. Geschichtskultur und Herrschaftslegitimation in der DDR* (Sabrow 1997);
- *‚Wir haben aus der Geschichte gelernt.' Der 8. Mai als historischer Gedenktag in Deutschland* (Kirsch 1999);
- *Das Geschichtsbewusstsein der Deutschen. Grundlagen der politischen Kultur in Ost und West* (Lutz 2000);
- *Die Bildung der Geschichte. Friedrich Schiller und die Anfänge der modernen Geschichtswissenschaft* (Prüfer 2002);
- *Berufswerkstatt Geschichte. Lernorte für die Erinnerungskultur* (Hänke-Portscheller 2003);
- *Geschichtsdeutung und Geschichtsbilder. Visuelle Erinnerungs- und Geschichtskultur in Kassel 1866–1914* (Schweizer 2004);
- *Memoria und res publica. Zur Geschichtskultur im republikanischen Rom* (Walter 2004);
- *Antike und Mittelalter im Film. Konstruktion, Dokumentation, Projektion* (Meier 2007).

Geschichtskultur erstreckt sich nach dieser Zufallsauswahl offenbar zeitlich von der Antike bis zur Moderne und lässt sich lokal, national und international beschreiben. Sie umfasst Denkmäler, Filme, Zeitschriften, Gedenktage, ja sogar Werbung und schließt Geschichtswissenschaft, Geschichte in der Öffentlichkeit sowie historisches Lernen ein. Und obwohl Geschichtskultur demnach raumzeitlich nicht begrenzt ist, scheint sie ein relativ neuer Erkenntnisgegenstand der Geschichtsdidaktik und der Geschichtswissenschaft zu sein. Das hat damit zu tun, dass die Art und Weise, wie Menschen über Geschichte nachdenken und wie sie Geschichte konstruieren, als Forschungsgegenstand lange der historischen Tatsachenforschung, z. B. der über die Französische Revolution, nachgeordnet wurde, auch wenn sie nicht völlig fehlte.

Die Geschichtskultur ist der gesellschaftliche Raum, in dem Individuen und soziale Gruppen in der Gegenwart einen Bezug zur Vergangenheit herstellen. Denn die Vergangenheit ist vergangen, sie kann nur durch eine erinnernde Rekonstruktion als Geschichte vergegenwärtigt werden, d. h. Sinn und Bedeutung erlangen. Insofern ist Geschichtskultur eine durch und durch kulturell geprägte Kommunikation. Aus soziologischer Sicht kann Geschichtskultur als „Produktion, Distribution und Rezeption [...] historischen Wissens in einer Gesellschaft" bezeichnet werden (Füßmann 1994, S. 29). Die Hervorbringung (Produktion) neuen historischen Wissens obliegt dabei der geschichtswissenschaftlichen Forschung, die Verteilung oder Vermarktung (Distribution) z. B. Lehrern, Museen oder Journalisten, die Rezeption (historisches Lernen) erfolgt z. B. durch Schüler, Gedenkstättenbesucher oder ein Kinopublikum. Wolfgang Hardtwig definiert Geschichtskultur als „Gesamtheit der Formen, in denen Geschichtswissen in einer Gesellschaft präsent ist" (Hardtwig 2002, S. 112). Distribution und Rezeption historischen Wissens und die Formen der Präsentation von Geschichte in der Gegenwart sind das Forschungsgebiet der Geschichtsdidaktik. Geschichtsforscher interessieren sich für vergangene Geschichtskulturen aus kulturgeschichtlicher Sicht (→ KAPITEL 6), Kulturgeschichte und Geschichtskultur sind aber keineswegs synonyme Begriffe.

<small>Produktion, Distribution und Rezeption historischen Wissens</small>

Jörn Rüsen erweitert diese Definitionen, wenn er Geschichtskultur als „Gesamtbereich der Aktivitäten des Geschichtsbewusstseins" bestimmt. Sie lasse sich „als ein eigener Bereich der Kultur mit einer spezifischen Weise des Erfahrens und Deutens der Welt, der Orientierung der menschlichen Lebenspraxis in ihr, des menschlichen Selbstverständnisses und der Ausprägung von Subjektivität beschreiben und analysieren" (Rüsen 1997, S. 38). Diese „spezifische Weise" der Auseinandersetzung mit der Welt ist historisches Denken, Voraussetzung dafür bei jedem Individuum Erinnerung. Selbstreflexives Denken von Menschen ist in der Regel mit dem geistigen Akt des Erinnerns verbunden: Wie ist es dazu gekommen, dass ich x gemacht habe? Historisch ist eine Erinnerung dann, wenn sie die eigene, lebensgeschichtliche Erinnerung zeitlich überschreitet. Das geschieht in historischen Lernprozessen, die wir uns nicht nur als Geschichtsunterricht in der Schule vorstellen dürfen. Historisches Lernen kann auch in Familiengesprächen, beim Fernsehen oder Lesen, im Museum oder bei Computerspielen, also in einer direkten oder indirekten Kommunikation erfolgen. Es ermöglicht die Internalisierung des kulturellen Gedächtnisses einer sozialen Gruppe (Assmann 1992) als individuelles Konstrukt.

<small>Geschichtsbewusstsein</small>

Erinnerungskultur und Geschichtskultur unterscheiden sich durch unterschiedliche Formen historischen Wissens. Das Wissen der Erinnerungskulturen ist für die sie tragende soziale Gruppe (z. B. eine

<small>Erinnerungskultur und Geschichtskultur</small>

Nation) wertegebunden und soll die Identität der Gruppenmitglieder sowie ihr gemeinsames Handeln stärken (Assmann 1997, S. 36), die Einhaltung der historisch begründeten Werte ist eine soziale Verpflichtung (Assmann 1992, S. 30). Die Geschichtskultur umfasst dagegen *alle* Formen historischen Wissens in einer Gesellschaft, auch die der wissenschaftstheoretisch auf ‚Wahrheit' verpflichteten Geschichtswissenschaft.

Dimensionen der Geschichtskultur

Die Geschichtswissenschaft hat allerdings kein Exklusivrecht an der Geschichtskultur. Nach Lutz Raphael ist es für die europäisch-westliche Geschichtskultur charakteristisch, „dass die wissenschaftliche Historiografie eingebettet blieb in ein viel breiteres Angebot historiografischer Produktion, an der sich [...] Politiker und Militärs, Schriftsteller und Publizisten, aber auch Juristen, Ärzte und Kleriker [...] beteiligten" (Raphael 2003, S. 50). Nach Rüsen umfasst die Geschichtskultur neben der kognitiven, vor allem von der Geschichtswissenschaft verkörperten Dimension, auch eine ästhetische und politische Dimension (Rüsen 1997, S. 39f.). Für die ästhetische Dimension stehen etwa Denkmäler, Historienbilder, historische Romane und Filme. Diese drei Dimensionen sind durch eine vierte zu ergänzen: die kommerzielle. Vielfach ist die Geschichtskultur auch ein Geschichtsmarkt, der zumindest für einige Akteure finanziell äußerst lukrativ ist.

Geschichtskultur als soziales System

Schließlich ist die Geschichtskultur ein soziales System (Schönemann 2003, S. 18f.), das sich aus vier Elementen zusammensetzt:

1. Es besteht in der Regel staatlich finanzierten Institutionen wie Universitäten, Schulen, Archiven, Bibliotheken, Museen oder der Denkmalpflege. In diesen Institutionen werden die Zeugnisse der Vergangenheit mit unterschiedlichen Akzentsetzungen ohne staatliche Zensur gesammelt, bewahrt, erforscht, öffentlich zugänglich gemacht und als Geschichte vermittelt.
2. Das geschieht durch Professionen, speziell dafür ausgebildete Berufsgruppen wie Professoren, Lehrer, Archivare, Museologen, Bibliothekare oder Denkmalpfleger. Da die Geschichtskultur aber eine nicht nur fachgebundene, sondern auch gesellschaftliche Angelegenheit ist, gehören zu diesen Professionen ebenso Journalisten, Verleger, Filmemacher, Autoren, Reiseführer und andere. Die Vielfalt der Geschichtskultur spiegelt sich in ihren Professionen.
3. Sie spiegelt sich auch in den durch diese produzierten Medien von der wissenschaftlichen Abhandlung bis hin zu historisch inspirierten Spielen.

4. Als letztes Element des sozialen Systems Geschichtskultur ist das Publikum zu nennen – von den Schülern, die am Geschichtsunterricht teilnehmen müssen, über an Geschichte interessierte Erwachsene bis hin zu Besuchern von Mittelaltermärkten oder historischen Gaststätten.

2.2 Berufsfeld Schule

Wenn von den geschichtskulturellen Institutionen als erste die Schule aufgeführt wird, dann hat das zwei Gründe. Zum einen bildet das öffentliche Schulwesen der Moderne die Grundlage zumindest der dominanten westlichen Geschichtskultur (Raphael 2003, S. 50); zum anderen ist die Schule der größte Arbeitsmarkt für Absolventen mit einem Geschichtsstudium.

Nur im Geschichtsunterricht wird an *alle* späteren Bürgerinnen und Bürger das historische Wissen vermittelt, das die Mehrheit der Gesellschaft für tradierungswert erachtet und deshalb in Lehrplänen normiert. Als ein zentrales Lernziel des Geschichtsunterrichts ist zudem in vielen Lehrplänen die Befähigung von Kindern und Jugendlichen zur Teilnahme an der Geschichtskultur verankert. Das gilt umgekehrt natürlich auch für Geschichtslehrkräfte: Sie müssen insbesondere mit den Institutionen und Medien der Geschichtskultur vertraut sein, d. h. gerne viele Bücher lesen, und zwar wissenschaftliche Monografien ebenso wie historische Belletristik. Überdies sollten sie regelmäßig Museen, Ausstellungen und historische Orte besuchen, öffentliche Diskussionen zur Geschichte verfolgen, historische Dokumentar- und Spielfilme ansehen. Wenn solche Tätigkeiten, die im Studium und später im Beruf einen erheblichen Teil Ihrer Freizeit ‚kosten' werden, einen gewissen Widerwillen bei Ihnen hervorrufen, sollten Sie besser nicht Geschichte studieren. Sie können dann vielleicht historische Fakten lehren, aber nicht die ‚lebendige' Geschichte für Schülerinnen und Schüler verkörpern.

<small>Geschichtskultur und Geschichtsunterricht</small>

Geschichte als Pflichtfach an Schulen gibt es in Deutschland mit Vorläufern an Ritterakademien und städtischen Bürgerschulen der Vormoderne seit den Humboldtschen Schulreformen zu Beginn des 19. Jahrhunderts. Wilhelm von Humboldt (1767–1853) postulierte verschiedene Modi der Welterfahrung: linguistisch, historisch, mathematisch, ästhetisch und gymnastisch (Humboldt 1809). Diese bildeten im Gegensatz zur speziellen beruflichen die allgemeine Bildung, auf sie müsse sich der allgemeine Schulunterricht für *alle* Bürger un-

<small>Geschichte als Schulfach</small>

abhängig von ihrem Stand beziehen. Geschichte als Schulfach blieb aber zunächst den Gymnasiasten vorbehalten, an den preußischen Volksschulen gab es Geschichtsunterricht erst seit 1872, in anderen Bundesstaaten sogar noch später. Und erst seit 1953 gibt es für die gymnasialen und nicht-gymnasialen Schulformen ein strukturell ähnliches Curriculum, das sich wiederum an der Grundstruktur des gymnasialen Lehrplans seit der preußischen Reformzeit orientiert. Trotz der grundlegenden Veränderungen im deutschen Bildungssystem seit Beginn des 21. Jahrhunderts (Verkürzung der gymnasialen Schulzeit von neun auf acht Jahre, Einführung von Bildungsstandards und Zentralprüfungen während der gesamten Schulzeit) bestimmt diese Grundstruktur weiterhin den Geschichtsunterricht. Die inhaltlichen Veränderungen wirken nicht besonders dramatisch, sind es aber in der Praxis: So wird etwa die Geschichte der Antike und des Mittelalters in der Regel nur noch in den unteren Klassen (bis 7) unterrichtet und der Zeitgeschichte kommt ein noch höherer Stellenwert zu als vor 2004. Das muss auch in der Lehrerausbildung berücksichtigt werden.

Curriculare Grundstruktur

bis 2003	seit 2004
• einzelne historische Themen im Sachunterricht der Grundschule; • in der Regel kein Geschichtsunterricht in den Klassen 5 und 6; • genetisch-chronologischer Durchgang von den frühen Hochkulturen bis zur Gegenwart in den Klassen 7-9 (Hauptschule) bzw. 10; Schwerpunkt Geschichte der Neuzeit; • in der Sekundarstufe II (Kl. 11-13) chronologischer oder systematischer ‚2. Durchgang' mit dem Schwerpunkt 19. und 20. Jahrhundert.	• einzelne historische Themen im Sachunterricht der Grundschule; • Beginn des Geschichtsunterrichts in Klasse 5 oder 6; • genetisch-chronologischer Durchgang von den frühen Hochkulturen bis zur Gegenwart in den Klassen 5-9 (Gymnasium und Hauptschule) oder 5-10 (Realschule); Schwerpunkt Geschichte der Neuzeit; • in der Sekundarstufe II (Kl. 10-12) chronologischer oder systematischer ‚2. Durchgang' mit dem Schwerpunkt 20. Jahrhundert.

Abbildung 3: Curriculare Grundstruktur des Geschichtsunterrichts in Deutschland

Curriculare Modelle

Die genetisch-chronologische Grundstruktur des Geschichtsunterrichts findet sich überall in der Welt, weil sie der historischen Logik entspricht: Das Spätere erklärt sich aus dem Früheren, nicht umgekehrt. Jedoch hat in Italien und Griechenland die antike Geschichte eine ungleich größere Bedeutung als in Mitteleuropa; in Frankreich beginnt die *histoire contemporaine* mit der Französischen Revolution; in der Schweiz sind Geschichte und Politische Bildung in den meisten Kantonen eng verknüpft; in England beginnt der Pflichtgeschichtsunterricht mit fünf und endet mit 14 Jahren; in den USA ist neben dem ‚klassischen' Curriculum von der Antike bis zur Gegenwart ein Wechsel von Kursen zur Geschichte der USA und der *Western Civilisation* weit verbreitet. In jüngster Zeit erhalten diese beiden Varianten Konkurrenz durch ein Modell, das von den unterschiedlichen Ethnien in den USA ausgeht und auf diese Weise über die indianische, afrikanische, europäische, asiatische und die Geschichte der USA *global history* konstruiert. Der Blick in die Vergangenheit und über die nationalen Grenzen zeigt, dass Geschichtsunterricht kulturell bestimmt wird, von schulischen Traditionen abhängig ist und selbst dem historischen Wandel unterliegt.

Die Profession des Lehrers wird hier auch deshalb als erstes vorgestellt, weil die Schule der größte Arbeitsmarkt für Absolventen mit einem Geschichtsstudium ist, da Geschichte mehr oder weniger Pflichtfach ab Klasse 5 in allen allgemein bildenden Schulen ist, die 2005 von rund 5,8 Millionen Schülerinnen oder Schülern besucht wurden. 2020 werden es etwa 4,7 Millionen sein (KMK 2007). Die Einstellungschancen von Lehrern richten sich aber nicht nur nach der Zahl der Schüler, sondern auch nach der Zahl der ausscheidenden Lehrkräfte und ihrem durchschnittlichen Pensionierungsalter, nach der Anzahl der Schuljahre (die Einführung des achtjährigen Gymnasiums z. B. reduzierte die Zahl der erforderlichen Gymnasiallehrer um rund 15 Prozent!), den zugelassenen Klassengrößen, der Zahl der Lehramtsstudierenden und der Absolventen mit erfolgreich abgeschlossener Referendarprüfung. Eine Lehrerbedarfsprognose des Landes Nordrhein-Westfalen rechnet z. B. für Haupt-, Real- und Gesamtschulen bis 2029 mit einem ständig ansteigenden Lehrermangel, während für das Lehramt an Gymnasien ab 2015 ein Lehrerüberschuss vorhergesagt wird. Die Einstellungschancen hängen jedoch eng mit dem Unterrichtsfach zusammen. Für Geschichtslehrer werden in Nordrhein-Westfalen wie in anderen Bundesländern die Einstellungschancen mit dem Unterrichtsfach Geschichte als eher „gering" (Gymnasium) bis „eingeschränkt" (andere Lehrämter der Sekundarstufe I) beurteilt, weil viele Lehramtsstudierende das Fach Geschichte wählen. Grundsätzlich verbessern sich diese Einstellungschancen jedoch erheblich, wenn Geschichte mit Mathematik, Englisch oder ‚Mangelfächern' wie Kunst oder Physik kombiniert wird (NRW 2007). Das alles sind jedoch Trendberechnungen, keine exakten Zahlen. Eine Änderung von Rahmenbedingungen, z. B. eine Erhöhung der Pflichtstundenzahlen für das Fach Geschichte oder eine

Berufsaussichten

Verschiebung der Schülerverteilung zwischen den Schulformen, kann die Treffgenauigkeit der Prognose einschränken. Gleichwohl werden für Geschichtslehrer die Einstellungschancen nur gut sein, wenn sie sehr gute Noten haben. Wenn Sie Geschichte mit dem Ziel Lehramt studieren, sollten Sie sich vor und während Ihres Studiums über die aktuellen Prognosen informieren.

Geschichtslehrer gehören neben dem sozialen System „Geschichtskultur" auch dem sozialen System „Schule" an. Gerade der Lehrerberuf erfordert besondere Kompetenzen, die Sie sich im Laufe des Studiums aneignen und in Schulpraktika überprüfen sollten. Erforderlich für Lehrkräfte sind nach den Ergebnissen der Professionsforschung Fachwissen, curriculares Wissen, fachdidaktisches Wissen und allgemeines pädagogisches Wissen (Bromme 1997). Konkret heißt das:

Qualifikationen für Lehrkräfte

- gute geschichtsdidaktische Kenntnisse, um den Geschichtsunterricht entsprechend den Besonderheiten des Faches klar zu strukturieren; diese Kompetenz ist neben einem hohen Anteil echter Lernzeit (d. h. der Zeit, in der sich ein Schüler wirklich mit der Sache auseinandersetzt) der eindeutigste Indikator für Lernerfolge;
- gute geschichtswissenschaftliche Kenntnisse, um dem Kriterium der inhaltlichen Klarheit zu genügen, und zwar zu allen Epochen der Geschichte (mit dem Schwerpunkt 19. und 20. Jahrhundert);
- gute Kenntnisse zur Gestaltung von Lernumgebungen im Fach Geschichte (Lehr- und Lernmethoden, Medien);
- gute rhetorische und kommunikative Fähigkeiten (Vortragen, Gesprächsführung, Umgang mit Kollegen und Eltern);
- gute Fähigkeiten zur Lerndiagnose und Leistungsbeurteilung.

Darüber hinaus benötigt heute jede Lehrkraft Organisationsgeschick und sehr gute Computerkenntnisse. Und *last but not least* müssen Lehrer und Lehrerinnen über unendliche Geduld und Freundlichkeit verfügen und natürlich Kinder und Jugendliche sehr mögen.

Wenn Sie Geschichte vor allem mit dem Berufsziel Lehramt studieren, werden diese Qualifikationen mit dem Studium der Geschichtswissenschaft und der Geschichtsdidaktik erworben bzw. vertieft. Die Geschichtswissenschaft ist dabei das Ihnen durch die Schulzeit vertrautere Element. Die Module dazu sollten Sie nach Interesse und nach ihrer inhaltlichen Relevanz für den Geschichtsunterricht auswählen. Die Geschichtsdidaktik ist dagegen ein Studiengegenstand, den Sie bisher zwar passiv ‚erfahren', aber nicht systematisch gelernt haben. Die Geschichtsdidaktik ist – kurz gesagt – die Wissenschaft vom historischen Lernen und Lehren in der Geschichtskultur, sie soll

Wahl der Studienmodule

Sie mit dem professionellen Wissen zur Vermittlung von Geschichte ausstatten. Für künftige Geschichtslehrer und -lehrerinnen sind Module zu den Grundlagen des Geschichtsunterrichts (Curricula, Theorien und Grundbegriffe), den Lehr-Lernmethoden im Geschichtsunterricht und zum historischen Wissenserwerb durch Kinder und Jugendliche besonders wichtig: Geschichtslehrer unterrichten nämlich nicht die Geschichte, sondern Schüler! Wer diese auch sprachliche Logik verletzt, vergällt Kindern und Jugendlichen ihr oft großes historisches Interesse.

2.3 Berufsfeld Wissenschaft

Wissenschaft ist eine Tätigkeit, die methodisch gesichert und nachprüfbar neues Wissen generiert und damit wissenschaftlichen Fortschritt sichert. Als Wissenschaft wird aber auch das soziale System von Forschung und Lehre, wie es sich seit dem 19. Jahrhundert an den Universitäten herausgebildet hat, bezeichnet, das wissenschaftliche Forschung mit wissenschaftlicher Lehre verbindet und den wissenschaftlichen Nachwuchs für Forschung und Lehre qualifiziert. Wissenschaft bedarf immer des freien Austausches von wissenschaftlichen Ergebnissen und Methoden ohne staatliche Eingriffe, das Grundgesetz garantiert deshalb ausdrücklich in Artikel 5 Absatz 3 die Freiheit von Forschung und Lehre. Die Geschichtswissenschaft ist ein Teil dieses Systems mit seinen spezifischen Regeln und Anforderungen (→ KAPITEL 1). Als Profession ist sie ein Kind der Moderne, erst im 19. Jahrhundert hat sich Geschichte als Beruf mit universitärem Ausbildungsweg, normierten Qualifikationsanforderungen und einem spezifischen Wertesystem ausgebildet.

Wissenschaft als Tätigkeit

Voraussetzung für eine berufliche Tätigkeit in der Wissenschaft ist in jedem Fall nach einem mit einer sehr guten Note abgeschlossenen Geschichtsstudium eine hervorragende Promotion. Sie besteht aus der schriftlichen Dissertation und einem mündlichen Prüfungsteil. Eine historische Dissertation verlangt die präzise Verwendung von geschichtswissenschaftlichen Theorien, Konzepten und Begriffen sowie die Fähigkeit, ein Buch zu schreiben. Da die Dissertation in der Regel auf ungedruckten Quellen beruht (→ KAPITEL 3), verwandelt sie die Promovenden zumindest kurzzeitig in ‚Archivratten'. In der fakultätsöffentlichen mündlichen Aussprache (Disputation) verteidigt der Promovend seine Ergebnisse gegen kritische Einwände einer Professorenkommission, sie sozialisiert gewissermaßen für die wissenschaftliche

Promotion

Öffentlichkeit. An einigen Universitäten gibt es stattdessen die traditionelle Form der mündlichen Prüfung (Rigorosum). Nach der Veröffentlichung der Dissertation darf man sich dann „Dr. phil." nennen.

Der erfolgreiche Abschluss einer Promotion qualifiziert für eine Stelle auf dem wissenschaftlichen Arbeitsmarkt, aber noch nicht für eine Professur. Dafür ist eine weitere Stufe erforderlich, die *venia legendi*, also die Erlaubnis, an einer Universität lehren zu dürfen. Man erwirbt sie für ein Teilgebiet der Geschichte, z. B. Alte Geschichte, nicht generell für Geschichte, nach einer Habilitation („Dr. phil. habil."), die aus einem zweiten wissenschaftlichen Buch und aus dem Habilitationsvortrag vor der Fakultät besteht. In jüngster Zeit etabliert sich daneben die Juniorprofessur, die unmittelbar nach der Promotion angetreten werden kann; die Anforderung des zweiten Buches und der Nachweis der Befähigung zur universitären Lehre bleiben aber auch im Laufe dieses Qualifikationswegs bestehen.

<small>Habilitation</small>

Der Weg zu einer geschichtswissenschaftlichen Karriere ist intellektuell höchst anspruchsvoll, materiell mager und langwierig. Die Aussicht auf einen der zweifellos schönsten, weil selbstbestimmtesten Berufe in unserer Gesellschaft muss mit einer langen Phase sozialer und beruflicher Unsicherheit erkauft werden. Die Promotionsdauer in der Geschichtswissenschaft beträgt drei bis fünf Jahre und wird durch ein Stipendium oder eine in der Regel nur halbe Stelle als Wissenschaftlicher Mitarbeiter in einem Drittmittel-Projekt oder an einem Lehrstuhl finanziert. Für die Habilitation wird mit fünf bis acht Jahren noch mehr Zeit aufgewendet. Da für die Berufung auf eine Professur auch Lehrerfahrung nachgewiesen werden muss, erhalten die meisten Habilitierten zusätzlich den Titel „Privatdozent", der sie berechtigt, aber auch verpflichtet, nach der Habilitation regelmäßig ohne Anspruch auf Bezahlung an ihrer Universität zu lehren. Das reicht zwar formal für eine Berufung auf eine Professur, heute sind jedoch zusätzliche Qualifikationen meist unerlässlich: neben den beiden ‚großen' Büchern mehrere Aufsätze in anerkannten wissenschaftlichen Zeitschriften, zahlreiche Vorträge in unterschiedlichen Institutionen (durch die auch hilfreiche Netzwerke aufgebaut werden), möglichst auch Lehr- und Forschungspraxis an einer ausländischen Universität sowie Drittmitteleinwerbung, d. h. der Nachweis, dass man schon selbst Forschungsgelder bei den großen ‚Geldgebern' für die Forschung (Deutsche Forschungsgemeinschaft, VW-Stiftung usw.) eingeworben hat. Karrierefördernd sind zudem Preise wie der Hedwig-Hintze-Preis des Verbandes der Historiker und Historikerinnen

<small>Berufung auf eine Professur</small>

Deutschlands, neuerdings glücklicherweise auch Preise für gute Lehre. Diese Fülle von Qualifikationsanforderungen führt dazu, dass Geschichtsprofessorinnen oder -professoren oft älter als 40 Jahre sind, wenn sie auf eine Professur und damit ihre erste feste Stelle berufen werden.

Nach der Promotion sollte man sich deshalb die weitere Karriereplanung genauestens überlegen, denn die öffentliche Wertschätzung der Geschichtswissenschaft in Feuilletons oder politischen Reden deckt sich nicht mit dem quantitativen Umfang des Arbeitsmarkts Geschichtswissenschaft. An deutschen Universitäten gibt es rund 650 Professuren in allen Teildisziplinen von der Ur- und Frühgeschichte bis zur Geschichtsdidaktik (Statistisches Bundesamt 2006, S. 162, Stand: 2004), die meisten in Neuerer Geschichte einschließlich Zeitgeschichte mit etwa 175 Stellen (Lincke/Paletschek 2002). Bei einer Verweildauer von rund 25 Jahren in einer Professur werden rein rechnerisch nur 20 bis maximal 30 Stellen pro Jahr frei. Diesem geringen Stellenangebot steht aber eine große Stellennachfrage gegenüber, auf jede freiwerdende Professur kommen durchschnittlich etwa zehn Habilitierte, d. h. neun von zehn Privatdozenten müssen sich nach einer langen Qualifikationszeit an der Universität beruflich anders orientieren, was nicht selten schwere Lebenskrisen bei den Betroffenen auslöst. Nur wenige von ihnen finden im Ausland eine Stelle als Professor oder als *lecturer*, vor allem in England, Frankreich, Österreich, Holland, den USA oder der Schweiz. Auf die Frage, was Studierende mit dem Berufsziel „Professor" bedenken sollten, antwortete Jörn Rüsen, Professor für allgemeine Geschichte und Geschichtskultur:

Berufungschancen

> „Man sollte sich das sehr, sehr gut überlegen und nüchtern nach den Chancen fragen. Man sollte sich selbst darauf prüfen, ob man bereit ist, ein derart unglaubliches Risiko einzugehen." (Rüsen 2002, S. 37)

Alternativen zur Professur sind Stellen als Wissenschaftliche Mitarbeiter in universitären Drittmittelprojekten, die jedoch immer befristet sind. Gleiches gilt für Stellen im sogenannten akademischen Mittelbau; Akademische Räte wurden früher als Lebenszeitbeamte eingestellt, heute sind sie Beamte auf Zeit. Insgesamt gab es an deutschen Universitäten 2004 etwa 1 400 solcher ‚nichtprofessoralen' Stellen (Statistisches Bundesamt 2006, S. 162). Außeruniversitäre historische Forschung wird in wissenschaftlichen Instituten und Einrichtungen wie den *Monumenta Germaniae Historica* (Deutsches Institut zur Erforschung des Mittelalters) in München, dem Zentrum für Zeithistorische Forschung in Potsdam, dem Institut für Europäische

Außeruniversitäre Forschung

Geschichte in Mainz, dem Georg-Eckert-Institut für internationale Schulbuchforschung in Braunschweig, dem Forschungszentrum der Friedrich-Ebert-Stiftung oder speziellen Einrichtungen wie der *Johannes a Lasco*-Bibliothek in Emden betreiben. Sieht man von Ausnahmen wie dem Deutschen Archäologischen Institut ab, das eine wissenschaftliche Einrichtung des Auswärtigen Amts ist und deutsche Forschungen der Altertumswissenschaften in aller Welt bündelt, werden die meisten Aktivitäten dieser außeruniversitären Forschungseinrichtungen ebenfalls durch Projektmittel finanziert, die Zahl dauerhafter Mitarbeiterstellen ist sehr begrenzt. Über die Zahl der nichtprofessoralen Stellen in Forschung und Lehre, die nicht der Förderung einer Promotion oder Habilitation dienen, gibt es keine Statistiken, geschätzt sind es nicht mehr als 500 Vollzeitstellen. Für etliche dieser Stellen benötigt man zudem sehr spezielle historische und Sprachkenntnisse. Das Berufsfeld Geschichtswissenschaft war stets ein extremes berufsbiografisches Risiko und wird es wohl auch in Zukunft bleiben.

2.4 Berufsfeld Sammeln – Ausstellen – Erinnern

So wie der Geschichtsunterricht historisches Wissen verbreitet und die Geschichtswissenschaft neues historisches Wissen durch Forschung erzeugt, ist es die primäre Aufgabe von Archiven, Bibliotheken, Gedenkstätten und Museen, die Zeugnisse der Vergangenheit ‚aufzubewahren': Archive verwahren die ungedruckten schriftlichen Quellen; Bibliotheken erwerben Bücher aller Wissensgebiete und werden damit zu einem Archiv der *gedruckten schriftlichen Quellen*; Museen sammeln *Sachquellen*, also Objekte vom Kunstwerk bis zum Flugzeug, sie sind die gegenständlichen Archive der Gegenwart. Gedenkstätten sind Orte und Gebäude, die an vergangenes Handeln und Leiden von Menschen erinnern, oft am Originalschauplatz des Geschehens. Es gibt definitorische Überschneidungen, in Bibliotheken finden sich z. B. auch Handschriften und archivalische Nachlässe, in Gedenkstätten Quellen zu deren Geschichte, Museen können sich in einem historischen Gebäude befinden. Immer jedoch bewahren und erhalten sie Zeugnisse der Vergangenheit für Zwecke der historischen Forschung und der Vermittlung von Geschichte in der Öffentlichkeit. Sie sind Institutionen der Geschichtskultur und insofern auch Berufsfelder von Historikerinnen und Historikern.

Die größte Gruppe unter den Archiven sind (noch) die staatlichen und kommunalen Archive vom Bundesarchiv über die Landesarchive bis zum Stadtarchiv (Burkhardt 2006). Daneben gibt es kirchliche Archive, Parlaments- und Parteiarchive, Verbandsarchive, Unternehmensarchive, Verlagsarchive, Medienarchive, Pressearchive, Bildarchive, Stiftungsarchive, Familienarchive, Adelsarchive, Hofarchive, Universitätsarchive usw. Besonders die nichtstaatlichen Archive nehmen an Zahl zu. Unabhängig vom Archivträger gleichen sich die Aufgaben von Archiven: Archivalien übernehmen, bewerten, ordnen, erschließen, konservieren und restaurieren, Archivbenutzer beraten und Öffentlichkeitsarbeit betreiben. Kern der Tätigkeit ist die Bewertung von eingelieferten Archivalien: Allein der Archivar entscheidet darüber, ob etwas als Archivgut aufbewahrt oder ‚kassiert', d. h. in den Reißwolf wandert und damit endgültig vernichtet wird. Nur etwa fünf Prozent der Akten (mit abnehmender Tendenz) gehen in staatlichen Archiven als „Bestände" in das Magazin. Der Erschließung der bewahrten Bestände dienen Repertorien, die Find-Mittel. Heute geschieht das fast ausschließlich mit spezieller Software in digitalen Datenbanken, die oft auch als Online-Angebote zur Verfügung stehen.

Berufsfeld Archiv

Wenn Sie sich für den Beruf des Archivars interessieren, sollten Sie im Studium Praktika in Archiven absolvieren und sich vertiefte Kenntnisse in den Historischen Hilfswissenschaften (Urkundenlehre, Siegelkunde, Chronologie, Paläografie usw. (→ KAPITEL 3), in der Rechts- und Verwaltungsgeschichte sowie der Erstellung und Nutzung von Datenbanken aneignen. Unerlässlich sind zudem sehr gute Latein- und Französischkenntnisse. Außerdem sollten Sie einen gewissen Hang zur Ordnung haben, denn Archivarbeit ist immer mit Ordnen und Verzeichnen nach bestimmten Regeln verbunden.

Ausbildungswege

Der Weg in den Beruf eines Archivars ist bei den nichtstaatlichen Archiven nicht normiert, dort kommt es auch auf Interessen und Kontakte an. Auf den höheren Archivdienst in staatlichen Archiven bereitet das Archivreferendariat vor, das in den meisten Bundesländern aus acht Monaten Tätigkeit im zugewiesenen Ausbildungsarchiv, zwölf Monaten theoretischer Ausbildung an der Archivschule in Marburg, einem Praktikum am Bundesarchiv und der Prüfungsphase mit der Anfertigung der Transferarbeit für das archivarische Staatsexamen besteht. Voraussetzung für das Referendariat ist ein abgeschlossenes wissenschaftliches Studium in Geschichte, meistens auch eine Promotion. Nach dem Referendariat kann man sich auf eine Stelle als Archivrat in einem staatlichen Archiv oder bei einem nichtstaatlichen Archiv bewerben.

Während Archive fast ausschließlich von Historikern ‚bevölkert' werden, auf der Seite der Archivare ebenso wie auf der Seite der Archivnutzer, konkurrieren Historiker in Bibliotheken mit Vertretern aller Wissenschaften. Wissenschaftliche Bibliotheken erwerben für Forschung und Studium die aktuelle Literatur, auch für Geschichte. Wenn der Forschungsstand veraltet, bleiben die Bücher dennoch für Historiker aller Fachgebiete als potenzielle Quellen von Bedeutung.

Berufsfeld Bibliothek

Grundsätzlich sind zwei Typen von Bibliotheken zu unterscheiden: zum einen die wissenschaftlichen Bibliotheken (Universitäts- und Institutsbibliotheken), deren Stellen ein wissenschaftliches Fachstudium, häufig auch die Promotion, und eine nach Bundesländern variierende spezifische Bibliotheksausbildung in einem Referendariat oder Volontariat voraussetzen, zum anderen die kommunalen Bibliotheken, an denen vor allem an einer Fachhochschule ausgebildete Diplom-Bibliothekare arbeiten. Andere Bibliotheken (Gerichte, Unternehmen, Verbände, Kirchen usw.) stellen je nach Aufgabe wissenschaftliche Bibliothekare oder Diplom-Bibliothekare ein. Direkte Fachreferenten für Geschichte finden sich nur an den Universitätsbibliotheken.

Ausbildungswege

In der öffentlichen Wahrnehmung sind von allen geschichtskulturellen Institutionen die Museen zweifellos am attraktivsten. In Deutschland besuchen jährlich rund 100 Millionen Besucher die Dauer- und Sonderausstellungen von etwa 5 500 Museen: Volkskunde- und Heimatmuseen, Kunstmuseen, Naturkundemuseen, Technikmuseen, Historische Museen, Spielzeugmuseen, Freilichtmuseen – fast alles kann musealisiert werden und wird musealisiert (Waidacher 2005). Aber nicht alle Museen sind als potenzielle Arbeitgeber zu betrachten, denn rund die Hälfte aller Museen arbeitet ausschließlich oder ganz überwiegend mit ehrenamtlichem Personal, vor allem die Volkskunde- und Heimatmuseen. Das wissenschaftliche Personal an deutschen Museen setzte sich 2002 aus 1 978 Museumsleitern, 720 Mitarbeiten auf Vollzeit- und 347 auf Teilzeitstellen und 416 Volontären zusammen (Institut für Museumsforschung 2003). Ein erheblicher Teil der Wechselausstellungen wird allerdings über befristete Projektstellen finanziert, selbst an kleineren Museen.

Berufsfeld Museum

Eine Museumskarriere führt daher nach einem abgeschlossenen Studium, möglichst mit Promotion, meistens über ein Museumsvolontariat und Projektstellen mit ein wenig Glück in eine feste Stelle. Geschichte ist ein für Museen prinzipiell geeignetes Studium, Sie sollten es aber mit einem weiteren museumsrelevanten Fach wie Kunstgeschichte, Volkskunde, Betriebswirtschaft, Archäologie, Ver-

Ausbildungswege

waltungslehre oder Technik kombinieren. Gerade an den vielen kleineren Museen werden ‚Allrounder' gesucht.

Während des Studiums sollten Sie sich folgende Kompetenzen aneignen und in Praktika anwenden und vertiefen:
- Vertrautheit mit theoretischen Diskussionen zu Erinnerung, Gedächtnis, Sammeln und Musealisierung;
- Kenntnisse über das Sammeln, Konservieren und Verwalten von Kunst- und Kulturobjekten (einschließlich fundierter Kenntnisse in Historischen Hilfswissenschaften, im Umgang mit digitalen Datenbanken und gewisser handwerklicher Fähigkeiten);
- Fähigkeiten zur Präsentation von Objekten einschließlich der Verwendung neuer Medien sowie zu ihrer zielgruppenorientierten Umsetzung (Ausstellungsdidaktik und Museumspädagogik).

Neben dem ‚klassischen' Weg ins Museum über das Volontariat etablieren sich zurzeit Masterstudiengänge mit unterschiedlichen Schwerpunkten, so in Bremen (Kunst- und Kulturvermittlung), in Eichstätt, Augsburg und München (Historische Kunst- und Bilddiskurse) oder Oldenburg (Museum und Ausstellung). Module zur Museumspädagogik, zum Museumsmanagement oder Ausstellungsprojekte sind an vielen Universitäten inzwischen Standard im Lehrangebot.

Gedenkstätten sind im Kontext der deutschen Geschichte zumeist Orte, die an die Opfer des Nationalsozialismus oder der DDR-Diktatur erinnern. Viele Gedenkstätten an die Opfer des Nationalsozialismus entstanden in Westdeutschland seit den 1970er-Jahren durch Bürgerinitiativen und Geschichtswerkstätten. Die Gedenkstätten an die Opfer der DDR-Diktatur nach 1990 wurden dagegen mehrheitlich staatlich initiiert, etwa die *Gedenkstätte Deutsche Teilung Marienborn* an der ehemaligen deutsch-deutschen Grenze (Ullrich 2006). Von Gedenktafeln oder Denkmälern unterscheiden sich Gedenkstätten durch den zumindest in Überresten authentischen Ort mit Gebäuden oder Grenzanlagen. Teilweise ist ihnen ein Archiv angeschlossen, viele bieten direkte pädagogische Angebote vor Ort, z. B. Führungen, Informationstafeln oder ein ergänzendes Museum an (Popp 2002). Gedenkstätten beziehen sich – anders als Museen – immer auf *ein* historisches Ereignis bzw. einen historischen Prozess, insofern sind sie ein Teil der lokalen oder nationalen Erinnerungskultur. Darüber hinaus wollen und müssen sie Informationsorte oder Dokumentationszentren sein, die das historische Geschehen an diesem Ort erforschen und dieses Wissen unter Anwendung geschichtsdidaktischer und gedenkstättenpädagogischer Methoden vermitteln.

Berufsfeld Gedenkstätten und Dokumentationszentren

Viele Gedenkstätten werden ehrenamtlich betreut. Die konservatorischen, wissenschaftlichen und geschichtsdidaktischen Ansprüche an eine Gedenkstätte erfordern jedoch zunehmend eine Professionalisierung dieser Aufgaben, auf Bundesebene gibt es inzwischen sogar eine Gedenkstättenkonzeption. Für den Berufsweg gibt es jedoch keine Vorschriften. Wie in vergleichbaren geschichtskulturellen Feldern sollten Mitarbeiter oder Leiter von Gedenkstätten Zeithistoriker und mit Fragen der Erinnerungskultur sowie der Arbeit mit Besuchern (Erwachsene und Schüler) vertraut sein. Aufgrund ihrer spezifischen Aufgabe sind die Gedenkstätten mit einer eigenen Zeitschrift (*Gedenkstättenrundbrief*) und einem Internet-Portal (*Online Gedenkstätten Forum*) gut vernetzt. Wer sich für Arbeiten in einer Gedenkstätte interessiert, sollte deshalb über Praktika, die Übernahme von Führungen u. Ä. dieses spezifische Berufsfeld erkunden und Kontakte knüpfen.

Ausbildungswege

Berufsfeld Medien

Medien – traditionelle Druckmedien ebenso wie audiovisuelle oder internetgestützte Medien – sind ein relativ stark wachsender Wirtschaftsmarkt, auch für Geschichte, und damit ein attraktiver Arbeitsmarkt, z. B. für Journalisten, Lektoren, Autoren von Sachbüchern, Verfasser historischer Comics oder Dokumentarfilmer. Geregelte Ausbildungsgänge gibt es für Medienberufe nicht, oft führt der Berufsweg aber nach dem Studium über ein Volontariat, teilweise auch über Journalistenschulen.

Journalismus

Generell gelten Historiker aufgrund ihrer Ausbildung für den Journalismus als recht gut geeignet, weil sie (hoffentlich) erfolgreich gelernt haben, schnell und zuverlässig zu recherchieren, das Wesentliche eines Sachverhalts aus einer Materialmasse zu erfassen und gut zu formulieren (→ KAPITEL 13). Allerdings haben nur wenige große Zeitungen ein spezielles Ressort „Geschichte", Historiker als Journalisten müssen thematisch also sehr flexibel sein.

Vor allem müssen Journalisten aber ein Thema unter Zeitdruck (Prinzip Aktualität!) aufbereiten können. Ein Text für eine Zeitung oder eine Moderation im Fernsehen muss zugleich unterhaltend und sachlich seriös sein – einfach nur mal ‚locker' reden oder schreiben, ‚wie einem der Schnabel gewachsen ist', reicht nicht aus. Journalistisches Schreiben können Sie schon im Studium üben: Präsentieren Sie, natürlich in Absprache mit Ihrem Dozenten, z. B. den Reichsrätekongress von 1918 als Reportage, schreiben Sie als Einstieg in die Seminardiskussion einen Leitartikel zu einem politischen Konflikt, etwa zwischen Groß- und Kleindeutschen in der Revolution 1848, oder einen Kommentar zu einer Forschungskontroverse. Außer in wichtige journalistische Textformen sollten Sie sich perfekt in Hard- und Software für die Text- und Bildverarbeitung einarbeiten. Vor allem bei kleineren Zeitungen oder Sendern ist der Journalist oft auch sein eigener Fotograf oder Kameramann.

Ein weiterer ‚Traumberuf' in den Medien ist die Lektoratstätigkeit, auch wenn sie quantitativ als Arbeitsmarkt kaum Gewicht hat und zunehmend, ähnlich wie der Journalismus, freiberuflich ausgeübt wird. Lektoren, in den für Historiker einschlägigen Fach-, Sach- oder Schulbuchbuchverlagen auch Redakteure genannt, müssen nicht nur unendlich viele, oft schlechte Manuskripte lesen, verbessern und Autoren betreuen; sie sind auch für das Verlagsprogramm mitverantwortlich und werden damit mehr und mehr Manager. Ohne Gespür für Thementrends und gute Texte wird man allerdings auch in Zukunft kein guter Lektor.

Lektorat

Fragen und Anregungen

- Verfolgen Sie über mindestens vier Wochen Stellenangebote, die von den auf der folgenden Seite genannten Portalen und der Wochenzeitung *Die Zeit* (www.zeit.de) veröffentlicht werden, und stellen Sie eine Häufigkeitsliste für die unterschiedlichen Professionen in der Geschichtskultur zusammen.

- Stellen Sie die in den Stellenangeboten genannten Voraussetzungen und erwarteten Qualifikationen zusammen und entwickeln Sie daraus in grafischer Form, etwa als Mindmap, Kompetenzprofile für die einzelnen Professionen.

- Erläutern Sie die Begriffe Geschichtskultur und Geschichtsdidaktik, grenzen Sie beide von einander ab und benennen Sie Schnittmengen in der Praxis.

Lektüreempfehlungen und Internet-Adressen

- Anja Berger, Karrieren unter der Lupe: Geschichtswissenschaftler, Würzburg 2002.

Berufsfelder und Berufsaussichten

- Margot Rühl (Hg.), Berufe für Historiker, Darmstadt 2004.
  Beide Bände mit Interviews vermitteln praxisnahe Informationen zu Berufsfeldern von Historikern und Tipps zur Gestaltung des Studiums.

Studieninformationen
- Portal „Studien- und Berufswahl" der Länder der Bundesrepublik Deutschland und der Bundesagentur für Arbeit: www.studienwahl.de. *Bietet solide Informationen zu Berufsfeldern von Historikern und hilfreiche Links.*

Geschichtsunterricht
- „Fachportal Geschichte" bei „Lehrer Online": www.lehrer-online.de/. *Wird von vielen Universitäten und Studienseminaren unterstützt.*

Forschung und Lehre
- „H-Soz-u-Kult" (Humanities. Sozial- und Kulturgeschichte. Kommunikation und Fachinformation für die Geschichtswissenschaften): http://hsozkult.geschichte.hu-berlin.de. *Bietet einen guten Einblick in die Aufgaben der Geschichtswissenschaft und in die Historikerzunft (einschließlich eines Stellenmarktes); mit Newsletter-Angebot.*

Sammlungsinstitutionen
- Archivschule Marburg: www.archivschule.de/.

- Das Bibliotheksportal: www.bibliotheksportal.de/.

- Gedenkstätten-Forum: www.gedenkstaettenforum.de/.

- Deutscher Museumsbund: www.museumsbund.de/.

- Institut für Museumsforschung: www.smb.spk-berlin.de/ifm. *Mit jeweils aktuellsten Zahlen zu den Stellen in deutschen Museen. Diese zentralen Portale für Archive, Museen, Bibliotheken oder Gedenkstätten bieten sich zum ‚Stöbern' an, um Aufgaben sowie Berufswege und -aussichten zu recherchieren und zu kontrollieren.*

Medien
- Deutscher Journalistenverband: www.djv.de/.

- Verband der freien Lektorinnen und Lektoren: www.vfll.de/. *Diese Berufsverbände bieten unabhängige Informationen und Hilfen für den Medienmarkt.*

**Das Material und die Ordnung
der Geschichte**

3 Quellen, Quellen, Quellen ...

Gunilla Budde

Abbildung 4: Unbekannter Künstler, *Eine Berliner Reportage-Fotografin fotografiert von einem Kran des noch im Bau befindlichen Berliner Stadthauses* (um 1910), Fotografie

Schwindelfrei muss man sein, um diesem Bild standzuhalten: Eine Frau, die hoch hinaus will. Um sich ein besseres Bild von ihrer Stadt zu machen, hat sie einen Kran erklommen. Über den Dächern, allein aus der Vogelperspektive, erscheint ihr das am Beginn des 20. Jahrhunderts vor Energie und Aufbruch brodelnde Berlin domestizierbar und mit der Kamera angemessen einzufangen. Das Bild verdichtet das Fluidum seiner Zeit: Die alte und die neue Welt fließen ineinander. Ein Zusammenspiel von Tradition und Moderne spiegelt sich nicht nur in der Architektur der Stadt, auf die die Fotografin blickt. Auch sie selbst scheint ihrer Zeit enthoben: in langem Kostüm und mit großem Federhut, in einer Mode von gestern gewandet, die dem Beruf als Reporterin von heute zu widerstreben scheint. Ahnungen von der modernen Metropole, Ahnungen von der „neuen Frau" kommen auf, die „Gleichzeitigkeit des Ungleichzeitigen" – in einer Momentaufnahme eingefangen.

Noch in den 1950er-Jahren hätte die Geschichtswissenschaft mit dem Kopf geschüttelt: Dieses Foto ist bizarr, aber keine Quelle. Der frühe Konsens, unter Quellen alle Texte und Artefakte zu verstehen, die in der Vergangenheit entstanden sind, hat nicht verhindern können, dass lange Zeit ganze Genres von Quellen unberücksichtigt blieben. Neue Fragen an die Geschichte, gestellt von der Sozial-, Wirtschafts- und Kulturgeschichte, bestärkt von der Frauen- und Geschlechtergeschichte, haben die Sensibilität für solche Bilder geschärft. Ihre Fragen haben sie zur Quelle werden lassen. Denn: Erst durch das Erkenntnisinteresse der Geschichtswissenschaft verwandelt sich ein Bild, ein Text oder ein Objekt der Vergangenheit zu einer Quelle.

Doch das Foto der Frau über Berlin ist nicht nur Quelle. Es ist zugleich auch Metapher für historische Quellenarbeit. Das Abenteuer der Quellensuche spiegelt sich in ihm ebenso wider wie die Bedeutung der Perspektive. Mit dem Sucher ihrer Kamera wählt die Fotografin ihr Motiv, einen Ausschnitt des Gesamtpanoramas, genauso wie wir Historiker mit unserer Fragestellung unser Quellenspektrum abstecken und durch unsere Fragen die Quelle zum Sprechen bringen.

3.1 **Vom Nutzen der Quellen: Quellenertrag**
3.2 **Von der Scherbe bis zum Popsong: Quellentypen**
3.3 **Von Zauberwelten und Zerberussen: Quellenorte**
3.4 **Von Siegeln, Wappen und Münzen: Quellenwegweiser**
3.5 **Von den acht großen „W": Quellenkritik**

3.1 Vom Nutzen der Quellen: Quellenertrag

Die historische Arbeit lebt von ihrer interessanten Fragestellung, von ihren plausiblen Thesen – aber davon nicht allein. Eine These kann noch so spannend und anregend sein – glaubwürdig wird sie erst dann, wenn sie auf einem soliden Quellenfundament aufruht. Die häufig in Handbüchern betonte Differenz zwischen historischer Darstellung als Zusammentrag der Kenntnisse einer Zeit über eine vergangene Zeit einerseits und historischer Quelle als Zeugnis der Zeit andererseits ist fraglos richtig. Dabei bleibt jedoch häufig außer Acht, dass fundierte Darstellungen in der Regel auf einer gut sortierten Quellenbasis fußen. Gleichzeitig schreiten Quellen als Kontrolleure einer ausufernden Historikerfantasie ein und üben ihre „Vetomacht" aus.

„Vetomacht" der Quellen

Doch „Quellen schützen uns vor Irrtümern, nicht aber sagen sie uns, was wir sagen sollen" (Koselleck 1979, S. 206). Viele Quellen schillern, das merken wir bald, sind in ihrer Aussage nicht eindeutig. Und sie sprechen nicht für sich. Erst unsere Fragen brechen ihr Schweigen. Die anfängliche Irritation, die scheinbar widersprüchliche Quellen hervorrufen, weicht schließlich der Erkenntnis, dass auch die Vergangenheit wie die Gegenwart vielschichtig und facettenreich ist. Gerade die Spannung zwischen der Forschungshypothese, mit der wir unsere Untersuchungen beginnen, und den gefundenen Quellen kann produktiv sein, und zwar in zwei Richtungen: Einerseits zwingt sie dazu, das Forschungsdesign und die eigenen Grundannahmen zu überdenken. Andererseits lässt sie uns die Quellen aus verschiedenen Perspektiven betrachten. Neue Fragen befördern neue Antworten. Von der Notwendigkeit, aus immer neuen Blickwinkeln eine Quelle zu durchleuchten, wissen vor allem Historiker der Antike ein Lied zu singen. Je eingeschränkter der Quellenkorpus ist, desto größer wird das Spektrum seiner Deutungen.

Unterschätzung von Quellengenres

Nicht nur das Fehlen von Quellen zwingt zur Spekulation, zum zögernden „So könnte es gewesen sein". Auch vorhandene Quellen links liegen zu lassen, sei es aus Ignoranz, sei es aus fehlender Sprachkompetenz, verhindert eine differenzierte Sicht auf die Geschichte. So hatte die in den 1970er-Jahren aufkommende Frauen- und Geschlechtergeschichte zu Recht moniert, dass Frauen in der Geschichtsschreibung deshalb so lange nicht auftauchten, weil ihre Spuren in der Geschichte nicht als Quellen ernst genommen wurden. Historikerinnen und Historiker, die sich mit dem spannenden Feld der außereuropäischen Geschichte beschäftigen, ohne die Sprachen der Länder zu beherrschen, begrenzen damit ihre Perspektive. Über die Geschichte Indiens oder Afrikas zu forschen, wenn man nur die englischsprachigen Quellen zu lesen versteht, bedeutet, das Land und die indigene Bevölkerung nur durch die verzerrende Brille der Kolonialherren betrachten zu können.

Unsere Quellenauswahl prägt, das müssen wir im Auge behalten, entscheidend unsere Forschungsergebnisse. Sie erklärt auch, warum Studien zum gleichen Thema häufig zu unterschiedlichen Ergebnissen kommen, Forschungskontroversen auslösen und weitere Forschungen anstoßen. Neue Quellenfunde – die Öffnung der ostdeutschen und sowjetischen Archive nach 1989 bieten dafür ein eindrückliches Beispiel – bieten nicht nur die Möglichkeit, uns neuen Themen zuzuwenden, sondern auch die Chance, alte Themen in einem gänzlich neuen Licht zu betrachten.

Quellenauswahl und Forschungsergebnisse

Welche Wahl wir treffen und ob wir überhaupt eine Wahl haben, hängt davon ab, in welchem Umfang und in welcher Form Quellen verfügbar sind. Über eine Persönlichkeit der Zeitgeschichte eine historische Biografie zu verfassen empfiehlt sich sicherlich kaum, solange der Nachlass der Person nicht zugänglich ist. Doch ein Thema vorschnell abzutun, weil sich vermeintlich keine Quellen dazu finden, hat schon so manche Felder in der Geschichte zu lange brach liegen lassen. Der große Bereich der Wahrnehmungen und Gefühle gerät nicht zuletzt deshalb erst jetzt langsam in den Blick der Historie.

Ob sich Quellen finden lassen, ist die eine Seite, wohin wir uns wenden müssen, um für unser Thema einschlägige Zeitzeugnisse zu finden, die andere. Jemand, der sich für die Kulturgeschichte des englischen Adels nach 1945 interessiert und damit nach Lebenszuschnitt und Wertehimmel der *aristocracy* fragt, wird zumindest nicht als Erstes die Protokolle des *House of Lords* durchforsten, sondern sich vielleicht eher die klebrig-bunten Stories der *Yellow Press* zumuten müssen. Doch wir sollten uns auch bewusst sein, dass Grenzüberschreitungen immer möglich sind. Auch der *Daily Mirror* kann von Zeit zu Zeit politische Themen aufgreifen und selbst das englische Oberhaus, namentlich wenn Skandale den Himmel über England verdüsterten, erging sich ausgiebig in Debatten über Moral und Etikette.

Themenrelevanz der Quellen

Damit uns solche ‚Weihestunden' der Geschichte nicht entgehen, sollten wir uns ohnehin nie mit nur einem Quellengenre zufrieden geben, sondern neben einer Vielzahl auch eine Vielfalt von Quellen in die Analyse einbeziehen. Nur so können unsere Quellen sich gegenseitig ergänzen, Befunde bestätigen, Erkenntnisse differenzieren, Ungereimtheiten erklären und generell das Möglichkeitsbewusstsein schärfen.

Ideal der Quellenvielfalt

QUELLEN, QUELLEN, QUELLEN ...

Praxis des Quellenzitats

In ganz unterschiedlicher Form können Quellen Eingang in wissenschaftliche Texte finden. Nicht selten – und das sind nicht die schlechtesten Anfänge von historischen Arbeiten – dienen sie als *starter*, als Appetitanreger, indem sie dem Leser helfen, in die Zeit, über die geschrieben wird, in ihre Atmosphäre, in ihr Denken einzutauchen. Eine Monografie über die Geschichte der Wehrpflicht mit der ersten Zeile aus der Marseillaise „Aux armes, citoyen" (Frevert 2001, S. 9) beginnen zu lassen oder eine Biografie Arthur Schnitzlers mit dem Tagebucheintrag des 16-jährigen Titelhelden – „Ein Tagebuch wird gefunden ... große Scenen mit meinem Vater" (Gay 2003, S. 21) – weckt die Lust aufs Weiterlesen. Was böte sich eher an, wenn man über die bürgerliche Ehe im 19. Jahrhundert schreiben möchte, als aus einem Briefwechsel von Eheleuten zu zitieren, wie ihn etwa Theodor und Emilie Fontane geführt haben. Schon mit wenigen Zeilen kann dem Leser die Essenz zeitgenössischer (Männer-)Vorstellungen von Mustergattinnen serviert werden, die die Launen ihrer Männer ertragen, ihre Stimmungen aufhellen und sie „schwimmfähig" halten sollen (Erler 1998, S. 72).

Doch so anschaulich und aussagekräftig die gefundenen Quellen häufig anmuten, so maßvoll sollte man mit allzu ausführlichen Quellenzitaten sein. Häufig reichen knappe Auszüge, wobei wir uns aber auch davor hüten müssen, den Sinn eines Zitates durch allzu starke Verkürzung zu verstellen. So mancher Politiker ist über ein aus dem Zusammenhang gerissenes Zitat gestürzt. Historiker stürzen zwar nicht so schnell, setzen aber ihre wissenschaftliche Redlichkeit aufs Spiel. Auch wenn uns oft der Entdeckerstolz treibt und wir in der nicht seltenen Schönheit oder Skurrilität vergangener Texte schwelgen: Vieles lässt sich ebenso gut in eigenen Formulierungen auf den Punkt bringen und gleichzeitig argumentativ verknüpfen.

Sprache der Quellen

Gut gewählte, sorgsam dosierte und geschickt platzierte Quellenzitate tauchen historische Darstellungen in die Farbe ihrer Entstehungszeit, geben der Geschichte ihre Sprache zurück, im positiven wie im negativen Sinn. Und nach ausgiebigem Eintauchen in unseren Quellenpool entdecken wir häufig ein weiteres Phänomen: Die Quellensprache färbt ab. Dies erhöht den Lesegenuss eines wissenschaftlichen Textes sicherlich dann, wenn die Urheber der Quelle, wie häufig Briefeschreiber aus dem 18. und 19. Jahrhundert, eine elegante und eloquente Sprache pflegen. Bei wissenschaftlichen Texten, die sich mit den beiden deutschen Diktaturen des 20. Jahrhunderts beschäftigen, sollte man sich aber tunlichst davor hüten, in den offiziellen Duktus ihrer Entstehungszeit zu verfallen.

3.2 Von der Scherbe bis zum Popsong: Quellentypen

Uferlos erscheint uns die Quellenflut, je näher wir in der Geschichte der Gegenwart kommen. Klagen Zeithistoriker darüber, sich im Quellendschungel zu verlieren, so stöhnen Althistoriker über ihren nur spärlichen Quellenkorpus. Nicht nur die Menge an Quellen unterscheidet die Antike von der Neuzeit, auch die Quellengattungen variieren.

Wie Menschen in der griechischen und römischen Antike gelebt haben, erfahren wir durch archäologische Funde, durch Inschriften oder auch durch Münzen. Als überlieferte Texte aus der Zeit liegen die Aufzeichnungen früher Geschichtsschreiber und Dichter vor, eine Reihe von Herrscherbiografien, aber auch Fachliteratur zur Rhetorik, zu Fragen der Religion und der Hauswirtschaft ist aus der Antike überliefert. Die Schriften geben Einblicke in das Wirtschafts- und das Herrschaftsgefüge, in die sozialen Bedingungen und Geschlechterrollen der Gesellschaften vor mehr als 2 000 Jahren.

Quellen zur Antike

Für das Mittelalter kommen Annalen und Chroniken, Viten und Hagiografien (sogenannte Heiligenlegenden) ebenso wie Briefe, Predigten, Nekrologe, Bußbücher, Visionsberichte, Urkunden und Genealogien hinzu. Sie erlauben Aufschlüsse über die Struktur der mittelalterlichen Gesellschaft, den Wertekanon und Vorstellungshorizont der Zeitgenossen. Güterverzeichnisse, auch „Urbare" genannt, ebenso wie Inventare, Rechnungen und Testamente sind beredte Zeugnisse über Besitzgüter und ihre Bedeutung. Nicht zuletzt für die Konsumgeschichte eröffnen sie eine interessante Quellenwelt: Greift man etwa auf Inventare zurück und vergleicht sie über einen längeren Zeitraum, lässt sich daran ein schrittweiser Umdenkungsprozess beobachten und erkennen, wann aus Luxusgütern Güter des täglichen Bedarfs wurden. Aber auch Zeugnisse, die ursprünglich zu einem gänzlich anderen Zweck entstanden, wie Gerichtsprotokolle oder Inquisitionsverfahren, geben Antworten, die sonst schwer zu finden sind. Da die ‚kleinen Leute' – und das bleibt bis in die Zeitgeschichte ein Problem für Historiker – wenige schriftliche Zeugnisse hinterlassen haben, tappen wir über ihre Lebenswelten und Zukunftsträume häufig im Dunkeln. In seiner berühmten Studie *Der Käse und die Würmer* ist es dem italienischen Historiker Carlo Ginzburg auf der Grundlage eines Inquisitionsberichts von 1584 gelungen, die keineswegs simple, sondern hochkomplexe Vorstellungswelt des Müllers Domenico Scandella zu rekonstruieren (Ginzburg 1982).

Quellen zum Mittelalter

Für die Neuere Geschichte nimmt die Zahl der Quellen bis ins Unermessliche zu. Nicht zuletzt „Ego-Dokumente", also sämtliche

Quellen zur Neuzeit

Schrift- und Bildformen, bei denen das „Ich" im Zentrum steht und zu denen Memoiren, Autobiografien, Tagebücher, Briefe, Porträts und Reisebeschreibungen gehören, sind seit der Zeit der Aufklärung in überwältigend großer Zahl verfügbar. Das Entstehen einer bürgerlichen Öffentlichkeit seit dem ausgehenden 18. Jahrhundert überließ der Nachwelt eine Flut von Selbstdokumentationen, etwa in Form von Zeitungen, Zeitschriften und Journalen ganz unterschiedlichen Formats und Inhalts.

<small>Quellenkonjunkturen als Zeitgeistspiegel</small>

Solche Quellenkonjunkturen geben ihrerseits eine Zeitstimmung wieder: Hier schickte sich ganz offensichtlich eine neue Schicht an, die Führung in der Gesellschaft zu übernehmen, und rechtfertigte dieses Ansinnen wortreich und wortgewaltig. Die Bürgerinnen und Bürger, die dabei zur Feder griffen, entwarfen in den unzähligen Autobiografien und Briefen nicht nur sich selbst, sondern die Utopie einer „bürgerlichen Gesellschaft". Wie sehr davon Fragmente auch noch in den „Arbeiter- und Bauernstaat" hineinwucherten, zeigt der Boom von Benimmbüchern, dem wir mit Erstaunen in der DDR der 1950er-Jahre begegnen. Neben privatem nahm seit der Frühen Neuzeit auch das offizielle Schrifttum zu. Je mehr die Verstaatlichung und Bürokratisierung der Gesellschaft durchgriff, desto höher wuchs der Berg amtlicher Schriften, Akten und Dokumente, der „seriellen Quellen". Der wachsende Wunsch nach Vermessung der Welt ging einher mit einem Meer von statistischem und kartografischem Material.

Mit dem Aufkommen der Druckkunst, der Entstehung der Fotografie, der Tonaufnahmen und des Films haben sich für die Zeitgeschichte die Quellengattungen noch vervielfacht. Dabei sollte man

<small>Authentizität von Quellen</small>

nicht der Illusion verfallen, Fotos und Filme wären authentischere, weniger manipulierte Quellen zur Geschichte als Memoiren oder Statistiken. Ebenso wie das Gemälde nicht Spiegel der Realität, sondern der Auseinandersetzung des Künstlers und Auftraggebers mit seiner Umwelt ist, geben Fotos, Tonaufnahmen und Filme vornehmlich Vorstellungen und Wünsche ihrer ‚Macher' und Kunden wieder. Der scheinbar spontan entstandene Schnappschuss des dreijährigen John-John Kennedy, wie er unter dem Schreibtisch seines Vaters im *Oval Office* durchkrabbelt (1963), war eine geschickte Inszenierung, um dem amerikanischen Präsidenten väterliche Züge zu verleihen. Auch die unzähligen Industrieaufnahmen aus den Krupp-Werken zeigen wenig von der rauen Arbeitswelt eines Stahlwerkes, sondern vermitteln ein harmonisches Zusammenspiel von Mensch und Maschine (Tenfelde 1994). Die Massen von privaten Fotoalben, die in jeder Familie spätestens seit den 1950er-Jahren zu finden sind, gewähren uns selten Schlüssellochblicke in die Familienrealität der Nachkriegszeit. Vielmehr sind sie in der Regel Dokumente einer ‚heilen Welt', die die Zeitgenossen für sich und ihre Nachkommen kreierten.

Dass sie sich bei der Erstellung eines Zeugnisses in dem Kontext eines gewissen Genres bewegten, war den Zeitgenossen häufig sehr wohl bewusst. Ja, sie gingen sogar soweit, ganze Versatzstücke ihrer Vorgänger zu übernehmen, einschließlich ihrer Vorurteile. Über die *grand tour* junger Adliger, die bis in die frühe Neuzeit en vogue war, liegen uns nur vereinzelte Reisebeschreibungen vor. Schon die bürgerlichen Zeitgenossen mokierten sich über die klischeehaften Darstellungen der Jugendlichen, die auch in der Ferne im eigenen Kokon befangen blieben: „Sie reisen nach Art derjenigen, die sich zu Schiffe in einer Cajüte befinden. Sie kommen in gantz fremde Gegenden, ohne dass sie es gewahr werden" (Schlegel 1745 in: Grosser 1999, S. 143). Bürgerliche Reisende machten es häufig nicht besser. Im Stil des Baedeker sahen und schrieben viele genau das nieder, was sie aufgrund der Lektüre anderer Reiseberichte erwarteten. Für die namentlich im 19. Jahrhundert so beliebten Autobiografien stand nicht selten Goethes *Dichtung und Wahrheit* (1811–1833) Pate, und Realität und Fiktion vermischen sich auch bei weniger prominenten Memoirenschreibern.

Genreregeln von Quellen

Lange Zeit haben Historiker daher „Selbstzeugnisse" nur mit spitzen Fingern herangezogen. Der Beigeschmack des zum Teil demonstrativ Subjektiven, der Ego-Dokumente umgibt, verstellt jedoch mitunter den kritischen Blick auf vermeintlich ‚objektivere' Quellen. Obschon es zur wissenschaftlichen Binsenwahrheit gehört, dass Quellen nicht als blankgeputzte Fenster in die Vergangenheit betrachtet werden können, konnte sich das Vorurteil, dass einige von ihnen besondere Fallstricke für die historische Analyse auslegen, während andere relativ unverhohlen Fakten wiedergeben, lange halten. Bei näherem Hinschauen bleibt manchem noch so seriös daherkommenden Text oder Bild der Vergangenheit nach seiner Demaskierung nur wenig von seiner ‚Objektivität'. Statistiken etwa verschleiern mit ihren Zahlenspielereien häufig, wie subjektiv allein schon die Wahl ihrer Kategorien ist.

Hierarchisierung von Quellen

3.3 Von Zauberwelten und Zerberussen: Fundorte von Quellen

Wenn man im niedersächsischen Soltau über den kleinen Friedhof an der St. Johannis-Kirche geht, entdeckt man, angelehnt an die Wand der Kirche hinter einem Regenrohr Grabplatten aus dem 17. Jahrhundert, die zum Teil verstorbenen und totgeborenen Kindern gewidmet sind. Es ist nicht unwahrscheinlich, dass die Soltauer Eltern damit einem üblichen Brauch folgten und mit dieser Platzierung den nicht vollziehbaren Taufakt gewissermaßen als symbolische Nachtaufe mit geweihtem Wasser nachholen wollten. Die Inschriften und Zeichnungen auf den aufwändig gestalteten Grabplatten verraten viel über die religiöse Praxis in der frühen Neuzeit und widerlegen gleichzeitig auch die lange gehegte Vorstellung, die Kindheit sei erst im 18. Jahrhundert entdeckt, die Elternliebe erst mit der Aufklärung in die Welt gekommen (Ernst/Ernst 2004). Nicht nur beim Gang über Kirchhöfe, auch wenn man durch Straßen flaniert, stößt man allenthalben auf Quellen: Gebäude, Straßenzüge, Straßennamen, Denkmäler – all dies sind Zeugnisse der Vergangenheit, die durch unsere Fragen zu Quellen werden können. Auch auf Dachböden, in Schubläden und Kellerverliesen lassen sich, gerade wenn wir dem vergangenen Alltag auf die Spur kommen wollen, textliche, bildliche und gegenständliche Quellen finden. Entsprechend dem griechischen Wort *historia* sind wir als Historiker ja „Entdecker", „Erkunder", und in diese Rolle schlüpfen wir besonders in der ‚Jäger- und Sammler-Phase' wissenschaftlichen Arbeitens, bei der Quellenrecherche. Wer aufmerksam schaut, findet überall Quellen. Dies umso mehr, als im Laufe der Arbeit an einem Thema es langsam Besitz von uns ergreift und wir eine produktive Fantasie entwickeln, wo Quellen zu finden sind und was als Quelle zu nutzen ist.

Quellen allüberall

Ein erster, sehr bequemer Weg, nicht nur zu Beginn des Studiums, ist das Arbeiten mit Quellensammlungen und -editionen. Aber auch hier gibt es Kriterien der richtigen Wahl. Historisch-kritische Editionen sind der Idealfall, denn man kann davon ausgehen, dass diese nach wissenschaftlichen Grundsätzen erstellt und in der Regel auch mit einem textkritischen Anmerkungsapparat und einem erklärenden Register versehen sind. Bei solchen Ausgaben ist überdies sicher gestellt, dass die Editoren eine möglichst vollständige Erfassung der handschriftlichen Quellen vorgenommen haben, auf Veränderungen der unterschiedlichen Ausgaben verweisen, Unleserlichkeiten in der Ursprungsquelle benennen und mögliche Quellen aufzeigen, aus denen der Autor der Quelle seinerseits geschöpft hat. Dennoch ist der Kontext der Entstehung einer solchen historisch-kritischen Edition nicht unwichtig. Auch Editoren treffen eine Auswahl an Texten, die nicht zuletzt mit ihrem aktuellen Forschungsinteresse oder einem generellen Forschungstrend einhergeht. Die Blütezeit der großen Editionsprojekte war das 19. Jahrhundert, als sich die Geschichte zu

Quelleneditionen

einer eigenen Wissenschaftsdisziplin entwickelte und Quellen als ihr ureigenstes Handwerkszeug ‚entdeckte'. In dieser Zeit entstand eines der bekanntesten und umfangsreichsten Editionsprojekte, die *Monumenta Germaniae Historica* (MGH), die vornehmlich Quellen zur Geschichte des Mittelalters herausgibt. Neben solchen Großprojekten gibt es eine Reihe von Quellensammlungen, die ihr Material nach thematischen (z. B. Kate Aughterson: *Renaissance Woman: a Sourcebook. Constructions of Feminity in England*, 2005) oder forschungsansatzspezifischen Kriterien (z. B. Jürgen Kocka / Gerhard A. Ritter: *Deutsche Sozialgeschichte 1870–1914*, 3. Auflage 1982) auswählen. Auch im Internet kann man mittlerweile fündig werden, wenn die Seriosität der Herausgeber sicher gestellt ist. Die Herzog-August-Bibliothek in Wolfenbüttel, die zum Beispiel in ihrer Internet-Edition *Festkultur online* deutsche Drucke zur Festkultur des 17. Jahrhunderts präsentiert, ist über alle Zweifel erhaben.

Solche Quellensammlungen erleichtern uns zwar das Suchen und Finden der Quellen, der eigentliche Reiz historischer Quellenrecherche lässt sich dabei jedoch nicht verspüren. Hier fehlt es noch an der Magie des Moments, wenn man die Quelle, vielleicht sogar als Erste, in den Händen hält. Die ‚Zauberorte', die uns solche Augenblicke schenken können, sind weltweit kleinere oder größere Archive. Es hat viel von einer Schatzsuche an sich, dort nach Quellen zu stöbern: Im Idealfall gibt es eine Schatzbeschreibung – das Findbuch –, das zumindest ahnen lässt, wie wertvoll der Schatz für unsere Arbeit sein könnte. Es gibt mehr oder minder gutwillige Helfer auf unserem Weg zum Schatz – die Archivare – und *last but not least* den ‚Schatz' selbst. Wie viele ihn bereits gehoben haben, sieht man an dem eingelegten Benutzerbogen, der gleichzeitig Aufschluss gibt, wer noch zu dem Thema gearbeitet hat. Sind wir gar die Ersten, die sich auf einem noch blanken Bogen eintragen, ist das erst einmal ein erhebendes Gefühl, das nur dann schnell verfliegt, wenn sich der Schatz als eher leeres Gefäß erweist. Enttäuschungen, das wissen alle, die schon länger und häufiger im Archiv gearbeitet haben, gehören dazu. Aber aufgewogen werden scheinbar vertane Stunden mit wenig aussagekräftigen Akten durch inspirierende Quellenfunde, die unsere Arbeit bereichern und unsere Thesen bestätigen oder aufstören. In diesen Momenten entsteht oft vor unseren Augen schon das Kapitel im Buch, Aufsatz oder in der Hausarbeit, in das die Quellen einfließen werden.

Archive

Wer zu lange einen Bogen um das Archiv macht, die Hemmschwelle nicht überwindet oder sich von den nicht ausbleibenden

Frustrationen abschrecken lässt, vergibt genau diese Chance des Augenblicks eines Glücksfundes. Dafür sollten wir weiterhin einiges in Kauf nehmen. Auch wenn es neben den vielen freundlichen und hilfsbereiten Archivaren weniger zugängliche geben mag, die ihren Aktenschatz wie ein Zerberus hüten und Archivnutzer eher als lästig empfinden: Als Historikerinnen und Historiker mit ernsten wissenschaftlichen Absichten haben wir das Recht, die öffentlichen Archive zu nutzen. Und nicht selten entpuppt sich auch ein strenger Archivar bei näherem Kennenlernen als begeisterter Historiker.

3.4 Von Siegeln, Wappen und Münzen: Quellenwegweiser

Interdisziplinäres Arbeiten

Um die gefundenen Quellen zu ‚lesen' und ihren Eigenarten gerecht zu werden, sind wir häufig genötigt, Fachwissen anderer Disziplinen einzuholen. Wenn wir einen Song von *Pink Floyd* nicht nur auf seinen Text hin als Quelle für die Jugendkultur der 1970er-Jahre heranziehen wollen, sondern auch musiktypische Elemente in unsere Analyse einfließen sollen, sind wir beispielsweise auf die Kompetenzen der Musikwissenschaft angewiesen. Bildinterpretationen gewinnen, wenn wir uns auch der kunsthistorischen Methodik bedienen, an Substanz. Neben den ohnehin bereichernden Anleihen bei anderen Fächern gibt es für spezifische Formen von Quellen überdies „Historische Hilfswissenschaften", auch „Grundwissenschaften" genannt, die das methodische Rüstzeug für eine Analyse bereitstellen.

Chronologie

Um Datenangaben früherer Epochen zu entschlüsseln, sind Kenntnisse der Chronologie vonnöten. Der Begriff der Zeit und der Umgang mit ihr haben sich im Laufe der Geschichte vielfach geändert. Das muss uns bewusst sein, um Zeitangaben in den Quellen und Datierungen von Ereignissen richtig einschätzen und im Zweifelsfall korrigieren zu können. Das Zeitgefühl und die Zeitmessung sind Ausdruck von kulturellen Vorstellungen der Zeitgenossen. Einschneidend war etwa die Kalenderreform von 1582. Mit ihr begann ein schrittweiser Übergangsprozess vom am Mondphasenzyklus orientierten Julianischen Kalender, nach dem das Jahr 354 Tage umfasst, zu dem Gregorianischen Kalender, dem ein tropisches Sonnenjahr zugrunde liegt und der 365 Tage enthält. Je nachdem welche Konfession in welchen Regionen dominierte, trifft man noch lange nach der Kalenderreform auf zwei unterschiedliche Datumsangaben. Vor allem in protestantischen und orthodoxen Ländern sowie außerhalb Euro-

pas stieß die Umstellung auf wenig oder erst späte Zustimmung
(→ KAPITEL 4.1). England etwa schaffte den Julianischen Kalender 1752
ab und erst im 20. Jahrhundert stellten China (1911), Russland
(1918), Griechenland (1924) und die Türkei (1926) ihre Zeitrechnung entsprechend um.

Die heutige Zählung der Jahre nach Christi Geburt geht auf das
6. Jahrhundert und den Abt Dionysius Exiguus zurück, der im Auftrag von Papst Johannes I. neue Berechnungen zu den Osterzyklen
anstellte. Neben der Praxis, weiterhin nach römischen Gewohnheiten
zu datieren, orientierte man sich seit dem Mittelalter zunehmend am
kirchlichen Festkalender. Hier wird nach beweglichen (z. B. Ostern)
und unbeweglichen Festen (z. B. St. Nikolaus am 6. Dezember) unterschieden.

Wie sehr der Kalender auch Ausdruck nicht nur religiöser, sondern auch politischer Ideen sein kann, zeigen selbstbewusste Versuche, politische Revolutionen mit einer neuen Zeitrechnung zusätzlich zu akzentuieren. Beispielhaft dafür war der Revolutionskalender
in Frankreich.

Doch nicht nur das Jahr zu strukturieren wurde offenbar ein wachsendes Bedürfnis der Zeitgenossen, auch einen festen Tagesrhythmus
galt es zu finden. Vor der Einführung von Uhren nutzte man dafür
Naturbeobachtungen wie Hahnenschrei, Sonnenstand und Sternenkonstellationen. Der Benediktinerorden und seine im Jahr 450 entstandenen Regeln unterteilten den Tag in Gebet und Arbeit (*ora et labora*).

Während die Chronologie nahezu für alle historischen Epochen
wichtig ist, unterscheiden sich die historischen Teildisziplinen in ihrer
Präferenz einzelner Hilfswissenschaften.

Für die Antike sind neben archäologischen Funden Inschriften eine
wichtige Quelle, die mit Hilfe der Epigrafik entschlüsselt werden können. Dem Begriff Epigrafik liegt das griechische *epigraphé* (Aufschrift) Epigrafik
zugrunde. Zumeist befinden sich Epigrafe ‚vor Ort', also an ihrer Ursprungsstelle. Solche Inschriften sind nicht themengebunden, sondern
gewähren Einblicke in unterschiedliche Spektren des Alltags. An religiösen Stätten fixiert, verraten sie viel über gängige Opferrituale, Tempelinventarien oder Hausordnungen von Heiligtümern. Manche griechischen Städte haben internationale diplomatische Urkunden,
kaiserliche Episteln und ganze Staatsverträge inschriftlich festgehalten
und damit vor die Augen der Öffentlichkeit gebracht. Auch Privatleute versahen ihre Gebäude mit Inschriften, und bis heute kennen wir
Grabinschriften, obwohl diese in der Regel nicht mehr so redselig

vom Leben der Verstorbenen künden wie in der Antike und im Mittelalter. Im Römischen Kaiserreich finden wir zusätzliche Inschriftengattungen wie etwa die Meilensteine, die das gesamte römische Straßensystem säumen. Auf ihnen sind alle jeweils im Amt befindlichen Kaiser verzeichnet, sodass wir, wenn wir ihnen folgten, den Gang der Romanisierung der römischen Provinzen nachvollziehen könnten. Als „Königin der Inschriften" gilt bis heute das *Monumentum Ancyranum*, ein Selbstzeugnis von Kaiser Augustus in griechischer und lateinischer Sprache, das den Kaiserkulttempel in Ankara schmückt.

Aussagen über Herrscher lassen sich auch an einem weiteren, bereits für die Antike auffindbaren Quellentyp nachweisen: den Münzen. Ihrer Analyse hat sich die Numismatik verpflichtet. Als Quellen sind Münzen in mehrfacher Hinsicht nutzbar: Zum einen sind sie durch Material und Münzfuß (Gewicht) Zeugnisse historischen Wirtschaftslebens im Sinne von unmittelbaren Überresten. Zum anderen findet man auf ihnen häufig Bilder und kurze Texte, Münzlegenden, die uns Einblicke in die Zeit ihrer Nutzung verschaffen. Bereits seit dem Hellenismus werden auch sterbliche Menschen auf Münzen abgebildet, die zum Teil bis heute unsere Vorstellungen, wie einzelne historische Persönlichkeiten ausgesehen haben, prägen. Neben Herrschaftskonzepten, königlichen Selbstbildern und Herrscherchronologien bieten sie ganz praktische Hinweise. Je weniger Edelmetall sie etwa aufweisen, desto angespannter, so lässt sich vermuten, war die jeweilige ökonomische Lage. Bei Hortfunden, also einem absichtlich vergrabenen Depot unterschiedlicher und meist wertvoller Gegenstände, lassen sich anhand der Zusammensetzung von Münzen der Radius des Geldumlaufs, wirtschaftliche Verflechtungen und teilweise sogar frühe Spielarten von *global players* ablesen.

Mit der Zunahme amtlicher Zeugnisse wie Urkunden und anderen Dokumenten kam ein weiterer Quellentyp ins Spiel, der einer eigenen Analyse bedarf: das Siegel. Die Sphragistik, die Siegelkunde, beschäftigt sich mit der Herstellung und Rechtsstellung, den Formen und dem Gebrauch von Siegeln. Historische Zeugnisse wurden „versiegelt", d. h. mit einem in eine weiche Wachs- oder Bleimasse geprägtes Sigillum versehen, um sie einerseits vor unberechtigtem Zugriff zu schützen und ihre Echtheit zu bekunden und ihnen andererseits den Anstrich der Glaubwürdigkeit zu verleihen. Als Historiker interessieren uns, neben Form, Material und Art der Befestigung, der rechtliche Status und die künstlerische Gestaltung. Was sagt uns ein Siegelbild über das Selbstverständnis eines Siegelführenden aus? Inwieweit versinnbildlicht die Größe des Siegels die Bedeutung des Vorgangs? Siegelbild und Siegellegende, die sogenannten inneren Siegelmerkmale, sind besonders spannend, zeigen sie uns doch in den idealisierten Darstellungen das Selbstbild der Siegelführenden.

Auch Wappen, ein Quellentyp, der mit dem Mittelalter an Bedeutung gewinnt, können ganze Geschichten erzählen, zu deren Aufschlüsselung die Heraldik das Handwerkszeug bietet. Definieren lässt sich ein Wappen als ein Abzeichen, das nach bestimmten Regeln erstellt und dauerhaft einer Person, Familie oder Körperschaft zugeordnet ist. Die ersten Wappen kamen in der ersten Hälfte des 12. Jahrhunderts auf. Zunächst waren sie kein individuelles Merkmal ihres Trägers, sondern fungierten, auf Helm und Schild angebracht, schlicht als Erkennungszeichen, um die militärische Gefolgschaft ihrem jeweiligen Herrn zuordnen und auseinanderhalten zu können. Besonders während der Kreuzzüge gewann diese Funktion an Bedeutung. Wenig später wurden Wappen jedoch zu Zeichen, an denen sich jeder zu Kampf oder Turnier gerüstete, bei geschlossenem Visier schwer zu unterscheidende Ritter identifizieren ließ. Die Wappen, bislang ausschließliches Recht seiner individuellen Träger, wurden jetzt zum Rechtssymbol und Herrschaftszeichen, das vererbt werden konnte. Sie wurden Symbol einer – wie wir heute sagen würden – *corporate identity*. Die „Wappenfähigkeit" war ein Standesindiz, zunächst gebunden an den Adel. Seit dem späten Mittelalter wuchs die Zahl an Wappen-Trägern und -Formen enorm. Mit dieser Inflation verloren Wappen ihren elitären Charakter. Nun schmückten sich Bürger, Bauern, Gemeinden, Vereine oder auch Universitäten mit ihren eigenen Wappen, die in Wappenbüchern und -briefen verzeichnet wurden. Auch wenn es für Farben und Formen der Wappen feste Richtlinien gab, wurden sie häufig übertreten. Theoretisch war das Figurenspektrum unbegrenzt, in der Praxis tummelten sich sehr häufig Adler und Löwen in unterschiedlichen Posen.

Heraldik

Da das Gros der historischen Quellen sich weiterhin aus schriftlichen Texten zusammensetzt, ist die Paläografie, die Handschriftenkunde, für alle historischen Epochen von großer Bedeutung. Historikerinnen und Historiker fast aller Epochen müssen sich mit anderen Schriftformen auseinandersetzen als derjenigen, in der sie selbst schreiben. Das Identifizieren des Schreibstoffes und des Schreibgerätes gehört ebenso zur Handschriftenkunde wie das Entziffern der Texte. Sei es die Keilschrift des *Gilgamesch-Epos* oder die Kurrent- oder Sütterlinschrift, in denen im 19. und frühen 20. Jahrhundert geschrieben wurde – der Zugang zu Quellen erfordert oft eine Transkriptionsleistung. Überdies verraten Schriften häufig auch Ort und Form

Paläografie

ihrer Verwendung. Es gibt Buchschrift und Geschäftsschrift, Kurzschriften und Geheimschriften, sodass uns – nach einigen Erfahrungen mit solchen Quellen – schon Einordnungen auf den ersten Blick gelingen können.

3.5 Von den acht großen „W": Quellenkritik

Quellen bergen Welten, aber sie bergen auch Gefahren. Unsere ersten Fragen bei der Betrachtung einer Quelle müssen immer lauten: Ist die Quelle wirklich das, was sie zu sein vorgibt? Und wozu erlaubt sie Aussagen, wozu hingegen nicht? Überdies ist es nicht unerheblich, ob es sich bei der Quelle um einen Überrest oder eine Tradition handelt. Unter Überrest versteht man alles, was unmittelbar – und nicht intentional – aus vergangenen Lebensvollzügen hervorgegangen und übrig geblieben ist. Zu denken wäre dabei etwa an Münzen, Werkzeuge, Haushaltsgegenstände, Kleidung, Spielsachen und vieles mehr. Auch viele Texte der Vergangenheit, wenn sie in einem konkreten Zusammenhang entstanden sind und nicht mit Blick auf die Nachfahren verfasst wurden, sind Überreste, nicht Traditionen.

Überrest ...

Aber hier sieht man schon, dass die Grenze zwischen Tradition und Überrest nicht ganz trennscharf ist. Woher wissen wir etwa, dass die Aufzeichnungen des Dienstmädchens Sophia L. aus den 1840er-Jahren nicht allein zur persönlichen Rechtfertigung gedacht waren, sondern dass die junge Frau heimlich gehofft hat, auf eine größere Leserschaft in der Zukunft zu treffen? (Budde 1990) Generell aber gilt, dass Tradition den Nachlebenden *bewusst* Kenntnis über einen historischen Sachverhalt geben will. Tacitus' *Germania*, entstanden 98 n. Chr., die *Bill of Rights* von 1689, die *Déclaration des Droits de l'Homme* von 1789, das Familienbild, das der Eisenbahnkönig Bethel Henry Strousberg beim Maler Ludwig Knaus 1879 in Auftrag gegeben hat, oder auch die unzähligen Biografien über Lady Diana gehören zu den Traditionsquellen, indem sie bei der „invention of tradition" (Hobsbawm/Ranger 1992), der Erfindung der Tradition kräftig mithelfen. Solche Quellen zeugen in der Regel von der Absicht ihres Verfassers, sind persönlich eingefärbt und selektiv. Giacomo Casanova hat sich in seiner im 18. Jahrhundert entstandenen Autobiografie *Geschichte meines Lebens* selbstverständlich als Libertin und Salonlöwe ‚erfunden', ebenso wie Joachim Fest sich in seinen 2006 erschienenen Jugenderinnerungen *Ich nicht* gezielt als bildungsbürgerlich gewappnet vor nationalsozialistischen Zumutungen dar-

... und Tradition

stellt. Die Briefe von Queen Victoria kann man sowohl als subjektive Darstellungen zur englischen Sozialgeschichte als auch zur Annäherung an Persönlichkeit und Selbstverständnis einer englischen Monarchin des 19. Jahrhunderts lesen.

Es ist also nötig, mit kritischem Blick auf eine Quelle zu schauen, Quellenkritik zu üben. Bei der quellenkritischen Arbeit beginnen wir in der Regel mit einer kurzen Skizze des Inhalts der Quelle (Regest), um dann weitere Fragen an die Quelle zu stellen. Dabei bringen uns acht „W-Fragen" der Essenz der Quelle schon ein ganzes Stück näher:

- Wer hat die Quelle verfasst?
- Wann entstand die Quelle?
- Wo wurde die Quelle erstellt?
- Welche Art von Quelle ist es?
- Wen hat die Quelle als Adressaten im Visier?
- Wie ist die Quelle überliefert?
- Warum wurde sie erstellt?
- Wovon kündet die Quelle, wovon schweigt sie?

Jede der acht W-Fragen hat eine Reihe weiterer Fragen im Schlepptau, die sich nach äußerer und innerer Quellenkritik unterscheiden lassen. Bei der äußeren Quellenkritik geht es um Echtheit und Vollständigkeit der Quellen, bei der inneren Quellenkritik um ihre Zeitnähe, ihre Perspektive, mögliche Wertungen und Widersprüche (→ KAPITEL 9). Ein Katalog von aufeinander folgenden Fragen tut sich auf: Wenn wir den Namen des Verfassers kennen, was erfahren wir – etwa durch Sprache und Stil der Quelle – über ihn? Wenn wir das Datum herausgefunden und mit der Methodik der Chronologie verifiziert haben, schließt sich gleich ein ganzes Fragenbündel an: Vor welchem historischen Kontext wurde die Quelle demnach verfasst? Wie viel Zeit liegt zwischen dem dargestellten Ereignis und dem Verfassen der Quelle? Und welche Tücken der Erinnerung müssen wir deshalb in Rechnung stellen? Auf welche Weise spiegelt sich die avisierte Zielgruppe in ihrem Duktus wider? Wie ist sie überliefert und ist ihre Überlieferungsform häufig oder selten? Ist sie beschädigt, nur lückenhaft lesbar, in eine andere Sprache übersetzt? All dies hat Konsequenzen für ihre Aussagekraft. Was war die Absicht der Quelle und was kann man zwischen den Zeilen und hinter dem Bild auch lesen? Kleiderordnungen im Mittelalter etwa legten fest, wer welchen Aufwand mit seiner Garderobe treiben durfte; allein dass sie existieren unterstreicht aber gleichzeitig, dass offenbar ständig gegen sie verstoßen wurde. Wenn im *Allgemeinen Landrecht* von 1794 ein Paragraf bestimmt, dass Mütter ihre Kinder selbst stillen sollten, so

Acht W-Fragen an die Quelle

Äußere und innere Quellenkritik

zeugt diese Regelung einerseits von neuen medizinischen und pädagogischen Erkenntnissen, zeigt aber auch, dass die Nahrung mit Muttermilch keineswegs allgemeiner Usus war.

Vergleichende Quellenkritik

Schärfen können wir unsere Quellenkritik überdies durch den Vergleich mit ähnlichen Quellen. Der Glücksfall einer Enquete zur Lage der Dienstboten, die der Nationalökonom Oscar Stillich 1900 in Berlin sowohl unter Dienstmädchen als auch unter ihren Herrschaften auf der Grundlage von 18 000 Fragebögen durchführte, zeigt uns gleich, obschon die „Hausfrauen" zum Teil die Umfrage empört boykottierten, beide Seiten der Medaille (Stillich 1902). Das ist selten, meist müssen wir selbst nach der ‚anderen Seite' Ausschau halten.

Quellenkritik gehört zu den wesentlichen Merkmalen historischen Arbeitens, aber sie ist noch mehr: Sie schult uns generell im Umgang mit Texten und Bildern auch außerhalb unserer geschichtswissenschaftlichen Forschungen und macht uns sensibel, wie Jürgen Kocka zu Recht betont hat, für den Missbrauch der Geschichte und ihrer Quellen:

„Der wissenschaftliche Diskurs mit seinen Regeln der Quellenkritik, der Analyse und Interpretation läßt zwar zumeist mehrere, auch konkurrierende Interpretationen und Ergebnisse zu, aber nicht alles geht. Vieles schließt er aus. [...] Er entfaltet damit eine kritische Kraft, die weit über den innerwissenschaftlichen Bereich hinausreicht – als Beitrag zur Aufklärung. Dem Aufklärungsprodukt ‚Geschichtswissenschaft' ist eine besondere Rationalität eigen, die im Prinzip in der Lage (wenn auch nicht immer mächtig genug) ist, der Instrumentalisierung der Geschichte zu antiaufklärerischen Zwecken enge Grenzen zu ziehen." (Kocka 1989, S. 149f.)

Fragen und Anregungen

- Quellen finden sich auch auf dem Weg zur Uni. Schlüpfen Sie doch schon vor der Hörsaaltür in die Rolle des künftigen Historikers oder der künftigen Historikerin und schauen, welches Gebäude, welches Denkmal, welcher Straßennamenzyklus etwa als Quelle zu welchem Thema mit welcher Fragestellung dienen könnte.

- Erläutern Sie, unter welchen Gesichtspunkten alle in diesem Band enthaltenen Bildquellen und eingerückten Textzitate als Tradition bzw. als Überrest zu klassifizieren sind.

Lektüreempfehlungen und Internet-Adressen

- **Die griechische Literatur in Text und Darstellung,** hg. von Herwig Görgemanns, 5 Bde., Stuttgart 1985–1991.
  Quelleneditionen

- **Die römische Literatur in Text und Darstellung,** hg. von Michael von Albrecht, 5 Bde., Stuttgart 1985–1999.

- **Monumenta Germaniae Historica (MGH),** hg. von der Zentraldirektion der MGH, Hannover u. a. 1826 ff.

- **Ausgewählte Quellen zur deutschen Geschichte des Mittelalters,** Darmstadt 1955 ff.

- **Ausgewählte Quellen zur deutschen Geschichte der Neuzeit,** Darmstadt 1960 ff.

- **Deutsche Geschichte in Quellen und Darstellungen,** hg. von Rainer A. Müller, 11 Bde., Stuttgart 1995–2003.

- **Deutsche Geschichtsquellen des 19. Jahrhunderts,** hg. von der Historischen Kommission bei der Bayerischen Akademie der Wissenschaften, 36 Bde., Leipzig 1919–1942.

- **Aristoteles Latinus Database:** www.brepolis.net.
  Quelleneditionen im Internet

- **Eighteenth Century Journal II: Newspapers / Periodicals 1685–1815:** www.18thcjournals.amdigital.co.uk.

- **Making the Modern World: Economics, Politics and Industry:** www.infotrac.galegroup.com/iweb?db=MOME.
  Die meisten Uni-Bibliotheken haben eine Reihe von Lizenzen, sodass Ihnen der Zugriff zu diesen und vielen weiteren digitalen, wissenschaftlich seriösen Quelleneditionen und Datenbanken möglich sein wird.

- **Friedrich Beck / Eckart Henning, Die archivalischen Quellen. Mit einer Einführung in die Historischen Hilfswissenschaften,** 4. Aufl. Köln 2004. *Im ersten Teil werden ausführlich unterschiedliche Quellengattungen vorgestellt, der zweite Teil behandelt die Historischen Hilfswissenschaften.*
  Literatur

- **Martin Burkhardt, Arbeiten im Archiv. Praktischer Leitfaden für Historiker und andere Nutzer,** Paderborn 2006. *Nützliche Einleitung in die praktische Archivarbeit anhand von Fallbeispielen aus der Perspektive der Archivnutzer mit Vorstellung der verschiedenen Archivtypen und Nutzungsmöglichkeiten.*

4 Zeiten

Jürgen Osterhammel

Abbildung 5: Jacques Louis David, *Der Schwur im Ballhaus am 20. Juni 1789 (Le Serment du Jeu de Paume)* (1791), Federzeichnung/Tusche (schwarzbraun), weiß gehöht, 66 × 101 cm, Versailles, Musée national du chateau, depot du musée du Louvre

ZEITEN

In seiner Zeichnung „Der Schwur im Ballhaus am 20. Juni 1789" hält Jacques-Louis David (1748–1825) eine Schlüsselszene der Französischen Revolution fest: Der erste Akt eines beispiellosen Aufbegehrens gegen die Autorität des französischen Königs – und damit der Beginn der Revolution – war die Selbstproklamation des „Dritten Standes" zur „Nationalversammlung" am 17. Juni 1789. Drei Tage später, also noch vor dem berühmten Sturm auf die Bastille am 14. Juli, hatte sich der zweite revolutionäre Akt vollzogen: Nach einem erzwungenen Umzug in eine Halle, die dem „jeu de paume", einer Variante des Tennisspiels gewidmet war, schworen die Deputierten feierlich, nicht eher auseinander zu gehen, „bis die Verfassung des Königreiches geschaffen und auf feste Grundlagen gestellt worden ist". Im folgenden Jahr begann David im Auftrag der Verfassunggebenden Versammlung mit der Arbeit an einem Riesengemälde – in einer Zeit noch ungeklärter Kräfteverhältnisse also, politische Kunst für den Augenblick. Zugleich aber verleiht David mit seiner klassizistischen Bildsprache dem unerhörten Ereignis eine Bedeutung, die in die Zukunft weisen soll: der Kollektiveid als Stiftungsakt für etwas ganz Neues, ein neues Zeitalter der Geschichte.

Im Rückblick von heute bleibt die Französische Revolution das beste Beispiel für einen zentralen historischen Epocheneinschnitt. Viele Historiker meinen, mit ihr sei die „frühe Neuzeit" zu Ende gegangen. Auch manches andere ist zum „welthistorischen Ereignis" erklärt worden: die Ermordung Julius Caesars (44 v. Chr.), der Fall von Byzanz an die Osmanen (1453), die Ankunft des Kolumbus in der Neuen Welt (1492), die Formulierung der nordamerikanischen Unabhängigkeitserklärung (1776), der Beginn des Ersten Weltkriegs (1914) oder die Öffnung der Berliner Mauer (1989). Von solchen spektakulären Ereignissen wird gesagt, mit ihnen habe „eine neue Epoche", eine „neue Zeit" begonnen. Zeit ist eine anthropologische Grundkonstante, für Historikerinnen und Historiker ist sie mehr: eine zentrale Kategorie.

4.1 **Zeit, Chronologie, Kalender**
4.2 **Das Epochenschema**
4.3 **Feinperiodisierung**
4.4 **Historische Prozesse**
4.5 **Zeitordnung und Zeitempfinden**

4.1 Zeit, Chronologie, Kalender

Zeitformate Geschichtswissenschaft ist eine Wissenschaft von Veränderungen, und Veränderungen sind nicht denkbar ohne die Wahrnehmungsdimension der Zeit. Historiker befassen sich manchmal mit sehr langen Zeiträumen, etwa in der Wirtschafts- oder der Bevölkerungsgeschichte. In der Diplomatie- und Militärgeschichte, um das krasse Gegenteil zu nennen, hat man es zuweilen mit ganz kurzfristigen Verläufen zu tun, bei denen die Abfolge von Entscheidungen in Tagen und Stunden gemessen wird, etwa bei der Analyse einer weltpolitischen Krise wie der Kubakrise zwischen den USA und der Sowjetunion, die sich zwischen dem 14. und dem 28. Oktober 1962 abspielte. Wenn Historiker schreiben und reden, gestalten sie Zeit. Sie erzählen, entwerfen Abfolgen von ‚früher' und ‚später', anders gesagt: Sie verfertigen Narrative (Müller-Funk 2002). Historiografie hat daher auch Aspekte einer „Zeitkunst". Es gibt eine kleine Zahl von Historikern, die sich mit der *Theorie* der Zeit beschäftigt haben, im deutschen Sprachraum vor allem Reinhart Koselleck und Jörn Rüsen seit den 1970er-Jahren. Ihre Schriften werden mindestens ebenso sehr von Philosophen und Literaturwissenschaftlern gelesen wie von Praktikern der Geschichtsforschung. Diese benötigen für ihre Alltagsgeschäfte zumeist gar keine komplizierten Zeittheorien. Aber sie sollten sich der Dimension der Zeit stets bewusst sein. Sensibilität für Zeit zu entwickeln, gehört zu den wichtigsten Zielen eines Geschichtsstudiums.

Datierung Chronologie und Kalender sind gewissermaßen die Oberfläche der Zeit. Sie tritt Historikern zunächst in Form von Daten entgegen. Je näher man an die Gegenwart heran kommt, desto unproblematischer scheinen Datierungen zu werden: Dokumente werden exakt datiert; Informationen stehen in der Tageszeitung. Für ältere Epochen können Datierungen eine Herausforderung sein; in der Archäologie (auf andere Weise auch in der Kunstgeschichte) sind sie ein zentrales Forschungsziel. Im Falle von älteren Epochen und nichteuropäischen Zivilisationen müssen Daten, die man in den Quellen findet, in die für uns ‚normale' Zeitrechnung *Anno Domini* (A.D. = im Jahr des Herrn, d. h. Zeitrechnung nach Christus) konvertiert werden (→ **KAPITEL 3.4**). Dafür benutzt man Handbücher und Tabellen. Wer beispielsweise russische Geschichte betreibt, muss bis zum Ende des Zarenreiches mit einer Differenz der Kalender rechnen. Die „Oktober"-Revolution (nach ‚altem Stil' des Julianischen Kalenders vom 25. Oktober 1917) fand nach dem westeuropäischen, in Russland erst 1918 eingeführten Gregorianischen Kalender am 7. November statt.

In zahlreichen Zivilisationen sind die unterschiedlichsten Kalender erfunden worden (Wendorff 1993). Sie alle ordnen die Gegenwart in ein Kontinuum von Vergangenheit und Zukunft ein, sie machen das individuelle Leben planbar und koordinieren die Individuen in der Gesellschaft. Sie sind das Rückgrat jeder Rekonstruktion von Geschichte, denn erst der Kalender kann ein bloßes Nacheinander durch Abstände strukturieren, also ein Früher und Später messbar machen. Er erleichtert es, Gleichzeitigkeit zu beschreiben. Auf dem Gebiet der Zeitrechnung haben sich weltweite Vereinheitlichungen spät und unvollkommen durchgesetzt. Um 1800 gab es noch nicht einmal Ansätze zu einer Koordination über Zivilisationsgrenzen hinweg. In großen Teilen der Welt merkte man deshalb am 1. Januar 1801 gar nicht, dass ein neues Jahrhundert begonnen hatte. Die Magie der Jahrhundertwende war um 1800 im Wesentlichen auf das Verbreitungsgebiet des katholischen und protestantischen Christentums beschränkt; in China, Japan oder der muslimischen Welt zählte man die Zeit anders. Kalendarische Einheitlichkeit wurde selbst in Europa nur schrittweise und langsam erreicht. Es dauerte genau 170 Jahre, bis der 1582 in den katholischen Ländern Europas und 1600 bereits in Schottland eingeführte Gregorianische Kalender 1752 auch für England Geltung erhielt und damit für das gesamte britische Weltreich einschließlich der nordamerikanischen Kolonien. In Rumänien wurde er erst 1917 amtlich, in Russland 1918, in der Türkei 1927.

Kalender

Bis heute wird die historische Zeit keineswegs überall nur *Anno Domini* (heute oft religiös neutraler: *Common Era* = CE) gezählt. Unser heutiges lineares, jeden Zeitpunkt exakt bezifferndes Datierungssystem, das vom konventionellen Jahr Eins an vor- und zurückrechnet, war in der Grundidee seit dem 6. Jahrhundert bekannt und wurde 1627 von dem Jesuiten Dionysius Petavius (1583–1652) ausgearbeitet. Es verbreitete sich erst im 19. Jahrhundert über die ganze Welt, ohne bis heute sämtliche Alternativen überflüssig gemacht zu haben. In Taiwan, einem der gesellschaftlich modernsten Länder der Erde, rechnet man noch immer vom Jahr der Revolution 1912 an, als die Chinesische Republik das Kaiserreich ablöste. 2008 ist demnach „minguo 96". Während man in China bis 1911 mit jeder Dynastie die Jahre *neu* zählte und gar kein Basisjahr kannte (erst die Kommunisten stellten sich 1949 ganz auf den westlichen Kalender um), nimmt man in Japan *neben* der westlichen Zeitrechnung eine

Jahreszählung

ZEITEN

Doppelte Chronologie

ununterbrochene Folge von Kaisern an. Die archaisch wirkende Rückrechnung zum fiktiven Jahr 660 BCE – der Thronbesteigung des Urkaisers Jimmu, des Enkels der Sonnengöttin – blieb trotz der Einwände mancher Historiker über 1945 hinaus ein Grundmythos des japanischen Nationalismus, zuletzt bei der Inthronisation des Kaisers Akihito 1989 unmissverständlich bekräftigt. Japan hatte bereits 1873, also nahezu ein halbes Jahrhundert vor Russland, den Gregorianischen Kalender und mit ihm die bis dahin unbekannte 7-Tage-Woche eingeführt, leistet sich aber bis heute daneben einen gewissen chronologischen Eigensinn. Der Siegeszug des Gregorianischen Kalenders hatte weniger mit den kulturellen Vorlieben der Kalenderbenutzer oder gar mit europäischem Kulturimperialismus als mit den technisch-praktischen Vorteilen des Schemas zu tun. Dennoch waren und sind Schwachpunkte nicht zu übersehen. Eine Kalenderreform wäre grundsätzlich möglich.

4.2 Das Epochenschema

Großepochen

Eine unter mehreren Möglichkeiten der Formung historischer Zeit ist ihre Verdichtung zur Epoche, zum Zeitalter. Die Vergangenheit erscheint zumindest dem modernen europäischen Bewusstsein als eine Abfolge großer Zeitblöcke. In der Alltagssprache und auch im Wortgebrauch von Historikern scheinen ihre Einteilungen und Benennungen ziemlich willkürlich zu sein. Man spricht vom „Perikleischen Zeitalter", vom „Zeitalter des Barock", vom „Industriellen Zeitalter" oder vom „Zeitalter des Internet". Beginnt man aber ein Geschichtsstudium, so ergeben die Bezeichnungen von Professuren, die Einteilungen von Curricula und Prüfungsplänen, die Ordnung von Bibliotheken und die Systematik der Lehrbücher einigermaßen übereinstimmend ein einheitliches Bild: Die Geschichte ‚zerfällt' in wenige große Epochen:

- (Vor- und Frühgeschichte)
- Antike (Alte Geschichte)
- Mittelalter
- Neuzeit
  - Frühe Neuzeit
  - Neuere und neueste Geschichte
  - Zeitgeschichte

Dieses Schema ist so allgegenwärtig, dass es dem Historikerbewusstsein wie eine unbezweifelbar gegebene ‚zweite Natur' erscheint. Dies liegt auch daran, dass die professionellen Vertreter gleichsam von Amts wegen für die Abgrenzbarkeit und Autonomie ‚ihrer' Epoche eintreten und dafür ein Monopol an Fachkompetenz beanspruchen. Schon bevor man versucht, die Zeitalter mit Jahreszahlen zu versehen, fallen bereits Inkonsistenzen auf. So sollte es eigentlich nach der „frühen" eine „späte" Neuzeit geben. Diesen Begriff wird man aber nirgendwo finden. Professuren mit einem Schwerpunkt im „langen" 19. Jahrhundert (ca. 1789–1914) oder gar mit einer Zuständigkeit bis 1945 firmieren unter der formalen Bezeichnung „Neuere und neueste Geschichte" („Neuere Geschichte" allein wird aber auch oft mit früher Neuzeit identifiziert). Daran schließt sich eine „Zeitgeschichte" an, von der manche ihrer Vertreter meinen, sie beginne 1917/18, während andere darunter erst die Zeit seit 1945 verstehen. Man wird mit diesem Epochenschema, wie unvollkommen es auch sein mag, leben müssen, sollte sich aber über seinen konventionellen Charakter und über die Grenzen seiner Brauchbarkeit klar werden.

Inkonsistenzen

Epochen sind Ergebnis historischer Reflexion und Konstruktion, zumeist erst durch die Nachwelt. Niemand um 1100 hätte von sich behauptet, im „Mittelalter" zu leben. Die Dreiteilung Antike–Mittelalter–Neuzeit wurde erst 1702 durch den Hallenser Gelehrten Christoph Keller (Cellarius, 1638–1702) eingeführt. Nicht selten hat bedeutende Geschichtsschreibung Epochen überhaupt erst ins Leben gerufen: den „Hellenismus" (Johann Gustav Droysen, 1808–1884), die „Renaissance" (Jules Michelet, 1798–1874; Jacob Burckhardt, 1818–1879), das „Spätmittelalter" (Johan Huizinga, 1872–1945) und die „Spätantike" in den 1970er-Jahren (Peter Brown). In manchen Fällen sind akademisch erfundene und von der Fachwelt übernommene Epochenbezeichnungen noch kaum in die Öffentlichkeit außerhalb der Universität durchgedrungen.

Konstruktionen

„Frühe Neuzeit" ist dafür ein Beispiel. Anfang der 1950er-Jahre als Epochenname vorgeschlagen und bald schon in der Bundesrepublik mit ersten Lehrstühlen versehen, hat diese Unterteilung schnell Anerkennung in der Binnendifferenzierung der Historikerzunft gefunden und ist heute fast zu einer vierten gleichwertigen Epoche geworden (Eichhorn 2006). Es gibt immer weniger Historiker, die Fachautorität über Epochengrenzen hinweg zum 18. *und* zum 19. Jahrhundert beanspruchen können und wollen.

Frühe Neuzeit

Vollends unübersichtlich wird es bei Hilfskonstruktionen wie der „Moderne", einem Begriff, der aus ästhetischen Positionsbestimmungen stammt und später von der Soziologie übernommen wurde, die sich geradezu als Wissenschaft von der Moderne versteht. Der Begriff

Moderne

hat sich inflationär verbreitet und ist auf jedes europäische Jahrhundert seit dem 16. Jahrhundert und sogar auf das China des 11. Jahrhunderts angewendet worden, mit den besten Argumenten sozialgeschichtlich auf die Zeit seit etwa den 1880er-Jahren, literarisch, künstlerisch und musikalisch etwa für dieselbe Zeit. Die allgegenwärtige Rede von Moderne, Postmoderne und *multiple modernities*, fast immer ohne auch nur einigermaßen genaue chronologische Markierungen, verweist freilich auf eine Schwächung des Epochenbewusstseins. So ist „frühe Neuzeit" möglicherweise das letzte innerfachlich akzeptierte Epochenkonstrukt. Aber auch hier gibt es Vorschläge zur Rückdatierung der üblichen Ausgangszäsur um 1500 weit ins Mittelalter hinein (Schilling 1999).

Kriterien

Jedes Teilgebiet der Geschichtswissenschaft besitzt seine eigene zeitliche Logik. Ein Dynastiewechsel oder die Errichtung eines neuen politischen Systems bedeuten nicht notwendig auch einen Bruch in der Sozial- und Kulturgeschichte, die beide mit viel weniger dramatischen Einschnitten und Wendepunkten rechnen. Es gibt zahlreiche mögliche Kriterien von Periodisierung. Das Epochenschema folgt keinem einheitlichen Maßstab. So lässt man nach verbreiteter Übereinkunft die („frühe") Neuzeit um 1500 (+/- einiger Jahrzehnte) beginnen: kein politisches, sondern ein kulturgeschichtliches (Renaissance, Reformation, Buchkultur) und kolonialgeschichtliches (‚Entdeckung' Amerikas und des Seewegs nach Indien) Datum. Das *Ende* der frühen Neuzeit wird jedoch nach üblichem Verständnis mit der rein *politischen* Zäsur der Französischen Revolution 1789 verbunden, das „lange" 19. Jahrhundert mit dem Beginn des Ersten Weltkriegs 1914.

Eine Gefahr bei der Anwendung des Epochenschemas liegt in seiner Scheinexaktheit. Zeitalter verhalten sich zueinander nicht nach dem Modell der Plattentektonik. Selbst an vermeintlich ‚messerscharfen' historischen Wendepunkten wie 1914 oder 1945 brechen historische Kontinuitäten nicht abrupt ab. Es ist daher ratsam, fließende Epochengrenzen anzunehmen (Demel 1997), die großen Zäsurdaten von *beiden* Seiten zu betrachten und Übergangsphasen („Spätantike" ca. 300–600 A.D.; „Sattelzeit" ca. 1750–1850 usw.) besondere Aufmerksamkeit zu schenken.

Fließende
Epochengrenzen

Eurozentrik

Schließlich ist das Epochenschema stark eurozentrisch. Nichteuropäische Zivilisationen kennen ebenfalls Vorstellungen etwa von einem „goldenen Zeitalter", haben aber ihre eigenen Periodisierungen (Völkel 2006). Begriffe wie „Antike" oder „Mittelalter" sind auf China, Indien oder Afrika kaum anwendbar, und „1789" war für den größten Teil der Welt kein Datum von erstrangiger Bedeutung.

4.3 Feinperiodisierung

Historiker werden sich in der Praxis selten mit dem Schema der Großepochen prinzipiell auseinander setzen. Einen viel weiteren Gestaltungsspielraum haben sie bei der unvermeidlichen Feinperiodisierung. Jede Beschäftigung mit einem historischen Thema erfordert, dass man über seine zeitliche (und räumliche) Struktur nachdenkt: Wann lasse ich mein Referat einsetzen? Wie viel Vorgeschichte ist nötig (brauche ich z. B. Ludwig XIV., um die Französische Revolution zu erklären)? Gehe ich chronologisch vor? Welche Zäsuren setze ich an? Ist Periodisierung nur ein Hilfsmittel der Darstellung, ist sie ein die Erkenntnis fördernder Zwischenschritt oder gar das Ziel meiner Untersuchungen?

Praxis

Auch bei solchen praktischen Versuchen der Feinperiodisierung stellt die Literatur zahlreiche Lösungsangebote bereit. Vor allem wer im nationalgeschichtlichen Rahmen arbeitet, findet ein tradiertes und, wie es scheint, bewährtes Zeitgerüst vor, das aus den markanten Fundierungs- und Krisenzäsuren der „vaterländischen" Geschichte gezimmert ist: Wer wird daran zweifeln wollen, dass die Jahresdaten 1648, 1806/1815, 1848, 1871, 1914, 1933, 1945/49 und 1989/90 die deutsche Geschichte sinnvoll strukturieren? Schon die britische Geschichte wird aber üblicherweise ganz anders gegliedert.

Nationalgeschichten

Von den genannten deutschen Daten sind für das Vereinigte Königreich allein 1815, 1914 und 1945 von vergleichbarer Bedeutung. Alles andere sind spezifisch englische oder britische Daten, einschließlich der bis heute beliebten Abgrenzung eines „viktorianischen" Zeitalters, das gar nicht pedantisch der Regierungszeit Queen Victorias (1837–1901) entsprechen muss. In Frankreich werden die Republiken (1. bis 5.) und die Kaiserreiche (1. und 2.) gezählt, für Italien ist es vor der Bildung des Einheitsstaates 1861 schwer, überhaupt eine gesamtitalienische politische Periodisierung zu finden. Eine Periodisierung der *europäischen* Geschichte, die sich auf Vorgänge und Prozesse von kontinentaler Wirkung beziehen muss, ist daher unter dem Imperativ einer Europäisierung der Geschichtswissenschaft ebenso unvermeidlich wie schwierig zu entwickeln.

Europäische Geschichte

*Welt*geschichtliche Periodisierungen sind zumeist geschichtsphilosophisch entworfen worden (etwa in Form von marxistischen oder evolutionistischen Stadienmodellen der Menschheitsentwicklung). Ihre empirisch informierte Diskussion hat erst vor kurzem begonnen (Green 1992), etwa bei der Frage ansetzend, ob es sinnvoll ist, gesamt-eurasisch oder gar weltweit ähnliche Entwicklungen von Staats-

Weltgeschichte

bildung oder Kommerzialisierung zwischen etwa 1450 und 1850 als eine globale „frühe Neuzeit" zu bezeichnen (Lieberman 1999).

Feinperiodisierungen innerhalb der Großepochen oder auch in der Verklammerung solcher Epochen sind in hohem Maße bereichsspezifisch. Historiker sprechen von einer „Periodenverschiedenheit der Kulturgebiete" (Pot 1999, S. 63). So hat sich die ‚neue' Kulturgeschichte bisher wenig für Periodisierung interessiert, nachdem die ältere Historiografie von Ideen und Künsten auf Epochenbestimmungen geradezu fixiert war, etwa in der Suche nach Stilepochen („Barock", „Romantik") oder ideengeschichtlichen Formationen („Aufklärung", „Historismus"). Das Pendant zu „Epochenstil" wäre „Zeitgeist", ein problematisches Konzept, mit dem nur wenige der bedeutendsten Historiker umzugehen verstanden. In diesen Zusammenhang gehört etwa die Rede vom „bürgerlichen Zeitalter" (ca. 1850–1914), in dem Bürger in einem genauen sozialgeschichtlichen Sinne niemals die Mehrheit der Bevölkerung ausmachten, aber, so die These, ihrer Gesellschaft und Kultur den maßgebenden Stempel aufdrückten.

Zeitgeist

Bei Periodisierungen ist mit der Schichtung der Zeit zu rechnen. Es ist nicht immer so einfach wie beim einflussreichen Mittelmeerwerk Fernand Braudels (1902–1985), in dem die Wirtschaftsgeschichte die sehr langen, die säuberlich davon getrennte politische Ereignisgeschichte die sehr kurzen Verläufe im Blick hat (Braudel 1990; Raulff 1999). Die Geschichte der internationalen Beziehungen zum Beispiel ist nicht länger bloß eine Chronik diplomatischer Manöver, sondern fragt auch nach mittelfristigen Verschiebungen im Staatensystem oder in der Feindstereotypisierung und nach langfristigen, manchmal Jahrhunderte überwölbenden Hegemonialzyklen (Loth/Osterhammel 2000). Extrem breit gestaffelt ist die Zeitschichtung der Umweltgeschichte. Als geologische Erdgeschichte denkt sie in Jahrmillionen, als Geschichte der Domestizierung von Pflanzen und Tieren in Jahrtausenden, als Klimageschichte in Jahrhunderten, als Geschichte von Naturkatastrophen in Tagen und Stunden.

Zeitschichten

Feinperiodisierung bedeutet häufig, dass versucht wird, einen bestimmten kürzeren Zeitabschnitt auf seine Epochenqualitäten hin zu prüfen und ihn durch besondere Merkmale aus dem zeitlichen Kontinuum hervorzuheben. So werden zum Beispiel Debatten um die Besonderheiten der 1960er- oder der 1970er-Jahre in der Geschichte der Bundesrepublik geführt. Ein Hilfsmittel kann dabei das soziologische Konzept der Generation sein, das eine soziale „Kohorte", also Menschen, die sich nicht als Gruppe persönlich kennen müssen, in ihren gleichzeitigen lebensgeschichtlichen Sozialisationserfahrungen

Generation

und ihrer gleichzeitigen Wirkung auf die Gesellschaft erfasst. Solche Untersuchungen werden oft dicht an den Quellen entlang geführt. Von einer Vertiefung in die Materialien über eine überschaubare Kurzperiode oder eine Generation erhofft man sich auf induktivem Wege Aufschluss über „synchrone" Gemeinsamkeiten, die sozusagen von innen heraus eine Periode konstituieren.

Oftmals beruhen Periodisierungen aber auch auf vorgängigen theoretischen Setzungen. Die „langen Wellen" (Nikolai Kondratjew, 1926) von Wachstum und Konjunkturverlauf in der Wirtschaftsgeschichte sind dafür ein Beispiel. Sie lassen sich ‚irgendwie' in den statistischen Daten finden, modellieren diese Daten dann aber zu einfachen Schemata, die wieder auf die historische Empirie zurückprojiziert werden. Zuweilen können sich solche Konzepte verselbstständigen. So wird „Industrielle Revolution" weiterhin vielfach als ein Periodenbegriff verwendet (für etwa 1770–1850), obwohl damit ursprünglich ein Vorgang und keine zeitlich präzisierbare Periode gemeint war, das Konzept eigentlich auf England beschränkt sein sollte und die quantitative Basis für die Annahme einer solchen „Revolution" mittlerweile als recht dürftig gilt. „Industrialisierung" ist ebenfalls als Periodenbegriff („Zeitalter der Industrialisierung") untauglich geworden, seit offenkundig ist, dass sich auch *heute* in Ländern wie China und Indien Industrialisierung großen Stils vollzieht.

Theoretische Setzungen

4.4 Historische Prozesse

Periodisierung ist nur auf den ersten Blick eine Zerlegung des Zeitstrahls in handliche ‚Salamischeiben'. Bei genauerem Hinsehen erweist sie sich als eine von mehreren Möglichkeiten, historische Prozesse in ihrer zeitlichen Dimension zu beschreiben und verständlich zu machen. Periodisierung markiert Diskontinuitäten *in der Kontinuität*. Sogar bei Revolutionen und großen Kriegen, den spektakulärsten Brüchen, die man kennt, stellt sich die Frage nach dem Zusammenhang zwischen Vorher und Nachher über den Zeitschnitt hinweg. Revolutionen sind niemals so radikal, wie ihre Protagonisten es von sich selbst behaupten.

Kontinuität

Die Geschichtswissenschaft hat es ständig mit Mikro-Prozessen zu tun, die sich in kurzen Zeiträumen entfalten. Jede politische Entscheidung, auch eine kollektive wie die demokratische Wahl, ist das Ergebnis von Entscheidungsprozessen. Die von der Kulturgeschichte heute stark beachtete Bildung von persönlichen und kollektiven Identitäten wäre ein anderes Beispiel für einen besonderen Typ von Prozessen im Mikro-Bereich. Reinhart Koselleck (1923-2006), der bedeutende Theoretiker historischer Zeit, hat in seinem Spätwerk betont, dass viele solcher Prozesse repetitiv oder „rekurrent" sind, also „Wiederholungsstrukturen" aufweisen. Er nennt dafür die Beispiele des Briefträgers, der regelmäßig kommt, ohne immer die gleiche Post zu bringen, oder des Fahrplans, der individuelle Züge miteinander koordiniert (Koselleck 2000, S. 21). Sozialisation in Familie und Schule wäre ein weiteres Beispiel. Arbeit und religiöse Praxis verlaufen in den meisten Gesellschaften ebenfalls nach repetierten Zeitmustern. Diese Muster können lineare (ein produktorientierter Arbeitsprozess) oder zyklische (der typische Durchgang durch die Phasen biologischer und gesellschaftlicher Existenz) Form besitzen.

Die englische Historikerin Penelope Corfield hat jüngst eine dreifache Typologie, eine „Trialektik" (wie sie es selbst nennt) temporaler Prozesse vorgeschlagen: *micro-change*, *macro-change* und *continuity*, die sie in Wechselwirkung miteinander sieht (Corfield 2007, S. 123). Bei Mikro-Wandel denkt sie weniger an Kosellecks Wiederholungsstrukturen als an feine Rückungen und Anpassungen im Fortgang der Zeit. Die zahlreichen kleinen Veränderungen in lebenden Sprachen wären dafür ein Beispiel: Neue Wörter und Ausdrucksweisen tauchen auf, andere kommen außer Gebrauch, der Bereich des Sagbaren ändert sich. Kontinuität umfasst bei Corfield Beinahe-Konstanten, die sich sehr langsam verschieben: die biologisch-anthropologische Ausstattung des Menschen, Grundtechniken der Nahrungsmittelzubereitung oder die Grunddogmen der großen Religionen.

Dass *macro-change* überhaupt erkennbar sei, ist im späten 20. Jahrhundert von Theoretikern der Postmoderne in Zweifel gezogen worden. Man muss ihnen in dieser radikalen Skepsis gegenüber „Großen Erzählungen" (*master narratives*) nicht folgen, um einzuräumen, dass wir nun aufmerksamer und sorgfältiger mit solchen oft verborgenen und nur durch Textanalyse erschließbaren Großen Erzählungen oder Deutungsschemata umgehen. Jede (neuzeitliche) Nationalgeschichte wird nach derlei Schemata erzählt, die zumeist politisch umkämpft und immer mit besonderen Periodisierungsakzenten versehen sind: die deutsche als „langer Weg nach Westen" (Heinrich August Winkler 2000), die französische als Entfaltung der revolutionären Entwürfe von 1789, diejenige der USA als Westwärtsbewegung einer Siedlungsgrenze (*frontier*). Dies sind vielfach standortgebundene (ideologische) Sinnkonstruktionen, über deren Angemessenheit nur bedingt mit den

wissenschaftlichen Mitteln der Geschichtswissenschaft entschieden
werden kann. Manche sind abwegig, aber unter den Seriösen lassen
sich die ‚Richtigen' nicht eindeutig identifizieren. Große Erzählungen
sind Deutungsangebote, die immer ein Thema öffentlicher Debatte
sein müssen.

Näher an der Empirie sind jene Makro-Prozesse angesiedelt, die   Prozesse
seit vielen Jahrzehnten im Mittelpunkt vor allem der Sozial- und Wirtschaftsgeschichte, der Rechts- und Verfassungsgeschichte oder auch
der historischen Demografie stehen: langfristiges Wirtschaftswachs-
tum, demografischer Übergang von hohen Geburten- und Sterberaten
zu geringer Kinderzahl und hoher Lebenserwartung, Urbanisierung,
De-Agrarisierung und Industrialisierung, Konstitutionalisierung bzw.
Demokratisierung, Massenalphabetisierung, Entwicklung des (europäischen) Sozialstaates, Entstehung eines Weltstaatensystems oder
wirtschaftliche Globalisierung. Diese Prozesse sind überwiegend im
19. und 20. Jahrhundert verortet, sie begannen aber teilweise schon
vor 1800 und sind daher nach konventioneller Vorstellung epochenübergreifend. Sie finden sich in den unterschiedlichsten Formen und
Intensitäten auf allen Kontinenten. Sie sind zielgerichtet (Trends),
aber keineswegs gesetzmäßig ‚vorprogrammiert' und zweifellos nicht
unumkehrbar (man denke an De-Industrialisierung, Abbau des Sozialstaates, Sinken der Lebenserwartung in Russland nach 1991). Auch
wenn manche der großen Prozesse, etwa die Entwicklung konstitu-
tioneller Politik, in fester nationalstaatlicher Rahmung vonstatten
gingen, schlossen sie im Normalfall grenzüberschreitende Transfers
und Lernprozesse ein. Die Idee des Verfassungsstaates hatte englische
Wurzeln, materialisierte sich in Nordamerika zu einer geschriebenen
Verfassung, löste, von Frankreich ausgehend, in Europa eine Kette
politischer Reformen aus, und fand seit 1889 (Verfassung des japanischen Kaiserreiches) breite Resonanz in Asien.

Die Zeitform dieser großen Transformationen ist nicht leicht zu   Zeitformen
bestimmen. Eine bloß lineare Periodeneinteilung kann sie nicht er-
schöpfend beschreiben. Vielmehr muss man nach Rhythmen und
Tempi fragen, nach Taktung, nach Beschleunigung und Verlangsamung, nach dem Früher-Später-Verhältnis von Pionieren und
Nachzüglern, nach intensivierenden oder auch hemmenden Wechselwirkungen zwischen miteinander verbundenen, aber nicht aus densel-
ben Quellen gespeisten Prozessen wie Urbanisierung und Industrialisierung. Das Schema der Großepochen bleibt angesichts solcher
intellektueller Herausforderungen nahezu irrelevant, das Instrumen-
tarium der Feinperiodisierung auch noch zu grob. Es geht um eine

präzise Bestimmung von historischer Dynamik unter dem Gesichtspunkt ihrer Temporalität (Pierson 2004).

4.5 Zeitordnung und Zeitempfinden

Der Periodisierung und Zeitanalyse als wissenschaftlicher Ordnungsstiftung *ex post* korrespondiert das Zeitempfinden der Menschen in der Vergangenheit auf eine komplizierte Weise. Manchmal haben Historiker die spontanen Zäsurerfahrungen von Zeitgenossen bestätigt. Viele, die die Französische Revolution erlebten, hatten das Gefühl, es geschähen unerhörte Dinge und es sei „eine neue Epoche der Weltgeschichte" angebrochen (Goethe in seiner Beschreibung der Kanonade von Valmy am 20. September 1792, in: Trunz 1982, Bd. 10, S. 235). So sehen es die Historiker noch heute. Nach dem Terrorangriff auf New York am 11. September 2001 hatten Millionen von Menschen in aller Welt einen ähnlichen Eindruck. Man wird jedoch mit einem Urteil abwarten müssen. Manche Prognosen nach „9/11", etwa diejenige eines neuen *American empire*, haben sich nicht bewahrheitet.

Das Zeitempfinden der Vergangenheit zeigt sich in Versuchen, Ordnung und Objektivität in die Zeit zu bringen. Kalender, die in mehreren Zivilisationen unabhängig voneinander geschaffen wurden, setzen hohe astronomische und mathematische Kenntnisse voraus und gehören zu den komplexesten Kulturleistungen der Antike. Maßnahmen zur Zeitverwaltung und zeitlichen Koordination der Individuen (z. B. die Herstellung von Pünktlichkeit und von rationaler Arbeitsteilung) sind Überlebensbedingungen von Gesellschaften. Sie bezwecken die Vereinheitlichung von Zeitstandards. Dies war nur in Gesellschaften möglich, die es verstanden, die Zeit zu messen, und die sich daran gewöhnt hatten, es zu tun, also in „Uhrengesellschaften". Ab wann man davon sprechen kann, dass sich nicht nur Gelehrte, Priester und Fürsten mit mechanischen Uhren abgaben, sondern ganze Gesellschaften chronometrisch durchdrungen waren, ist schwer zu sagen. Vermutlich konnte diese Schwelle überhaupt erst erreicht werden, als die industrielle Massenproduktion von Zeitmessern für die persönliche Verwendung und damit der Privatbesitz von Uhren außerhalb kleiner Eliten möglich wurde. Das war in Europa und Nordamerika erst in der zweiten Hälfte des 19. Jahrhunderts der Fall. Die Allgegenwart von Uhren und der Gehorsam ihrer Besitzer und Benutzer gegenüber einem mechanischen Zeitdiktat fielen asiatischen und afrikanischen Besuchern von Ländern wie Großbritannien und den USA immer wieder auf. Die Demokratisierung der Taschenuhr, ermöglicht durch die maschinelle Herstellung preisgünstiger Massenware, machte Pünktlichkeit erstmals zu einer allgemein erreichbaren Tugend. Die jährliche Weltproduktion an Taschenuhren stieg von 350 000 Stück am Ende des 18. Jahrhunderts auf mehr als 2,5 Millionen um 1875 (Landes 1983, S. 287). Die Bemerkung des amerikanischen Kulturkritikers Lewis Mumford, nicht die Dampfmaschine, sondern die Uhr sei die wichtigste Apparatur des industriellen Zeitalters gewesen (Mumford 1963, S. 14), trifft zumindest für die nichtwestliche Welt ohne Zweifel zu. Die Uhr war unendlich viel weiter verbreitet als die Dampfmaschine. Sie griff ordnend und disziplinierend in einer solchen Weise in Gesellschaften ein, wie es eine pure Produktionstechnologie nicht vermochte. Uhren gab es in Gegenden der Welt, in denen man noch nie eine Dampfmaschine oder eine Lokomotive gesehen hatte. Die Uhr wurde zum Emblem wie Hauptvehikel der westlichen Zivilisation.

Nach einer oft vertretenen These unterwarf die Uhr in der „Moderne" ganze Gesellschaften in Europa wie in den Kolonien dem Terror der Metronomisierung, also einem mechanischen Zeitregiment, das seinen deutlichsten Ausdruck in Fahrplan und Fließband fand. Die Freiheit der Lösung selbstgestellter Aufgaben sei durch das Diktat der Zeit ersetzt worden. Die Menschen wurden ‚Gefangene der Zeit'. Daran ist sicher manches richtig, auch wenn der implizierte Gegensatz von natürlicher Zeit in der Vormoderne und künstlicher Zeit unter dem Signum der sekundengenau messenden Uhr die Problematik romantisch-nostalgisch verzerrt. Vieles bleibt unklar, etwa die kausale Reihenfolge: Schuf erst die Erfindung der mechanischen Uhr ein Bedürfnis nach exakter Zeitmessung, oder war nicht vielmehr zuerst dieses Bedürfnis vorhanden und weckte dann eine Nachfrage nach technischen Mitteln zu seiner Befriedigung? Auch sollte man die Fähigkeit zur Zeitresistenz nicht unterschätzen. Nur mit der *eigenen* Uhr in der Hand konnten Arbeiter eine Begrenzung des Arbeitstages einfordern.

Metronomisierung

Erst im 19. Jahrhundert wusste man (in Europa) genug über die Zeitrechnungen anderer Zivilisationen, um Vergleiche, Konkordanzen und schließlich eine universale Chronologie herzustellen. Zum Entstehen einer einheitlichen globalen Zeitkultur, in deren Horizont auch Historiker wie selbstverständlich arbeiten, trug auch die Einführung der „Weltzeit" im Jahr 1884 bei. Dass man heute jede lokale Zeit an einem beliebigen Punkt der Erde exakt in andere Zeiten

Weltzeit

umrechnen kann, wurde durch die allgemein verbindliche Festlegung von Zeitzonen ermöglicht. Um 1800 gab es in keinem Land der Welt eine Synchronisation von Zeitsignalen über die Grenze einer einzelnen Stadt hinaus. Jeder Ort oder zumindest jede Region stellte die Uhren nach Gutdünken. 1870 verwendeten in den USA mehr als 400 Eisenbahngesellschaften insgesamt 75 unterschiedliche *railroad times*. Erst die Erfindung und Einführung der Übermittlung elektrischer Impulse durch den Telegrafen machte das Problem grundsätzlich lösbar. Um 1900 war die Zeitmessung nicht nur innerhalb der technisch fortgeschrittenen Industriestaaten koordiniert, sondern auch zwischen ihnen. Eine internationale Meridiankonferenz, zu der sich Delegierte aus 25 Ländern in Washington trafen, hatte sich 1884 auf die Weltzeit oder *standard time* geeinigt und den Globus gleichmäßig in 24 Zeitzonen eingeteilt.

Globalisierung der Zeit

Die Globalisierung der Zeit ist über die letzten anderthalb Jahrhunderte hinweg eine mächtige Tendenz der kommunikativen Vernetzung der Welt und der Integration kulturspezifischer Sinnhorizonte gewesen. Die Übernahme ganz neuer Zeitrechnungen, die schnelle Verbreitung der Uhr als Massenware oder die Einführung der Weltzeit waren nicht weniger tiefe lebensweltliche Einschnitte als die von Koselleck und anderen beschriebenen Beschleunigungserlebnisse des Revolutionszeitalters um 1800 und die Echtzeitkommunikation im heutigen „digitalen Zeitalter". Allerdings hat ein globales Zeitbewusstsein keineswegs alle anderen möglichen Haltungen zur Zeit verdrängt.

Fragen und Anregungen

- Beschreiben Sie die unterschiedlichen Datierungssysteme und deren historisch-kulturelle Ursprünge.

- Erläutern Sie die Epochenschemata der Geschichtswissenschaft und diskutieren Sie die Kritik an ihnen.

- Weshalb sind „Uhrengesellschaften" oder die „Globalisierung der Zeit" Gegenstand für die Geschichtswissenschaft?

Lektüreempfehlungen

- Reinhart Koselleck, Zeit, in: Stefan Jordan (Hg.), Lexikon Geschichtswissenschaft. Hundert Grundbegriffe, Stuttgart 2002, S. 331–336. *Zum Einstieg in das Werk des einflussreichsten neueren Theoretikers historischer Zeit.* — Grundliteratur

- Reinhart Koselleck, Vergangene Zukunft. Zur Semantik geschichtlicher Zeiten, Frankfurt am Main 1979. *Analyse geschichtlicher Zeiterfahrungen und Zeitbegriffe.*

- Reinhart Koselleck, Zeitschichten. Studien zur Historik, Frankfurt am Main 2000. *Aufsätze und Vorträge aus den Jahren 1972 bis 1998 zu Grundideen einer Theorie der Zeit.*

- Rudolf Wendorff, Zeit und Kultur. Geschichte des Zeitbewusstseins in Europa, Opladen 1980. *Materialreiche Kulturgeschichte zur Unterfütterung theoretischer Überlegungen.*

- Penelope J. Corfield, Time and the Shape of History, New Haven 2007. *Neueste Systematik mit Illustrationen aus vielen Epochen und Zivilisationen.* — Aufbauliteratur

- Gerhard Dohrn-van Rossum, Die Geschichte der Stunde. Uhren und moderne Zeitrechnung, München 1992. *Trotz des Schwerpunkts auf Mittelalter und früher Neuzeit immer noch der beste Überblick zur Geschichte der Zeitmessung.*

- Karl-Georg Faber / Christian Meier (Hg.), Historische Prozesse, München 1978. *Immer noch wichtige Ideen zu einem seither vernachlässigten Thema.*

- Julius T. Fraser, Die Zeit – vertraut und fremd, Basel 1988. *Bestandsaufnahme von Zeittheorien, über die Geschichtswissenschaft hinausgehend.*

- Reinhart Herzog / Reinhart Koselleck (Hg.), Epochenschwelle und Epochenbewußtsein, München 1987. *Unübertroffener Sammelband zur Periodisierung in allen Geisteswissenschaften.*

- Wolfgang Kaschuba, Die Überwindung der Distanz. Zeit und Raum in der europäischen Moderne, Frankfurt am Main 2004. *Anschauliche Darstellung moderner Zeitkultur.*

5 Räume

Jürgen Osterhammel

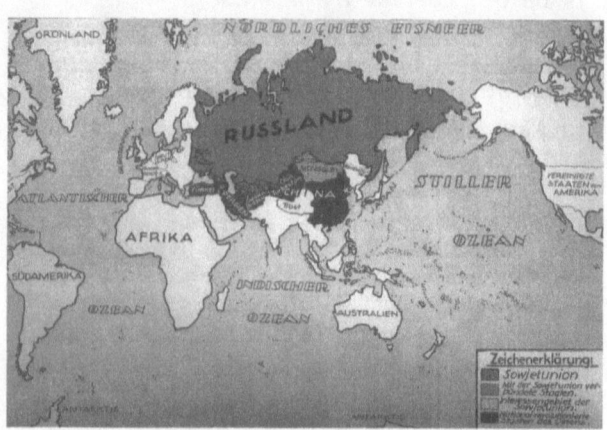

Abbildung 6: Alexander Radó, *Die proletarische Großmacht – Die Sowjetunion*, aus: Alexander Radó, Atlas für Politik, Wirtschaft, Arbeiterbewegung. Bd. I: Der Imperialismus, Wien/Berlin 1930

Diese Weltkarte zeigt die Kontinente in den uns geläufigen Umrissen und in den Größenverhältnissen der weithin üblichen Mercator-Projektion (in der Kartografie übliche winkeltreue Abbildung der Erdoberfläche). Dennoch irritiert sie übliche Sehgewohnheiten. Der amerikanische Doppelkontinent ist an die Ränder verschoben und wird sogar vertikal durchgeschnitten. Gegenüber dem Kartenbild in heutigen Schulatlanten ist Eurasien in die Mitte der West-Ost-Achse gerückt, dorthin, wo sonst Afrika liegt. „Russland" (in der Legende: „Sowjetunion") wird durch Schriftgröße und vollflächige, im Original tiefrote Tönung plakativ hervorgehoben. Sibirien ist nach Osten in die Länge gezogen, China erscheint ungewöhnlich klein. Die Karte muss aus der Zeit vor dem Zweiten Weltkrieg stammen, als die UdSSR erst einen einzigen Satellitenstaat besaß, die Mongolei, und als die Mandschurei nicht von China kontrolliert wurde. Man findet sie in einem Atlas zum Imperialismus, den der ungarische Kartograf Alexander (Sándor) Radó (1899–1981) 1930 in Wien veröffentlichte.

Die Karte ist nicht ‚falsch', aber in ihren grafischen Mitteln sehr stark reduziert (so sind etwa die Staaten Südamerikas und die Kolonien in Afrika nicht eingezeichnet), um eine deutliche Botschaft zu vermitteln: Die Sowjetunion ist eine Weltmacht, in Eurasien sogar die mit Abstand größte politische Einheit. Im Süden wird sie von einer breiten und durchgehenden Zone befreundeter, ‚national-revolutionierter Staaten' gestützt, die vom Mittelmeer bis zum Chinesischen Meer reicht. Kurz: 1930 ist die UdSSR zu einem erstrangigen Faktor in der Weltpolitik geworden.

Geschichte vollzieht sich im Raum. Man kann sie nicht nur in Texten, sondern auch grafisch repräsentieren und sogar durch Karten Argumente formulieren. Was aber ist unter „Raum" zu verstehen? Und wie kann die Geschichtswissenschaft ihn erfassen?

5.1 **Karten: Die Sichtbarkeit des Raumes**
5.2 **Die begriffliche Konstruktion von Räumen**
5.3 **Region und Territorium, Grenze und Diaspora**
5.4 **Bewegung und Interaktion im Raum**
5.5 **Raum als Landschaft und Umwelt**

5.1 Karten: Die Sichtbarkeit des Raumes

Historische Erscheinungen, ob nun punktuelle Ereignisse (z. B. Beginn des Ersten Weltkriegs) oder langfristige Prozesse (z. B. Kreuzzüge, Industrialisierung) (→ KAPITEL 4), müssen stets in Zeit und Raum verortet werden. Man braucht daher immer eine ziemlich genaue Vorstellung von Chronologie (wann?, wonach?, wovor?) und Geografie (wo?, woher?, wohin?, wie verteilt?) des historischen Geschehens. Wo verliefen – zu wechselnden Zeitpunkten – die Grenzen des Römischen Reiches? Wo findet man um 1400 in Europa Universitäten? Welche Gebiete Mitteleuropas waren vom Dreißigjährigen Krieg stark betroffen, welche weniger stark, welche gar nicht? Woher und wohin verliefen die Ströme des atlantischen Sklavenhandels im 18. Jahrhundert? Wo konzentrierten sich 1932/33 die Wähler der NSDAP? Wie verteilten sich um 1970 das Pro-Kopf-Einkommen und die Alphabetisierungsraten auf der Erde? Das sind charakteristische Fragen aus dem Historikeralltag.

Verortung im Raum

Chronologien haben sich Historiker meist selbst erarbeitet. Bei Raumbildern sind sie auf die älteste Nachbarwissenschaft der Historie, die Geografie oder Erdkunde, angewiesen, insbesondere auf deren Spezialzweig Kartografie. Zu den wichtigsten Hilfsmitteln im Geschichtsstudium (und zur persönlichen Handbibliothek von Studierenden) gehören daher Atlanten. Sie teilen sich in zwei Kategorien:

- **Physikalische Atlanten** sind gegenwartsbezogen. Sie synthetisieren und repräsentieren mit den medialen Mitteln der Wissenschaft die heutigen Kenntnisse über die Oberflächengestalt der Erde. Historiker müssen sich vor allem für die Position von Orten und für physikalische Formen interessieren. Zweifellos verändern sich diese Formen nach den langen Zeitmaßen der Geologie oder Klimatologie, für das Verständnis der letzten drei Jahrtausende können sie aber als konstant angenommen werden. So zeigt ein Blick auf eine physikalische Weltkarte, dass Großbritannien und Japan durch ihren Charakter als Archipele geprägt sein mussten oder dass der Besiedlung und ökonomischen Nutzung mancher Teile der Erde wegen des Mangels an (schiffbaren) Flüssen enge Grenzen gesetzt waren und sind.

- **Historische Atlanten** sind Ergebnisse einer Zusammenarbeit zwischen Historikern und Geografen. Sie beruhen nicht auf Messungen und Satellitenfotografie, sondern im Prinzip auf den gleichen Quellen, mit denen die Geschichtswissenschaft auch sonst umgeht. Nur befragen sie diese Quellen auf spezifische Weise nach Auskünften über räumliche Lokalisierung und setzen diese Daten dann in Kartenbilder um. Eine historische Karte dient immer einem besonderen Zweck. Auch muss sie unvermeidlich mit einem Zeitindex verbunden sein: Für welchen Zeitpunkt oder Zeitraum soll das Repräsentierte gelten? Die politische Landkarte Europas etwa sah 1919 völlig anders aus als 1913; der Vergleich zwischen beiden Karten veranschaulicht besser als jede Erzählung die politischen Wirkungen des Ersten Weltkriegs. Wichtig ist auch immer der gewählte Raumausschnitt. Eine Europa-Karte allein kann die tatsächlichen Machtverhältnisse um 1600 nicht abbilden. Nur eine Darstellung, die den gesamten Mittelmeerraum (und möglichst sogar Lateinamerika) umfasst, zeigt, wer die stärksten Mächte der Zeit im europäischen Kraftfeld waren: das Osmanische Reich und Spanien. Ähnliches gilt – sogar noch verstärkt – für die Zeit um 1900, als die politischen Konstellationen in Europa zum Element eines globalen Staatensystems geworden waren. Gerade für weltgeschichtliche Fragestellungen sind historische Karten unerlässlich. Sie veranschaulichen aber auch Mikro-Verhältnisse, etwa die Verteilung von Einkommensgruppen auf Stadtteile im Paris oder London des späten 19. Jahrhunderts oder den Bodenbesitz in einer kleinen Region, für die hinreichende Katasterdaten überliefert sind. Ein eigenes Thema ist die Geschichte der Kartografie selbst (Schneider 2004). Nicht nur in Europa, sondern auch in Ost- und Südasien gibt es alte Traditionen der Selbstbeschreibung von Gesellschaften durch grafische Repräsentationen von Raum. Die neuzeitliche europäische Kartografie, gestützt auf die immer präzisere Vermessung von Land- und Seeräumen, erreichte aber ein Maß der Akkuratheit, das alle Alternativen übertraf. Im 19. Jahrhundert setzten sich die europäischen Repräsentationstechniken weltweit durch, stark beflügelt durch die geografische Inventarisierung der Kolonien.

In Karten kommen Kulturen nicht unmittelbar zum Ausdruck. Vielmehr sollte man Karten als Artefakte verstehen, die in gesellschaftliche Kommunikationsprozesse eingebunden sind. Auftraggeber, Finanziers, Reisende, Geometer, Zeichner, Verleger und Benutzer sind an solchen Prozessen beteiligt. Mit Karten können sich viele Zwecke verbinden: Herrschaftsdemonstration und Ästhetik, die konkreten Bedürfnisse von Seefahrt und Kriegführung, die Beglaubigung vertraglich festgelegter Grenzen oder auch die Verwendung im Schulunterricht. Manche dieser Zwecke wird man leicht als propagandistisch erkennen können, etwa im Falle der deutschen oder italienischen Geopolitik vor dem Zweiten Weltkrieg, als Karten zum

Kulturgeschichte der Kartografie

Zweckbindung von Karten

Beispiel benutzt wurden, um die angebliche „Einkreisung" Deutschlands und die Notwendigkeit von „Lebensraum" sinnfällig zu machen (Korinman 1990). In anderen Fällen ist der Übergang von Informationsvermittlung zu Propaganda fließend.

In jedem Falle lassen sich Karten lesen und dechiffrieren. Sie bedienen sich einer ausgefeilten, großenteils in der Praxis der Kartografen konventionell entstandenen Symbolsprache. Sie wollen oft eine mehr oder weniger versteckte Botschaft übermitteln. Sie arbeiten suggestiv mit Maßstäben, Projektionen und Beobachterstandpunkten. Da sie Proportionen zeigen, hängt das gesamte Gefüge einer Karte von solchen Vorentscheidungen ab, wie die kartografische Präsentation von Russland als Weltmacht deutlich zeigt. Die einflussreiche Mercator-Projektion aus dem 17. Jahrhundert ist keineswegs die einzig mögliche.

Als Produkte künstlerischer oder handwerklicher Tätigkeit sind Karten Konstrukte, in die ihre konkreten Entstehungsumstände einfließen. Das heißt jedoch nicht, dass sie freie Schöpfungen der Fantasie sind und ausnahmslos einem Manipulationsverdacht unterliegen. In der Moderne wurde Kartografie zu einer exakten Wissenschaft. Es bildeten sich Kriterien zur Beurteilung der Qualität von Karten heraus. Jeder wird einen Stadtplan, der nicht zum Ziel führt, in den Papierkorb werfen. In dieser Spannung zwischen Wahrheitsbezug und subjektiver Sinngebung liegt auch für Historiker die Faszination des Mediums Karte.

Kartografie als Wissenschaft

5.2 Die begriffliche Konstruktion von Räumen

Geografische Namen

Nichts ist so beliebig wie geografische Namen; jeder Blick auf Straßenschilder im Neubauviertel einer deutschen Stadt zeigt dies. Dennoch geben sie Aufschluss über die Umstände, denen sie entstammen. Der Name New Orleans sagt bereits manches über die Geschichte dieser Stadt. Dass Sydney und Melbourne (bis heute!) nach britischen Politikern benannt sind, gibt einen ersten Aufschluss über Australiens Platz in der Geschichte. Die historische Geografie älterer Epochen hat manchmal viel Mühe mit der Identifikation von Ortsangaben in den Quellen. Auch in neuerer Zeit muss man auf Umbenennungen achten. Wuppertal heißt erst seit 1930 so, Tokio hieß bis 1868 Edo, Sri Lanka war bis 1972 als Ceylon bekannt. Für die Zeit vor dem Zusammenschluss von England und Schottland 1707 ist das Adjektiv „britisch" ein Anachronismus, und wenn man das moderne

Großbritannien meint, sollte man nicht England sagen. Oft unvermeidlich, aber doch immer wieder diskussionsbedürftig ist die Rückprojektion nationalstaatlicher Bezeichnungen. Was haben die Deutschlands von 900, 1500, 1750, 1850 und 1880 gemeinsam? Historiker verwenden unablässig geografische Nomenklaturen und neigen dazu, sie als gegeben hinzunehmen. Die Metageografie (Lewis/Wigen 1997) hat es sich zur Aufgabe gemacht, ihnen solche Naivitäten und Ungenauigkeiten auszutreiben. Die Bezeichnungen geografischer Räume sind kulturelle Konstrukte par excellence. Die Namen der Kontinente Asien, Afrika und Amerika waren europäische Erfindungen, denen keine gemeinsame Identitätsbildung aus den Regionen selbst heraus entsprach. Man muss sie mangels Alternativen weiter verwenden, sich aber der Historizität des Sprachgebrauchs bewusst sein. Dies gilt besonders für Großräume auf einer mittleren Ebene zwischen Erdteil und Nationalstaat.

Konstruierte Großräume

Selbst bei dem harmlos klingenden Skandinavien, das schon antike Autoren erwähnen, ist es zweifelhaft, ob es vor dem Ende des 19. Jahrhunderts eine als selbstverständlich angenommene Regionalbezeichnung war. Erst im 19. Jahrhundert erfolgte eine konzeptionelle Trennung von Nordeuropa und Osteuropa – die Grundlage dafür, dass es heute an vielen deutschen Universitäten eine Subdisziplin Osteuropäische Geschichte gibt: Russland wurde aus dem Norden Europas in einen halbasiatischen Osten verlagert. Voraussetzung für die Bildung einer skandinavischen Identität war der endgültige Zusammenbruch eines schwedischen Großmachtehrgeizes mit dem Verschwinden des polnisch-litauischen Doppelstaates 1795 und dem Verlust des Großherzogtums Finnland an das Zarenreich 1809. Der um 1848 auftretende ‚Skandinavismus' kleiner politischer und intellektueller Kreise vermochte aber die entstehenden Nationalismen der Schweden, Dänen und Norweger nicht zu überwölben. Schweden übte 1864 im Deutsch-Dänischen Krieg keineswegs skandinavische Solidarität. Und Norwegen, das die Schweden 1814 den Dänen abgenommen hatten, strebte nach einer Eigenstaatlichkeit, die es 1905 endlich erreichte. Das sprachlich von den anderen drei Ländern separierte, aber an Schwedisch als zweite Sprache gewöhnte Finnland existiert erst seit 1917 als eigener Staat. Ein breit getragenes Selbstbild als Skandinavier entstand erst nach dem Zweiten Weltkrieg.

Beispiel Skandinavien

Wenn schon die Bezeichnung solcher von der Natur einigermaßen klar demarkierter Regionen wie Skandinaviens oder des Balkan (Todorova 2002) Schwierigkeiten bereitet, wie ist es dann um die konzeptionelle Präzision und Stabilität anderer Alltagsnamen bestellt?

RÄUME

Westeuropa, Mitteleuropa

„Westeuropa" unter Einschluss (West-)Deutschlands verdankt sich dem Kalten Krieg nach 1945. Im „karolingischen" Europa *vor* der Reichseinigung von 1871 war der Begriff ungebräuchlich und danach wegen der schroffen Konfrontation des deutschen und des französischen Nationalismus unsinnig. Auch hätte er eine englisch-französische Solidarität vorausgesetzt, die es vor dem Ersten Weltkrieg nicht gab. „Mitteleuropa", ursprünglich eine politisch harmlose Kopfgeburt von Geografen, die darunter weniger ein germanisches Imperium als einen föderierten Wirtschaftsraum verstanden, wurde später im Namen großdeutscher Hegemonialansprüche begrifflich usurpiert und während des Ersten Weltkriegs zu maximalen Kriegszielen ausgemünzt. Erst nach dem Ende des Kalten Krieges hat man den Begriff wieder zur Bezeichnung des Ländergürtels westlich von Russland ins Gespräch gebracht, manchmal unter Einbeziehung Deutschlands und Österreichs. Durchgesetzt hat sich eher „Ostmitteleuropa" – mit einer starken anti-russischen Note (Schultz 2002).

Weltregionen

Die Beispiele ließen sich leicht vermehren. Wer China, Japan und Korea als „Fernen Osten" bezeichnet, benutzt eine Vokabel der imperialistischen Geopolitik um 1890, wer sie als „Ostasien" zusammenfasst, unterstellt eine kulturelle und politische Nähe, die man in der Region selbst weniger betont. „Südostasien" ist als Regionalname erst im Zweiten Weltkrieg üblich geworden. Was den (mittelmeerischen) „Nahen Osten" vom (z. B. auch den Iran umfassenden) „Mittleren Osten" genau unterscheidet, können selbst Fachleute nicht exakt angeben. „Orient" ist als Konstrukt westlicher Kulturarroganz unter heftigsten Beschuss geraten. Und wenn man von „Islamischer Welt" spricht, sollte man überlegen, ob man damit tatsächlich auch die bevölkerungsreichsten muslimischen Länder meint: Indonesien und Pakistan. All dies sind keine semantischen Spitzfindigkeiten und Fragen politischer Korrektheit, sondern Probleme einer angemessenen und überlegten Sprachverwendung. Jede terminologische Entscheidung ist bereits mit einer Interpretation verbunden.

Historisierung solcher Konzepte bedeutet nicht nur zu fragen, wie sie entstanden und wie sie von wem verwendet worden sind. Man kann weiter gehen und sich für die geografischen Weltsichten von

Mental maps

Einzelnen und sozialen Gruppen interessieren. Solche *mental maps* sind zentrale Elemente von Weltbildern: Welche Vorstellungen von der Beschaffenheit des *orbis terrarum* besaßen Griechen und Römer? Welcher Vision vom Heiligen Land folgten die ersten Kreuzfahrer? Was wusste die chinesische Gelehrtenelite um 1800 von der Außenwelt? Welche räumlichen Ordnungsschemata (Ost / West, Nord / Süd,

Erste, Zweite, Dritte Welt, ...) kennzeichneten kollektive Wahrnehmungen im Kalten Krieg?

5.3 Region und Territorium, Grenze und Diaspora

Geografen und Vertreter der neuen ‚Bindestrichdisziplin' Raum-Soziologie haben verschiedene Typologien von Räumen vorgeschlagen: politische Räume, urbane Räume, virtuelle Räume, Körperräume (Schroer 2006) oder Raum als Lokalität, Region, Landschaft und Umwelt (Baker 2003). Die Geschichtswissenschaft kann sich mit solchen allgemeinen Unterscheidungen, so nützlich sie sind, nicht begnügen. Ihre einzelnen Ansätze verbinden sich mit je spezifischen Raumbegriffen. So befasst sich die Stadtgeschichte mit gebautem Raum als Kontext verdichteten gesellschaftlichen Lebens, die Militärgeschichte mit Raum als Operationsgebiet, während die Agrargeschichte auf die Nutzung von Raum als Produktionsfaktor Boden und die soziale Organisation dieser Nutzung blickt und die Migrationsgeschichte Raum als durchquerte Fläche zu sehen geneigt ist. Vier Konzepte haben in der letzten Zeit besonders viel allgemeines Interesse auf sich bezogen: Region, Territorium, Grenze und Diaspora.

Typologien

Für viele Themen aus der Geschichte des 19. und 20. Jahrhunderts ist der Nationalstaat die naheliegende räumliche Untersuchungseinheit, vor allem dort, wo es um die Tätigkeit eines souveränen Staates innerhalb der Grenzen seiner rechtlichen Kompetenz geht. Aber es gibt Alternativen. Die wichtigste ist die „Region" In der deutschen Historiografie ist die Region oft mit dem alten deutschen Land oder der Landschaft gleichgesetzt worden (etwa Westfalen oder Württemberg); Landesgeschichte ist daher ein wichtiger, oft epochenübergreifend vorgehender Zweig der Geschichtswissenschaft. Ein anderer Begriff von Region versteht darunter keine subnationale, sondern eine supranationale oder zumindest grenzüberschreitende Einheit, die sich nicht mit nationalstaatlichen Grenzen deckt. Skandinavien wäre ein Beispiel für eine solche „Geschichtsregion", nach deren sich wandelnder Identität auf der Grundlage geteilter historischer Erfahrungen gefragt werden kann (Troebst 2006). Weitere Beispiele sind das schweizerisch-deutsch-französisch-niederländische Rheinland; ein „Südeuropa", zu dem nur der Süden Frankreichs und Italiens gehören würden, nicht aber diese Länder insgesamt; außerhalb Europas etwa die Südstaaten der USA, die Karibik oder der Maghreb. Solche

Region

Geschichtsregionen sind nicht so eindeutig umgrenzbar wie Nationalstaaten, und das Konzept der „Geschichtsregion" wurde bisher noch nicht genau genug entwickelt, um allgemein in der Wissenschaft Anwendung zu finden. Es kann dennoch bei einer Veränderung der Blickrichtung helfen, die zu einer Relativierung der unbefragten Selbstverständlichkeit des Nationalstaates führt.

Territorium

In der deutschen Staatslehre des 19. Jahrhunderts ist ein „Territorium" nach der Definition von Juristen das „Staatsgebiet", auf dem ein „Staatsvolk" von einer „Staatsgewalt" souverän regiert wird (Reinhard 1999, S. 16). Eine andere, eher staatssoziologische Deutungslinie betont die Herausbildung eines „modernen Territorialstaates", der in einem umgrenzten Raum ein „Gewaltmonopol" durchsetzt, autonome Enklaven (etwa Fürstentümer oder Stadtstaaten) auflöst und sein Gebiet mit einer „flächendeckenden" Verwaltung überzieht. Mit einer solchen Territorialisierung, die in Teilen Europas bereits im 16. Jahrhundert begann, war auf längere Sicht ein Verschwinden von Kleinstaaten verbunden. Dynastischer Streubesitz wurde arrondiert. In Europa verminderte sich die Zahl einigermaßen selbstständiger politischer Einheiten von etwa 500 in der Zeit um 1500 auf 25 in der Zeit um 1900. Die kolonialen Eroberungen der Europäer und der Aufbau kolonialer Staatsapparate vor allem in Indien, Südostasien und Afrika führten weltweit zur Beseitigung von Hunderten, wenn nicht Tausenden von semi-autonomen Herrschaftssphären: Fürstentümern, Häuptlingsherrschaften, Gebieten unter der Kontrolle religiöser Einrichtungen. Zur gleichen Zeit entstanden Riesenstaaten von beispiellosem Umfang wie die USA, das 1867 föderierte Kanada, das von den Briten erstmals unter eine einheitliche Herrschaft gebrachte Indien sowie das Zarenreich, das erst im 19. Jahrhundert Sibirien wirklich in Besitz nahm und gleichzeitig nach Zentralasien und in den Kaukasus expandierte.

Nach etwa 1860 vertieften nicht allein neue ideologische Verknüpfungen von Nationen mit einem bestimmten „Boden" (im Nationalsozialismus zu „Blut und Boden" rassistisch radikalisiert), sondern

Territorialität

auch neue Techniken der Macht die Territorialität von Politik. Am wichtigsten waren dabei die Eisenbahn, die sowohl dem Truppentransport als auch der wirtschaftlichen Integration diente, sowie die Telegrafie, mit deren Hilfe politische Zentralen ihre Provinzen und Kolonien schneller und fester in den Griff bekamen (Maier 2000). Auf diese historische Phase intensiver Territorialisierung sei, so wird zuweilen behauptet, in jüngster Zeit die „Deterritorialisierung des Politischen" gefolgt; andere Beobachter glauben hingegen eine „Reterritorialisierung" zu erkennen (Schroer 2006, S. 195ff.).

Ein dritter Leitbegriff ist derjenige der „Grenze" (Becker/Komlosy 2004). Grenzen trennen Räume voneinander und tragen zur Binnenstrukturierung von Räumen bei. Es ist inzwischen fast eine Binsenweisheit, dass Grenzen aller Art nicht einfach ‚da sind', sondern ‚gemacht' werden, immer in der Vorstellung, oft ganz konkret durch Markierung an Ort und Stelle. Sie haben eine reale und eine symbolische Seite, verlocken zur Überschreitung, verbinden nicht selten auch dort, wo sie trennen sollen. Selbst Grenzen, die als Linien scharf gezogen sind, und erst recht die weniger klar demarkierten, bilden um sich Grenzzonen und manchmal besondere Grenzgesellschaften aus. „Grenze" in der Vielfalt ihrer Bedeutungen ist deshalb zu einer Grundkategorie der historischen Analyse geworden.

Grenze

Unter „Diaspora" versteht man, grob gesagt, eine Gemeinschaft, die außerhalb ihres tatsächlichen oder imaginierten Herkunftsgebietes lebt, also Grenzen überschreitet, aber gegenüber der Heimat weiterhin Loyalität und emotionale Anhänglichkeit empfindet. Sie geht entweder auf eine erzwungene Zerstreuung aus einer ursprünglichen Heimat zurück oder auf den Weggang aus einer solchen Heimat auf der Suche nach Arbeit, in Handelsaktivitäten oder mit kolonialen Zielen. „Diaspora" ist eigentlich kein Begriff aus der Geografie, sondern aus der Migrationsforschung: Diasporabildung ist ein Ergebnis von Migration. Attraktiv ist dieses Konzept für Historiker geworden, weil es gegenüber der verbreiteten Vorstellung, die Menschen lebten meist oder immer in örtlich fixierten Gemeinschaften, auf die Existenz räumlich diskontinuierlicher Zusammenhänge hinweist, auf Gesellschaftsbildung nicht in kompakten Nah-, sondern in zerstreuten Fernräumen.

Diaspora

5.4 Bewegung und Interaktion im Raum

„Interaktionsräume" sind per definitionem große Sphären, in denen mehrere verschiedenartige Zivilisationen in dauerhaftem Kontakt miteinander stehen und in denen es trotz mancher Spannungen und Unverträglichkeiten immer wieder zu Mischungen und hybriden Neubildungen kommt. Da multikulturelle Vielfalt unter den technischen Bedingungen vor der weltweiten Ausbreitung des Flugverkehrs besonders durch Schifffahrt herbeigeführt wurde, sind die Meere zu ‚Lieblingsräumen' von Historikern geworden, die sich mit globalen Beziehungen beschäftigen (Klein/Mackenthun 2003). Meist hat man sie für die frühe Neuzeit betrachtet. Für das 19. und

Interaktionsräume

20. Jahrhundert ist die Erforschung interaktiver Zusammenhänge derzeit in vollem Gange.

Mittelmeer — Das Mittelmeer ist seit Fernand Braudels 1949 erschienenen klassischem Werk *La Méditerranée et le monde méditerranéen à l'époque de Philippe II*. (deutsch: Braudel 1990) der Prototyp eines maritimen Interaktionsraumes. Der Mittelmeerraum war trotz sich ablösender römischer, arabischer, christlich-italienischer und osmanischer Dominanz über die Jahrhunderte hinweg durch eine kleinteilige Fragmentierung, gepaart mit dem Streben nach Kontrolle über die Kommunikationswege, gekennzeichnet. Im 19. Jahrhundert erlebte dieser Raum eine beispiellose maritime und koloniale Präsenz des Nordens, vertreten durch den Mittelmeeranrainer Frankreich mit seinen Interessen in Nordafrika, durch die russische Schwarzmeerflotte und vor allem durch das externe Großbritannien, das von Gibraltar über Malta und Ägypten bis Zypern die wichtigsten strategischen Punkte besetzte. Im gleichen Zeitraum verschwanden die einst respektable osmanische Seemacht ebenso wie das algerische Piratentum. Andererseits geriet die *gesamte* mediterrane Region, einschließlich des Balkans und des französisch, britisch und italienisch kolonisierten Südens, in die Situation einer zunehmenden wirtschaftlichen Rückständigkeit im Verhältnis zur industriellen Entwicklung nördlich der Alpen. Die antiken, vom mittelalterlichen Genua ausgebauten Beziehungen in das Schwarze Meer hinein wurden verstärkt; Odessa entwickelte sich zu einer Hafenstadt mit weiter Ausstrahlung. Der 1869 eröffnete Suezkanal verwandelte das Mittelmeer in eine der wichtigsten Transitstrecken der Welt. Unter historisch denkenden Anthropologen ist jedoch strittig, ob sich auf einer fundamentalen Ebene kultureller Ähnlichkeiten in weit voneinander entfernt liegenden Gegenden und über den Gegensatz zwischen Islam und (lateinischem wie griechisch-orthodoxem) Christentum hinweg von einer einheitlichen mediterranen Kultur sprechen lässt, etwa einer Kultur der ‚Ehre'. Dass die Frage überhaupt gestellt werden kann, spricht für den relativ hohen Integrationsgrad der mittelmeerischen Region.

„Mittel-Meere" — Eine Obsession für Ozeane hat lange darüber hinweggetäuscht, dass es viele andere Beispiele für einen allgemeinen Typus „Mittel-Meer" gibt – also Wasserräume, die mit Mitteln der Segelschifffahrt nautisch einfacher zu bewältigen waren als die ‚hohe' See – und deren Übersichtlichkeit regelmäßige Kontakte ermöglichte. Die Ostsee und die Nordsee sind solche mittleren Meere und Nebenmeere der Ozeane, auch der Golf von Guinea, der Persische Golf, der Golf von Bengalen, das Südchinesische Meer und sogar die nordamerikani-

schen Großen Seen, um die herum sich mehrere indianische Zivilisationen herausbildeten.

Der Braudelsche Ansatz, zu dem es auch gehört, das jeweilige Hinterland der Küsten und Hafenstädte in das Gesamtbild einzubeziehen, wurde zuerst auf den Indischen Ozean übertragen, am anspruchsvollsten von Kirti N. Chaudhuri, der von einer Interaktionsgeschichte, die den Fernhandel in den Mittelpunkt stellte, später zur grandiosen Gesamtschau von vier anrainenden Zivilisationen überging (Chaudhuri 1985; 1990). Anders als beim Mittelmeerraum, in dem die Christen und Muslime des 16. Jahrhunderts zumindest die Ahnung eines gemeinsamen Schicksals hatten (Braudel 1990), fehlt aber in diesem überwölbenden Raum, der von Ostafrika bis Java, im Verständnis Chaudhuris sogar bis zu den Küstenprovinzen Chinas reicht, ein Bewusstsein der historischen Subjekte, zusammen zu gehören, eine auch nur minimale gemeinsame Identität. Die frühe starke Stellung von geografisch wie kulturell ‚fremden' Akteuren im Handel – erst Arabern, dann Niederländern und Briten – war eine Besonderheit dieses Interaktionsraumes. Ein zweites Merkmal des Indischen Ozeans im Vergleich zu anderen Weltmeeren war das Fehlen neoeuropäischer Siedlungskolonien, wie es sie am Atlantik (Britisch-Nordamerika, später USA) sowie am und im Pazifik (Australien, Neuseeland) gab. Trotz einer seit den 1880er-Jahren lückenlosen imperialen Präsenz Großbritanniens und Kontrolle an seinen Küsten und auf den wichtigeren Inseln blieb der Indische Ozean daher, demografisch gesehen, ein afro-asiatisches Gewässer. Die Reisenden, Pilger und Arbeitsmigranten, die dieses Gewässer unablässig durchkreuzten, schufen in den Jahrzehnten um 1900 eine transnationale Öffentlichkeit eigener Prägung, die der atlantischen in vielem vergleichbar war.

<small>Indischer Ozean</small>

Das beste neuzeitliche Beispiel aber ist der Interaktionsraum Atlantik (Bailyn 2005). Erst der aus Trinidad stammende marxistische Schriftsteller Cyril Lionel Robert James (1901–1989) hat ihn 1938 mit seinem Buch *The Black Jacobins*, einer Darstellung der Revolution auf Haiti, für eine breite Öffentlichkeit entdeckt. Seither hat die Geschichtsschreibung einen lebendig pulsierenden *Black Atlantic* zum Vorschein gebracht. Während der Zeit der Sklavenverschleppung aus Afrika in die Neue Welt (Kernzeit: 1620–1850) entstanden dichte Beziehungen über den Atlantik hinweg. Der Sklavenhandel ließ in der Karibik, in Brasilien und im südlichen Nordamerika Sklavereigesellschaften neuen Typs entstehen und griff tief in das gesellschaftliche Leben Afrikas ein. Im Quadrat zwischen den beiden Amerikas,

<small>Atlantik</small>

Europa und Afrika sind Menschen- und Warenhandel, Zwangsverhältnisse und Freiheitsideen, der Zusammenhang zwischen Revolutionen und die Ausbildung neuer kolonialer Identitäten erkennbar geworden. Die Revolutionen in Nordamerika (ca. 1775–1783), Frankreich (ca. 1789–1799) und Haiti (1791–1804) hingen viel enger miteinander zusammen, als man früher annahm. Seit der Mitte des 19. Jahrhunderts überquerten dann Millionen von Europäern den Atlantik, um in den USA oder auch in Argentinien und Brasilien eine neue Existenz zu gründen. All dies verlangt eine Blickweise, die über einzelne Nationalgeschichten hinaus geht und den ganzen Interaktionsraum Atlantik mitsamt seinen kontinentalen Anrainergebieten erfasst.

5.5 Raum als Landschaft und Umwelt

Landschaft

Der Begriff „Landschaft" ist noch schillernder als „Region" oder „Territorium". Den meisten Definitionen, die es gibt, ist das Element der ästhetischen Betrachtung und Wirkung gemeinsam. Landschaftsräume sind Anschauungsräume. Nirgends kommen daher historische Geographie und Kulturgeschichte so nahe zusammen wie hier. Der Landschaftsbegriff öffnet den Bereich kultureller Besonderheiten. Gesellschaften, besser: Teile von ihnen, unterscheiden sich unter anderem darin, ob sie landschaftsbewusst sind oder nicht, und wenn sie es sind, in welchem Maße. Der Maler Paul Cézanne (1839–1906) bemerkte einmal, die Bauern der Gegend hätten die Berge der Provence, die er so oft darstellte, nie „gesehen". Verallgemeinert ist dies die These, Agrargesellschaften hätten ‚naiv' in und mit Umwelten gelebt und gearbeitet, aber keine Landschaften kontemplativ bewundert. Freilich ist hier eine Warnung vor allzu pauschalen unhistorisch-kulturalistischen Zuschreibungen angebracht. Wie Mark Elvin in seiner bedeutenden Umweltgeschichte Chinas gezeigt hat, gibt es keine typisch chinesische Haltung zur Umwelt. *Alles* war zu unterschiedlichen Zeiten und in unterschiedlichen sozialen Konstellationen möglich und ist auch realisiert worden: von rücksichtsloser Ausbeutung und Zerstörung der Natur bis zu sorgsamer Ressourcenpflege, feiner Landschaftspoesie und Landschaftsmalerei (Elvin 2004). In transnationaler Sicht sind vor allem Transfervorgänge interessant, etwa die Rezeption des chinesischen Landschaftsgartens im England des 18. Jahrhunderts und seine Verwandlung in den Typus des englischen Gartens oder der Export bestimmter Landschaftsideale und Vorstellungen von Landwirtschaft durch europäische Siedlungskolonisten nach Nordamerika und Australien.

Kein Raumbegriff ist heute aktueller als derjenige der Umweltgeschichte (Siemann 2003). In einer auf die Antike zurückgehenden Tradition, die zu Beginn des 19. Jahrhunderts von Alexander von Humboldt (1769-1859) erneuert und bereits 1864 von dem amerikanischen Diplomaten George Perkins Marsh (1801-1882) in seinem zukunftsweisenden Buch *Man and Nature* systematisiert wurde, betrachtet man hier die Wechselwirkungen zwischen menschlichen Gemeinschaften und ihren natürlichen Umwelten. Ein Dialog zwischen Geografen und Historikern innerhalb dieser Fragerichtung wird möglich, sobald man einen strikten ‚geografischen Determinismus', wie er um 1900 zur herrschenden Lehre geworden war, hinter sich lässt, also nicht behauptet, Geografie und Umwelt (etwa das Klima) bestimmten in letzter Instanz das gesellschaftliche oder gar das politische Geschehen.

Umwelt

Umweltgeschichte, wie sie heute verstanden wird, ist auf verschiedenen Raumebenen möglich. Sie kann präzise lokalisiert betrieben werden und eine einzelne Gemeinschaft in ihren Umweltbezügen darstellen. Ebenso gut kann sie aber auch großräumige und manchmal wahrhaft globale Umweltwirkungen und Umweltveränderungen untersuchen: vom ‚ökologischen Imperialismus' der Verbreitung von Pflanzen und Tieren bis zu Wettereinflüssen und Klimaveränderungen. Die nahezu weltweiten Wirkungen des Ausbruchs des indonesischen Vulkans Tambora 1815, der sogar in Mitteleuropa und Nordamerika wetterbedingte Hungerkrisen auslöste (1816 gilt deshalb als das „Jahr ohne Sommer"), sind ein Beispiel für einen globalen ökologischen Ereigniszusammenhang.

Sind die Räume etwa der politischen Geografie eher leere und formal beschriebene Flächen, auf denen sich Beziehungen, Proportionen und Zuordnungen abzeichnen, so lassen sich die Räume der Umweltgeschichte als Wirkungsräume verstehen. In der industriellen Epoche, die für den größten Teil der Welt erst nach der Mitte des 19. Jahrhunderts begann, fallen dabei Eingriffe in die Natur stärker ins Gewicht als in früheren Perioden. Industrialisierung bedeutet ein immens gesteigertes Vermögen von Gesellschaften, die Natur umzugestalten. Die Veränderung von Umwelträumen durch Einsatz von Technik in großen Dimensionen begann im 19. Jahrhundert (Eisenbahnen, Kanäle, Bergbau, Landgewinnung am Meer usw.) und wurde im Zeichen von Elektrifizierung, der Nutzung von Erdöl und dem Aufstieg der chemischen Industrie zu einem der markantesten Merk-

Industrialisierung und Raum

male des 20. Jahrhunderts (McNeill 2003). In diesem Sinne wird im industriellen Zeitalter Raum nicht nur imaginiert und kulturell konstruiert, sondern durch Praxis ganz konkret verändert und ‚gemacht'. In Mitteleuropa und anderen dicht besiedelten Teilen der Welt gibt es heute keine ‚reine Wildnis' mehr, keine ursprünglichen Umwelträume. Wir leben, wie der amerikanische Technikhistoriker Thomas P. Hughes es ausdrückt, in einem geschlossenen „ecotechnological environment" (Hughes 2004, S. 153). Dies muss nicht ‚ökofundamentalistisch' als Fehlentwicklung und Missbrauch der Natur angeprangert werden.

Umweltgeschichte   Umweltgeschichte fragt nach ökologischen Zusammenhängen, die sich oft als systemisch („Ökosysteme") begreifen lassen. Sie tut dies aber, anders als die reine naturwissenschaftliche Ökologie, mit einem Blick auf gesellschaftliche Kontexte. So geht es bei dem in vielen Epochen und Ländern beklagten Raubbau an Wäldern meist auch um wirtschaftliche Interessen, Forstrechte oder staatlichen Holzbedarf. Die Umweltgeschichte vermag dies alles nicht mit einem einzigen, präzise definierten Raumbegriff zu erfassen. Das muss sie auch nicht. Gute Umweltgeschichtsschreibung kann aber besonders erfolgreich für Räumliches sensibilisieren, eine Dimension, die in anderen Bereichen der Geschichtswissenschaft vernachlässigt oder auf leere Abstraktionen (‚öffentlicher Raum' als Synonym für Öffentlichkeit usw.) reduziert wird.

Fragen und Anregungen

- Vergleichen Sie den in den Lektüreempfehlungen genannten *Atlas zur Weltgeschichte* mit einem (beliebigen) historischen Atlas aus den 1960er-Jahren. Berücksichtigen Sie dabei die in Kapitel 5.1 genannten Kategorien und Kriterien.

- Charakterisieren Sie die Aufgaben der Metageografie und erläutern Sie dazu einige Beispiele.

- Was unterscheidet das Konzept „Diaspora" von anderen Raumkonzepten?

- Beschreiben Sie verschiedene historische Interaktionsräume und diskutieren Sie deren geschichtswissenschaftliche Relevanz.

- Stellen Sie mögliche Themen und Quellengruppen für Forschungen zur Umweltgeschichte zusammen.

Lektüreempfehlungen

- Jeremy Black (Hg.), DuMont Atlas der Weltgeschichte, Köln 2000. *Der beste unter den neueren historischen Atlanten.*
  Grundliteratur

- Jörg Dünne / Stephan Günzel (Hg.), Raumtheorie. Grundlagentexte aus Philosophie und Kulturwissenschaften, Frankfurt am Main 2006. *Vorzügliche Sammlung theoretischer Texte seit dem 17. Jahrhundert zu Geografie, Soziologie und Poetik des Raumes.*

- Paul L. Knox / Sallie A. Marston, Humangeographie, Heidelberg 2001. *Umfassendes, reich illustriertes Lehrbuch mit historischen Beispielen: (fast) alles, was Historiker über Geografie wissen müssen.*

- Elisabeth Lichtenberger, Europa. Geographie, Geschichte, Wirtschaft, Politik, Darmstadt 2005. *Historisch gehaltvolle Analyse Europas durch eine bedeutende österreichische Geografin.*

- Karl Schlögel, Im Raume lesen wir die Zeit. Über Zivilisationsgeschichte und Geopolitik, München 2003. *Grundtext zur Wiedergewinnung der räumlichen Dimension in der Geschichtswissenschaft.*

- Robin A. Butlin / Richard A. Dodgshon (Hg.), A Historical Geography of Europe, Oxford 1998. *Materialreiches Standardwerk zur historischen Geographie Europas.*
  Aufbauliteratur

- Joachim Radkau, Natur und Macht. Eine Weltgeschichte der Umwelt, München 2000. *Deutschsprachiger Grundtext der Umweltgeschichte.*

- Ute Schneider, Die Macht der Karten. Eine Geschichte der Kartographie vom Mittelalter bis heute, Darmstadt 2004. *Umfassende und anschauliche Darstellung mit Ausblicken über Europa hinaus.*

- Markus Schroer, Räume, Orte, Grenzen. Auf dem Weg zu einer Soziologie des Raums, Frankfurt am Main 2006. *Beste Problemskizze einer entstehenden Raumsoziologie.*

- Eugen Wirth, Theoretische Geographie. Grundzüge einer theoretischen Kulturgeographie, Stuttgart 1979. *Anspruchsvolle Einführung in das Modelldenken der Geografie.*

6 Dimensionen

Ralph Jessen

Abbildung 7: Giovanni Antonio Canal genannt Canaletto, *The Piazetta, Venice, Looking North (Die Piazzetta in Venedig, nach Norden schauend)*, 1730/31, Öl auf Leinwand, 75,9 × 119,7 cm, Pasadena, Norton Simon Museum of Art

DIMENSIONEN

Wie eine Bühne öffnet sich die Piazzetta San Marco vor dem Betrachter. Von leicht erhöhtem Standort, wie aus einer Theaterloge, führt Canalettos (1697–1768) Gemälde von 1730/31 den Blick über das politische, wirtschaftliche, kulturelle und religiöse Zentrum Venedigs. Links erstrecken sich die Arkaden der Biblioteca Marciana, die jedes in der Republik Venedig gedruckte Buch sammelte. Der gewaltige Campanile, Glockenturm und Orientierungszeichen der Seefahrer, dominiert die Vertikale. Von der Basilica di San Marco mit ihren charakteristischen Rundbögen ist nur ein Stückchen zu sehen. In ihr ruhen die Reliquien des Evangelisten Markus. Wer sie besaß, demonstrierte im Mittelalter religiös legitimierte Macht. Weltliche Macht konzentrierte sich im Dogenpalast ganz rechts im Bild. Bei aller Pracht wirkt er in der extremen perspektivischen Verkürzung wie eine drohende Festung. Im Mittelgrund des Bildes stehen aber nicht die steinernen Zeichen von Wissen, Macht, Religion und Reichtum, sondern Menschen. In kleinen Gruppen, am hellen Vormittag ins Gespräch vertieft: Über Geschäfte, über politische Intrigen, über die neue Geliebte? Ein kleiner Hund ist auch zu sehen.

Immer wieder hat Canaletto in der ersten Hälfte des 18. Jahrhunderts Venedigs Paläste, Kanäle und Plätze gemalt. Auch wer die Stadt nie betreten hat, meint sie aus seinen Bildern zu kennen. Insofern haben sie viel dazu beigetragen, Venedig von einem realen historischen Ort in einen Erinnerungsort Europas und der Welt zu verwandeln. Canalettos Bilder verdichten noch einmal alle Dimensionen, die in der Stadt selbst schon so eng verwoben waren: den spektakulären Reichtum, der über Jahrhunderte aus der venezianischen Dominanz im Mittelmeerhandel floss und in einer prunkvollen Architektur zur Schau gestellt wurde; die politische Macht einer Seerepublik, die nach außen auf immer neuen Kriegen und Bündnissen sowie einer fragilen Balance zwischen Ost und West beruhte und die im Innern von den Notablen der Stadt nach komplizierten Regeln und Ritualen institutionalisiert und ausgeübt wurde; schließlich die Stadtgesellschaft als Kultur: Religion, Wissenschaft und Kunst, die Öffentlichkeit der Plätze und die großen Inszenierungen des Karnevals.

6.1 **Wie viele Dimensionen hat die Geschichte?**
6.2 **Inhaltliche Dimensionen**
6.3 **Struktur und Ereignis**
6.4 **Kultur und / oder Gesellschaft**

6.1 Wie viele Dimensionen hat die Geschichte?

Wäre dies eine Einführung in das Studium der Physik und gälte es zu klären, mit welchen Dimensionen man es in diesem Fach zu tun hat, wäre die Antwort wahrscheinlich ziemlich klar: Der Raum erstreckt sich in drei Dimensionen, die Zeit gilt seit Einstein als vierte Dimension. Fortgeschrittene Studenten der Physik mögen sich später mit den zehndimensionalen Räumen herumschlagen, die von der Stringtheorie prognostiziert, bisher aber noch nicht nachgewiesen wurden. Auf jeden Fall hätte man es mit einer Disziplin zu tun, in der „Dimensionen" klar definierte und theoretisch hergeleitete Kategorien zur Beschreibung der physischen Welt sind. Wie aber steht es mit dem Fach Geschichte? Wie viele Dimensionen hat die Vergangenheit? Was soll man sich überhaupt unter Dimensionen der Geschichte vorstellen? Ist es möglich, die vergangene Wirklichkeit, dieses ferne Land vor unserer Zeit, das keiner unmittelbaren Erfahrung mehr zugänglich ist und mit dem sich keine Experimente anstellen lassen, fein säuberlich in Höhe, Breite und Tiefe sowie die Dimension der Zeit zu ordnen? So einfach ist es anscheinend nicht.

Ordnende Prinzipien

Wenn wir von „Dimensionen" der Geschichte reden, tun wir dies meist in einem übertragenen, metaphorischen Sinn. Gemeint sind grundlegende Ordnungskategorien, leitende Gesichtspunkte, nach denen der Stoff der Vergangenheit sinnvoll sortiert und gegliedert werden kann. Es handelt sich hierbei um Ordnungsprinzipien, die Historikerinnen und Historiker an ihren Gegenstand herantragen, weil sie sich einen Reim auf die Vergangenheit machen wollen. Es gibt keine objektiven Gegebenheiten, die einfach da sind oder waren. Man kann sie nicht im Archiv oder anderen Fundorten von Quellen (→ KAPITEL 3.3) aufspüren und betrachten. Letztlich sind es theoretische Konstrukte, mit deren Hilfe die unendliche Menge des möglichen Wissens über die Vergangenheit so strukturiert und geordnet werden kann, dass sie sich als sinnvolle Geschichte erzählen lässt.

„Sehepunkte"

Wenn eben bemerkt wurde, dass es sich um „leitende Gesichtspunkte" handelt, sollte man dies durchaus wörtlich verstehen. Es geht um Perspektiven oder um „Sehepunkte", wie dies Johann Martin Chladenius, einer der Pioniere der modernen Geschichtswissenschaft, zur Mitte des 18. Jahrhunderts formuliert hat, von denen aus die Vergangenheit interpretiert wird (Chladenius 1752). Diese ordnenden Perspektiven sind einerseits Konstrukte rückschauender Historikerinnen und Historiker, andererseits müssen sie ihre Überzeugungskraft gegenüber der „Vetomacht der Quellen" (Koselleck 1979, S. 206) beweisen, müssen zu triftigen, plausiblen und widerspruchsfreien Deutungen des überkommenen Materials führen.

Auf diese Weise kommen auch die Weltdeutungen der Zeitgenossen mit ins Spiel, die direkt oder indirekt in die hinterlassenen Quellen eingegangen sind. Historiker sind immer Interpreten einer vergangenen Wirklichkeit, die von den Zeitgenossen dieser Wirklichkeit bereits interpretiert worden ist. Dies heißt freilich nicht, dass die Ordnungsdimensionen der Geschichtswissenschaft mit den Weltdeutungsdimensionen der Zeitgenossen identisch sind. Göttliche Intervention, der Lauf der Gestirne oder das Wirken von Geistern sind keine Dimensionen einer wissenschaftlichen Geschichtsschreibung, auch wenn die meisten Menschen der Vergangenheit an die Macht dieser Instanzen glaubten. Aber selbstverständlich ist gerade dieser Glaube an die Wirkung transzendentaler Mächte ein eminent wichtiges historisches Phänomen, das man im weiteren Sinne der Dimension der Kultur zuschlagen würde.

<small>Deutungen der Zeitgenossen</small>

Aus dem doppelten Bezug der Dimensionen der Geschichte sowohl auf den beobachtenden Historiker als auch auf den beobachteten Gegenstand folgt, dass diese Dimensionen selbst historisch sind: Sie folgen den sich wandelnden, gegenwartsbezogenen Erkenntnisinteressen und Deutungskonzepten der Historikerinnen und Historiker, der Art und Weise, wie sie den Stoff der Vergangenheit ‚zurichten', und sie haben epochen- und kulturspezifische Gültigkeit. Diese relative Geltung zeigt sich sogar dort, wo sich historische und physikalische Dimensionen in Deckung zu befinden scheinen:

<small>Historizität der Dimensionen</small>

Die Dimensionen von Raum und Zeit sind zweifellos grundlegende und absolut gültige Dimensionen der Geschichte. Wie aber Raum und Zeit von historischen Akteuren wahrgenommen und gedeutet wurden und wie diese Deutungen ihre Handlungen beeinflussten, unterliegt selbst dem historischen Wandel (→ KAPITEL 5, 6). Auch die Deutungsperspektive der Historikerinnen und Historiker ist weder in der räumlichen noch der zeitlichen Dimension konstant und objektiv. Wenn sie politisch und rechtlich scharf definierte Territorialstaaten, Gewerbelandschaften mit amorphen Rändern, transnationale Verflechtungszusammenhänge oder die *mental maps* nationaler Bewegungen untersuchen, gehen sie mit ganz unterschiedlichen Raumkonzepten an ihre Gegenstände heran. Gleiches ließe sich für die zeitliche Dimension sagen. Die minutiöse Studie eines extrem verdichteten Ereigniszusammenhangs, beispielsweise einer politischen Revolution, thematisiert historische Zeit anders als ein Buch, das an

<small>Dimensionen Raum und Zeit</small>

der *longue durée,* den langfristigen Strukturen der Mentalitätsgeschichte interessiert ist.

Welches sind nun die grundlegenden ‚Ordnungscontainer', die man als Dimensionen der Geschichte und der Geschichtsschreibung ansehen kann? Um Übersicht zu schaffen, sollen hier vier Möglichkeiten unterschieden werden, die Geschichte dimensional zu gliedern. Wie schnell klar werden wird, handelt es sich dabei nicht um alternative, sich gegenseitig ausschließende „Dimensionen-Systeme", sondern um unterschiedliche Problemebenen oder Gliederungsperspektiven.

Dimensionen auf vier Ebenen

- Erstens wäre an die Dimensionen von Raum und Zeit zu denken, in denen sich Geschichte „ereignete" (→ KAPITEL 5, 6).
- Zweitens geht es um die Gliederung und Strukturierung der vergangenen Wirklichkeit und der Historiografie nach inhaltlichen Dimensionen.
- Eine dritte Ebene betrifft die Unterscheidung zwischen Strukturen, Prozessen, Ereignissen und Handlungen in der Geschichte und
- viertens ist auf einer methodologischen Ebene das Verhältnis zwischen der vergangenen Wirklichkeit als Gegenstand und dem Historiker als ihrem Beobachter anzusprechen.

6.2 Inhaltliche Dimensionen

Trend zur Spezialisierung

Wie die meisten Wissenschaften hat sich auch die Geschichtswissenschaft mit zunehmender Spezialisierung der Forschung immer weiter ausdifferenziert. Wer die historischen Abteilungen an deutschen, französischen oder amerikanischen Universitäten besucht, wird einer manchmal verwirrenden Vielfalt begegnen: Neben der schon relativ früh etablierten Unterteilung des Faches entlang den historischen Epochen Alte, Mittlere und Neuere Geschichte, die oft noch kleinteiliger in Sub-Epochen wie „Spätmittelalter" oder „Zeitgeschichte" zerlegt werden, und der Gliederung nach Raumkategorien – Deutsche, Europäische, Lateinamerikanische, Japanische oder auch Weltgeschichte – finden sich immer häufiger systematische Spezialisierungen: Professuren für Kultur-, Kolonial-, Sozial-, Wirtschafts-, Geschlechter-, Medien-, Politik- und Militärgeschichte oder die Geschichte internationaler Beziehungen – um nur einige gebräuchliche Denominationen zu nennen. Andere historische Fächer haben nie zur Geschichtswissenschaft gezählt bzw. haben sich schon früh von ihr gelöst und zu eigenen Disziplinen entwickelt. Man denke etwa an die Kunst-, Literatur-, Wissenschafts-, Religions-, Medizin- oder Rechtsgeschichte. Wenige Universitäten haben noch den Mut – oder die Tollkühnheit – eine Professur für „Allgemeine Geschichte" auszuschreiben. Die Zeit der Universalhistoriker scheint unwiederbringlich vorbei. Auch in den historischen Fachbuchreihen und in den Schwerpunkten der immer weiter spezialisierten Zeitschriften spiegelt sich dieser Prozess subdisziplinärer Ausdifferenzierung. Erkenntniszuwachs ist in fast allen Wissenschaften nur noch um den Preis der Spezialisierung zu haben. Die Geschichtswissenschaft macht da keine Ausnahme.

Die Vielfalt der ‚Historikerspezialitäten' und ‚Bindestrichdisziplinen' zeigt einen Trend zur Dezentrierung und Pluralisierung, man könnte auch kritisch sagen: zur Zersplitterung unserer Vorstellungen von der Vergangenheit. Man hat davon gesprochen, dass die Epoche der „großen Erzählungen" in der Geschichtswissenschaft vorüber sei. Geschichte würde nicht mehr von einem interpretativen Zentrum aus geschrieben, sondern je nach Gegenstand, Fragestellung und Methode aus sehr unterschiedlichen Blickwinkeln, die gleichberechtigt nebeneinander stünden (Conrad/Kessel 1994b). Eine solche Vorstellung von Geschichtsschreibung unterscheidet sich von Auffassungen, nach denen eine Dimension der Vergangenheit gewissermaßen den Königsweg zur ‚eigentlichen' Geschichte eröffnen würde. Mit Blick auf die Entwicklung der deutschen Geschichtswissenschaft seit dem 19. Jahrhundert lässt sich gut illustrieren, was hiermit gemeint ist.

Geschichte ohne Zentrum?

Als sich die Historiografie im 19. Jahrhundert zu einer modernen wissenschaftlichen Disziplin entwickelte, standen die deutschen Historiker unter dem starken Eindruck der konfliktreichen Entstehung eines deutschen Nationalstaats, die schließlich in der Reichsgründung von 1871 gipfelte (→ KAPITEL 9). Nicht zuletzt diese Gegenwartserfahrung trug dazu bei, dass Geschichte von den meisten Historikern mit politischer Ereignisgeschichte gleichgesetzt wurde. Politik, verstanden als intentionales Handeln individueller Akteure im staatlichen Kontext, stand im Zentrum ihres Interesses. Der Aufstieg Preußens von einem zweitklassigen Fürstentum zur europäischen Großmacht, die komplizierten Machtverhältnisse im Alten Reich mit seinen zahllosen Königreichen, Fürstentümern, freien Städten und geistlichen Territorien, der Untergang dieser Ordnung unter dem Druck der napoleonischen Expansion, die Neuordnung der europäischen Staatenwelt auf dem Wiener Kongress, die lange umstrittene und schließlich „von oben" erzwungene Gründung des zweiten Deutschen Reiches, untrennbar verbunden mit der bald glorifizierten Gestalt des „Reichsgründers" Bismarck, die permanenten Rivalitäten zwischen den kon-

Politik als traditionelle Leitdimension

kurrierenden europäischen Nationalstaaten – all dies bildete den lebensweltlichen Erfahrungshintergrund einer spezifischen Form von Geschichtsschreibung. Ihr dienten Politik, staatliche Machtentfaltung und zwischenstaatliche Konflikte als Zentralperspektive ihrer „großen Erzählung", die auch auf die Betrachtung der älteren Epochen zurückprojiziert wurde. Dies schloss nicht aus, dass bedeutende Werke zu anderen Dimensionen der Vergangenheit entstanden – Gustav von Schmoller (1839–1917) wäre als Pionier der Wirtschafts- und Sozialgeschichte und der Schweizer Jacob Burckhardt (1818–1897) als brillanter Kulturhistoriker zu nennen –, aber sie standen am Rande der Disziplin.

Diese auf Staatlichkeit, Staatenbeziehungen, Politik und politische Akteure zentrierte Sicht blieb auch im 20. Jahrhundert lange dominant. In der Zwischenkriegszeit bekam sie freilich Konkurrenz von Historikern, die nicht mehr den Staat, sondern ‚das Volk' in den Mittelpunkt ihrer Forschungen stellten. Auch diese Wendung reflektierte eine Gegenwartserfahrung, nämlich die Niederlage des Deutschen Reiches im Ersten Weltkrieg, den Verlust erheblicher Territorien und Bevölkerungsteile durch den Versailler Vertrag sowie die aggressive völkische Rhetorik der politischen Rechten. Die Stilisierung des ‚Volkes' zum interpretativen Kern der Geschichtsschreibung rückte eine andere Dimension als die Politik in den Mittelpunkt der Aufmerksamkeit und öffnete die historische Forschung zu Disziplinen wie der Geografie, der Demografie und der Sprachwissenschaft. Zugleich wurde sie aber rassistisch aufgeladen und war während der 1930er- und 1940er-Jahre Teil der nationalsozialistischen Bevölkerungs- und Großraumpolitik.

<small>Volk als Leitdimension im Nationalsozialismus</small>

Während die „Volksgeschichte" mit den antidemokratischen Bewegungen von rechts verbunden war, zog die Etablierung der SED-Diktatur in der DDR nach 1949 die Durchsetzung einer marxistisch-leninistischen Deutung in den allermeisten Teilen der ostdeutschen Geschichtswissenschaft nach sich. Deren „materialistische" Geschichtssicht privilegierte ökonomische Prozesse, soziale Konflikte und mit ihnen verbundene Interessen in den verschiedenen historischen „Klassengesellschaften" als Zentraldimensionen historischer Deutung. Eingebunden war diese zudem in ein dogmatisch festgezurrtes, geschichtsphilosophisches Denkgebäude, das die Geschichte als Stufenfolge von Gesellschaftsformationen imaginierte, die gesetzmäßig auf den Endzweck eines kommunistischen Utopia zustrebte.

<small>Klassenkampf als Leitdimension in der DDR</small>

In der bundesrepublikanischen Geschichtswissenschaft hatte dagegen die klassische Politikgeschichte ihren Platz behaupten können, bis sie in den 1960er-Jahren durch die Sozialgeschichte herausgefordert wurde, die sich zum Teil als „Historische Sozialwissenschaft" verstand und die Gesellschaft ins Zentrum ihres Interesses rückte. Strukturen sozialer Ungleichheit und ihr Wandel, die Geschichte der Stadt und der ländlichen Lebenswelt, langfristige Umbruchprozesse wie die Industrialisierung, Generationenerfahrungen, soziale Bewegungen, Proteste und Konflikte, Verbände und Organisationen, Familienformen, Bevölkerungsentwicklung und Migrationsbewegungen waren und sind einige der Themen, die stärker in den Mittelpunkt der Aufmerksamkeit rückten und die Dimension des Sozialen zur privilegierten Deutungsachse machten.

Gesellschaft als Leitdimension in der Bundesrepublik

Seit den 1980er-Jahren ist die Kulturgeschichte im weitesten Sinne auch in Deutschland auf dem Vormarsch. Wenn man „Kultur" zunächst einmal als Dimension und Gegenstandsbereich nimmt, so wird dieser nur zu einem kleinen Teil durch jenes abgedeckt, was auf den Feuilletonseiten der Zeitungen zelebriert oder im Geschäftsbereich eines Kultusministeriums angesiedelt wird: also die repräsentative Hochkultur als institutionalisierte und professionalisierte Sphäre zur Produktion und zum Konsum einer bestimmten Sorte von Artefakten, die primär nach ästhetischen Kriterien beurteilt werden, oder die Institutionen des Bildungs- und Wissenschaftsbetriebs. In einem viel breiteren Sinne bezieht sich die neuere Kulturgeschichte auf alle Deutungen und Praktiken, mit denen Menschen ihrer Welt Sinn verleihen und Identitäten konstituieren. Die ausgefeilten Inszenierungen des absolutistischen Hofes, magische Vorstellungen, Geschichtserzählungen, Kriegerdenkmäler, Ehrvorstellungen, Speisetabus und Tischsitten, die Bildungsideale des Bürgertums, die Nudistenbewegung zu Beginn des 20. Jahrhunderts oder die symbolische Distinktion durch Kleidung und Konsumpraktiken – dieses und vieles andere wird thematisiert. Die ungeheuer folgenreichen Prozesse der Identitätsbildung und Identitätszuschreibung, des Einschlusses und des Ausschlusses, die mit den Begriffen Nation, ‚Rasse' und Geschlecht verbunden sind, bilden eigene, weitverzweigte Forschungsfelder.

Kultur als Leitdimension

Wie dieser Schnelldurchgang durch die Paradigmenwechsel der deutschen Geschichtswissenschaft zeigt, haben die unterschiedlichen Dimensionen vergangener Wirklichkeit in wechselnden Kontexten als Zentralperspektive der historischen Forschung und Geschichtsschreibung gedient – wenn auch selten ausschließlich und mit Monopolanspruch und meist mit einer gewissen Tendenz zur Gleichzeitigkeit unterschiedlicher Ansätze. Immer reflektierten diese Akzentsetzungen auch die Gegenwart der Historikerinnen und Historiker: intellektuel-

Perspektivität der Historiografie

le Debatten, Prozesse gesellschaftlichen Wandels, außerwissenschaftliche Deutungsbedürfnisse und Interessen. Charakteristischerweise waren die beschriebenen Fokussierungen oft mit dem Anspruch verbunden, über die jeweils in den Vordergrund gerückte Dimension die vergangene Wirklichkeit insgesamt oder doch in ihren maßgeblichen Aspekten zu erschließen. Insofern sind sie nicht nur oberflächliche thematische Moden, sondern weitreichende Deutungskonzepte, die für eine bestimmte, grundsätzliche Geschichtssicht stehen. Ob die „allgemeine Geschichte" primär als Arena und Ergebnis politischer Machtausübung angesehen wird, ob man die ausschlaggebenden Entwicklungen auf der Ebene überindividueller sozialer Strukturen und Prozesse ausmacht oder ob man in Deutungen, Sinnstiftung und Identitätsbildung die Hauptachse sieht, um die sich die Geschichte dreht, führt zu sehr unterschiedlichen Vorstellungen von der Vergangenheit insgesamt.

Es hat nicht an Stimmen gefehlt, die sowohl die Stilisierung einzelner Dimensionen zum Kern der ‚eigentlichen' Geschichte als auch die Departmentalisierung der Geschichtswissenschaft und den damit verbundenen Verzicht auf eine Gesamtsicht auf die Vergangenheit als problematisch ansahen und für eine Integration der Perspektiven plädierten. Ein prominentes, enorm materialreiches und zugleich theoretisch ambitioniertes Beispiel hierfür ist Hans-Ulrich Wehlers umfangreiche Gesamtdarstellung der *Deutschen Gesellschaftsgeschichte* (1987ff.) vom Beginn des 18. bis zum Ende des 20. Jahrhunderts. Zugleich ist dieses Werk ein Versuch, die Vergangenheit explizit entlang einzelner zentraler Dimensionen zu analysieren und diese dann zu einer umfassenden Synthese zu verflechten. Wenn Wehler von der Geschichte einer „Gesellschaft" schreibt, ist damit nicht der enger geschnittene Gegenstandsbereich sozialer Verhältnisse, Strukturen und Prozesse gemeint, den die Sozialgeschichte im Auge hat. Vielmehr geht es ihm letztlich darum, die Totalität aller Aspekte historischen Wandels in den Territorien zu untersuchen, aus denen im Laufe des 19. Jahrhunderts der deutsche Nationalstaat zusammengesetzt wurde.

Beispiel: Wehlers Gesellschaftsgeschichte

Analytische Dimensionen

Wehlers analytischer Zugriff knüpft an den Soziologen Max Weber (1864–1920) an und postuliert, dass

„[...] sich drei gleichberechtigte, kontinuierlich durchlaufende Dimensionen von Gesellschaft analytisch unterscheiden [lassen]. Herrschaft, Wirtschaft und Kultur stellen diese drei, in einem prinzipiellen Sinn jede Gesellschaft erst formierenden, sich gleichwohl wechselseitig durchdringenden und bedingenden Dimensionen dar. Mit anderen Worten: Die menschliche Welt wird, blickt man auf die, wortwörtlich genommen, fundamentalen Elemente, durch ‚Arbeit, Herrschaft und Sprache' (Habermas) begründet. Jeder dieser Bereiche besitzt eine relativ autonome Geltung und Wirkungsmacht, er kann aus den anderen nicht abgeleitet werden, so sehr auch für die Analyse der historischen Wirklichkeit alles auf die Mischungs- und Interdependenzverhältnisse ankommt." (Wehler 1987, S. 7)

Da soziale Ungleichheit für jede Gesellschaft eine herausragende Bedeutung hat und die Lebenschancen der Menschen auf weitreichende Weise prägt, behandelt Wehler sie in seinem Werk als eine vierte Dimension, obwohl sie letztlich das „Ergebnis des Zusammenwirkens von ungleicher Macht- und Herrschaftsverteilung, ökonomischer Lage und kulturellen Entwürfen der Weltdeutung" ist (Wehler 1987, S. 11). Die drei bzw. vier Dimensionen werden als die Hauptachsen einer Gesellschaft gesehen, die sich in einem tiefgreifenden und langfristigen Modernisierungs- und Evolutionsprozess, im Übergang von der traditionalen Welt zur Moderne befand.

Die Dimension der Wirtschaft umfasst in einem breiten Verständnis alle menschlichen Tätigkeiten, die erforderlich sind, um den Lebensunterhalt bestreiten zu können. Körperliche wie geistige Arbeit und die Formen der Arbeitsteilung, Verfügung über Rohstoffe, Eigentumsverhältnisse und Austauschbeziehungen, aber auch die kognitiven, technischen und kommunikativen Ressourcen und Prozesse sowie institutionelle, rechtliche und kulturelle Regeln und Rahmenbedingungen sind wichtige Aspekte des Wirtschaftens. Seit dem späten 18. Jahrhundert befand sich die west- und zentraleuropäische Ökonomie in einem sich immer weiter beschleunigenden Umbruch in Richtung einer industrialisierten, privatkapitalistisch verfassten Marktwirtschaft. Dies, so Wehler, sei das „Richtungskriterium", an dem sich die Analyse historischen Wandels in dieser Dimension auszurichten habe.

Wirtschaft

Die Dimension der Herrschaft versteht Wehler in diesem Zusammenhang in einem engeren Sinne als „politische Herrschaft". Dies konzentriert die Aufmerksamkeit auf alle Erscheinungsformen organisierter und in der Regel normierter Machtausübung staatlicher Herrschaftsträger, die sich auf unterschiedliche Legitimationsquellen berufen können. Aus Max Webers 1920 fertiggestelltem Werk *Wirtschaft und Gesellschaft* stammt die systematische Unterscheidung zwischen der „traditionalen" Legitimation beispielsweise eines Monarchen, der „rationalen" Legitimation eines Beamten oder eines gewählten Politikers und der „charismatischen" Legitimation eines von den Heilserwartungen der Menschen getragenen „Führers" (Weber

Herrschaft

1980, S. 122ff.). Die Entwicklungsrichtung staatlicher Herrschaft während des Übergangs in die moderne Welt lag in der Durchsetzung und Entfaltung des bürokratischen Anstaltsstaates, dessen Regelungsanspruch immer tiefer in die Gesellschaft ausgriff, der sich aber seit der Französischen Revolution von 1789 zugleich immer weiter reichenden Ansprüchen auf rechtsstaatliche Normierung und demokratische Teilhabe wachsender Kreise der Bevölkerung ausgesetzt sah.

Kultur   Kultur als dritte Dimension knüpft an das breite Verständnis der Kulturanthropologie an, das diesem Begriff alle Weltdeutungs- und Sinngebungspraktiken und darauf bezogene Kommunikationsakte zuordnet. Damit wird ein außerordentlich weiter Gegenstandsbereich eröffnet, der sich im Prinzip auf alle sprachlichen und symbolischen Ausdrucksformen beziehen kann, die noch dazu mit den anderen Dimensionen kaum trennbar verflochten sind. In Wehlers Gesellschaftsgeschichte wird das sich hieraus ergebende Eingrenzungsproblem auf relativ konventionelle Weise gelöst, indem sich die Darstellung auf die traditionellen Felder und Gegenstände der Kulturgeschichte konzentriert. Betrachtet werden Institutionen- und Tradierungsformen kultureller Praktiken: Schulen, Universitäten, Kirchen und Medien sowie große intellektuelle Strömungen der Zeit wie etwa die politische Romantik oder der Liberalismus. Dieser Zugang verbindet vor allem Kultur und Politik, lässt aber vieles unbeachtet, was von der neueren Kulturgeschichte behandelt wird.

Ungleichheit   Die Dimension sozialer Ungleichheit thematisiert die menschliche Fundamentalerfahrung strukturell ungleich verteilter Lebenschancen und die Institutionen und Deutungsmuster, die diese Ungleichheit herstellen, reproduzieren und rechtfertigen, sowie deren Wandel in der Zeit. In einer Zeit des Übergangs zur Moderne rücken dabei vor allem die Erosion älterer Ungleichheitsmuster einer ständischen Gesellschaft sowie die Entstehung und Ausbreitung neuer Ungleichheitsverhältnisse in einer industriekapitalistischen Marktgesellschaft in den Mittelpunkt der Aufmerksamkeit. Dieser als Übergang vom Stand zur Klasse interpretierte Wandel, der im Laufe des 20. Jahrhunderts wiederum vom Bedeutungsverlust „klassenmäßiger" Ungleichheit abgelöst wurde, ist eng mit wirtschaftlichen Umbrüchen, Veränderungen des Rechts, politischen Konflikten und sich wandelnden Formen kultureller Distinktion verbunden. Er integriert, spezifisch für diese Epoche, eine große Zahl von Aspekten, lässt aber andere Aspekte von Ungleichheit unbeachtet. Vor allem jene Ungleichheitsformen, die weniger auf asymmetrisch verteilten materiellen und symbolischen Ressourcen als primär auf der „Differenz" nach Geschlecht, Alter, Religion oder ethnischer Zugehörigkeit beruhen, werden aus dieser Perspektive nur am Rande berücksichtigt. Diese Unterscheidungen sind in letzter Zeit sehr intensiv aus einer kulturhistorischen Perspektive untersucht worden.

Zweifellos trifft es zu, dass Arbeit, Herrschaft, Sprache und Ungleichheit Fundamentaldimensionen menschlicher Existenz sind, die nicht voneinander ableitbar sind und das menschliche Zusammenleben in allen Epochen prägten. Allerdings ist zu berücksichtigen, dass die Vorstellung, diese Dimensionen würden gewissermaßen als separate, wenn auch verflochtene Sphären mit eigenen Regeln existieren und in ihrer Gesamtheit eine „Gesellschaft" konstituieren, eine spezifisch moderne und auf die westliche Moderne bezogene Interpretation ist, die sich nicht ohne weiteres auf ältere Epochen oder außereuropäische Kulturen übertragen lässt.

<small>Differenzierung und Moderne</small>

Das im Hintergrund dieses Gesellschaftsbildes stehende Konzept „sozialer Differenzierung" unterscheidet „moderne Gesellschaften" von „vormodernen" Zuständen gerade dadurch, dass diese relative autonome Subsysteme mit eigenen Handlungslogiken und Wertsphären ausbilden, während jene diese Differenzierung nicht aufweisen (Schimank 2001; Opielka 2006, S. 278). Man hat in Anknüpfung an kulturanthropologische Forschungen von „totalen sozialen Phänomenen" gesprochen, die für nicht-moderne Gesellschaften charakteristisch seien, da in ihnen wirtschaftliche, soziale, kulturelle und machtbezogene Faktoren unlösbar verschmolzen waren. Am Beispiel mittelalterlicher Stiftungen oder des frühneuzeitlichen ständischen Handwerks ließe sich dies sehr gut illustrieren. Die berühmten Studien des Anthropologen Marcel Mauss aus den 1920er-Jahren haben den „Gabentausch" als ein totales soziales Phänomen nicht nur außereuropäischer Kulturen untersucht (Mauss 1990; Borgolte 2007).

<small>„Totale soziale Phänomene"</small>

6.3 Struktur und Ereignis

Was genau untersuchen Historikerinnen und Historiker, wenn sie sich – beispielsweise – mit Phänomenen politischer Herrschaft in der Geschichte befassen? Die Funktionsweise der attischen Polis, des europäischen Absolutismus, der klassischen chinesischen Beamtenschaft oder der modernen Diktaturen des 20. Jahrhunderts? Langfristige Entwicklungsprozesse wie die frühneuzeitliche europäische Staatsbildung, die Konstitutionalisierung politischer Herrschaft im 19. Jahr-

<small>Was ist „Herrschaft"?</small>

hundert oder die Verwestlichung der politischen Kultur in der Bundesrepublik nach 1945? Die Schlacht bei den Thermopylen von 480 v. Chr., die Bauernaufstände des 15. und 16. Jahrhunderts, die Ermordung des österreichischen Thronfolgers in Sarajewo im Jahre 1914 oder den Pariser Mai 1968? Die Lebensgeschichte Julius Caesars, die Erfahrungen eines Landsknechts im Dreißigjährigen Krieg oder die Protestpraktiken Pariser Druckergesellen beim „Großen Katzenmassaker" von 1740?

Handlungen – Ereignisse – Prozesse – Strukturen

Alle Beispiele haben mit der Geschichte von Herrschaft zu tun, allerdings mit sehr unterschiedlichen Dimensionen von Herrschaft: Einmal geht es um die Handlungen und Erfahrungen eines Individuums oder kleiner Gruppen, ein andermal um kurzfristige, dramatisch zugespitzte Ereignisse, dann wieder um Prozesse längerfristigen Wandels und schließlich um abstrakte Strukturen, in denen – zumindest auf den ersten Blick – weder handelnde Personen noch einzelne Ereignisse zu erkennen sind. Man könnte vergleichbare Beispielreihen für die Sphären von Wirtschaft, Kultur oder sozialer Ungleichheit aufführen. Die Möglichkeit, zwischen Strukturen, Prozessen, Ereignissen und Handlungen zu unterscheiden, bezieht sich auf alle inhaltlichen Dimensionen, auch wenn traditionell die Politikgeschichte oft als Ereignisgeschichte betrieben worden ist, während sich etwa die Sozialgeschichte vielfach mit Strukturen und längerfristig wirksamen Wandlungsprozessen befasst hat. Worauf sich das Interesse richtet, hängt mehr von der Fragestellung, vom konkreten Gegenstandszuschnitt, den Leitbegriffen, den Forschungstraditionen und von den Theorien ab, auf die sich Historikerinnen und Historiker beziehen, als von der inhaltlichen Dimension.

Menschen machen Geschichte ...

Hinter der Unterscheidung zwischen Strukturen und Prozessen auf der einen, Ereignissen und Handlungen auf der anderen Seite steckt allerdings ein viel diskutiertes methodisches Grundsatzproblem. Im Prinzip könnte man ja alle Geschichte in das Handeln individueller Menschen auflösen, denn weder „der Staat" noch „der Markt" noch „die Reformation" oder eine „soziale Klasse" sind handlungsfähige Subjekte, sondern letztlich abstrahierende Kategorien, um eine bestimmte Art und Weise zu bezeichnen, in der Menschen sinngeleitet interagieren. Freilich könnte man mit einer Zerlegung der vergangenen Wirklichkeit in Myriaden einzelner Handlungen weder ein kohärentes Bild der Geschichte gewinnen noch würde man diesen Einzelhandlungen selbst gerecht werden. Deren Sinn ist nämlich ohne den Handlungskontext nicht verständlich, der wiederum durch das Handeln bzw. die Handlungsergebnisse anderer Menschen geschaffen wird.

Karl Marx (1818-1883) hat diesen Zusammenhang in einer klassischen Formulierung auf den Punkt gebracht:

„Die Menschen machen ihre eigene Geschichte, aber sie machen sie nicht aus freien Stücken, nicht unter selbstgewählten, sondern unter unmittelbar vorgefundenen, gegebenen und überlieferten Umständen. Die Tradition aller toten Geschlechter lastet wie ein Alp auf dem Gehirne der Lebenden." (Marx 1852, S. 115)

... aber unter Umständen

Zu diesen „Umständen" gehören ganz wesentlich all jene in Institutionen, Organisationen, Wissensbeständen und Kulturmustern geronnenen und gewissermaßen objektivierten Resultate der Handlungen anderer Menschen, auf die sich historische Akteure in irgendeiner Weise beziehen.

Jene Richtung der Geschichtsschreibung, die man als Strukturgeschichte bezeichnet, hat hieraus den Schluss gezogen, dass den überindividuellen Handlungsbedingungen das Hauptaugenmerk zu gelten habe. Die historischen Ereignisse seien dagegen bloß, so die poetische Formulierung des französischen Historikers Fernand Braudel (1902-1985),

Strukturen und „lautlose Strömungen"

„eine ruhelos wogende Oberfläche, vom Strom der Gezeiten heftig erregte Wellen. Eine Geschichte kurzer, rascher und nervöser Schwankungen. [...] Eine gefährliche Welt, deren Zauber wir jedoch gebannt haben werden, sobald wir die großen, lautlosen Strömungen in der Tiefe kennen, deren Richtung sich nur feststellen läßt, wenn man große Zeiträume umfaßt. Die dröhnenden Ereignisse sind oft nur Augenblicke, nur Erscheinungen jener großen Schicksale und erklären sich nur aus diesen." (Braudel 1990, S. 20f.)

Die ‚eigentliche Geschichte', so die Schlussfolgerung, sei die „Makrogeschichte" von Kollektivphänomenen, der anonymen, strukturellen Bedingungen der Möglichkeiten menschlichen Handelns und der langsamen, sich der bewussten Einwirkung des Einzelnen entziehenden Wandlungsprozesse dieser Strukturen (→ KAPITEL 4.4). Soziale Klassen als Determinanten kollektiver Schicksalslagen, nicht die Geschichte eines einzelnen Unternehmers oder der Erfahrungen einiger Arbeiter; die Regeln, Routinen und Rituale, durch die Herrschaftsverhältnisse Gestalt und Dauer bekommen, nicht das Wirken eines einzelnen Fürsten oder einer Regierung seien die maßgeblichen Untersuchungsobjekte der Historiker, denen es darum gehen müsse, schwer veränderliche, die Wahrnehmung großer Gruppen prägende „Mentalitäten" und nicht kurzfristig schwankende Moden oder politische Ereignisse zu analysieren. In Frankreich hat diese Richtung seit

Makrogeschichte

den 1930er-Jahren ihr Forum in der Zeitschrift *Annales* gehabt, in Deutschland entwickelte sie sich als Minderheitenposition in den 1950er-Jahren und beeinflusste dann die sich in den 1960er-Jahren entfaltende Sozialgeschichtsschreibung, ohne freilich mit ihr identisch zu sein (Conze 1957; Kocka 1987).

Strukturgeschichte in der Kritik

Die Strukturgeschichte sah und sieht sich der Kritik jener ausgesetzt, die das Augenmerk auf die Dimension der handelnden Akteure und der Ereignisse legen. Dazu gehört einmal die traditionelle Politikgeschichtsschreibung mit ihrem Interesse an politischen Ereignissen, von denen sich die Strukturgeschichte bewusst und programmatisch abgesetzt hatte. Seit den 1980er-Jahren warfen allerdings auch die Vertreter einer mikrohistorisch angelegten „Alltagsgeschichte" und der aufblühenden Geschlechter- wie auch der Kulturgeschichte der strukturgeschichtlich ausgerichteten Sozialgeschichtsschreibung vor, sie würde die Wahrnehmung, Erfahrung und Deutung der sozialen Wirklichkeit durch die Zeitgenossen ignorieren. „Strukturen" würden gewissermaßen verdinglicht, ihr Bezug zum konkreten Handeln konkreter Menschen verflüchtige sich in menschenleeren Abstraktionen. Es werde ignoriert, dass Strukturen nur durch soziales Handeln und die Sinndeutungen der Menschen gesellschaftliche Realität würden. Der welthistorische Umbruch von 1989/91 hat außerdem ein neues Interesse am „historischen Ereignis" geweckt, an den plötzlichen und scharfen Zäsuren, die dem Lauf der Geschichte ganz unerwartet eine andere Richtung geben. *Agency* – handelnde Individuen und Gruppen –, deren Erfahrungen und Erwartungen, aber auch das Moment des Zufalls in der Abfolge von Handlungsketten bekamen mehr Aufmerksamkeit.

Die interessantesten Ansätze sind in diesem Zusammenhang jene, die sich um eine neue Vermittlung zwischen den Ebenen von „Struktur" und „Ereignis" bemühen, statt eine Dimension gegen die andere auszuspielen. Eine Sozial- und Kulturgeschichte des Ereignisses zeichnet sich ab (Suter/Hettling 2001a). Während sich alltägliches Handlungsgeschehen innerhalb gegebener Rahmenbedingungen abspielt – die Routinen der Arbeit, der Verwaltung, des privaten Lebens oder auch der Politik bewegen sich in diesen selbst geschaffenen Strukturen und reproduzieren sie (wenn auch variiert) –, durchbrechen „Ereignisse" diese Routinen und transformieren bestehende Strukturen. Ein historisches Ereignis – man denke an Kolumbus' Landung in der ‚Neuen Welt', den Fall der Berliner Mauer oder an „9/11" – ist zunächst eine Handlungssequenz, welche gegen die Erwartungen der Zeitgenossen verstößt und als Bruch der Alltagsnormalität erfahren

Sozialgeschichte von Ereignissen

wird. Zugleich ist es eine Begebenheit, die überindividuelle Bedeutung hat und große Kollektive betrifft: Tausende Verkehrsopfer pro Jahr sind Tausende privater Tragödien – dreitausend Tote am 11. September 2001 sind ein globales Ereignis. Die Bewertung der Begebenheit erfolgt nach kollektiven Urteilsmaßstäben – religiösen Haltungen, nationalen Identitäten, politischen Einstellungen etc. – und dementsprechend ist die diskursive Verarbeitung des Ereignisses ein kollektiver Prozess. Diese kommunikative Bearbeitung des Ereignisses, seine kollektive Deutung und anschließende Handlungen verändern bisherige Strukturen, definieren neue Erwartungen an die Zukunft. Und sie sind der Gegenstand von Gründungserzählungen, „die so von späteren Generationen immer wieder erinnert und weitererzählt werden und sie die Welt danach anders sehen lassen als vorher" (Suter/Hettling 2001b, S. 25).

6.4 Kultur und / oder Gesellschaft

Sieht man einmal von vielen definitorischen Schattierungen im Detail ab, werden die Begriffe Kultur und Gesellschaft auf zwei grundsätzlich unterschiedliche Weisen verwandt:

- Erstens können sie Teilbereiche oder Subsysteme menschlicher Existenz bezeichnen, die zwar verflochten, aber kategorial unterschiedlich sind: die Sphäre sozialer Beziehungen, Gruppen, Konflikte, Strukturen etc. und die Sphäre von Wahrnehmungsweisen, Sinndeutungen, Symbolen. In diesem Sinne sind sie *verschiedene* Dimensionen *einer* vergangenen Wirklichkeit. — Teildimensionen ...

- Zweitens werden beide aber auch als *alternative* und sich wechselseitig ausschließende Oberkategorien genutzt, um das Ganze zu bezeichnen. Wehlers Synthese ist ein Beispiel für den Versuch, die Totalität der deutschen Geschichte seit 1700 mit dem Begriff „Gesellschaft" einzufangen. Vergleichbare Großdarstellungen unter dem Begriff der „Kultur" fehlen bisher und sind vielleicht auch gar nicht beabsichtigt. Allerdings fehlt es nicht an theoretischen und methodologischen Grundlegungen eines Konzepts von „Kultur", das diese zur Dachkategorie jeder Annäherung an die Vergangenheit zu machen beansprucht. — ... oder Totalität

Seit den 1970er-Jahren verschoben sich in Frankreich und den angelsächsischen Ländern die Akzente, später auch in Deutschland: „Mit ‚Struktur' ging es bergab, mit ‚Kultur' ging es bergauf." (Hobsbawm 2003, S. 335). „Gesellschaftstheorien" sahen sich durch „Beobachter- — Kultur vs. Struktur?

theorien" herausgefordert, die deren empirisch angelegtes Wissenschafts- und Objektivitätsverständnis zum Teil grundsätzlich in Frage stellten (Conrad 2006, S. 159). In dem alten philosophischen Disput über die Frage, in welchem Verhältnis materielle soziale Welt und die Welt der Ideen und Symbole stehen, plädierte die neue Kulturgeschichte für einen eindeutigen Primat der „ideellen" Ebene. Damit waren, kurz gesagt, vier Aspekte verbunden:

Subjektive Wahrnehmungen
- Erstens auf der Gegenstandsebene eine Hinwendung zu Erfahrungen, Deutungen, Sinnstiftungspraktiken und Identitätskonstruktionen. Während Sozialhistoriker z. B. die Entstehung der industriellen Arbeiterklasse im 19. Jahrhundert als einen Prozess sozialstrukturellen Wandels analysierten, der sich unabhängig vom Bewusstsein der Zeitgenossen vollzog, argumentierten Kulturhistoriker, dass die subjektive Seite der Wahrnehmung, der Identitätsbildung und des Selbstverständnisses der Zeitgenossen darüber entscheide, ob man von „Klasse" sprechen könne oder nicht. Die symbolischen Repräsentationen der Welt zogen die Aufmerksamkeit auf sich, nicht die scheinbar ‚harten Fakten' der Statistiken und die abstrakten Strukturen.

Beobachterposition
- Dem entsprach zweitens eine starke Tendenz, die „Wirklichkeit ausschließlich in Abhängigkeit vom Beobachter zu sehen" (Conrad/Kessel 1994b, S. 15). Damit wurde sowohl die Vorstellung in Frage gestellt, dass es sinnvoll und möglich sei, die vergangene Welt ohne Bezug auf die Wahrnehmungen und Deutungen ihrer Zeitgenossen, gewissermaßen objektivierend und von der höheren Warte des Nachgeborenen aus zu analysieren, als auch die Beobachterposition des Historikers selbst problematisiert.

Sinnverstehende Deutung
- Hieraus ergab sich drittens eine generelle Aufwertung hermeneutischer Verfahren, d. h. sinnverstehender Deutung, gegenüber beschreibenden und analytischen Herangehensweisen oder funktionalistischen Erklärungen.

Keine Wirklichkeit außerhalb des Textes
- Die radikalste Infragestellung bisheriger erkenntnistheoretischer Grundannahmen ging freilich – viertens – von jenen poststrukturalistisch inspirierten Positionen aus, welche die Erkennbarkeit und Beschreibbarkeit der vergangenen Wirklichkeit grundsätzlich problematisierten. Unter dem Feldzeichen des *linguistic turn* wurden Theorien rezipiert, die davon ausgingen, dass Texte und damit auch historische Quellen letztlich keine Aussagen über eine außertextliche Wirklichkeit zulassen, sondern nur im Kontext und mit Bezug auf andere Texte interpretiert und verstanden werden können (→ KAPITEL 8.4). Über die sprachlich vermittelten Spuren der

Vergangenheit hinaus gäbe es keinen Zugang zu den Dingen und Ereignissen (Green 2007, S. 67ff.).

Auf die konkrete Forschungsarbeit in der Geschichtswissenschaft haben die zuletzt angedeuteten, radikalen Positionen bisher kaum Einfluss gehabt und werden es wohl auch in Zukunft nicht haben. Den Anspruch, dass sie intersubjektiv kommunizierbare, methodisch kontrollierte Aussagen mit Wahrheitsanspruch über die vergangene Wirklichkeit jenseits der Quellentexte machen, werden Historikerinnen und Historiker wohl kaum aufgeben, solange sie ihr Fach ernst nehmen – auch wenn sie sich selbstverständlich der Begrenztheit, Vorläufigkeit und Relativität ihrer ‚Wahrheiten' stets bewusst sein sollten. Auch ist einem sterilen Entweder-oder zwischen „Kultur" und „Gesellschaft" eher ein produktives Sowohl-als-auch vorzuziehen. Der Historiker Otto Gerhard Oexle hat vorgeschlagen, „Kultur" zu verstehen als „das Ganze des wechselseitigen Zusammenspiels von Denkformen, Formen des Sich-Verhaltens und sozialen Handelns und den wiederum daraus entstehenden Objektivationen" (Oexle 1996, S. 26). Wenn man unter den aus Deutungen und Handlungen entstehenden „Objektivationen" auch all jene Institutionen, Regeln, Kollektive, Identitätskonstruktionen und Machtverhältnisse versteht, die die Menschen in ihrer jeweiligen Zeit als überindividuelle, verdinglichte und anonyme Handlungsbedingungen und Deutungsrahmen erfahren haben, ist dies zugleich eine kulturhistorisch inspirierte Definition von „Gesellschaft".

Mehr als Text – Wahrheitsanspruch der Historiografie

Fragen und Anregungen

- Erläutern Sie die vier vom Autor unterschiedenen Konzepte für Dimensionen der Geschichte und der Geschichtsschreibung.

- Beschreiben Sie Hans-Ulrich Wehlers analytische Dimensionen von Gesellschaft. Ziehen Sie dazu auch seine *Deutsche Gesellschaftsgeschichte* heran.

- Wie ist die zunehmende Bedeutung der Begriffe Akteur und Agent bzw. *agency* zu erklären?

- Diskutieren Sie die Unterschiede der Konzepte „Gesellschaft" und „Kultur" und ihre Berührungspunkte.

Lektüreempfehlungen

Primärtexte
- Fernand Braudel, Das Mittelmeer und die mediterrane Welt in der Epoche Philipps II., 3 Bde., Frankfurt am Main 1990.

- Christoph Conrad / Martina Kessel (Hg.), Kultur & Geschichte. Neue Einblicke in eine alte Beziehung, Stuttgart 1998.

- Werner Conze, Die Strukturgeschichte des technisch-industriellen Zeitalters als Aufgabe für Forschung und Unterricht, Köln 1957.

- Jürgen Kocka, Sozialgeschichte zwischen Strukturgeschichte und Erfahrungsgeschichte, in: Wolfgang Schieder / Volker Sellin (Hg.), Sozialgeschichte in Deutschland, Bd. 1, Göttingen 1987, S. 67–88.

Forschung
- Hartmut Berghoff / Jakob Vogel (Hg.), Wirtschaftsgeschichte als Kulturgeschichte. Dimensionen eines Perspektivenwechsels, Frankfurt am Main 2004. *In einzelnen Aufsätzen werden klassische Themen der Wirtschaftsgeschichte unter kulturgeschichtlicher Perspektive (Rolle des „Vertrauens", Wirtschaftskultur etc.) betrachtet.*

- Reinhard Blänker / Bernhard Jussen (Hg.), Institutionen und Ereignis. Über historische Praktiken und Vorstellungen gesellschaftlichen Ordnens, Göttingen 1998. *In einer Serie von Beispielen, die von Volksversammlungen im antiken Rom bis zu nationalsozialistischen Konzentrationslagern reichen, werden neuere theoretische Konzepte der historischen Ordnungskategorien Institution und Ereignis vorgeführt.*

- Ute Frevert / Heinz-Gerhard-Haupt (Hg.), Neue Politikgeschichte. Perspektiven einer historischen Politikforschung, Frankfurt am Main 2005. *Programmatische Aufsatzsammlung, in der es um sich wandelnde Konstruktionen des Politischen und historisch variable Grenzziehungen zwischen dem Politischen und dem Nichtpolitischen geht.*

- Anna Green, Cultural History, Basingstoke 2008. *Prägnant-knappe Vorstellung grundlegender Theorien zur Kulturgeschichte.*

- Andreas Suter / Manfred Hettling (Hg.), Struktur und Ereignis, Göttingen 2001. *Plausibles Plädoyer und erste Vorschläge für eine Zusammenführung struktur- und ereignisgeschichtlicher Ansätze.*

**Geschichtswissenschaftliches
Denken und Forschen**

7 Historische Erkenntnis

Thomas Welskopp

Abbildung 8: Salvador Dalí, *Dalí von hinten, Gala von hinten malend, die von sechs virtuellen, sich vorübergehend in sechs echten Spiegeln widerspiegelnden Hirnhäuten verewigt wird* (1972/73), Öl auf Leinwand, 60 × 60 cm, Figueres, Teatre-Museo Dalí

HISTORISCHE ERKENNTNIS

Anders als in seinen surrealistischen Traumwelten hat Salvador Dalí (1904–1989) dieses Gemälde in einem realistischen Stil auf die Leinwand gebracht. Es beansprucht, ein Doppelporträt des Malers und seiner Frau Gala abzubilden. Der Wahrheitsanspruch kommt freilich mit einem Augenzwinkern daher. Nur in der Reflektion des Spiegels ist das Arrangement des Doppelporträts als solches sichtbar – und entpuppt sich zugleich als optische Illusion. Denn Dalís Staffelei wird durch den Kopf des Malers verdeckt. Man weiß nicht, ob er sich tatsächlich gerade selber in das Bild einzeichnet, ob er Gala von hinten oder von vorn darstellt – warum hat er sie dann vor einen Spiegel gesetzt? –, oder ob er die Verdoppelung der Perspektive gezielt einsetzt, um die künstlerische Wirkung des Porträts zu steigern. War er dann nur optisch im Weg und lediglich so ehrlich, das auch malend zu dokumentieren? Es sieht nicht danach aus: Auf Dalís Staffelei ist von dem Spiegelimage nichts wieder zu finden.

Dalí treibt es noch ärger: Die Perspektive, aus der das Bild gemalt ist, kann es auf der Grundlage der Geschichte, die es – angeblich – erzählt, überhaupt nicht geben. Denn wer wäre der Maler hinter Dalí, der den Maler, seine Frau von hinten malend, von hinten gemalt hat? Und das auch noch in Dalís Stil? Der Maler hinter dem Maler ist im Spiegel nicht zu sehen. Das mag am Winkel liegen – oder daran, dass der malende Dalí und der als malend gemalte Dalí doch ein und dieselbe Person sind. Wenn das aber so ist, dann betrügt das Bild seinen so demonstrativ erhobenen realistischen Anspruch. Und es täuscht mutwillig den Betrachter. Denn der kann sich ein Bild von der Geschichte nur aus der vorgegebenen Perspektive machen, die es eigentlich gar nicht geben kann. Man mag einwenden, das habe mit unserem Thema wenig zu tun. Geht es hier nicht eher um die Freiheit der künstlerischen Fiktion als um Geschichte? Wie man es nimmt. Geschichte zeichnet sich nicht von vornherein dadurch aus, dass sie die Form von Texten hat und in Büchern steht, Bilder und Perspektiven sind mit ihr eng verwoben.

7.1 **Ohne Perspektive keine Geschichte**
7.2 **Geschichte(n) als historische Betrachtungsweise**
7.3 **Die Historische Methode im 19. Jahrhundert**
7.4 **Das Historische an der „historischen Erkenntnis" heute**
7.5 **Zweifel an der Wissenschaftlichkeit der Historie**

7.1 Ohne Perspektive keine Geschichte

Bilder, zumal wenn es sich um bewegte Bilder handelt, erzählen Geschichte auf besonders suggestive Weise. Sie wirken selbstevident. Schließlich weiß der Betrachter ja, was er sieht – nicht nur schwarz auf weiß, sondern wirkungsvoller oft auch in Farbe. Deshalb sind Geschichtsdokumentationen im Fernsehen so beliebt. Sie prägen oft im Wortsinn unser Bild von der Geschichte.

Perspektivisches Sehen

Wie die Geschichte, die Dalís Gemälde erzählt, ist das, was wir von der Geschichte erkennen können, nicht mehr, aber auch nicht weniger als eine Konstruktion des Vergangenen aus einer spezifischen Perspektive. Wir können von Dalís Verwirrspiel lernen, dass es mit Vorsicht zu genießen ist. Er erzählt malend eine Geschichte, die sich so zugetragen haben kann, dann aber von ihm selbst nicht beobachtet werden konnte. Oder die Geschichte hinter dem Bild ist eine ganz andere. Das können wir als Betrachter nicht mehr herausfinden. Die Geschichte des Bildes ist vergangen, aufgegangen im Gemälde. Das kann deshalb kein Abbild der Geschichte präsentieren, sondern nur eine Konstruktion aus der Perspektive, die Dalí gewählt hat. Diese lässt uns lediglich sehen, was Dalí uns sehen lassen will. Aber die Konstruktion ist das Einzige, an das wir uns halten können, um uns ein Bild von der Geschichte zu machen. Ihre Perspektive ist subjektiv und eingeschränkt. Ihre Wahl schließt andere aus. Zugleich ist sie unverzichtbar. Ohne Perspektive sieht man nichts – und gibt es keine Geschichte.

Geschichte liegt nicht fertig vor

Damit mag die Aufgabe des Bildes in diesem Kapitel erfüllt sein. Die Lektionen aus der Auseinandersetzung mit ihm sind dagegen nicht erledigt. Die erste besagt, dass Geschichte nicht einfach da ist. Sie ist nicht geordnet abrufbar, wie die *history files* in Mr. Spocks *Raumschiff Enterprise*. Geschichte liegt auch nicht, nachhaltig gelagert, in den Archiven. Dort umhaucht den Forscher nicht der ‚Atem der Geschichte', sondern der abgestandene Muff von Staub und Mikrobenkolonien. (Moderne Archivare mögen den Kalauer verzeihen; in ihrer Obhut ist die Überlieferung heute natürlich oft bereinigter als die Aktenlage.) „[N]icht das Geschehene", schrieb Johann Gustav Droysen Mitte des 19. Jahrhunderts, „weder alles Geschehene noch das meiste oder vieles davon ist Geschichte. Denn soweit es äußerlicher Natur war, ist es vergangen, und soweit es nicht vergangen ist, gehört es nicht der Geschichte, sondern der Gegenwart an" (Droysen 1977, S. 8).

Fragen an die Geschichte

Geschichte entsteht aus dem Interesse an ihr. Erst die Fragestellung macht aus Altpapier wertvolles Forschungsmaterial. Obwohl Geschichte einen Entwicklungsprozess von einem Früheren zu einem

Späteren darstellt, ist sie Ergebnis einer Rückprojektion aus unserer Gegenwart. Wir müssen Vergangenheit und Geschichte auseinander halten, mahnte Droysen, der methodologische Begründer des Historismus (→ KAPITEL 8.3, 9.3). Genauer sprach er von „den Vergangenheiten", im Plural, von einer unermesslichen Fülle abgestorbener Begebenheiten, von denen für uns nur zufällige Überreste, sehr einseitige Erinnerungen und gewisse Routinen eines sozialen Gedächtnisses noch präsent sind. Diese Überbleibsel sagen uns gar nichts, wenn wir nicht Fragen an sie richten und in der Verfolgung dieser Fragen Geschichte forschend produzieren: Das „Wesen der Forschung ist, in dem Punkt der Gegenwart, den sie erfasst, die erloschenen Züge, die latenten Spuren wieder aufleben, einen Lichtkegel in die Nacht der Vergessenheit rückwärts strahlen zu lassen" (Droysen 1977, S. 10).

Auch der Soziologe Max Weber (1864–1920) redete von den „Scheinwerfern der Begriffe". Ihr Lichtstrahl vermag das Chaos abgelebten menschlichen Wirkens zwar immer nur stellenweise zu erleuchten, aber doch Phänomene konturenscharf zu illuminieren, die ansonsten im Dunkel geblieben wären. Die Vergangenheit als Ganzes, nach Weber ein unendliches „heterogenes Kontinuum", ist für die Erkenntnis unzugänglich. Der Standpunkt, von dem aus wir unsere Scheinwerfer in die Vergangenheit richten – in der Aufklärung hatte man das „Sehepunkt" genannt – ist notwendig subjektiv. Ohne akute Probleme, die uns die Fragen und Wertideen aufdrängen, aus deren Perspektive wir die Vergangenheiten angehen, gibt es schlicht keine Geschichte. Das gerade mache, so Weber, den ewig jugendlichen Charakter der Sozial- und Geschichtswissenschaften aus:

Standortgebundenheit

„[I]rgendwann wechselt die Farbe: die Bedeutung der unreflektiert verwerteten Gesichtspunkte wird unsicher, der Weg verliert sich in der Dämmerung. Das Licht der großen Kulturprobleme ist weiter gezogen. Dann rüstet sich auch die Wissenschaft, ihren Standort und ihren Begriffsapparat zu wechseln und aus der Höhe des Gedankens auf den Strom des Geschehens zu blicken." (Weber 1985, S. 214)

Es ist nicht Unvollkommenheit der Forschung, dass Geschichte nie ‚vollendet' wird. Sich verschiebende Fragestellungen eröffnen der Geschichtswissenschaft immer wieder frische Einsichten.

7.2 Geschichte(n) als historische Betrachtungsweise

Droysen hielt den Menschen an sich für ein geschichtliches Wesen. Geschichte sei sein „Gattungsbegriff" (Droysen 1977, S. 15ff.). Darin steckt eine Menge zeitgenössischer Ideologie, die damals den Historismus zu einer Art ‚Geschichtsreligion' radikalisierte. Der Bezug auf eine Vergangenheit und Zukunft hebe den Menschen geistig aus seiner endlichen Existenz heraus und lasse ihn – freilich immer nur im Lidschlag eines Augenblicks – die Anschauung Gottes erhaschen. Man muss kein preußischer Protestant sein, um aus der alltäglichen Erfahrung zu wissen, wie sehr die Menschen aus ihrer Vergangenheit leben. Identität ist eine flüchtige Konstruktion, die sich über Erinnerungen beständig ihrer selbst vergewissert und dabei Gedächtnis – abgespeicherte Verhaltensroutinen – und subjektiv begriffene Vergangenheit – die erinnerte persönliche Geschichte – abgleicht. Fehlende Erinnerung – Amnesie – ist eine pathologische Erscheinung.

Erinnerung als soziale Grundbedingung

Seit der Antike gibt es einen Modus der Auseinandersetzung mit der Vergangenheit, der Erinnerung kanalisiert und zugleich über sie hinausweist: die „Geschichte". Geschichte in diesem Sinne will ‚wahr' sein. Sie kann damit als Stütze wie als Korrektur des Erinnerns fungieren. Zugleich ist „Geschichte" eine Geschichte wie andere Erzählungen auch, mit einem Anfang, einer Spannungskurve und einem Ende. Geschichte florierte Jahrhunderte lang vor allem als Ansammlung lehrreicher Geschichten für das Leben. „Historia magistra vitae" – Geschichte als Lehrmeisterin des Lebens, sagte man dazu (Koselleck 1979, S. 38ff.). Das bedeutet jedoch, dass diese Geschichten von ihren Autoren bewusst narrativ gestaltet waren. Nur so, da ist sich die heutige Erkenntnistheorie sicher, können Menschen mit ihrer Vergangenheit etwas anfangen. Ihre Erinnerungen sind durchweg zu Geschichten ausgebaut, mit einem Beginn, einem Verlauf und einer Pointe. Im Kontrolldurchgang kann man solche Erinnerungsgeschichten punktuell in Frage stellen („Du hast doch damals das *rote* Kleid angehabt ..."). Als verständlicher Gegenentwurf zur Erinnerung sind nur zusammenhängende ‚wahre' Geschichten eingängig.

Geschichte als ‚wahre' und erzählte Geschichten

Geschichte behauptet, eine ‚wahre' und zugleich eine als ‚Story' darstellbare Geschichte zu erzählen. Wie ist das möglich? Die flottesten Geschichten können doch nur erdichtete sein. Kitschromane machen Riesenauflagen mit Geschichten, die ebenso rührselig wie unwahrscheinlich sind.

Menschliche Akteure leben in einer Umwelt, die sie nur über ihre sinnhaften Konstruktionen erfahren und bewältigen können. Mit einem simplen Reiz-Reaktions-Schema könnten sie nicht überleben. Vielmehr formulieren sie – bewusst oder unbewusst – auf der Basis zumeist erlernten Regel- und Ressourcenwissens fortlaufend Hypothesen über ihre Umgebung, die ihre Handlungen anleiten. Weil wir gut angepasste und sozial begabte Wesen sind, kommen wir mit diesem kontinuierlichen Strom von Hypothesentests in unserem Alltag ganz gut zurecht. Kleinere („Die Herdplatte ist heiß ...") und größere („Die Kurve ist vereist ...") Katastrophen bezeugen das gelegentliche Scheitern dieser Form der Umweltbewältigung. Aber unter dem Strich liegen wir mit unseren Hypothesen meistens richtig, weil wir sie aus einer erfahrungsgesättigten realistischen Grunderwartung bilden (Berger / Luckmann 1969).

Akteure
als Konstrukteure

Dieses realistische Dispositiv steckt auch hinter den Erwartungen, die die Menschen, seit es historische Aufzeichnungen gibt, an Geschichte gerichtet haben. Sie *soll* wahre Vergangenheit bezeichnen, sonst ist sie nicht Geschichte. Aber kann Geschichte überhaupt wahr sein? Die Vergangenheit ist vergangen und damit auch alle von den Zeitgenossen durchlebte Realität. Es gibt für uns keine Möglichkeit, eine wie auch immer geartete ehemalige ‚Wirklichkeit' zu rekonstruieren (Droysen 1977, S. 11ff.). Wir konstruieren aus einer Mixtur von Gegenwartswissen und mehr oder weniger geschultem Interesse an der Vergangenheit plausible Annäherungen an eine Geschichte, die unter gewissen Voraussetzungen damals ‚wirklich' hätte sein können, soweit die Zeugnisse aus jener Zeit dem nicht krass widersprechen (Lorenz 1997).

‚Realistische'
Erwartungen
an die Geschichte

Ob solche Konstruktionen als plausible Annäherungen an eine realistisch vorgestellte vergangene ‚Wirklichkeit' gelten können, entscheiden die gegenwärtigen Betrachter. Die Zeugnisse und Überbleibsel haben nur, wie Reinhart Koselleck es genannt hat, ein „Vetorecht" (Koselleck 1979, S. 206). Die Kriterien historischer Wahrheit entstammen nicht der Vergangenheit, sondern unserer Gegenwart. Das realistische Dispositiv sorgt dafür, dass historische Erkenntnis nach Wahrheit streben *muss,* um zu überzeugen. Aber es bleibt stets ‚unsere Wahrheit', die mit der prinzipiell unzugänglichen ‚historischen Realität' nicht identisch ist, sie auch nicht abbildet, sondern sie nach heutigen Interessen in Form einer sinnhaften Konstruktion *interpretiert* (Weber 1985, S. 212ff.).

Geschichte
als Konstruktion
von ‚Wahrheit'

Dennoch hat sich der Legitimationsdruck auf den historischen Wahrheitsanspruch vor allem in Europa seit dem 18. Jahrhundert ra-

HISTORISCHE ERKENNTNIS

Historische Betrachtungsweise

sant verschärft. Das hat mit der Durchsetzung einer „historischen Betrachtungsweise" zu tun, die im 19. Jahrhundert fast alle gelehrten Disziplinen tiefgreifend umgestaltete. Diese Betrachtungsweise sah alles Bestehende als Ergebnis einer geschichtlichen Entwicklung. Alles Bestehende war „geworden" in der Kontinuität einer zusammenhängenden, fließenden Bewegung aus der Vergangenheit in die Zukunft. Die Gegenwart trug den Geist der Vergangenheit im eigenen Schaffen weiter und erzeugte dadurch die Möglichkeit der Zukunft, die man als „Fortschritt" zu reiferen kulturellen Errungenschaften, zu machtvolleren Staatsgebilden und höheren „sittlichen" Entwicklungszuständen begriff (Nipperdey 1983, S. 498ff.).

Dadurch stieg Geschichte zu einer geradezu zwingend vorausgesetzten Quelle der Rechtfertigung und Anerkennung auf. Das setzte die Wahrheitsansprüche der geschichtlichen Behauptungen öffentlicher Aufmerksamkeit und gewachsener Kritikbereitschaft aus. Dazu kam, dass aus den ‚Einzelgeschichten' erst jetzt *die* „Geschichte" im Kollektivsingular wurde, gedacht als ein einheitlicher, zusammenhängender, zukunftsoffener Entwicklungsprozess (Koselleck 1975, S. 647ff.).

Von dieser Entwicklung profitierten die Historiker, die sich im 19. Jahrhundert als wissenschaftliche ‚Hüter der Vergangenheit' in Stellung brachten. Im Zuge dieses Karrieresprungs etablierten sie die Produktion von Geschichte als Wissenschaft (→ KAPITEL 10.3). Mit ihrer Transformation zu einer Wissenschaft versuchte die Geschichtsschreibung, den enorm gestiegenen Legitimationsanforderungen an Geschichte zu begegnen. Führende Figuren wie Droysen riefen die „historische Betrachtungsweise" als eine neue, eigenständige Form wissenschaftlicher Erkenntnis aus – die der „physikalischen", mathematisch-naturwissenschaftlichen, und der „spekulativen", philosophischen und theologischen, turmhoch überlegen sein sollte (Droysen 1977, S. 31ff.).

Professionelle Geschichtswissenschaft

7.3 Die Historische Methode im 19. Jahrhundert

Vorläufer und Vorbilder

Um das zu rechtfertigen, bedurfte es eines Ansatzes mit Alleinstellungsmerkmal, der sich dazu eignete, den schwächer werdenden Anspruch der Philosophie und den sprunghaft erstarkenden Anspruch der Naturwissenschaften auf das Monopol an Wissenschaftlichkeit abzuwehren. Im Sprachgebrauch der Zeit suchten Historisten wie Ranke und Droysen, eine „geschichtliche Methode" zu entwickeln (Droysen 1977, S. 19ff.). Der Begriff der „Historischen Methode" war schon durch die Theologie und die Altertumswissenschaften (Altphilologien) besetzt. Dort bedeutete historisch arbeiten, durch akribische Kritik an den überlieferten Texten (im Sinne von Erörterung, Prüfung, nicht von Bewertung) deren Entstehen aus Beiträgen verschiedener Autoren, aus nachträglichen Beifügungen und Weglassungen, Überlieferungsfehlern und Anleihen aus anderen Texten (heute: Plagiate!) möglichst präzise nachzuvollziehen. Diese Disziplinen waren in der Tat Vorläufer und Vorbilder der jungen Geschichtswissenschaft.

Dabei entstand die kurzschlüssige Auffassung, „Historische Methode" sei gleichbedeutend mit dem Verfahren der Quellenkritik. Erkenntnisziel der Geschichtswissenschaft sei nicht die „Echtheit" von Texten, sondern das Begreifen von Geschichte, polemisierte schon Droysen gegen seinen Kollegen Ranke. Die pedantischste Quellenkritik führe ebenso wenig auf den Weg zu den „reinen Tatsachen" wie die Auswahl einer möglichst idealen Quellengattung – bei Ranke vorzugsweise diplomatische Gesandtschaftsberichte – einen „leibhaftigen" Zugang zum inneren Zirkel der Geschichte eröffne (Droysen 1977, S. 11).

„Historische Methode" und Quellenkritik

Droysen schien bemüht, zwischen der „Historischen Methode" und einer enger verfahrenstechnisch gefassten Methodik zu unterscheiden. Sein Begriff der „Methode" umfasste die ganze theoretische Auffassungsweise der gesellschaftlichen Verhältnisse: „[A]us ihrem Sein ihr Werden zu erschließen, aus ihrem Werden ihr Sein zu verstehen, ist das Wesen der historischen Methode" (Droysen 1977, S. 477). Die Methodik erstreckte sich auf den Dreischritt von Heuristik, Kritik und Interpretation (→ KAPITEL 9.1). Die Heuristik nannte er die „Bergmannskunst", bislang noch nicht genutztes Material zutage zu fördern. Quellen, für Droysen bereits reflektierende Stellungnahmen über eine vergangene Gegenwart, machten nur einen kleinen Teil des Materials aus, mit dem künftige Historiker umgehen lernen sollten. Erst die Interpretation auf mehreren Ebenen schließlich formte für ihn die Basis für die historische Darstellung (Topik), den eigentlichen Erkenntnisakt (Droysen 1977, S. 426ff.).

„Methode" und Methodik

Die Quellen stehen nicht am Anfang. In ihrer Kritik erschöpft sich Geschichtswissenschaft nicht. Trotzdem ist es das zeitgenössische Material, auf das der Historiker seine prüfenden Blicke richtet. An ihm versucht er, seine Forschungsfragen und theoretischen Vorannahmen festzumachen, um es zu Bausteinen einer erzählbaren und ‚wahren' Geschichte zurechtzuschleifen. Das ist die Art, wie Historiker Erfahrungswissen gewinnen – nicht unmittelbar aus den Erfahrungen der Zeitgenossen, das wäre illusionär, sondern aus den Beobachtungen *am Material* im Lichte ihrer theoriegeleiteten Vorstellungen. Das war der Begriff der „Empirie", den Droysen in seinen methodologischen Schriften gebetsmühlenhaft beschwor: Geschichte, das ist die Basis der Historischen Methode im 19. Jahrhundert, sollte eine *empirische* Wissenschaft sein.

Empirie

Nun legten auch die Naturwissenschaften großen Wert auf die Empirie. Das bedeutete dort, natürliche Phänomene systematisch zu beobachten, zu klassifizieren und in einen ursächlichen Zusammenhang zu bringen. Erkenntnisziel war, universelle, experimentell überprüfbare „Gesetze" aufzustellen. Jedes beobachtete Phänomen könne dann als notwendige Folgewirkung eines Gesetzes *erklärt* werden (Kausalität). Die Historisten behaupteten, ihr Forschungsgegenstand erfordere eine ganz andere Form von Empirie. Man beobachte keine Naturphänomene, die nur von außen zugänglich seien, sondern menschliche Hervorbringungen, Produkte des Geistes, kulturelle Schöpfungen – soziale Phänomene würde man heute sagen. Die aber seien durch „Gesetze" nicht deterministisch festgelegt. Um vergangenes menschliches Wollen und Handeln forschend zu interpretieren, müsse der Historiker den herrschenden Zeitgeist durch das Bewusstsein der Akteure hindurch verfolgen. Deshalb hieße das Erkenntnisverfahren des Historikers *Verstehen*, nicht *Erklären* (Welskopp 2002a, S. 81ff.). Droysen setzte den „logischen Mechanismus" des Verstehens jedoch scharf vom intuitiv nachfühlenden „Akt des Verständnisses" ab. In seiner theoretischen Tragweite sah er das Verstehen dem Erklären überlegen, als Kapazität, komplexe Zusammenhänge zu begreifen, ohne sie auf eine einfache Ursache zu reduzieren (Droysen 1977, S. 423f.).

Verstehen statt Erklären

Das Verstehen war die zweite Säule der Historischen Methode. Die damaligen Formulierungen legen nahe, dass es in erster Linie um die Benennung eines Verfahrens zur Erforschung sozialer Zusammenhänge ging, als das Vokabular der Soziologie, Anthropologie und Psychologie noch nicht zur Verfügung stand. Trotzdem ging die zeitgenössische Geschichtsideologie darin ein, die Geschichte als einen Staffellauf historischer Individualitäten auffasste, seien dies einzelne Helden oder ganze Staaten und Kulturen. Der Unterschied zwischen Erklären und Verstehen radikalisierte sich im späten 19. Jahrhundert zu einem scheinbaren Gegensatz. Wissenschaftsphilosophen wie Wilhelm Windelband (1848–1915) und Heinrich Rickert (1863–1936) behaupteten, („nomothetische") Gesetzes- und („ideographische") Geisteswissenschaften seien geschieden wie Feuer und Wasser. In der

Erklären und Verstehen seit dem 19. Jahrhundert

Lebensphilosophie der Hermeneutik überhöhten Wilhelm Dilthey (1833–1911) und später Hans-Georg Gadamer (1900–2002) das emphatische Verstehen zur zentralen Kommunikationsgrundlage der Menschheit, die ihr Zusammenleben überhaupt erst ermögliche (Haussmann 1991). Sozialhistoriker der 1970er-Jahre wiederum spielten die von ihnen bevorzugte sozialwissenschaftliche Erklärung gegen ein solches emotionales, scheinbar naives und subjektivistisches Verständnis vom Verstehen aus. Doch blieben ihre stark strukturalistischen Deutungen oft unbefriedigend, solange sie nicht interpretierende Analysen der handelnden Akteure integrierten. Wo dies geschah, verlor die Polarisierung von Erklären und Verstehen endgültig jeden Sinn (Welskopp 1998).

Der Historismus war offener als diese Fortschreibungen, aber seine Geschichtsideologie beherrschte ein idealistisches Menschenbild, das Vergangenheit, Gegenwart und Zukunft durch die Kontinuität verbunden sah, die die Akteure zu Gliedern einer niemals abreißenden Kette von Trägern des historischen Geistes aneinanderklammerte. Die Kontinuitätsannahme, die dritte Säule der Historischen Methode, verschweißte das Erbe der Aufklärung (Vernunft, Macht des handelnden Menschen, Gestaltbarkeit von Geschichte) mit der anti-aufklärerischen Romantik (organische Entwicklung, konservatives Beharren auf dem historisch Gewordenen, Eigenwert jeder Schöpfung) zu einer materiellen Geschichtstheorie. Die Weiterentwicklung der Hermeneutik dagegen deklarierte die Geschichte zu einer Disziplin, die nicht theoretisch sein dürfe, weil sie dann ihrer ethischen Aufgabe, dem Menschen zu huldigen, nicht mehr nachkommen könne.

Kontinuitätsannahme

7.4 Das Historische an der „historischen Erkenntnis" heute

Seitdem hat sich die Geschichtswissenschaft gewaltig weiterentwickelt (→ KAPITEL 10.3). Sie hat sich auf der einen Seite den Sozialwissenschaften, auf der anderen Seite den Kulturwissenschaften weit geöffnet. Sie ist eine durch und durch theoriegeleitete und theoriehaltige Disziplin (→ KAPITEL 8). Wenn Geschichtswissenschaft trotzdem nicht, wie Anfang der 1970er-Jahre vorhergesagt, in den Sozialwissenschaften oder, wie in den 1990er-Jahren wiederholt gefordert, in den Kulturwissenschaften aufgegangen ist, dann liegt das einerseits an der ausdrücklich ahistorischen Ausrichtung einflussreicher sozio-

Geschichte und Sozialwissenschaften

logischer Strömungen und andererseits an der Skepsis einiger sprachphilosophischer und diskurstheoretischer Schulen, ob es Geschichte mit ‚Wahrheitsanspruch' überhaupt geben könne. Anders gesagt existieren noch immer Besonderheiten der „historischen Erkenntnis", wenn sie auch nicht mehr auf die Einzigartigkeit einer „historischen Methode" zurückzuführen sind (Welskopp 2002b, 2007).

Perspektive statt geschlossener Methode

Denn der in vielen Wissenschaften gängige Satz „Eine Disziplin definiert sich nach ihrer Methode" hat sich gerade in der Geschichtswissenschaft als irrig erwiesen. Das, was sie besonders prägt, ist eine „historische Betrachtungsweise" ihres Gegenstandes (den sie mit vielen anderen Disziplinen teilt), aber keine zusammenhängende, geschlossene Methode. Vielmehr nutzt sie in der bunten Vielfalt ihrer Forschungsperspektiven und theoretischen Ansätze ein ebenso breites Spektrum von Forschungsmethoden und -verfahren, teils in Eigenregie entwickelt, teils aber auch im ‚Methodenklau' aus den benachbarten Sozial- und Kulturwissenschaften (→ **KAPITEL 9**).

Methodenpluralismus

Dieser Methodenpluralismus hat drei Ursachen.

- Erstens hat sich die Bandbreite des Materials, mit dem Geschichtswissenschaft als empirische Disziplin umzugehen hat, stark erweitert. Immer noch herrschen Textquellen vor, aber viele Textsorten eignen sich nur eingeschränkt für die klassische hermeneutische Kritik einzelner Dokumente, wie man sie leider heute noch in den Schulen hauptsächlich lernt. Wichtiger geworden ist die Beurteilung ganzer Quellengenres, die oft auf abstrakteren theoretischen Erwägungen beruht. Zudem ist eine Vielzahl weiterer möglicher Quellen hinzugekommen: Zahlenmaterial jedweder Art, Artefakte, Gebäude, Siedlungsformen, Symbole, Bilder, Tonaufnahmen, Filme. Deren Analyse verlangt nicht nur nach neuen methodischen Zugriffen, sondern oft auch nach einer Kombination verschiedener Verfahren.
- Zweitens fordern die Zeitgebundenheit der historischen Fragestellungen und der empirische Blick konkurrierender theoretischer Ansätze methodische Flexibilität und Innovation. Die Methode folgt aus der Frage und der Theorie.
- Drittens schließlich kann keine verfügbare Methode Ergebnisse sichern, die im Experiment wiederhol- und nachprüfbar sind. Aber aus demselben Grund denkt Geschichtswissenschaft immer wieder über ihre methodischen Zugriffe nach. Gerade weil ihre Ergebnisse unsicher sind, dokumentiert sie die Voraussetzungen ihres Zustandekommens und diskutiert sie ausgiebig und oft kontrovers. Wo solche Reflexionen fehlen, werden sie ausdrücklich angemahnt –

in der Rezeption durch Fachkollegen, aber auch von der Öffentlichkeit, die gewöhnlich zumindest einen kritischen Umgang mit den Quellen erwartet. Der Methodenstreit simuliert eine auch in anderen Wissenschaften letztlich illusionäre Empirie, die zu ihrem Gegenstand selbst durchdringt.

,Wahrheit' bezeichnet man heute bescheidener als empirische Geltung. Geschichte bleibt eine Erfahrungswissenschaft, auch wenn sie diese Erfahrungen in Konstruktionen nachbilden muss und ihre Authentizität nicht testen kann. Damit gilt der nicht-fiktive Anspruch der Geschichte nach wie vor. Zwar ist der direkte Zugang zu den vergangenen Verhältnissen verschüttet, in unserer theoretisch geschulten Vorstellung aber vermögen wir die Überreste von damals „denkend zu ordnen" (Weber 1985, S. 155) und auf die Hinterlassenschaften von Zeitgenossen zu beziehen, die ihre damalige Umwelt als ein reales Handlungsumfeld begriffen. In diesem Sinne setzt Geschichte auch heute keine greifbare, ,reale' Vergangenheit voraus, wohl aber eine vorgestellte ehemalige Gegenwart, die uns plausibel erscheint, weil wir uns selbst in einer Gegenwart bewegen.

Geltungsgründe

Der Kult um ,Individualität' und ,Kontinuität' ist mit dem Historismus untergegangen. Die Skepsis gegenüber Generalisierungen macht sich manchmal noch bemerkbar, verhindert die Verallgemeinerung von Ergebnissen aber nicht. Es ist heute theoretisch klar, dass solche Generalisierungen – oder besser: Strukturbegriffe – keinen Gesetzesstatus haben wie in den Naturwissenschaften, sondern „weicher" als teilweise bewusste Regeln und Ressourcen in den Praktiken der historischen Akteure gefasst sind (Welskopp 1997). Das bedeutet, dass Erklären und Verstehen nicht mehr zwei verschiedene Dinge sind. Geschichte tut beides, als „Wissenschaft, welche soziales Handeln deutend verstehen und dadurch in seinem Ablauf und seinen Wirkungen ursächlich erklären will" (Weber 1980, S. 1).

Strukturbegriffe

In der Diskussion mit den Sozialwissenschaften zeigt sich aber nach wie vor ein besonderer Umgang mit dem Einzelfall. Historiker können ihre Gegenstände nicht als Fälle anonymen Klassifikationen unterordnen. Auch sind sie nicht, wie manche historisch arbeitenden Soziologen, auf bestimmte Typen gesellschaftlichen Wandels fixiert. Sie können charakteristische Kombinationen verschiedener Entwicklungen anerkennen (*sequencing*) und der Kontingenz, dem Raum der Nichtvorhersagbarkeit, ihren Platz zugestehen. Der Rest der „Individualität" äußert sich im unaufgebbaren Interesse am Konkreten, an dem in Raum und Zeit singulär verankerten Phänomen. „Historische Erkenntnis" ist und bleibt „Erkenntnis der Kulturbedeutung konkre-

Kontingenz
und Wandel

ter historischer Zusammenhänge" (Weber 1985, S. 214). Das Endprodukt geschichtswissenschaftlicher Arbeit wird weiterhin die ereignisreiche, von benennbaren Personen bevölkerte Darstellung sein, soviel Theorie auch darin eingegangen sein mag.

Von der Kontinuität geblieben ist die Historizität. Auch sie wird von den Sozialwissenschaften gerade erst (wieder) neu entdeckt. Historizität meint die historische Bedingtheit und Prägung von Sprache – im Sinne von Kommunikation und Semantik. Alle, auch unsere theoretischen Begriffe sind selbst Produkte geschichtlicher Entwicklung und entsprechend wandelbar. Historiker müssen heute viel sensibler für die Bedeutung und Veränderlichkeit der Sprache sein.

7.5 Zweifel an der Wissenschaftlichkeit der Historie

Reflexiver Konstruktivismus

Dies ist eine konstruktivistische Position, die trotzdem an Geschichte als einer eigenständigen Form „historischer Erkenntnis" festhält. Und, ja, sie begreift diese als eine Wissenschaft. Obwohl uns der direkte Zugang zur Vergangenheit fehlt, können wir Nützliches über sie herausfinden. Diese Ergebnisse sind unsicher, können aber in der kontroversen Diskussion der Kategorien und Methoden mehr oder weniger plausibel gemacht werden – denen, die prinzipiell an ‚historischer Wahrheit' interessiert sind. Die vorübergehende Geltung von Aussagen über die Vergangenheit, die durch die Aktualität der Fragen, den theoretischen Zugriff und die öffentliche Resonanz der Darstellung ihre auch zeitlichen Grenzen findet, ist alles, was wir unter dem Stichwort „Objektivität" bieten können. Die sonst damit bezeichnete Unabängigkeit vom Standpunkt des Betrachters gibt es in der Geschichtswissenschaft nicht (Novick 1988).

Gegen ältere Auffassungen von Geschichtswissenschaft sind, manchmal unter dem Banner der Postmoderne, manchmal im Umfeld des *linguistic turn* oder einiger Diskurstheorien, grundsätzliche Zweifel an der Möglichkeit formuliert worden, Geschichte im Sinne dieser Argumentation zu schreiben. Vor allem ‚bodenständige' Historiker reagierten mit einem Rückfall in die finstersten Zeiten des Quellenpositivismus (Evans 1998). Drei zentrale Einwände sollen hier angesprochen werden, gerade um solchen naiven *roll back*-Versuchen vorzubeugen.

Geschichte als Literatur?

Seit 1973 haben Hayden White und Frank Ankersmit in verschiedenen Beiträgen argumentiert, dass Geschichte nichts anderes sei als eine spezielle Form von fiktionaler Literatur. White machte geltend, dass die vier Historiker, die er in seiner Furore machenden Studie untersucht hatte, bei allem Anspruch auf Wissenschaftlichkeit ihre Geschichten nach dem Muster und im Stil eingeführter literarischer Genres verfasst hätten. Die Dramatisierung (*emplotment*) sei also anderen Kriterien gefolgt als dem Streben nach Wahrheit (White 1991). Ankersmit schloss sogar jede faktische Darstellbarkeit von Geschichte jenseits der reinen Aufzählung von „Tatsachen" aus. Die Aufregung über diesen Vorstoß der „Narrativisten" war aus heutiger Sicht übertrieben. Warum sollen sich Historiker nicht literarischer Stilmittel bedienen – bei manchen würde man sich eine flottere Schreibe nur wünschen. Es wurde auch schnell klar, dass die Dramatisierungen erzählter Geschichte doch nicht beliebig waren. Das Publikum erwartete trotzdem eine nicht-fiktive Geschichte und konnte sie offenbar von belletristischer Prosa unterscheiden. Literarische Schnörkel müssen nicht zwingend die kognitiven Leistungen von Geschichtsschreibung schmälern, die allerdings von anderen, theoretischen und methodischen, Voraussetzungen stärker abhängen als von der literarischen Form.

Ein zweiter Einwand kam aus der Sprachphilosophie und Linguistik. Er bestritt, dass die historischen Texte in irgendeiner Weise auf Dinge und Sachverhalte verweisen könnten („Referentialität"), die jenseits dieser Texte und ihrer Verweise auf andere Texte lägen. Den Quellen sprach man damit ihren Quellencharakter ab. Geschichte könne aus dem Käfig einer Sprache, die immer schon und immer nur auf sich selbst verweise, nicht ausbrechen. Geschichte schien vor diesem Hintergrund ein Zweig der Literatur*kritik* zu werden, was Historiker wie Keith Jenkins als Befreiung von methodischen Fesseln ausdrücklich begrüßten (Jenkins 2003). Das Prinzip der Historizität, das das zeitliche Gefälle der Textsorten zum Thema macht, kann die Unsicherheiten der Referentialität nicht ausräumen, hilft aber, reflektiert damit umzugehen. Diesen Weg verbauen sich die Kritiker. Wollte man ihnen folgen, hörte Geschichte als Suche nach ‚historischer Wahrheit' auf. Wäre damit konsequenterweise jede Form auch der Gegenwartsanalyse passé? Und würde sich das Publikum in Erwartung nicht-fiktionaler Antworten auf Fragen an die Vergangenheit dann nicht anderen, im Zweifel dubioseren Deutungsangeboten zuwenden? Die Gegenreaktionen gegen solche Einwände zeigen zudem, dass der Mechanismus der selbstkritischen Methodenreflexion prinzipiell greift.

> Geschichte ohne Bezug zur Vergangenheit?

Der dritte Einwand spielte den ‚Wahrheitsanspruch' der Geschichtsschreibung gegen ihre Bindung an die Macht aus. Sie sei ein Beispiel unter vielen, wie Diskurse ohne bestimmende Akteure in der Neuzeit Wissensregimes errichten: Sie sichern ihre Herrschaft dadurch, dass sie

> Geschichte als Versteckspiel der Macht?

den Empfängern dieses Wissens Erkenntnis und Gestaltungsfreiheit einreden, während diese jedoch nur hilflos jene Redeweisen weiter verbreiteten, weil sie über keine alternative Sprache verfügten. Michel Foucaults Porträt der Moderne ist hierdurch keineswegs angemessen beschrieben, aber auch er setzte dem Vorwurf an die Geschichte der Geschichtsschreibung recht naiv anmutende Alternativstrategien entgegen. Macht korrumpiert nicht automatisch jeden Erkenntnisanspruch, und die machtförmige, in weiten Teilen tatsächlich borniert Geschichte der Disziplin scheint ihren Hang zur Kontroverse und ihre Fähigkeit zur Pluralisierung und vielfältigen Neuanfängen nicht erstickt zu haben. Insofern ist der kritische Blick auf die Historiografiegeschichte eine Bereicherung, aber die Erwartung an und die Produktion von Geschichte haben sich davon nicht disziplinieren lassen.

Fazit „Historische Erkenntnis" bleibt schwierig und unsicher. Man kann sich auf wenig anderes verlassen als auf gute Argumente, plausible Ansätze und glaubwürdig präsentiertes Material. Besseres steht uns nicht zur Verfügung. Erst eine produktive Fragestellung lässt Bereiche aus der ‚Nacht der Vergessenheit' in hellerem Licht erscheinen. In diesen Bereichen müssen Historiker mit theoretisch geschultem Blick eigenhändig Ordnung schaffen. Das liefert ein Gerüst für die Darstellung in Form einer Ansicht auf den Gegenstandsbereich. Solche Grundansichten lenken die Auswahl und Kombination der Forschungsmethoden, die vor allem über wichtig und unwichtig, Kern und Grenzen der Materialgewinnung entscheiden. Dieses wird dann in Analyseverfahren und -techniken ausgewertet und aufbereitet. Die Darstellung ist ein abschließender eigenständiger Arbeitsschritt, bei dem sich Historiker nicht selten selber noch einmal klarer über den narrativen Zusammenhang der Dinge werden.

Das alles erwartet die Studierenden der Geschichtswissenschaft freilich erst im Laufe ihrer Ausbildung. Am Anfang steht ein anderer, umso wichtigerer Umgang mit historischen Texten im Vordergrund: das Lesen. Das kann durchaus spannend und ein erster Schritt sein zu „historischer Erkenntnis".

Lektüreempfehlungen

Primärtexte
- Marc Bloch, Aus der Werkstatt des Historikers. Zur Theorie und Praxis der Geschichtswissenschaft, hg. und mit einem Nachwort von Peter Schöttler, Frankfurt am Main/New York 1995.

- Edward H. Carr, Was ist Geschichte? 6. Aufl. Stuttgart 1981.

LEKTÜREEMPFEHLUNGEN

- Johann Gustav Droysen, Historik. Bd. 1: Rekonstruktion der ersten vollständigen Fassung der Vorlesungen (1857). Grundriss der Historik in der ersten handschriftlichen Fassung (1857/58) und in der letzten gedruckten Fassung (1882). Historisch-kritische Ausgabe von Peter Leyh, Stuttgart-Bad Cannstatt 1977.

- Max Weber, Die „Objektivität" sozialwissenschaftlicher und sozialpolitischer Erkenntnis (1904), in: ders.: Gesammelte Aufsätze zur Wissenschaftslehre, 6. Aufl. Tübingen 1985, S. 146–214.

- Hayden White, Metahistory. Die historische Einbildungskraft im 19. Jahrhundert in Europa, Frankfurt am Main 1991 (amerikanische Erstauflage 1973).

- Richard J. Evans, Fakten und Fiktionen. Über die Grundlagen historischer Erkenntnis, Frankfurt am Main/New York 1998. *Eine entschlossene, etwas altmodische Verteidigung der Geschichtswissenschaft gegen die ‚Zumutungen' der Postmoderne.* Forschung

- Hans-Jürgen Goertz, Unsichere Geschichte. Zur Theorie historischer Referentialität, Stuttgart 2001. *Eine sehr gut geschriebene Diskussion der neueren, kritischen Ansätze – ein echter Geheimtipp.*

- Peter Novick, That Noble Dream. The "Objectivity Question" and the American Historical Profession, Cambridge 1988. *Über die Unmöglichkeit positivistischer Objektivität aus amerikanischer Sicht.*

- Thomas Welskopp, Erklären, begründen, theoretisch begreifen, in: Hans-Jürgen Goertz (Hg.), Geschichte. Ein Grundkurs, 3. Aufl. Reinbek bei Hamburg 2007, S. 137–177. *Grundsätzliches über „historische Erkenntnis", ausführlicher als in diesem Kapitel.*

- Annette Wittkau, Historismus. Zur Geschichte des Begriffs und des Problems, Göttingen 1992. *Einführung in den Historismus als gesellschaftliches Gesamtphänomen im 19. Jahrhundert.*

8 Theorien in der Geschichtswissenschaft

Thomas Welskopp

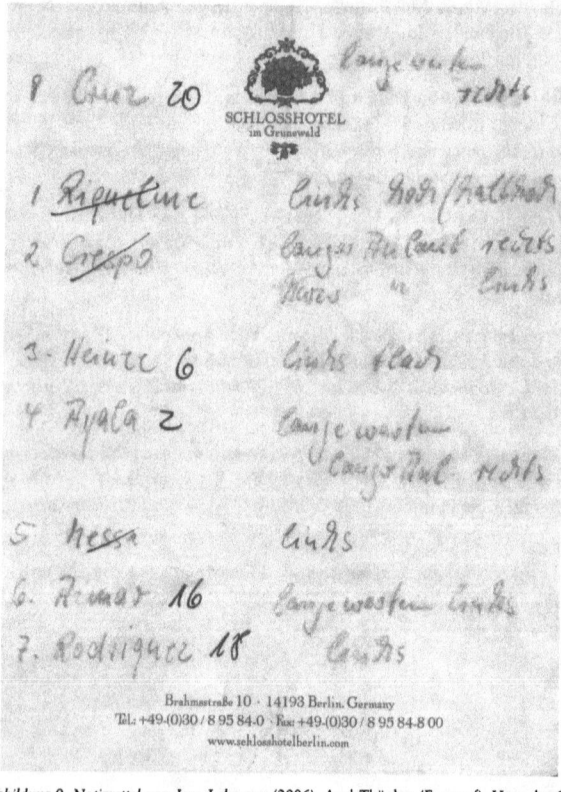

Abbildung 9: Notizzettel von Jens Lehmann (2006), Axel Thünker (Fotograf), Haus der Geschichte, Bonn 2008

Am 30. Juni 2006 gewann die deutsche Nationalmannschaft das Viertelfinalspiel der Fußballweltmeisterschaft gegen Argentinien im Elfmeterschießen. In diesem dramatischen Showdown spielte ein Zettel eine gewisse Rolle, den Torwarttrainer Andreas Köpke der deutschen Nummer 1, Jens Lehmann, zugesteckt hatte. Dieser nestelte ihn vor jedem Strafstoß aus seinem Stutzen, um ihn zu Rate zu ziehen. Die Deutschen gewannen, weil ihre Schützen sämtlich vom Elfmeterpunkt trafen. Entscheidend aber war, dass Lehmann zwei der argentinischen Versuche hielt. Lehmanns Zettel befindet sich heute im „Haus der Geschichte der Bundesrepublik Deutschland" in Bonn. Was hat dieses zerknitterte Stückchen Papier samt Briefkopf des noblen Berliner Schlosshotels im Grunewald mit Theorien in der Geschichtswissenschaft zu tun?

Köpke hatte dem Torhüter wahrscheinliche Reihenfolge und Gewohnheiten der argentinischen Elfmeterschützen notiert: „Cruz [Nummer] 20 lange warten rechts/Riquelme links hoch/halb hoch". In diesen Kürzeln stecken wesentliche Merkmale historischer Theorie: Es sind formelhafte Zusammenfassungen wichtiger Zusammenhänge, die empirisch festgestellte *Regelmäßigkeiten* in Aussagen über *regel*gesteuerte logische Beziehungsmuster verwandeln. Dabei handelt es sich um Aussagen über die *Praktiken* menschlicher Akteure. Sie bewähren sich erst in deren historischem Handeln. Der theoretische Akt bei Lehmanns Handlungen (Bälle halten) bestand darin, eine Fallverteilung in der Vergangenheit (Gewohnheit) in eine zukünftige Wahrscheinlichkeit (Macht der Gewohnheit) umzurechnen.

Nun kann sich im Unterschied zu diesem speziellen Fall historische Theorie in der Regel ihre „Geschichte" nicht selber schaffen, weil jene zum Zeitpunkt ihrer Anwendung bereits aus und vorbei ist. Während Lehmanns Zettel Wirkung zeigte, weil sich seine Prognosen im fortlaufenden Geschehen bewahrheiteten, kommt Theorien in der Geschichtswissenschaft allenfalls eine rückwärtsgewandte Prognosefähigkeit zu. Sie sagen voraus, wie man *Vergangenes* sinnvoll deuten könnte.

8.1 **Warum überhaupt Theorie?**
8.2 **Vier Dimensionen von Theorie**
8.3 **Historismus und Historik**
8.4 **Theorien statt Theorie**
8.5 **Acht ‚Do's' und ‚Don'ts'**

8.1 Warum überhaupt Theorie?

Naseweise Fußballexperten könnten einwenden, dass die wichtigsten Spieler der argentinischen Mannschaft, die als Elfmeterschützen auf dem Zettel vermerkt waren, sich zum Zeitpunkt des *shootouts* längst auf der Bank befanden, während Lehmann den entscheidenden Strafstoß eines gewissen Esteban Cambiasso hielt, eines unbekannten Reservisten, dessen Name auf dem Papier fehlte. Aber Fernsehaufnahmen bewiesen, dass Lehmann auch vor dem Anlauf dieses Argentiniers das Dokument noch einmal studiert hatte. Cambiasso hatte sich von dieser arroganten Geste offenbar beeindrucken lassen. Historische Theorie besitzt insofern immer eine selbstreflexive Dimension, die auf die, die vergangenes Geschehen betrachten, und manchmal auch auf die, die beobachtet werden, zurückwirkt. Lehmann besaß gegenüber seinen südamerikanischen Kontrahenten ein überlegenes theoretisches Wissen, das er in eine erfolgreiche Praxis übersetzte. Für Cambiasso reichte es aus zu denken, dass Lehmann über dieses überlegene Wissen verfügte.

Theoriefähigkeit

Manche Strömungen in den Sozialwissenschaften spielen „Theorie" und „Geschichte" gegeneinander aus. Für sie macht „Theoriefähigkeit" den Kern ihres Status als Wissenschaften aus, den sie geradezu in Abwendung von der Geschichte definieren. Nur was man theoretisch nicht erklären könne, müsse man als historische Ereignisabfolge mehr oder minder unbedarft erzählen – Geschichte als Notbehelf dort, wohin Theorie nicht reicht (Welskopp 2001). Umgekehrt gab und gibt es viele Historiker, die meinen, dass Theorie in der Geschichtsschreibung nichts zu suchen habe. Sie verzerre und verfälsche das Bild der Historie. Der Historiker Golo Mann meinte gar: „Die Historie ist eine Kunst, die auf Kenntnissen beruht, und weiter ist sie gar nichts." (Mann 1979, S. 53)

Gesetze

Beide Positionen gehen von falschen Voraussetzungen aus. Die erste beruft sich auf den Ehrgeiz, dass Theorien in den Sozialwissenschaften möglichst die Form annehmen sollten, die sie gemeinhin (auch das sieht in der Realität etwas anders aus) in den Naturwissenschaften besitzen. Diese Form bezeichnet man in der Regel als „Gesetz", womit, wie bei Naturgesetzen, unveränderliche Zusammenhänge („wenn – dann") gemeint sind, die immer und überall gelten. In den empirisch arbeitenden Sozialwissenschaften sucht man deshalb nach *covering laws*, die ein beobachtetes Phänomen zu einem solchen Prozentsatz ‚abdecken', dass sie als eine – möglichst mathematisch beschreibbare – universale Erklärung der untersuchten Fälle akzeptiert werden können. In der *Rational Choice*-Theorie etwa unterstellen Ökonomen und hart quantifizierende Soziologen, dass man individuelles und kollektives Handeln in einem entscheidenden Punkt (hier der individuellen Begründung kollektiven Handelns) auf eine rationale Auswahlentscheidung der einzelnen Akteure zurückführen könne, die sich an der Maximierung ihres Nutzens orientiere. In einem solchen Denken reduziert sich Geschichte auf eine Datenbank vergangener Ereignisse, die sich vergegenwärtigen, indem sie in die Berechnungen Aufnahme finden, oder einfach uninteressant werden, falls sie sich gegen die Logik der *covering laws* sperren. Geschichte ist aber mehr als eine historische Fallsammlung.

Die zweite Position setzt sich in ihrer Theoriefeindschaft genau gegen einen solchen Theoriebegriff zur Wehr. Sie sperrt sich dagegen, dass auch in der sozialen Welt „Gesetze" gelten könnten, die wie das Gesetz der Schwerkraft universale Geltung beanspruchen. Denn dann bräuchte man keine Geschichte mehr, die eine Beschreibung fortlaufender Entwicklung assoziiert. Geschichte verweigere sich auch soziologischen oder anthropologischen Evolutionstheorien. Die suchen zwar gerade eine kontinuierliche Entwicklung in der Zeit zu fassen, verbinden damit aber im Sinne eines Entwicklungs*gesetzes* die Vorstellung von einer fortschreitenden Entfaltung angelegter Möglichkeiten und Fähigkeiten, die einem „Ursprung" entstammen. Eine Geschichtsschreibung, der ein solches Konzept zugrunde läge, wäre nichts als ein fortlaufendes Protokoll erreichter Entwicklungsstände. Demgegenüber beharrt die „narrative" Position darauf, dass der Mensch in seinem freien Willen im Mittelpunkt einer „ereignisvollen Geschichte" steht (Sewell 2005). Die sei von jeweils einzigartigen (singulären) Brüchen und Sprüngen ebenso gekennzeichnet wie von Kontinuitäten der verschiedensten Art. Jene ließen sich nicht in Form von Gesetzen systematisieren, da sie ihre Basis in der Welt der Ideen und nicht der materiellen Zusammenhänge besäßen. Sie pflanzten sich nicht mechanisch durch ein Ineinandergreifen unpersönlicher Räderwerke fort, sondern in Intentionen und Motivationen individueller Akteure.

Narrative Position

Beide Positionen eint trotz ihrer Gegensätzlichkeit, dass sie „Theorie" und „Geschichte" für unvereinbare Dinge halten. Die „szientistischen" Sozialwissenschaftler meinen, dass Geschichtsschreibung zu simpel sei, um dem Anspruch einer Wissenschaft zu genügen. Die „narrativistischen" Historiker dagegen dünken, Geschichte zu schreiben sei eine Kunst für sich und gerade deshalb etwas Besseres als eine bloße Wissenschaft. Beide übersehen, wie voraussetzungsreich ihr jeweiliges Bild von der „Geschichte" ist. Vom sozialwissenschaftlichen

Historische Soziologie

Standpunkt aus geht Geschichte großenteils in universell gültigen Zusammenhängen auf, deren Historizität eine Größe ist, die man vernachlässigen kann. Diesen Wirkungsbeziehungen (Mechanismen) geht der Sozialwissenschaftler theoretisch nach. Er sucht vor allem nach besonders starken Beziehungsketten (*robust mechanisms*), die möglichst überall und häufig vorkommen. Idealerweise tragen sie bereits ein Bewegungsprinzip in sich (eine unabhängige Variable), das Formen von Entwicklung in der Zeit als Folge vorgängiger Bedingungen (kausal) erklärt (McAdam/Tarrow/Tilly 2001). Nur die Phänomene, die nicht von solchen Mechanismen abgedeckt werden, fallen einer Geschichtsschreibung anheim, die sich ihrer um ihrer selbst willen annimmt wie ein Sammler seltener Briefmarken. Ähnlich kategorisch behauptet sich der „Narrativist" gegen theoretische Zumutungen und entwirft mit dem kreativen Menschen, seinen allenfalls dem ‚Zeitgeist' verpflichteten Intentionen und der schicksalhaften Verknüpfung von Kontingenz (nicht Zufall, aber „Nichtnotwendigkeit") und Kontinuität ein Panorama von Geschichte, das sich als Kulisse für ein Heldendrama oder eine Tragödie verwenden ließe (Lübbe 1979, S. 78f.).

Unerlässliche Vorannahmen

In ihrem Verständnis von Geschichte schwingen bei beiden Positionen massive Vorstellungen mit: von welchem Menschenbild man ausgeht, wenn man an die Vergangenheit denkt, wie man soziale Zusammenhänge allgemein begreift, wie man sich Wandel in der Zeit vor Augen führt und welche „Gestalt" man dem historischen Prozess in Gedanken verliehen hat, bevor man überhaupt an ein Vergangenheitsphänomen herantritt. Wenn aber solche Vorverständnisse von Geschichte nötig sind, um über Geschichte nachzudenken, dann *kann* Geschichtsschreibung, gerade wenn sie Wissenschaft sein will, nicht frei von Voraussetzungen sein. Diese Voraussetzungen stecken nicht im historischen Material.

Vergangenheit und Gegenwart

Die Vergangenheit ist vorbei. Niemand kann sie ins Leben zurückrufen oder eins zu eins rekonstruieren. Die Menschen wissen aber, dass sie für ihr gegenwärtiges Leben eine Rolle spielt. Nur welche? Darüber schweigt die Vergangenheit sich aus. Oder sie sendet vielfältige, zum Teil auch widersprüchliche Signale. Fremdartige Schriftstücke finden wir überliefert, alte Bauwerke stehen herum, mal pittoresk, mal monumental hässlich, es gibt Denkmäler als Taubenlandeplätze und verwitternde Gedenktafeln, auf den Bildern in unseren Köpfen ist die Welt von früher schwarz-weiß. Schon immer haben sich die Menschen auf vielfältige Weise mit dem Vergangenen auseinandergesetzt. Die persönlichste Form dieser Auseinandersetzung ist die Erinnerung, die jedoch sehr trügerisch sein kann.

Von jeher ist den Menschen offenbar das Vergangene zu wichtig gewesen, um es der privaten wie kollektiven Erinnerung oder den Mythen zu überlassen. Hier kommt die Geschichtswissenschaft ins Spiel, die im Unterschied zu den anderen Formen den Anspruch erhebt, eine ‚wahre‘, intersubjektiv akzeptable Repräsentation der Vergangenheit zu sein, teilweise in direktem Widerspruch zu subjektiven Erinnerungen (Lorenz 1997). Aber wir finden die Geschichte nicht in einer fertigen Figur vor, die in den Archiven nur abzustauben wäre. Die Quellen sprudeln nicht von allein, und sie liefern oft eher trübes als klares Wasser. Allenfalls machen sie bestimmte Aussagen unmöglich – ein gewisses „Vetorecht" hat der Historiker Reinhart Koselleck ihnen deshalb zugebilligt (Koselleck 1979, S. 206; → KAPITEL 3).

Es sind unsere gegenwärtig aktuellen Fragen, die uns in eine produktive Beziehung zur Vergangenheit setzen. Sogar unhaltbare Vorurteile können Fragen aufwerfen, für deren Beantwortung man sich auf die Spuren vergangener Welten setzen muss. Man muss nur wollen, dass am Ende einer solchen Spurensuche eine Geschichte steht, die plausibel ist und sich begründen lässt. Die Theorie hilft dabei, sowohl die Fragen und Voraussetzungen, die an die Vergangenheit herangetragen werden, zu systematisieren, zu kontrollieren und einer kritischen Diskussion zugänglich zu machen, als auch die Ergebnisse der Spurensuche kritisch zu beleuchten. Theoretisches Bewusstsein macht dann idealiter den Unterschied aus, der Geschichtswissenschaft gegenüber anderen Formen der Vergangenheitsverarbeitung auszeichnet.

Fragestellungen

Das Material aus der vergangenen Zeit fügt sich nicht von selbst zur Geschichte zusammen. „Aus den Geschäften wird Geschichte", formulierte Johann Gustav Droysen (1808–1884), der methodologische Begründer des Historismus in der deutschen Geschichtswissenschaft, „aber sie sind nicht Geschichte" (Droysen 1977, S. 69). Aus „Geschäften" „Geschichte" zu machen, kommt dem Historiker zu. Geschichte ist seine Konstruktionsleistung. Und den Grundriss für diese Konstruktion liefert der theoretische Bezugsrahmen. Ohne theoretischen Ausgangspunkt gibt es keine Geschichte.

Geschichte als Konstruktion

8.2 Vier Dimensionen von Theorie

Wenn Geschichte *per se* eine theoriegeleitete Konstruktion ist, kann es nur von Vorteil sein, über die Bauprinzipien dieser Konstruktion Rechenschaft abzulegen und sie zur Diskussion zu stellen. Denn die Theoriegegner innerhalb und außerhalb der Disziplin sind weit davon entfernt, ohne Theorie auszukommen. Sie entziehen sich nur der Rechenschaftspflicht.

Möglichkeitsbewusstsein Was Theorie für den Historiker leistet, ist zuallererst, sein Möglichkeitsbewusstsein zu erweitern. Sie kann dem Geschichtsforscher in mehrfacher Hinsicht den Blick schärfen, seine Sensibilität erhöhen. Der Soziologe Max Weber (1864–1920) benannte als Aufgabe theoretischen Wissens in Soziologie und Geschichtswissenschaft, den Rahmen „objektiver Möglichkeiten" abzustecken, innerhalb dessen historische Phänomene konkret verortet werden müssen. Mancher Soziologe mag dann mit der Aufstellung solcher generalisierter Aussagen zufrieden sein. Das Geschäft des Historikers geht weiter, bis er die in Raum und Zeit präzise lokalisierten Geschehnisse in ihrem „So-und-nicht-anders-Gewordensein" hergeleitet hat. Dazu muss er theoretische Aussagen bis in die Ereignisse hinein verfolgen und in deren Abfolge die Wirksamkeit der behaupteten Zusammenhänge plastisch glaubhaft machen. Seine Geschichte kann dann den Anspruch erheben, als „wahr" zu gelten, wenn er nach Weber ihre „adäquate Verursachung" plausibel nachgewiesen hat (Weber 1985).

Theorie operiert dabei immer auf vier verschiedenen Bedeutungsebenen, die aufeinander verweisen, aber nicht aufeinander zu reduzieren sind. Dementsprechend ist die im Folgenden gewählte Reihenfolge weder zwingend noch wertend.

Erkenntnistheorie
- Erstens trifft jedes allgemeinere Konzept erkenntnistheoretische Aussagen über das, was man in der Vergangenheit beobachten kann und welchen Stellenwert diese Beobachtungen besitzen. Der Satz, dass Geschichte eine theoriegeleitete Konstruktion des Historikers ist, stellt eine solche Behauptung dar. Und die hat es in sich, denn ihr zufolge repräsentiert Geschichtsschreibung nicht die – unzugängliche – vergangene Realität selber, sondern ein auf gegenwärtige Fragestellungen bezogenes plausibles Als-ob. An das aber richten Historiker wie Publikum ‚Wahrheits'-Erwartungen, die weder leicht zu erfüllen noch leicht zu überprüfen sind. Denn die ‚eigentliche' Vergangenheit schweigt sich aus (Goertz 2001).

Sozialtheorie
- Zweitens beruht jedes begriffliche Konzept in allen Wissenschaften vom Menschen auf sozialtheoretischen Grundvorstellungen. Hier geht es um ganz allgemeine und überzeitliche Annahmen über die Akteursqualitäten der Menschen, die Regelhaftigkeit ihrer Aktionen und das Verhältnis zwischen Individuen und überindividuellen sozialen Gebilden („Strukturen"), seien es Institutionen (der DFB, der einen Torwarttrainer beschäftigt) oder Kollektive (die Zuschauer im Berliner Stadion). Um 1900 hätte man hier vom je-

weiligen „Menschenbild" des Historikers gesprochen (Welskopp 1997).

- Drittens ist Geschichte ein Operationsfeld für gesellschaftstheoretische Konzepte. Auch sie befassen sich mit den Akteuren in der Dialektik von Handeln und Struktur, aber nicht im Sinne einer historischen Anthropologie, sondern in ihren konkreten sozialen Gebilden. Kollektive und Institutionen (Organisationen) stehen hier im Mittelpunkt von Zusammenhangsannahmen, die sich auf Entstehung, Konsequenzen und Veränderung richten. Gesellschaftstheorien beziehen sich auf das Konzept von „Gesellschaften" an sich und auf ihre innere Bauweise. Geschlecht, ethnische Zugehörigkeit, Milieus, Stände, Klassen, soziale Bewegungen, aber auch Herrschaftssysteme oder der Staat sind typische Einheiten, mit denen Gesellschaftstheorie hantiert. Da alle diese Struktureinheiten an bestimmte Phasen der geschichtlichen Entwicklung gebunden sind (der Staat z. B., wie wir ihn kennen, ist ein neuzeitliches Phänomen), besitzen gesellschaftstheoretische Aussagen stets eine historische Dimension. Nicht selten werden auf dieser Ebene auch generelle Aussagen über den Geschichtsverlauf formuliert: Karl Marx ging bekanntlich davon aus, die Geschichte der Menschheit sei eine „Geschichte der Klassenkämpfe".

   Gesellschaftstheorie

- Viertens prägen oftmals kaum bewusst gemachte Auffassungen über die Gestalt der Geschichte die Darstellungen der Geschichtsschreiber. Hier geht es in erster Linie darum, welches materielle Bild der Historiker vor Augen hat, wenn er von „Geschichte" als einem zusammenhängenden Prozess spricht. Das spannt gewissermaßen den Rahmen einer alles überwölbenden ‚großen Erzählung' auf, in die dann die einzelnen Geschichten als Ergebnis des Forschungsprozesses wie Kapitel eingebaut werden. Die Geschichte als Entwicklung zur Freiheit des Menschen (Georg Wilhelm Friedrich Hegel), als notwendiger Durchsetzungsprozess des Nationalstaats (Johann Gustav Droysen), als linearer oder dialektischer Fortschritt (Leopold von Ranke oder Karl Marx), als universaler Modernisierungsprozess (Walt W. Rostow), als Entwicklung zu einem „Ende der Geschichte" in Wohlstand und Demokratie (Francis Fukuyama) – solche „Meistererzählungen" lagen den wichtigen historiografischen Strömungen seit Beginn des 19. Jahrhunderts zugrunde. Sie sind immer umstritten gewesen. Man hat sie als deterministisch oder teleologisch angegriffen, weil ihre Verlaufsannahmen bereits vor jeder Beschäftigung mit dem historischen Material feststanden oder sich in einer abstrakten Flughöhe bewegten, die eine empirische Bestätigung nicht mehr zuließ.

   Geschichte als ‚große Erzählung'

Narrative Gestaltung

Angestoßen von Hayden White 1973 und beschleunigt durch den *linguistic turn* hat sich der gestalttheoretische Diskurs im Feld der Geschichte in den letzten 25 Jahren auf das Gebiet der narrativen Gestaltung von Geschichtsschreibung verschoben. Jetzt ging es nicht mehr um Verlaufsannahmen der ‚eigentlichen' Geschichte, sondern um die typischen „Geschichten", die Historiker nicht umhin kommen zu erzählen, ungeachtet ihres Anspruchs auf Wahrheitsgehalt und Wissenschaftlichkeit. Die Kritik an den „Meistererzählungen" stammt aus diesem Kontext: Da man sich an nichts Solideres halten könne als an sprachliche Strukturen, gäbe es nur die Möglichkeit, über literarische Repräsentationen der Vergangenheit in Texten und ihr Verhältnis zueinander Aussagen zu treffen, nicht aber über die Vergangenheit an sich. Geschichte sei folglich keine analytische Wissenschaft, sondern ein spezieller Zweig des Literaturbetriebs (White 1991).

8.3 Historismus und Historik

Leider halten sich die theoretischen Beiträge zur Geschichtswissenschaft nicht an diese säuberliche Einteilung. Im Gegenteil: In den Ausführungen allein zur Gestalt der Geschichte dürfte aufgefallen sein, wie oft die vier Dimensionen von Theorie unreflektiert ineinander fließen bzw. umfassende Annahmen über „die Geschichte" aus einer engen Ecke des Theoriespektrums abgeleitet werden.

Historismus

Einen Weg aus den Sackgassen solcher Engführungen hat die historiografische Schule des Historismus gewiesen, die für die Verwissenschaftlichung der Geschichtsschreibung im 19. Jahrhundert verantwortlich war. An sich bezeichnet der Begriff einen Denkstil, der die Gegenwart im raschen Wandel jener Zeit aus ihrem historischen Werden, aus einer Differenz in der Zeit herleitete. Diese Historisierung aller Zusammenhangsaussagen griff auf sämtliche kulturwissenschaftlichen Disziplinen über und machte die Geschichte zur „Leitwissenschaft des Jahrhunderts" (Wittkau 1992, S. 13). Historisierung richtete sich in erster Linie gegen die großen „Systeme" im Gefolge von Georg Wilhelm Friedrich Hegels nach 1807 entwickelter idealistischer Geschichtsphilosophie, aber auch gegen den zunehmenden Anspruch der Naturwissenschaften, das Prädikat „Wissenschaftlichkeit" für sich zu vereinnahmen. Vor allem Johann Gustav Droysen unternahm Mitte des 19. Jahrhunderts den Versuch, historische Studien „wissenschaftlich zureichend zu rechtfertigen und ihr Verhältnis zu anderen Formen menschlicher Erkenntnis zu bestimmen, ihr Verfahren zu begründen und den Zusammenhang ihrer Aufgaben zu kennzeichnen" (Pflaum 1907, S. 2; Droysen 1977).

Droysens Entwurf einer Historik stellt das Angebot eines umfassenden theoretischen Konzeptes der Geschichtswissenschaft dar, das eine wissenschaftliche Form historischer Erkenntnis begründen sollte. Es formulierte in allen vier Dimensionen von Theorie jeweils eigenständige Positionen, die so aufeinander abgestimmt waren, dass das Konzept als einheitlicher Bezugsrahmen, als „disziplinäre Matrix" auftreten konnte (Droysen 1977, S. 488; Rüsen 1983; 1986). Theoretische Dimensionen der Historik

Ausgangspunkt dieser Matrix war die Vorwegnahme eines zutiefst humanistischen Menschenbildes, eine geradezu akteurs*fixierte* sozialtheoretische Prämisse. Die Historisten wie Ranke und Droysen wollten den handelnden, fühlenden, schaffenden Menschen gegen die kalten philosophischen „Systeme" des Idealismus verteidigen, die ihm in der Geschichte nur eine Statistenrolle zubilligten. Freilich war dieser Akteur des Historismus kein allmächtiger Heros; er blieb in seinem Denken und Tun einer letzten Endes göttlichen Instanz unterworfen. Die Nähe der Geschichtswissenschaft zur protestantischen Theologie in dieser Zeit schlug in dieser Denkfigur spürbar durch. Doch der Mensch des Historismus agierte in einem Spannungsfeld zwischen eigener Kreativität und transzendentaler Wegleitung, die sich zudem nicht offenbarte, sondern in Intentionen und Aktionen antizipiert werden musste. Die handlungsleitenden Intentionen verharrten nicht im Schwerelosen, sondern wurden von Konventionen diszipliniert, von eingelebten Normen einer „gottgefälligen" Moral, die als „sittliche Mächte" die Strukturen der Gesellschaft ideell abbildeten. Sozialtheoretisch: Humanistisches Menschenbild

Gesellschaftstheoretisch leitete sich aus diesen Prämissen die historisch notwendige Entwicklung zum modernen Nationalstaat ab. Die Historisten waren bei aller Gegnerschaft Idealisten (und sogar Hegelianer) genug, um das Aufgehen gesellschaftlicher Kräfte in einem kraftvollen Staatswesen als Königsweg und Krone der „sittlichen" Reifung eines Volkes zu proklamieren. Sie schrieben damit die Begleithistorie zur nationalen Einigung der Deutschen im 19. Jahrhundert und bekannten sich ungeschminkt zu Preußens Führungsrolle in diesem Prozess. Sie versuchten dabei aber durchaus, eine wissenschaftliche Antwort auf die gesellschaftstheoretischen Fragen der Zeit zu geben. Gesellschaftstheoretisch: Aufstieg des Nationalstaats

Dass die Historie eine „Wissenschaft" aus eigenem Recht sei, machte Droysen gegen die Naturwissenschaften energisch geltend. Damit beschritt er das Feld der Erkenntnistheorie. Die Wissenschaft- Erkenntnistheoretisch: Hermeneutik lichkeit der Geschichtsschreibung bewies sich ihm zufolge daran, dass sie bei aller ideologischen Standortbindung – die Droysen nicht leugnete, sondern für notwendig erachtete – wahre Aussagen traf, die sich empirisch belegen ließen. Der Historismus ist von Teilen der Sozialgeschichte als naiver Quellenpositivismus missgedeutet worden (Kocka 1986). Aber der war er nicht: Ranke und Droysen vertrauten darauf, im historischen Material Quellen auszumachen und so aufzubereiten, dass sie eine theoretisch antizipierte Geschichte mit farbigen, lebendigen Details, mit „Leben" anreicherten. Ranke wollte im Sinne eines damals wie heute ungemein populären Genres der Literatur „wahre" historische Romane schreiben, weil die anhand von Dokumenten konstruierte Geschichte aufregender und zugleich treffender sei als die erdichtete. Dazu war es nötig, aus den Quellen heraus die Motivationslagen der handelnden Akteure, ihre Wahrnehmung, ihre Erfahrungen intellektuell durch das hermeneutische „Sinnverstehen" zu simulieren. Dieses hochtheoretische Verfahren war gemeint, als Ranke „lediglich" zeigen wollte, „wie es eigentlich gewesen" (Ranke 1877, S. VII). Als quellengläubiger Simpel hätte er sich begnügt aufzuschreiben, was eigentlich geschah.

Narrative Gestaltung: Kontinuität und Entwicklung

Die Zuversicht, die zu schreibende Geschichte werde spannender sein als ein Roman, verrät unwillkürlich die narrative Grundeinstellung der Historisten, sie müsse deshalb auch wie ein solcher geschrieben sein. Das führt zu ihrer Vorannahme über die Gestalt der Geschichte als einheitlicher, zusammenhängender Prozess mit einem klar nach vorn gerichteten Verlauf (Fortschritt).

Das bedeutete aber nicht Evolution im Sinne einer bloßen Entfaltung. Mit der sozialtheoretischen Prämisse eines humanistischen Menschenbildes war dieser gerichtete Verlauf als Abfolge von „historischen Individuen" konzipiert, die einzelne Personen verkörpern konnten, aber auch kollektiv wirksame „Ideen", religiöse „Parteien" oder – gemäß der gesellschaftstheoretischen Prämisse – „Staaten". Eine derartige Abfolge durfte nichts Mechanistisches anklingen lassen, sondern musste Kontingenz ertragen können. Das sicherten im Geschichtsbild der Historisten die Begriffe „Kontinuität" und „Entwicklung", die die „Einheit der Geschichte" gewährleisteten – und damit die Geschichtsschreibung selbst zum Stifter und Hüter dieser Einheit erhoben. *Denken* konnte man die historische Entwicklung als Einheit, am Material *zeigen* ließ sich aber – gemäß der erkenntnistheoretischen Prämisse – immer nur das Individuelle und Besondere. Wenn sich das Besondere jedoch als Bestandteil einer zusammenhängenden Entwicklung plausibel machen ließ, dann konnte man durchaus ‚wahre' Aussagen über das Allgemeine treffen, den einheitlichen Gang der Geschichte, allerdings in einer entsprechenden Darstellung als Staffellauf von Individualitäten, die den Sinn der Geschichte (*Gestalt*) im zeitlichen Wandel verortete.

Die theoretischen Aspekte der wissenschaftlichen Geschichtsschreibung gingen in der geglückten materialen Darstellung der empirischen Geschichte auf: Die quellengesättigte Erzählung war der Schmetterling, der seine theoretische Puppenform hinter sich gelassen hatte. Das mutet heute wie eine fast naive Vorstellung an. Nachdem die Staatseuphorie der Historisten in der Realität des Deutschen Kaiserreichs verflogen war, ging ihnen dieser Optimismus verloren. Seit den 1880er-Jahren wurden Vorwürfe laut, die historisierende Sicht, die allem und jedem zu einem vermeintlichen „geschichtlichen Recht" verhelfen wolle, fördere einen amoralischen Relativismus. Daraus wiederum hat man eine grundsätzliche Theoriefeindschaft des Historismus abgeleitet und ihn auf seinen methodischen Kern, die hermeneutische Quellenkritik, reduziert. Dabei scheiterte der Historismus gerade wegen der rigiden Bezüge seiner theoretischen Dimensionen zueinander, die seine konzeptionelle Weiterentwicklung verhinderten und ihm die Augen vor gesellschaftlichen Veränderungen verschlossen (Welskopp 2006).

Krise des Historismus

8.4 Theorien statt Theorie

In Deutschland klagte die Sozialgeschichte seit den 1960er-Jahren eine „Geschichtswissenschaft jenseits des Historismus" ein (Mommsen 1971). Sie stritt vor allem für eine neue, offene Debatte über die Rolle von Theorie in der Geschichte. In diesem Prozess ging die Vorstellung von einer allumfassenden, geschlossenen Historik zugunsten einer Erprobung spezieller Ansätze für verschiedene Theoriefragen verloren. Indem man die Theoriediskussion salonfähig machte, entwickelte sich eine ausgeprägte Theoriekonkurrenz, die von Zeit zu Zeit durch neue ‚Theoriemoden' befeuert wird. Seitdem spricht man von Theorien in der Geschichtswissenschaft – im Plural (Kocka 1977).

Theoriekonkurrenz

Die Vielgestalt der aktuellen Theorielandschaft macht eine ausführliche Vorstellung einzelner Ansätze unmöglich. Deshalb sollen in diesem Abschnitt ausgewählte Theorieschulen pointiert über ihre sprachlichen Operationsweisen Auskunft geben, die uns erkennen lassen, wie sie in die Arbeit des Historikers hineinwirken. So vorzugehen, sei vorweg bemerkt, ist eine Zumutung. Denn damit wird unterstellt, dass man mit Theorien in der Geschichte nichts objektiv „messen" und analytisch in Formeln bringen kann wie in den Naturwissenschaften. Sie sind letztlich rhetorische Hilfsmittel, um Ordnung in die Vergangenheit zu bringen und diese Ordnung für uns heute mit Bedeutungen zu versehen. Dafür aber sind sie unverzichtbar (Droysen 1977, S. 472, 477ff.).

Sozialgeschichte

Die Sozialgeschichte, wie sie in den 1960er-Jahren entstand, bestand gegenüber dem Historismus auf der kritischen Aufgabe der Geschichtsschreibung, die Gesellschaft politisch aufzuklären. Deshalb war ihr sprachlicher Operationsmodus der des Exempels. Ihre Verwendung des Modell-Begriffs für Theorien illustriert, dass diese fast sämtlich beispielhafte Entwicklungen darstellten, die aus der abstrakten Fassung einzelner historischer Verläufe und deren Erhebung zur Norm gewonnen worden waren (Welskopp 1998). Konzepte wie „Industrialisierung", „Konjunkturen und Krisen", „Modernisierung", „Professionalisierung" oder „Klassenbildung" verkörperten gute oder schlechte Beispiele, mit denen man dann empirisch konstruierte Verläufe verglich (der historische Vergleich spielte eine wichtige Rolle) und vor deren Hintergrund man sie politisch bewertete. Zugleich waren alle diese Konzepte Prozesskonzepte, trugen also die Dynamik des historischen Wandels bereits in sich. Das weichte den strikten Strukturalismus der verwendeten Theorien auf, der davon ausging, dass Strukturen und ihre Zusammenhänge die historische Entwicklung hinter dem Rücken der menschlichen Akteure vorantrieben. Aufgabe einer ideologiekritischen und strukturanalytischen Geschichtswissenschaft sei es, so propagierte Jürgen Kocka, die Akteure über diese Entwicklungen aufzuklären (Kocka 1986): Man führte ihnen die Verhältnisse beispielhaft vor Augen, entweder als Norm, ‚wie es hätte sein sollen' (etwa Modernisierung als Kopplung von industrieller Marktwirtschaft, Demokratie und Sozialstaat), oder als Abweichung von der Norm, die zum Beispiel – nach der These vom „deutschen Sonderweg" – Deutschland ins Verderben des Nationalsozialismus geführt habe (→ **KAPITEL 9**).

Bourdieus Theorie sozialer Praktiken

In einer jüngeren Generation von Sozial- und Kulturhistorikern hat Pierre Bourdieus seit den 1970er-Jahren entwickelte „Theorie sozialer Praktiken" große Popularität gewonnen. Sie hat sich zur Aufgabe gemacht, den oberflächlichen Eindruck einer kompletten Individualisierung moderner Gesellschaften mit der Fortdauer etablierter Muster sozialer Ungleichheit, d. h. vor allem der Klassenstruktur, theoretisch zu vermitteln. Das geschieht bei Bourdieu in einer metaphorischen Operationsweise. Er beschreibt vergangene und gegenwärtige soziale Welten mit einem Katalog von Begriffen, die der Raummetaphorik und der Ökonomie entlehnt sind, eigentlich aber wie in der Elektrizitätslehre verwendet werden. Grundsätzlich geht es ihm um die Verteilung von Individuen im „sozialen Raum", der als Metapher für „Gesellschaft" steht. Diese Verteilung ist abhängig vom „Distinktionshandeln" der einzelnen Akteure, also von ihren sozialen Anziehungs- und Abstoßungskräften. Die wiederum werden bestimmt durch die Ausstattung mit unterschiedlichen Dosierungen knapper Ressourcen – Bourdieu nennt sie „Kapital" –, dessen verschiedene Sorten („ökonomisches", „soziales" und „kulturelles Kapital") sie einsetzen, um sich vorteilhafte soziale Positionen zu erkämpfen. Während das „ökonomische Kapital" eine materielle Basis hat, sind die beiden anderen Kapitalsorten teils „objektiviert", aber als „Kapital" metaphorisch. Überhaupt werden die begrenzt ineinander konvertierbaren Kapitalsorten überwiegend als „symbolisches Kapital" abgebildet, dessen Einsatz die Distinktionsakte im „sozialen Raum" vorherrschend als „Ökonomie symbolischen Handelns" erscheinen lässt. Die Akteure erscheinen im „sozialen Raum" wie die Elemente in einem periodischen System, die nach der Zahl ihrer Protonen, Neutronen und Elektronen geordnet sind. So lässt sich auf der einen Seite die individuelle Ausstattung jedes Atoms (seine Ladung) analytisch erfassen, auf der anderen Seite werden sie als Bestandteil größerer sozialer Komplexe sichtbar („Klassen"), die überindividuelle Kräfte wie Magnetismus zusammenhalten. Auf der Ebene der einzelnen Akteurs bestimmt die Ladung („Habitus") seinen individuellen Bewegungsspielraum. Der „Habitus" ist ein durch lange währende Routinen (etwa Sozialisation) eintrainiertes Verhaltensprogramm, das den Einsatz der persönlichen Kapitalausstattung regelt. Er ist den Akteuren wörtlich „in Fleisch und Blut übergegangen". Konkurrenzkämpfe um Status kann man sich vor diesem Hintergrund wie ein elektrisiertes Spannungsfeld vorstellen – Bourdieu spricht hier auch von „sozialen Feldern" –, auf denen Strom fließt, weil die verschiedenen Ionen nach einer ausgeglichenen Ladung, ihrer „angemessenen" sozialen Position, streben.

Mit der Metaphorik des sozialen Feldes stellt Bourdieu eine theoretische Sprache zur Verfügung, die sich zur abstrakten Beschreibung individueller Verhaltensweisen in einer dennoch geordneten gesellschaftlichen Struktur eignet. Obwohl sie auch in der Lage ist, Brüche und Konflikte zum Thema zu machen („Feldtheorie"), richten sich ihre Begriffe eher auf die Konstellationen als auf deren Wandel (Bourdieu 1992, S. 193ff., 277, 378ff.).

Chancen und Grenzen

Systemtheorie

Niklas Luhmanns (1927–1998) seit den späten 1960er-Jahren entwickelte „Theorie sozialer Systeme" ebenfalls in Zusammenhang mit einer metaphorischen Operationsweise zu nennen, erscheint gewagt. Dennoch funktioniert sein Ansatz genau so: Um die Neuheit der modernen Gesellschaft (die zugleich in ihrer „Gesellschaftlichkeit" besteht) erfassen zu können, muss Theoriesprache so radikal wie möglich mit dem hergebrachten Vokabular brechen. Denn dieses Vokabular stammt aus traditionellen (alteuropäischen) gesellschaftlichen Kontexten und orientiert sich an Konzepten wie dem intentional handelnden menschlichen Akteur oder Hierarchievorstellungen wie die von der „Klassengesellschaft". In diesem Sprachgewand erscheint die Moderne nur als Aufguss des Älteren. Deshalb bedient sich Luhmann bei der Verwaltungslehre, der Kybernetik, der Regeltechnik und der naturwissenschaftlichen Evolutionslehre, um das Bild einer neuzeitlichen Gesellschaft zu skizzieren. Für Luhmann ist die moderne Gesellschaft kein hierarchischer Personenverbund mehr, der durch einen gemeinsamen Glauben an (religiöse) Transzendenz und durch Gewalt zusammengehalten wird. Sie ist vielmehr eine Kombination spezialisierter („funktional ausdifferenzierter"), sich selbst steuernder Subsysteme, die sich zwar im Blick haben („irritieren"), aber wechselseitig nicht kontrollieren können. Jedes dieser Subsysteme (das „Recht", die „Politik", die „Wirtschaft", die „Medien", die „Wissenschaft", die „Kunst") besitzt eine unverwechselbare Eigenlogik, eigene Verfahrensregeln und eine eigene Sprache („Semantik"). Jegliche Vorstellung einer zentralen Steuerung durch Politik verwirft Luhmann als Illusion. Vielmehr bringen die Eigenlogiken der Systeme aus sich heraus Entwicklungen hervor („Autopoieisis"), die in Evolutionsprozessen zu spontanen qualitativen Veränderungen führen können („Mutationen") (Luhmann 1984).

Chancen und Grenzen

Dass vor allem Historiker der Moderne oder der heraufziehenden Neuzeit etwas mit Luhmanns „Systemtheorie" anfangen können, ist klar, aber können Historiker *überhaupt* etwas mit so einer abstrakten Theorie anfangen? Ihr metaphorischer Charakter macht es abwegig zu versuchen, systemtheoretische Konzepte an empirischem Material zu ‚überprüfen' oder ihre Tragfähigkeit ‚nachzuweisen'. Ihren Wert gewinnt die systemtheoretische Sprache, wo sie scheinbar vertraute Vorgänge und Zusammenhänge in ihrer radikalen Abstraktion beschreibt. Der Erkenntnisgewinn entsteht aus dem Verfremdungseffekt sozialer Phänomene, die wir zu gut zu kennen meinen, um Wirkungsbeziehungen noch erkennen zu können, die die Systemtheorie mit ihrer drastischen Lust an der Zuspitzung offen legt. So ist ein systemtheoretischer

Durchgang durchs Material oft spannend, wenn sich die Terminologie auch nicht dazu eignet, historische Darstellungen zu tragen.

Denk- und Sprachgewohnheiten radikal in Frage gestellt hat seit den 1970er-Jahren auf andere Weise das Werk Michel Foucault (1926–1998), das besonders in der Geschlechtergeschichte, der Geschichte der Sexualität, der Geschichte staatlicher Institutionen und der Wissenschaftsgeschichte Furore gemacht hat. Foucaults Leitthema sind die Bedingungen, unter denen sich das Subjekt, der menschliche Akteur, in der modernen Gesellschaft konstituiert. Das ist zugleich eine große Unterdrückungs- und Widerstandsgeschichte, denn Foucaults These ist, dass es dieses Subjekt, so wie es in den Selbstbeschreibungen der Moderne als Errungenschaft der Aufklärung präsentiert wird, gar nicht geben kann. Foucaults sprachliche Operationstechnik ist die ironische Analogie, die bekannten Bildern, Vorstellungen und Wortfeldern radikal ungewohnte und sarkastisch zugespitzte Bedeutungen zuschreibt. Die vordergründig harmlos, gut gemeint oder fürsorglich daherkommenden Vokabulare und Praktiken in der modernen Gesellschaft stehen dabei immer unter dem Verdacht, dunkle Seiten zu verbergen, die es durch die Analyse des Historikers zu enthüllen gilt. Foucaults führende Analogie ist die der Sprache: So, wie wir uns der Sprache frei zu bedienen meinen und doch von ihrer inneren Struktur, von ihren Regeln des „Sagbaren", diszipliniert und auch sozial eingeordnet werden, verliehen die großen Wissensordnungen der Vergangenheit („Episteme") den Menschen keine aufgeklärte Souveränität, sondern wiesen sie in neue unüberwindliche Schranken. „Wissen" war damit kein Schlüssel zur Emanzipation, sondern Träger von „Macht", die sich gemäß der Sprachanalogie bis in die Mikrobeziehungen der Gesellschaft ausbreitete, ohne von einem Zentrum auszugehen. „Wissens-/Machtregime" als Speicher („Archive") des Denk- und Sagbaren gaben als „diskursive Formationen" wie ein Sprachregister und eine Grammatik nicht nur vor, was überhaupt gedacht, sondern auch wie es gesagt („Diskurs" → **KAPITEL 9.3**) werden konnte (Foucault 1973, S. 42). Im Begriff des „Diskurses" verlagerte sich im Laufe der Zeit der Fokus von der Sprache als System auf den menschlichen Körper als Objekt des Sprechens, der Techniken des Wissens und der Techniken des „Selbst". Der Diskurs wurde also durch institutionelle Praktiken, körperliche Zurichtungen und individuelle Körperroutinen („Bio-Politik") zu einer Analogie für menschliche „Praxis" erweitert, die aber immer noch die (selbst-)disziplinierenden Aspekte der Verhaltenssteuerung („Dispositive") besonders betonte. An die Stelle der Sprach-

Diskurs bei Michel Foucault

analogie rückte eine Analogie des Gedächtnisses, ein bis in die Körperhandlungen des Einzelnen hineinwirkender verzweigter Komplex von Ordnungen und Regeln, die die Gesellschaft wie Franz Kafkas gesichtslose Autoritäten durchherrschten, ohne willkürlich zu regieren („Gouvernementalität") (Maset 2002).

Chancen und Grenzen

Die ironische Analogie bei Foucault mutmaßt hinter alltäglichen Dingen Abgründe. Sie sieht die Macht, die Wissensordnungen ausüben (wissenschaftliche Fächer wie die Geschichte heißen nicht zufällig „Disziplin"), die unterdrückenden Wirkungen sprachlicher Auslassungen (etwa in geschlechterspezifischen Redeweisen) oder die ausgrenzenden Konsequenzen von Definitionen und sich eigentlich fürsorglich gebenden Handlungsprogrammen („psychisch Kranke" kommen in die „Anstalt"). Deshalb eignet sich seine Theoriesprache vor allem für eine Analyse verdeckter Herrschaftsformen und paradoxer Handlungsfolgen. Das hat sie z. B. für die Geschlechtergeschichte so attraktiv gemacht. Wo Konflikte durch „Subjektparteien" offen ausgetragen werden, etwa in industriellen Arbeitsbeziehungen, stößt Foucaults Angebot dagegen schnell auf Grenzen.

Historische Diskursanalyse

Foucault interessierte sich für Sprache nur so weit, wie sie ihm als Analogie für etwas darüber Hinausgehendes dienlich war. Deshalb kann er nur eingeschränkt für den *linguistic turn* und den „Poststrukturalismus" der „Postmoderne" vereinnahmt werden. Aus diesen aber hat sich seit den 1970er-Jahren eine theoretisch anspruchsvolle historische Diskursanalyse entwickelt. Sie bedient sich einer Textanalogie, die vor allem von Clifford Geertz oder aus einer eigenwilligen Lesart der Sprachphilosophie Jacques Derridas entwickelt wurde. In dieser Textanalogie absorbiert der „Diskurs" im Sinne eines eng gewobenen „Netzes aus Bedeutungen" (Geertz 1983, S. 9) die Bedeutung von „Kultur" und „Gesellschaft". Letztlich schwindet hier die ironische Brechung aus Foucaults Begriffsbildung. Die Diskurstheorie verlegt sich auf die Identifizierung von Analogien zwischen Begriffen und Wortfeldern auf der sprachlichen Ebene. Gesellschaftliche Beziehungen erscheinen *als* sprachliche Analogien, und damit gewinnt Sprache eine ontologische Qualität als der „Stoff", aus dem Gesellschaft eigentlich besteht. Während bei Foucault Macht *wie* Sprache in die Praktiken der vermeintlichen Subjekte einsickert, wird die Sprache in der Diskursanalyse selbst zum ausschließlichen Träger der Macht. Es ist also nicht mehr der Historiker, der die Analogie zieht, um ein Phänomen jenseits seiner trügerischen Oberfläche zu beschreiben, sondern die Analogie als trügendes Beziehungsgefüge steckt im Betrachteten an sich. Dass in ganz gewöhnlichen Sprachhandlungen Macht nicht nur vermittelt, sondern erstrangig ausgeübt wird, ist eine zentrale Prämisse in Joan W. Scotts Geschlechtertheorie (Scott 1988). Das „Netz aus Bedeutungen" verkörpert Kultur nicht metaphorisch, sondern *erzeugt* Kultur aus den wechselseitigen Bezügen seiner sprachlichen Elemente (ihren Analogien).

Gegenstand der historischen Diskursanalyse sind also die sich wandelnden Ausprägungen sprachlicher Formationen, in die auch die Gebrauchsweisen der Akteure als lediglich weitere sprachliche Elemente eingehen. Da die Bedeutungen aus den Beziehungen zwischen den Zeichen entstehen, konzentriert sie sich auf ein *semiotisches* Vorgehen an der Begriffsoberfläche, ohne *hermeneutisch* nach einer hinter den Texten liegenden Bedeutungsebene zu fragen. Die kann es nicht geben, weil die einzige Instanz, die solche tiefer liegenden Bedeutungen produzieren könnte, das menschliche Subjekt ist, das aber seinerseits als veränderliches Konstrukt sprachlicher Konventionen entlarvt wird. Sprache liegt den Identitäten immer schon voraus (Sarasin 2001).

Diskursanalyse ist vor allem in der Geschlechtergeschichte und der Wissenschaftsgeschichte etabliert. In der Geschlechtergeschichte spürt sie den in angeblich neutralen Sprech- und Schreibweisen verborgenen Geschlechterpolarisierungen nach und analysiert sprachlich vermittelte Macht als „Kampf um Bedeutungen". In der Wissenschaftsgeschichte deckt sie den metaphorischen Gehalt scheinbar präziser und exakter Fachterminologien auf. Sie kann damit zuweilen eindrucksvoll zeigen, wie bildhaft und den allgemeinen zeitgenössischen Sprachkontexten verhaftet Wissenschaftssprache sein muss, um in einer Disziplin führende Lehren wirksam zu verankern (die Bakteriologie etwa war um 1900 durchtränkt mit der Metaphorik des Krieges). Umgekehrt hat Wissenschaftssprache Metaphern für soziale Propaganda und politische Kampagnen geliefert (ethnische Minderheiten als „Seuchen", die man bakteriologisch zu „behandeln" forderte). Wie in den Wissenschaften aber kognitive Weiterentwicklung zustande kommt, wenn ihre vermeintlich exakten Terminologien auch nur bildhafte Analogien sind, konnte die historische Diskursanalyse bislang nicht erhellen. Sie tut sich auch schwer, die untersuchten Diskurse überzeugend abzugrenzen und historischen Wandel zu erklären. Denn dazu bräuchte sie dann doch ein modifiziertes Konzept vom menschlichen Subjekt, das ihren Essentialismus der Sprache durchbrechen müsste.

Chancen und Grenzen

8.5 Acht ‚Do's' und ‚Don'ts'

Anhänger konkurrierender Theorieschulen in der Geschichtswissenschaft verhalten sich nicht selten wie verfeindete Fanclubs in der Fußballbundesliga. Auch scheint es manchmal, man müsse sich zu einem bestimmten berühmten Namen bekennen, wenn man als *hip* oder *cool* gelten will. Das hilft beim Problem der Theorien in der Geschichtswissenschaft nicht wirklich weiter. Wie viel häufiger werden modische Theorien in der Geschichtswissenschaft zitiert als wirklich verstanden? Wie oft ersetzen Bekenntnis und Jüngerschaft tatsächliche Souveränität im Umgang mit Konzepten? Die Vermeidung solcher Fehler und die sinnvolle Anwendung von Theorien in der Geschichtswissenschaft erfordert dagegen:

1. eine experimentelle Neugier, was bestimmte Theorieangebote für eine historische Fragestellung leisten können;
2. die Motivation, zu den Kernanliegen eines Ansatzes wirklich durchzudringen und sich nicht mit dem Abschreiben fremder Begriffe zu begnügen;
3. sich nicht einer einzigen Theorieschule zu verschreiben, sondern zu prüfen und abzuwägen, welche Fragen sie zu beantworten hilft und welche sie ausschließt bzw. weniger fokussiert;
4. konkurrierende Ansätze vergleichend nebeneinander zu legen, sie ineinander zu übersetzen, um ihre Stärken und Schwächen zu erkennen, was
5. nur mit einer gehörigen Respektlosigkeit vor jedem theoretischen Ansatz zu erreichen ist – Ehrfurcht und Berührungsscheu helfen nicht weiter; deshalb sollte man sich
6. auch nicht von ‚Theoriejüngern' und *namedroppern* einschüchtern lassen, die Theoriekompetenz nur vorbluffen;
7. gegen allzu modische Kurzatmigkeit hilft die Lektüre von Klassikern aus dem virtuellen Theoriemuseum: Es ist erstaunlich, was uns Max Weber, Karl Marx, Georg Simmel und viele andere bis heute zu bieten haben; schließlich:
8. Wenn man etwas nicht gleich versteht, liegt es nicht selten an der unklaren Sprache der Autoren, in der sich die mangelnde Klarheit ihrer Gedanken spiegelt

Lektüreempfehlungen

- Pierre Bourdieu, Die feinen Unterschiede. Kritik der gesellschaftlichen Urteilskraft, 1987, 2. Aufl. Frankfurt am Main 1992.   *Primärtexte*
- Johann Gustav Droysen, Historik. Grundriss der Historik in der ersten handschriftlichen Fassung (1857/58) und in der letzten gedruckten Fassung (1882). Textausgabe von Peter Leyh, Stuttgart-Bad Cannstatt 1977.
- Jürgen Kocka, Sozialgeschichte. Begriff, Entwicklung, Probleme, 1976, 2. Aufl. Göttingen 1986.
- Reinhart Koselleck, Vergangene Zukunft. Zur Semantik geschichtlicher Zeichen, 1979, 3. Aufl. Frankfurt am Main 1984.
- William H. Sewell Jr., Logics of History. Social Theory and Social Transformation, Chicago/London 2005.
- Max Weber, Wirtschaft und Gesellschaft, hg. von Johannes Winckelmann, 1922, 5. Aufl. Tübingen 1980.
- Jan Eckel / Thomas Etzemüller (Hg.), Neue Zugänge zur Geschichte der Geschichtswissenschaft, Göttingen 2007. *Gut lesbare Präsentationen neuerer theoretischer Ansätze aus der Feder jüngerer Historikerinnen und Historiker.*   *Forschung*
- Ute Daniel, Kompendium Kulturgeschichte. Theorien, Praxis, Schlüsselwörter, Frankfurt am Main 2001. *Eine sehr subjektive, aber anregende Vorstellung einer Reihe von Ansätzen, die in der neueren Geschichte wichtig sind.*
- Chris Lorenz, Konstruktion der Vergangenheit. Eine Einführung in die Geschichtstheorie, Köln 1997. *Systematischer Führer durch die Theorieauseinandersetzungen.*
- Thomas Mergel / Thomas Welskopp (Hg.), Geschichte zwischen Kultur und Gesellschaft. Beiträge zur Theoriedebatte, München 1997. *Anwendungsbezogene Vorstellung und Diskussion aktueller theoretischer Ansätze in der Geschichtswissenschaft.*
- Andreas Reckwitz, Die Transformation der Kulturtheorien. Zur Entwicklung eines Theorieprogramms, Weilerswist 2000. *Ein breites, fast vollständiges Panorama der Theorieentwicklung in den Kulturwissenschaften.*
- Geschichte und Gesellschaft. Zeitschrift für Historische Sozialwissenschaft, 1975 ff.   *Zeitschriften*
- History and Theory. Studies in the Philosophy of History, 1960 ff.

9 Verfahren, Methoden, Praktiken

Gunilla Budde, Dagmar Freist

Abbildung 10: Choice of Route (undatiert), Fotografie

VERFAHREN, METHODEN, PRAKTIKEN

Ein Schilderbaum, der die Welt erreichbar zu machen scheint. Verwirrend und vielversprechend zugleich. Von welcher Metropole mag die kleine Dame mit den Affenschaukeln träumen? In London, so verheißt ein Schild, wäre sie in knapp neun Stunden. Schlüge sie die Richtung nach Tokio ein, käme sie in siebzig Stunden ans Ziel. Buckingham Palace, Felder von Narzissen und English Cream Teas oder der Kaiserpalast des Tenno, japanische Kirschblüte und Sashimi? So unterschiedlich die Ziele, so unterschiedlich die Wege. Nicht nur die Dauer der Wege, auch ihre Richtung, ihre Zwischenstationen, ihre Erfahrungsdimensionen und ihre Ziele differieren.

Auch die Wege in vergangene Welten sind vielfältig. Geschichtswissenschaftliche Methoden ähneln in ihrer Möglichkeitsmenge einem solchen Schilderwald. Schließlich bestimmt auch die von uns gewählte Methode – verstanden als planmäßiges und systematisches Vorgehen zur Herstellung historischen Wissens, als Verfahrensweg zwischen Fragestellung und Ergebnis – mit darüber, wie sich unsere Forschungspraxis gestaltet und welcher Befund am Ende steht. So wie die Quellen als Materialien historischen Forschens dienen, entscheidet die Methode über die Verfahren und Instrumentarien ihrer Bearbeitung. Die Themen bestimmen über die Methoden, die Methoden entscheiden über die Ergebnisse.

Eine Methode zu favorisieren ist wenig sinnvoll. Je nach Thema und Fragestellung bieten sich die einen oder anderen methodischen Verfahren eher an. In der Regel wird ohnehin ein Zusammenspiel unterschiedlicher Forschungspraktiken der beste Weg zu einem differenzierten Resultat sein. Und ebenso wie sich beim Reisen die Orte ändern, die gerade ‚angesagt' sind, bleiben die Methoden der Geschichtswissenschaft nicht von Modetrends unberührt. Hatten etwa quantitative Methoden in den 1970er-Jahren Konjunktur, rückten zwei Jahrzehnte später die Kulturgeschichte und mit ihr Sprache und Diskurse ins Zentrum des historischen Interesses. Und mit einem Zusammenrücken der Welt, wie es das Foto suggeriert, ist das Bedürfnis gewachsen, in der Geschichtsschreibung international zu vergleichen und transnationale Verknüpfungen zu erforschen.

9.1 **Historische Methode**
9.2 **Quantitative Methoden**
9.3 **Qualitative Methoden**
9.4 **Historischer Vergleich und Verflechtungsgeschichte**

9.1 Historische Methode

Die „Historische Methode" bildet die Basis des historischen Erkenntnisprozesses. Sie meint den Weg, in einem geregelten und überprüfbaren Verfahren neues historisches Wissen zu erzeugen. Auf diesem Weg steckt sie gleichsam die Stationen ab. Allerdings kann man – um im Bild zu bleiben – nicht ‚in einem Rutsch' durchfahren. An jeder Station muss Halt gemacht werden, um bestimmte Arbeiten durchzuführen. Historiker reflektieren die Voraussetzungen, Bedingungen und Folgen ihres forschungspraktischen Handelns an den einzelnen Stationen mal mehr, mal weniger. Allerdings stimmen ihre Überlegungen dazu nicht immer überein, differieren nach Fragestellung und Erkenntnisinteresse. (→ KAPITEL 1).

Die klassische Historische Methode (→ KAPITEL 8) besteht aus der Trias Heuristik – Kritik – Interpretation. Diese umfassen wiederum mehrere Teilschritte.

Heuristik
- **Heuristik:** Am Anfang jedes historischen Forschungsprozesses steht eine Fragestellung. Um sie zu bearbeiten gilt es, den jeweils aktuellen Forschungsstand zu ‚erlesen', um die Fragestellung präzisieren oder eingrenzen zu können (→ KAPITEL 12). Erst nach dieser Lesephase, die auch der theoretischen Absicherung und Reflexion der Fragestellung dient, beginnt die Quellensuche zur weiteren Klärung und Konturierung der Fragestellung.

Kritik
- **Kritik:** Hier wird traditionell zwischen „äußerer" und „innerer" Kritik unterschieden. Bei der äußeren Quellenkritik werden Echtheit, Vollständigkeit und Richtigkeit der Quellen überprüft (→ KAPITEL 3). Im 19. Jahrhundert machte dies noch den Kern geschichtswissenschaftlicher Praxis aus, heute haben professionell geführte Archive mit bestimmten Regeln und wissenschaftliche Quelleneditionen teilweise Aufgaben der äußeren Quellenkritik übernommen. Das entlastet Historiker jedoch nicht von dieser Aufgabe, besonders in Privatarchiven oder im Internet bleibt dieser Schritt unerlässlich. Forschungspraktisch steht jedoch meistens die innere Quellenkritik im Vordergrund. Dazu gehört die kritische Auseinandersetzung mit der Informationsqualität der Quellen, d. h. die Zeitnähe, Wahrnehmungsperspektive, Wertungstendenz, Vollständigkeit und Widerspruchsfreiheit müssen geprüft werden. Vor diesem Hintergrund werden alle Befunde der Quellen ermittelt und dokumentiert, die der Bearbeitung der historischen Fragestellung dienen können.

Interpretation
- **Interpretation:** Die Interpretation von Quellen bildet das Kernstück geschichtswissenschaftlicher Erkenntnisbildung. Dafür müssen die

aus den Quellen gewonnenen Befunde geordnet und systematisiert und mit der Fragestellung quellenkritisch und sinnbildend verknüpft werden. Die Geschichtswissenschaft hat für diesen komplexen Vorgang verschiedene Methoden entwickelt, die je nach Erkenntnisinteresse und Quellenart zur Anwendung kommen. Anschließend erfolgt die Darstellung, das Narrativieren, wobei die erhobenen Quellenbefunde erzählend in einem Text verknüpft werden. Erst damit gewinnen die empirischen Befunde historische Bedeutung. Genauer sollte man von einer abschließenden Interpretation sprechen, denn interpretatorische Momente sind auch in der Heuristik und Kritik enthalten, etwa beim Ermitteln der Quellenaussage.

Heuristik, Kritik und Interpretation bilden in ihrem kontrollierten Nacheinander den historischen Erkenntnisprozess. Der Text, in dem der Historiker seine Befunde in einen Sinnzusammenhang gebracht hat, wäre jedoch wissenschaftlich wertlos, wenn er nicht in einen Diskurszusammenhang eingeführt würde. Spätestens dann, wenn der wissenschaftliche Text die ‚Öffentlichkeit' erreicht, mündet die Historische Methode in den wissenschaftlichen Kommunikationsprozess ein und macht den Text intersubjektiv überprüfbar (→ KAPITEL 1). Dafür muss das Material im Hinblick auf die Fragestellung konzentriert, das Ergebnis argumentativ abgesichert und theoretisch reflektiert werden. Doch nicht nur die genaue und fundierte Darstellung erhöht die Chance, dass der Text weithin rezipiert und diskutiert wird, auch Verständlichkeit und ein eleganter Stil runden die historische Darstellung ab.

Darstellung

Der größte Teil der historischen Forschung verfährt nach der Historischen Methode, in deren Mittelpunkt die Suche, Auswertung und Interpretation von Quellen steht. In einem kontinuierlichen Prozess kritischer Methodenreflexion hat die Geschichtswissenschaft je nach Quellenart und Erkenntnisinteresse spezielle Forschungsmethoden entwickelt, von denen im Folgenden mehrere beispielhaft vorgestellt werden, etwa die Familienrekonstitution, die Diskursanalyse oder der historische Vergleich. Eine Besonderheit bei der Auswahl der Methoden stellt die Geschichtsdidaktik dar (→ KAPITEL 2.2), die sich bei der Erforschung des Geschichtsbewusstseins oder historischer Lernprozesse an Methoden der empirischen Sozial- und Lehr-Lernforschung anlehnt. Zu ihrem Methodenspektrum gehören beispielsweise Befragungen, Interviews oder *teaching experiments*.

Spezielle Forschungsmethoden

9.2 Quantitative Methoden

Vor allem Wirtschaftshistoriker haben sich von jeher numerischer Daten bedient, wie ein Blick in die 1893 gegründete *Zeitschrift für Social- und Wirtschaftsgeschichte* und ihre Nachfolgerin, die *Vierteljahrschrift für Sozial- und Wirtschaftsgeschichte*, belegt. Aber erst in der zweiten Hälfte des 20. Jahrhunderts, in Deutschland noch später, begann Klio auf der Suche nach generalisierbaren Aussagen mehr als zuvor zu zählen. Die Quellen, die quantitativ arbeitende Historiker vor allem heranziehen, sind „serielle Quellen" mit sogenannten „Massendaten".

Massendaten

Bevölkerungszählungen sind bereits für die Antike überliefert; Tonscherben aus der Zeit um 3 800 v. Chr. künden von einem Zensus im antiken Babylon. Auch Joseph und Maria machten sich, wie die biblische Weihnachtsgeschichte erzählt, aufgrund eines Volkszählungsgebots von Kaiser Augustus auf den Weg in Josephs Geburtsstadt Bethlehem. Im Mittelalter wurde gezählt, um grundherrliche Einnahmeberechtigungen zu erfassen oder vor militärischen Belagerungen die Versorgung zu kalkulieren. Seit dem 17. Jahrhundert waren vor allem die Pfarrer verantwortlich für die quantitative Erfassung der Bevölkerung. Sie mussten Buch über die „Seelen" ihrer Gemeinde führen (*liber status animarum*), sodass Historikern mit überlieferten Kirchenbüchern umfangreiche Datensammlungen über lange Zeiträume hinweg vorliegen. Seit dem 19. Jahrhundert richteten fast alle Staaten zentrale Statistische Ämter ein, die nach und nach Daten für alle wirtschaftlichen und sozialen Prozesse erhoben – vom Kaliumverbrauch in der Landwirtschaft bis hin zu Diebstählen von Dienstmädchen –, sie statistisch auswerteten und für staatliche Planungen und politische Entscheidungen zur Verfügung stellten. Alle diese Erhebungen stehen Historikern als Quellen zur Verfügung.

Um quantitative Methoden in der Geschichtswissenschaft zu nutzen, brauchen Sie kein Mathematikstudium. Schließlich beschränkt sich die Auswertung serieller Quellen aus der Vergangenheit fast

Deskriptive Statistik

immer auf die deskriptive Statistik: Auszählungen nach Häufigkeit, Ermittlung von Mittelwerten und Streuungsmaßen (z. B. Standardabweichungen) und – eher selten – bi- oder multivariate Verteilungen. Mindestens ebenso wichtig wie solche Berechnungen, die heute durch leistungsfähige Computer und leicht zu bedienende Software wie SPSS (*Statistical Package for the Social Sciences*) enorm erleichtert werden, ist es, vorab die Aussagekraft der zugrundeliegenden Daten und ihrer statistischen Auswertungsmethode zu bestimmen. In der Regel beschränken sich quantitative Methoden in der Geschichtswissenschaft auf Häufigkeitsauszählungen, die in Zeitreihen oder für einzelne Zeitpunkte mit absoluten, Prozent- oder Indexzahlen in einer Zahlenstatistik oder grafischen Statistik dargestellt werden. Einige Spezialgebiete wie die Historische Demografie haben jedoch darüber hinaus gehende quantitative Methoden entwickelt.

Dass wir diese bereits für die frühe Neuzeit anwenden können, verdanken wir nicht zuletzt den Kirchenbüchern. Vermerkt wurden hier außer Grunddaten wie Name, Geschlecht, Alter und Familienstand sogenannte „vitalstatistische" Daten, das heißt, Angaben zu existenziellen Zäsuren wie Geburt, Eheschließung, Umzug und Tod. Solche Angaben bilden die Datenbasis der Historischen Demografie (Imhof 1977). Bei der Auswertung der Daten verwenden Demografiehistoriker vor allem zwei Methoden: die „aggregative Analyse" und die „Familienrekonstitution".

Historische Demografie

Die aggregative Analyse, die auf der Zusammenfassung von Einzelwerten zu größeren Einheiten fußt, besteht in der Auszählung der Taufen, Eheschließungen und Begräbnisse auf verschiedenen „Aggregationsebenen", etwa pro Monat, Kalender- oder Erntejahr. Häufig lassen sich schon an nach oben ‚ausreißenden' Kurven Mortalitätskrisen aufzeigen, die entweder aus Epidemien oder Missernten resultierten. Bei Missernten verläuft die Steigerung der Sterberaten parallel zu der der Erntepreise, mathematisch lässt das auf eine positive Korrelation schließen. Dagegen war wahrscheinlich die Sterblichkeitskrise der 1640er-Jahre in Colyton, einem kleinen Dorf im englischen Devon, von der Beulenpest ausgelöst worden, über die andere Quellen berichten. Doch noch zwei Generationen später, das zeigt eine sich über drei Jahrhunderte erstreckende Untersuchung zu Colyton, lassen sich Anzeichen einer Geburtenreduktion beobachten. Die Frauen heirateten deutlich später, die eheliche Geburtenziffer ging zurück. Es scheint fast so, als ob die Dorfbewohner, gleichsam traumatisiert von der Erfahrung, die Pest als Strafe für eine vordem „ungebührliche" Vermehrung betrachteten (Wrigley 2002).

Aggregative Analyse

Eine weitere Methode der Demografie ist die der Familienrekonstitution: Dazu werden zunächst die getrennt geführten Einträge der Heirats-, Tauf- und Begräbnisregister zusammengeführt und nach Kernfamilien zusammengestellt: Geburtsdaten der Ehepartner, Tag der Heirat, Geburtstage der Kinder, Sterbedaten der Eltern und Kinder. Aus diesen Daten lassen sich wiederum weitere erheben: so etwa aus dem Geburtsdatum des Mannes und dem Datum seiner Verehelichung das Alter, in dem er vor den Traualtar trat. Aus den Geburts-

Familienrekonstitution

daten der Kinder ergeben sich die Rhythmen der Natalität. Nach und nach lässt sich so der Stammbaum einer Familie bis in kleinste Verästelungen hinein zusammenfügen, dabei werden Varianten von „Vetternwirtschaft", „Verschwisterungen und Verschwägerungen" bis hin zu „Dynastiebildungen" erkennbar. Wegen des enormen Aufwands für die Datenerhebung bei der Familienrekonstitution beschränken sich die Untersuchungen auf einzelne Orte oder kleine regionale Einheiten (Medick 1996; Sabean 1998).

Im Laufe des 19. Jahrhunderts übernahmen in vielen Staaten Behörden die Funktionen der Pfarrer und weiteten sie aus. Es bürgerte sich zunehmend ein, in den standesamtlichen Personenstandsregistern neben Umzügen auch den Beruf zu verzeichnen. Solche Daten nutzt die historische Mobilitätsforschung. Schon räumlich war Europa spätestens seit dem 19. Jahrhundert in Bewegung, wie die Migrationsforschung in einer Vielzahl von Studien belegen konnte (Bade 2000). Doch auch die soziale Schichtung war weniger statisch als lange angenommen. Ursprünglich handelte es sich bei der sozialen Mobilitätsforschung um ein Arbeitsgebiet der Soziologie, dessen Interesse sich auf Bewegungen zwischen hierarchisch geordneten Schichten oder Klassen, also soziale Aufstiege oder Abstiege richtete. Im Zuge einer intensivierten Auseinandersetzung mit den Folgen der Industrialisierung für die gesellschaftliche, wirtschaftliche und politische Entwicklung gewann diese Fragestellung auch für die historische Forschung an Bedeutung: Inwieweit ergriffen die Kinder andere Berufe als die Eltern? In welchem Maß lassen sich Auf- oder Abstiege von einer Generation zur nächsten verzeichnen? Blieb man bei der Heirat überwiegend in der gleichen sozialen Schicht oder gab es im nennenswerten Umfang ‚Messalliancen' oder ‚gute Partien' und damit soziale Bewegung? Sozialen Aufstieg durch Bildung untersucht die quantitativ arbeitende Bildungsforschung, etwa durch Berechnungen der „Abiturientenquoten" über einen langen Zeitraum oder die Selbstrekrutierungsquote in akademischen Berufen (Lundgreen 2007). Die amtlichen Bildungsstatistiken bieten dafür reichhaltiges Material.

Vor allem auf die amtlichen Wahlstatistiken, die zum Teil bis zur Ebene der Wahllokale überliefert sind, greift die historische Wahlforschung zurück (Falter/Schoen 2005) und kombiniert diese mit sozialstatistischen Daten. Nicht zuletzt die Frage, wer Hitler mit seinem Gang an die Wahlurne an die Macht gebracht hat, provozierte eine Vielzahl quantitativ orientierter Studien und mündete in Jürgen Falters paradoxem Fazit, die NSDAP sei eine „Volkspartei des Protestes mit Mittelstandsbauch" gewesen (Falter 1991).

Doch bei allen Antworten, die Zahlen geben können: Über mentale Veränderungen, erfahrungsfundierten Wandel und Wendepunkte im Wertekanon geben sie kaum Auskunft. Dennoch verbergen sich hinter der buchhalterischen Nüchternheit des reinen Zahlenwerkes häufig überraschende Funde. Wenn etwa David Sabean in seiner Langzeitstudie über Neckarhausen anhand der Eheregister auszählen konnte, dass man in dem württembergischen Dorf seit dem 18. Jahrhundert vor allem innerhalb der eigenen Familie auf Brautschau ging, so lässt dies durchaus Rückschlüsse auf einen Bedeutungswandel von Verwandtschaft zu (Sabean 1990).

Grenzen und Chancen quantitativer Methoden

9.3 Qualitative Methoden

Qualitative Methoden werden angewandt, um die Ursachen bestimmter Verhaltensweisen herauszufinden und um Erfahrungen, Wahrnehmungen und Deutungen historischer Akteure zu analysieren. Bezieht sich das Erkenntnisinteresse beispielsweise auf die Kategorien von Wahrnehmung und Deutung der Pest zwischen Spätmittelalter und Aufklärung, so können dafür verschiedene Quellentypen befragt werden, etwa bildliche Darstellungen, Selbstzeugnisse, Ärzteratgeber, theologische Traktate, Flugblätter, Gerichtsakten oder medizinische Abhandlungen (Feuerstein-Herzig 2005). Nach der Auswahl eines möglichst repräsentativen Quellenkorpus stellt sich dann die Frage der Auswertungsmethode. Die Diskursanalyse etwa bietet sich an, wenn es darum gehen soll, dominante Denkstile, die über einen längeren Zeitraum immer wieder ähnlich thematisiert werden, herauszufiltern und zu systematisieren. Die Bildinterpretation wird eingesetzt, wenn Abbildungen zum Thema Pest in ihren jeweiligen gesellschaftlichen, politischen und kulturellen Kontext eingeordnet werden sollen. So lassen sich etwa Darstellungen von Juden als Brunnenvergifter nur vor dem Hintergrund des Antijudaismus verstehen.

Diskurse sind strukturierte abgrenzbare Kommunikationszusammenhänge oberhalb der Ebene situativ-singulärer Äußerungen. Sie konstituieren die gesellschaftliche Wahrnehmung der Welt und produzieren gesellschaftliche Wirklichkeit (Keller 2004). Grundlage der Diskursanalyse bildet die erkenntnistheoretische Annahme, „dass es nicht möglich ist, sich in der Wahrnehmung von Wirklichkeit jenseits der Sprache beziehungsweise jenseits von Diskursen zu bewegen" (Sarasin 2003, S. 32). Die diskursförmige Konstruktion von Welt und die Konstruktion von Wirklichkeit erfolgt aus dieser Perspektive

Diskursanalyse

im konkreten Gebrauch von Sprache bzw. Zeichen, der sich regelhaft in Diskursen verdichtet.

Historische Diskursanalyse

Für die historische Diskursanalyse (→ KAPITEL 8.4) ist insbesondere die in den 1960er- und 1970er-Jahren entwickelte Herangehensweise des französischen Philosophen Michel Foucault (1926–1984) von Bedeutung. Foucault bezeichnet Diskurse als „Praktiken", „die systematisch die Gegenstände bilden, von denen sie sprechen" (Foucault 1973, S. 74). Eng verkoppelt mit diesen diskursiven Strukturen sind die Bedingungen der Macht. Zentral ist nach Foucault die „Positivität" von Diskursen, d. h. Diskurse sind für ihn real. Entsprechend ist es nicht sein Anliegen, verschiedene Bedeutungsebenen des Sprach- und Zeichengebrauchs zu eruieren, nach Intentionen zu fragen oder den „eigentlich gemeinten Sinn herauszupräparieren" (Landwehr 2001, S. 103). Untersuchungsgegenstand ist vielmehr die Regelhaftigkeit von Diskursen, die die sprachlich-begriffliche Welterfassung und Textproduktion strukturiert. Darüber hinaus geht es in der Diskursanalyse um die symbolische, semantische und kognitive Strukturierung von Diskursen, ihre gesellschaftlichen Träger, die verfügbaren Ressourcen, ihre gesellschaftlichen Voraussetzungen und Effekte.

Methodisches Vorgehen

Das methodische Vorgehen der historischen Diskursanalyse lässt sich nach Achim Landwehr in vier Schritte unterteilen: Korpusbildung, Kontextanalyse, Analyse der Aussagen, Diskursanalyse (Landwehr 2001, S. 106–134).

Korpusbildung

Zunächst begründet die Fragestellung die Auswahl des heranzuziehenden Korpus. Dieser kann aus so unterschiedlichen Quellen bestehen wie Zeitungsartikeln, Statistiken, wissenschaftlichen Abhandlungen oder Karikaturen. Zentrale Kriterien für die Korpusbildung sind die diachrone Reihung und synchrone Häufigkeit von Aussagen, die in ihrer Gesamtheit das Thema des Diskurses in schriftlicher, mündlicher oder bildlicher Darstellung behandeln. Die ausgewählten Texte sollten sich über einen längeren Zeitraum erstrecken und vor allem in ausreichender Zahl vorhanden sein. Die Schwierigkeit bei der Auswahl des Textkorpus liegt in der Frage der Repräsentativität. Werden nur solche Texte berücksichtigt, in denen das Thema des Diskurses unmittelbar behandelt wird, oder sollten auch solche Texte herangezogen werden, in denen das Thema nur nebenher gestreift wird? Hier muss im Einzelfall abhängig von der Fragestellung und dem Umfang des vorhandenen Textkorpus entschieden werden.

Kontextanalyse

Die Kontextanalyse unterscheidet zwischen situativem, medialem, institutionellem und historischem Kontext. Der situative Kontext setzt sich mit den Sprechergruppen eines Diskurses, ihrem Habitus sowie den räumlichen Bedingungen, unter denen ein Diskurs stattfindet, auseinander. Der mediale Kontext verweist auf die Medienform, in der ein Diskurs geführt wird – mündlich, schriftlich, visuell. Von Bedeutung ist insbesondere die Wirkung, die von unterschiedlichen Medienformen ausgehen kann. So haben etwa wissenschaftliche Monografien einen kleineren Wirkungsradius als ein Fernsehinterview.

Der historische Kontext bildet gewissermaßen das politische, gesellschaftliche, wirtschaftliche und kulturelle Umfeld eines Diskurses. Ohne Rückbindung eines Diskurses an diesen Kontext lassen sich zwar bestimmte diskursive Formen und Themen beschreiben, ihre Auswirkungen wie auch die Bedingungen der Wirklichkeitskonstruktion sich aber nicht erklären. Lässt sich etwa diskursiv über Jahrhunderte hinweg die letztlich immer gleiche Angst der Bevölkerung vor unabwägbaren Katastrophen nachweisen, so gibt dieser Befund wenig Auskunft über die historisch spezifischen Bedrohungsszenarien (Pest, Atomunfall, Bevölkerungsrückgang usw.) und über die dahinter liegenden Machtstrukturen und Interessen. Historischer Kontext

Der nächste Schritt besteht in der eigentlichen Analyse des ausgewählten Textkorpus. Dabei geht es zunächst darum zu klären, was die konstitutiven Elemente eines Diskurses sind. Gesucht und systematisiert werden entsprechend alle Aussagen, die einen inhaltlichen Zusammenhang bilden, immer wieder auftauchen und so den Diskurs strukturieren und am Leben halten. Dabei geht es nicht um die Suche nach Bedeutungsebenen oder verborgenen Sinnzusammenhängen, sondern unmittelbar um die positive Aussage. Zusätzlich umfasst die historische Diskursanalyse auch das Verhältnis von Diskurs und Subjekt, also die Identifikation von Sprechergruppen. Werden sprachliche und zeichenhafte Äußerungen zunächst auf der Makroebene analysiert, um so das übergreifende Thema zu identifizieren, Darstellungsprinzipien zu erfassen (mündlich, schriftlich, visuell usw.) und den Aufbau nachzuvollziehen, so werden auf der Mikroebene die Prinzipien der Rhetorik, das Schreib- und Redeverhalten, sprachstilistische Mittel, Kommunikationsformen und argumentative Strukturen herausgearbeitet. Analyse des Textkorpus

Zum Abschluss werden die in den Einzelschritten gewonnenen Befunde geordnet, in einen sinnstiftenden Zusammenhang gebracht und dargestellt. Zentral sind dabei Fragen nach Merkmalen, Veränderungen, Brüchen und Auswirkungen eines Diskurses sowie nach der Entstehung und dem Ende von Diskursen. Diskursanalyse

Ausgangspunkt der Diskursanalyse ist das Interesse an der sprachlichen Konstruktion von Wirklichkeit. Richtet sich das Erkenntnis-

Subjektive Konstruktion von Wirklichkeit

interesse auf subjektive Formen der Wahrnehmung und des Erinnerns, so stellen sich hier für die Interpretation der Quellen besondere methodische Anforderungen. Auch wenn die zur Anwendung kommenden Methoden für die historischen Epochen unterschiedlich sind, so geht es bei der Analyse subjektiver Wirklichkeitskonstruktionen grundsätzlich darum, die narrative Struktur des Erinnerten – sei es im schriftlich überlieferten Zeugenverhör vor Gericht, sei es in Form von Autobiografien, sei es in Form von Zeitzeugeninterviews – zu erfassen. Die Historikerin Natalie Zemon Davis war eine der ersten, die Zeugenverhöre vor frühneuzeitlichen Gerichten als „Fiktion" bezeichnet hat, um so deutlich zu machen, dass subjektives Erinnern und Narrativieren nicht mit der historischen Wirklichkeit gleichzusetzen ist (Davis 1987). Vielmehr verfolgen die historischen Akteure bewusst oder unbewusst bestimmte Strategien in ihren Erzählungen, die gleichermaßen Ausdruck ihrer subjektiven Wahrnehmung und der historisch spezifischen Handlungsbedingungen, Normen und Erwartungshaltungen sind. Die subjektive Wahrnehmung und Deutung historischer Akteure vergangener Epochen ist immer durch den Akt der Verschriftlichung und die dabei waltenden Normen verändert und daher nur indirekt rekonstruierbar. Dies ist anders bei mündlich überlieferten Erinnerungen der unmittelbaren Vergangenheit, doch auch hier besteht die methodische Herausforderung darin, narrative Strukturen zu erkennen. Insbesondere die jüngere Historische Biografik hat versucht, in der Auswahl ihrer Methoden und Theorien dieser Wechselwirkung zwischen Subjekt und Umwelt sowie der Diskrepanz zwischen gelebter und erzählter Geschichte gerecht zu werden (Klein 2002).

Oral History

Eine wichtige Forschungsmethode der Historischen Biografik ist die Oral History, die sich in Deutschland seit den 1970er-Jahren etablierte, um bis dahin von der Geschichtswissenschaft vernachlässigte historische Subjekte wie Frauen, Angehörige ethnischer Minderheiten oder Arbeiter in den Blick zu nehmen (Niethammer/Plato 1983–1985). Als zweites wichtiges Forschungsfeld hat sich die Auseinandersetzung mit der NS-Zeit und der Geschichte der DDR entwickelt.

Aussagewert von Zeitzeugeninterviews und Methodenkritik

Mit der zunehmend kritischen Reflexion des Aussagewerts von Zeitzeugeninterviews setzte eine Verwissenschaftlichung der Methode ein. Dabei geht es zum einen um die Techniken der Interviewvorbereitung, der Interviewführung und Interviewaufbereitung, zum anderen um die Auseinandersetzung mit den neurobiologischen Grundlagen des menschlichen Gedächtnisses und damit zusammenhängend den spezifischen Mechanismen des Erinnerns. Entscheidend für die Anwendung der Oral History ist der Befund, dass im Prozess des Erinnerns bewusste, vorbewusste und unbewusste psychische Schichten zusammenwirken. Das bedeutet im konkreten Interview, dass in den Erzählungen häufig Brüche und Widersprüche auftauchen. Schließlich muss beachtet werden, dass unabhängig von individuellen und kognitiv gesteuerten Formen des Erinnerns auch mündliche Erzählungen in Inhalt und Form gesellschaftlichen Konventionen folgen und soziale Konstruktionen sind. Gedächtnis ist also immer zugleich persönliches und kollektives Gedächtnis. Für die Methode der Oral History bedeutet dies, die Beziehung zwischen beiden ‚Gedächtnissen' herzustellen. Der Erkenntniswert der erinnerten Erzählungen besteht daher weniger darin, „dass sie durchlebte Vergangenheit unvermittelt abbilden, sondern dass sie Einblick geben in deren Verarbeitung, Vergangenheitskonstruktion und Sinnbildung oder auch: Subjektivität" (Wierling 2002, S. 20).

Vorauszuschicken ist, dass die Methode der Oral History sehr aufwändig ist, da sie sowohl die Produktion von Quellen als auch ihre Auswertung umfasst. Dabei sind folgende Schritte zu berücksichtigen: Ermittlung und Auswahl repräsentativer Interviewpartner, Vorbereitung und Durchführung von Interviews, Auswertung und Darstellung. *Methodisches Vorgehen*

Die Auswahl der Interviewpartner hängt von der Fragestellung ab. Hat man sich für eine bestimmte Personengruppe entschieden, so besteht der nächste Schritt darin, entsprechende Personen für ein Interview zu gewinnen. Eine Hilfe können dabei Akten sein, die Namen und Lebensdaten von Akteuren enthalten. Nicht selten werden Zeitzeugen auch ‚unsystematisch' durch Aufrufe in entsprechenden Verbänden und Institutionen gesucht. Bei der Festlegung eines Samples ist zu berücksichtigen, dass die Zahl der Personen nicht zu groß sein darf, da zum einen die Interviews sehr aufwändig sind, zum anderen der Historiker nur eine begrenzte Zahl von Personen in ihrem gesamten Lebenszusammenhang gleichzeitig wahrnehmen kann. *Auswahl von Interviewpartnern*

Am Beginn steht die Entscheidung über die Art der Gespräche, die im Rahmen des Projektes durchgeführt werden sollen. Für die Oral History bieten sich vor allem thematische oder biografische Interviews an. Thematische Interviews werden durch bestimmte Erkenntnisinteressen des Historikers vorstrukturiert und erfordern in der Regel einen offenen Interviewleitfaden. Die methodischen Anforderungen an biografische Interviews sind größer, da hier die lebensgeschichtliche Perspektive im Vordergrund steht und die richtige *Vorbereitung von Interviews*

Balance zwischen individueller Lebenserzählung und Erzählimpulsen gefunden werden muss. Deshalb muss im Vorfeld ein möglichst breites personen- und kontextbezogenes Hintergrundwissen erarbeitet werden, um das Erinnerte und Erzählte einordnen und passende Impulse vermitteln zu können.

Durchführung von Interviews

Für die Durchführung eines Interviews sind bestimmte Regeln zu berücksichtigen. Bereits in einem Vorgespräch zum Interview sollte der Stellenwert des geplanten Interviews für das Forschungsvorhaben erläutert und die formale schriftliche Zustimmung des Interviewpartners erbeten werden, das Gespräch für die Forschung verwenden zu dürfen. Für das Interview ist es erforderlich, eine ruhige, konzentrierte und vertrauensvolle Erzählsituation herzustellen. Während thematische Interviews mehrere Stunden dauern, können sich biografische Interviews über mehrere Monate hinziehen.

Auswertung von Interviews

Die Grundlage der Auswertung bilden die transkribierten, d. h. wortwörtlich übertragenen Interviewaussagen, wobei unterschiedliche Transkriptionsregeln zu beachten sind. Ergänzend hinzugezogen werden Gedächtnisprotokolle über den Verlauf der einzelnen Gespräche, die unmittelbar danach angefertigt werden sollten, sowie ergänzende Quellen unterschiedlicher Provenienz. Bei thematischen Interviews gibt der Interviewleitfaden bereits inhaltliche Schwerpunkte und eine mögliche Gliederung vor. Die Ordnung und Systematisierung von Aussagen in biografischen Interviews erfolgt am Material selbst. Bei der Interpretation sind die Erzählsituation und die Rolle des Interviewers zu reflektieren, um eine Projektion vorher gefasster Meinungen sowie von Wertungen und eigenen Gefühlen zu vermeiden. Das Ziel der Interpretation besteht darin, die Grundlogik der erzählten Biografie, ihrer narrativen Strukturen und Wirklichkeitskonstruktionen und schließlich ihren Sinn zu erfassen.

Bilder als historische Quellen gewinnen in der Geschichtswissenschaft zunehmend an Bedeutung (→ KAPITEL 3). Ungeachtet der Methodenvielfalt der historischen Bildkunde (Paul 2006) besteht Übereinstimmung darin, dass Bilder als zentrales Medium menschlicher Kommunikation in ihrer umfassenden Bedeutung als Metapher, Symbol, Gemälde, Fotografie, Film dem historischen Wandel unterliegen. Damit bieten sie Einblicke in das Verhältnis von Gesellschaft und gesellschaftlich wahrgenommener und geformter Realität. Für die Historische Bildkunde ist eine enge Kooperation mit der Kunstgeschichte unerlässlich.

Historische Bildkunde

Der Kunsthistoriker Erwin Panofsky (1892–1968) hat seine bis heute auch für die historische Bildkunde einflussreichen Überlegungen zur ikonologischen Methode erstmals 1932 veröffentlicht. Sie besteht aus drei Schritten.

Ikonologische Methode

- In der vorikonografischen Beschreibung werden die dargestellten Personen und Dinge beschrieben, innere Bildzusammenhänge hergestellt und das Bildmotiv unter Berücksichtigung der Stilgeschichte herausgearbeitet.
- In der ikonografischen Analyse werden die bislang gemachten Beobachtungen analysiert und gedeutet, d. h. Symbole, Allegorien und Topoi werden unter Bezug auf literarische Quellen und die Typengeschichte entschlüsselt und durch die Verbreiterung der Quellenbasis in einen größeren Sinnzusammenhang gestellt.
- Die abschließende ikonologische Interpretation ermittelt den „Dokumentsinn" des Bildes, also die ‚eigentliche' Bedeutung oder den Gehalt des Bildes. Der Interpret bedarf dazu „synthetischer Intuition", wie Panofsky es ausdrückte. Methodische Kontrollinstanz ist die Kenntnis der Geschichte kultureller Symptome und Symbole (Panofsky 1975).

Semiotik bedeutet zunächst die Lehre von den Zeichen und Symbolen. In der historischen Bildforschung wird dieser Ansatz verwendet, wenn der gesellschaftliche Bezug und die Wirkung von Bildern auf die Gesellschaft im Mittelpunkt des Interesses stehen. Diese Methode geht davon aus, dass die Bedeutung des Bildes erst durch den Betrachter hergestellt wird, entsprechend richtet sich das Augenmerk auf die Bildrhetorik sowie auf den Kontext und die Bedingungen der Bildrezeption. Mit dem rezeptionsästhetischen Ansatz wird der Betrachter gewissermaßen im Bild gesucht (Kemp 1992). Methodisch impliziert dies die systematische Identifikation von bereits im Bild angelegten Rezeptionsstrukturen in Form von Wahrnehmungsbedingungen und Bildaneignungen.

Semiotik

Rezeptionsästhetik

Die neuere Fotogeschichte geht davon aus, dass nicht nur die Produktion von Fotografien eine soziale Praxis darstellt, sondern auch deren Auswahl, Distribution und Rezeption. Neben Fragen nach der Echtheit bzw. Konstruktion von Bildern, ihrer Macht und den dahinter liegenden Motiven müssen die Ursachen für die Kanonisierung bestimmter Fotografien erforscht sowie die speziellen Rezeptionskontexte analysiert werden. Ein Beispiel bietet der Umgang mit der NS-Vergangenheit im 21. Jahrhundert. Anlässlich des 60. Jahrestages der Befreiung von Auschwitz verwendete die Wochenzeitschrift *stern* in Anlehnung an das bekannte Foto des polnischen Fotografen Stanislaw Mucha vom Torhaus Auschwitz-Birkenau (1945) eine aktuelle Aufnahme des Birkenauer Torhauses. Das Gebäude ist im Nebel nur

Fotogeschichte

schemenhaft zu sehen. Mit dem visuellen Stilmittel der bewussten Unschärfe soll, so Christoph Hamann in seiner Analyse, die Abnahme der visuellen und kulturellen Schärfe der Erinnerung an den Holocaust und damit die zurückgehende Relevanz der Schuldfrage zum Ausdruck gebracht werden (Hamann 2006).

9.4 Historischer Vergleich und Verflechtungsgeschichte

Was heißt vergleichen?

Historiker vergleichen immer – mal *en passant*, mal explizit. Schon im steten Abwägen des Vorher und Nachher ist die Sprache der Historiker durchsetzt von vergleichenden Formulierungen. Doch selbst wenn wir bei der Beschreibung historischer Phänomene stets andere Varianten mitdenken: Als komparatives Verfahren kann dies nicht gelten. Geschichtswissenschaftliche Vergleiche kennzeichnet vielmehr, dass sie zwei oder mehrere historische Phänomene systematisch nach Ähnlichkeiten und Unterschieden untersuchen, um sie auf dieser Basis möglichst zuverlässig zu beschreiben und zu erklären sowie um zu präzisieren und allgemeiner geltenden Aussagen über geschichtliche Handlungen, Erfahrungen, Prozesse und Strukturen gelangen zu können (Haupt/Kocka 1996, S. 9; Kaelble 1999, S. 12).

Grundtypen des Vergleichs

Zwei Grundtypen des Vergleichs lassen sich unterscheiden: Der eine Typus zielt eher auf die Einsicht in Übereinstimmungen und will Generalisierungen befördern. Diese Variante hat John Stuart Mill (1806–1873) als *method of agreement* beschrieben (Mill 1881, S. 211ff.), andere Autoren wie Charles Tilly haben in den 1970er-Jahren vom *universalizing type* des historischen Vergleichs gesprochen. Der zweite Typus hebt eher auf die Kontraste zwischen den Vergleichsobjekten und damit auf ihre jeweiligen Eigenarten ab. Diese Variante hat Mill als *method of difference* und Tilly als *contrasting type* identifiziert (Tilly 1984, S. 80).

„Deutscher Sonderweg" als Impuls

Nicht zuletzt in den von der These vom „deutschen Sonderweg" inspirierten Vergleichen ging es darum, Weggabelungen in der deutschen Geschichte zu identifizieren, an denen der westliche „Normalweg" in die Moderne verlassen wurde. Ein Zuviel an Problemen galt dabei als Auslöser für den deutschen Sonderweg, weil drei fundamentale Entwicklungsprobleme im dritten Viertel des 19. Jahrhunderts nur in Deutschland gleichzeitig gelöst werden mussten: die Bildung des Nationalstaats „von oben", die Verfassungsfrage und die „soziale Frage" als Folge der verspäteten, doch schnell aufholenden

Industrialisierung. In diesem schwierigen Prozess gewannen illiberale und anti-pluralistische Elemente der deutschen politischen Kultur die Oberhand, die, gepaart mit der Kontinuität der Macht der alten adligen Eliten und einem feudalisierten Großbürgertum, entscheidende Weichen für den Weg in die „deutsche Katastrophe" (Friedrich Meinecke) des 20. Jahrhunderts stellten. Doch Vorstellungen, die von überwiegend abweichenden Entwicklungspfaden ausgehen, das haben viele Studien zum „deutschen Sonderweg" gezeigt, müssen häufig nach der empirischen Überprüfung differenziert werden.

Der historische Vergleich kann vier methodischen Zwecken dienen.

- Heuristischer Zweck: Der Befund eines spezifischen Phänomens in einer Region verleitet zu der Annahme, dass auch in Regionen mit ähnlichen Ausgangsbedingungen eben das Phänomen zu finden ist und motiviert so zum Vergleich.
- Deskriptiver Zweck: Durch den Vergleich tritt das Besondere eines Phänomens stärker hervor. Die ungewöhnlich Energie und Fantasie der englischen Suffragettenbewegung im 19. Jahrhundert fällt vor allem dann auf, wenn man sie mit anderen, braveren Varianten auf dem Kontinent vergleicht.
- Analytischer Zweck: Überraschende Unterschiede und Besonderheiten fordern zur Suche nach Erklärungen und weiter reichenden Fragen heraus. Nicht zuletzt diese Konsequenz historischer Vergleiche hat ihnen den Ruf der Nähe zu naturwissenschaftlichen Methoden und Verfahren eingebracht.
- Paradigmatischer Zweck: Vergleiche haben häufig eine heilsame verfremdende Wirkung: Die beobachteten Alternativen öffnen die Augen dafür, dass die eigene Entwicklung keineswegs zwingend, andere Möglichkeiten ebenso plausibel waren.

Methodische Zwecke des Vergleichs

Für einen historischen Vergleich sollten drei Überlegungen und Entscheidungen am Anfang stehen:

Voraussetzungen des Vergleichs

Erstens: Was soll verglichen werden? Für nahezu alle historischen Phänomene lassen sich sinnvolle Vergleichskonstruktionen finden, selbst wenn sie auf den ersten Blick unvergleichbar scheinen. Dennoch gibt es Konstellationen, die eher den Vergleich herausfordern als andere. Wenn etwa, wie in der Bürgertumsgeschichte, einer – der deutschen – Variante ein „Defizit" unterstellt wird, provoziert das den Vergleich mit anderen Erscheinungsformen.

Zweitens: Welches sind die angemessenen Vergleichseinheiten (Nationen, Regionen, Institutionen), Vergleichszeiträume (Epochen, Krisenzeiten) und Vergleichsmengen? Für einen symmetrischen Vergleich wird die Zahl der Vergleichsfälle selten über zwei hinausgehen können. Unterschiedliche Entwicklungsstadien können zeitversetzte Vergleiche nahe legen.

Drittens: Welche Ausgangsbedingungen braucht der Vergleich? Neben einer plausiblen Fragestellung spielen häufig auch pragmatische Rücksichten wie Sprachkenntnisse sowie Stipendienprogramme eine wichtige Rolle bei der Wahl des Vergleichsdesigns. Aber auch die Forschungsbedingungen müssen vergleichbar sein. Gibt es in den Vergleichsländern ähnliche und damit vergleichbare Quellensamples? Wie zugänglich sind sie? Eine komparative Studie zur bürgerlichen Kindererziehung im „langen 19. Jahrhundert", die sich auf autobiografische Zeugnisse stützt, ist quellenmäßig unproblematisch. Schließlich finden wir in allen europäischen Ländern selbstsuchende und schreibwütige Bürgerinnen und Bürger (Budde 1994). Prekär hingegen wäre eine vergleichende Untersuchung von sozialistischen Parteien, wenn in dem einen Land Parteiarchive fast lückenlose erhalten sind, im anderen Land aber die Daten überwiegend aus staatlichen Polizeiakten stammen.

Quantitative und qualitative Vergleiche

Gerade in seiner Anfangsphase wies der historische Vergleich starke Affinitäten zur quantifizierenden Methode auf. Schließlich liegen für viele Länder ähnliche Massendaten vor, die eine besondere Vergleichbarkeit zu gewährleisten scheinen. Unberücksichtigt blieben dabei jedoch oft national unterschiedliche statistische Traditionen, Verfahren und Kategorien, die die direkten Vergleichsoptionen deutlich relativieren. Überdies haben neue Fragen den Bedarf nach neuem Vergleichsmaterial geweckt. Mit einer stärker kulturellen Ausrichtung der Geschichtswissenschaften wird über den Nachweis ähnlicher quantitativer Befunde hinaus gefragt, welchen Wert etwa das Wachstum in unterschiedlichen Gesellschaften besaß, welche Bedeutung Geburtenfolgen für Mütter und Kinder hatten und wie Ungleichheiten formuliert und erfahren wurden. Nicht nur die soziale Mobilität wird nun zum Gradmesser für eine mehr oder minder große Offenheit von Gesellschaften, sondern ebenso die in ihnen herrschenden Interaktions- und Kommunikationsoptionen.

Globalgeschichte

Ob Kulturen andere wahrnehmen und ihren Subjektivierungsprozess auch in bewusster Abgrenzung zu anderen Kulturen gestalteten, lässt sich historiografisch spätestens dann untersuchen, wenn Kontakte und Kommunikationen quellenmäßig belegt sind. Je weiter die Globalisierung fortschritt, desto häufiger waren solche Austauschprozesse grenzüberschreitend. Die Debatte über die Globalisierung und ihre historischen Wurzeln hat eine neue, transnationale Perspektive auf die Vergangenheit herausgefordert (Budde/Conrad/Janz

2006). Es ist kein neues Paradigma, keine neue Methode, sondern vor allem eine neue Perspektive, eine besondere Form des „Hinsehens und Fragens" (Osterhammel 2007, S. 593), die die Globalgeschichte kennzeichnet: Ihr geht es darum, Einsichten in die Vielfalt der Varianten europäischer Prozesse durch eine außereuropäische ‚Brille' zu befördern, und um eine Relativierung dieses Blicks selbst. Gefordert wird ein Abschied von der langlebigen Vorstellung, die europäische Entwicklung sei abgekoppelt vom Rest der Welt verlaufen, habe aber dennoch den Maßstab für ‚Normalität' und ‚Modernität' gesetzt (Osterhammel 2007, S. 597). Stattdessen wollen die Vertreterinnen und Vertreter der Verflechtungsgeschichte bzw. *entangled history* oder *histoire croisée* europäische und außereuropäische Entwicklungen nicht unabhängig voneinander sehen, sondern als unauflösbar verflochten (Conrad/Randeria 2002, S. 10), aufeinander einwirkend und gesellschaftsweit ausstrahlend.

Anders als der komparative Ansatz geht der beziehungs- und verflechtungsgeschichtliche Ansatz nicht von a priori gesetzten geografischen Analyseeinheiten (z. B. Staaten) aus. Sein Augenmerk richtet sich auf Interaktions- und Beziehungsräume, die durch transnationale Bezüge überhaupt erst konstituiert werden und häufig quer zu nationalen Entitäten stehen. Die Historiker, die den Ansatz der *entangled history* verfolgen, müssen methodisch gleichzeitig eine Vielfalt von Perspektiven einnehmen, und diese auch ständig zu wechseln bereit sein. „Gekreuzt" werden sollen in der *entangled history* oder *histoire croisée* nämlich vor allem die Beobachterpositionen, von denen aus die historischen Phänomene betrachtet werden. Drei Ebenen der Verflechtung sollen Historiker dabei möglichst im Auge behalten:

1. die „realhistorische" Verflechtung der Objekte selbst,
2. die Verflechtung zwischen den verschiedenen Perspektiven, die den zeitgenössischen Blick auf die Objekte steuern, und
3. die Berücksichtigung der Einbindung der Historikerinnen und Historiker in ihren wissenschaftlichen Kontext.

Erschwerend kommt noch mindestens eine vierte Ebene hinzu: Da wir als Historiker vor allem an historischem Wandel interessiert sind, muss uns daran liegen, auch die durch die diversen Verflechtungen hervorgerufenen Veränderungen in den Blick zu bekommen.

Als Folge dieses ambitionierten Programms wird die *histoire croisée* bislang eher programmatisch gefordert als empirisch eingelöst. Während der Vergleich Komplexität durch das mehr oder minder bewusste Ausblenden von Kontext reduziert und die ‚Vergleichsfälle' statisch einfriert, geht die *entangled history* von „moving targets"

Verflechtungsgeschichte

Grenzen und Chancen

(Osterhammel 2007, S. 605) aus und besteht darauf, gleichsam alle denkbaren Kontexte und Verflechtungsoptionen zu berücksichtigen. Die Komplexität wird dadurch ins fast Unendliche gesteigert und ist forschungsmethodisch (noch) schwer zu bändigen. Dennoch: Das von der *histoire croisée* geforderte relationale Verfahren, nationale Grenzen zu überwinden, die eurozentrische Sicht aufzugeben und sensibel für eine Vielfalt von Verflechtungen, Durchdringungen und Perspektiven zu machen (Werner/Zimmermann 2004, S. 29), hat einen heilsamen Umdenkungsprozess in Gang gesetzt.

Doch so plausibel und zeitgemäß der transnationale Ansatz in der Geschichtswissenschaft ist: Seine Realisierung stößt auch auf Grenzen. Nicht zuletzt fehlende Sprachkompetenz steht unserem Wunsch, „global zu forschen", häufig im Wege. Zu welchen Fehlwahrnehmungen das führen kann, hat Margrit Pernau mit einem eindrucksvollen Beispiel aus dem indischen Fürstenstaat Hyderabad verdeutlicht. 1911 gründete dort die britische Lehrerin Florence Wyld eine Schule für höhere Töchter. Jahrzehnte später schrieb sie ihre Memoiren. Erst nach ihrer Ankunft, heißt es da, kam Bewegung in die Regungslosigkeit der Frauengemächer, erst sie habe die weibliche Sehnsucht nach Freiheit und Bildung entfesselt. Nicht nur Wyld, auch alle, die ihre Aufzeichnungen für bare Münze nahmen, irrten gewaltig. Hätten sie die in Urdu verfassten Quellen dieser Zeit, vor allem Frauenzeitschriften und Selbstzeugnisse, lesen können, hätten sie ein völlig anderes Bild erhalten. Die Mütter der Schülerinnen hatten in ihrer Mehrheit selbst eine Schule besucht, tauschten Bildungsideen aus und forcierten die Einstellung der englischen Lehrerin. Da die Lage der Frauen häufig als Paradebeweis ‚orientalischer Rückständigkeit' genutzt wird, ist eine solche einseitige Wahrnehmung äußerst folgenreich (Pernau 2004). Die internationale Perspektive, ob vergleichend oder beziehungsgeschichtlich, wird künftig noch stärker eingefordert werden – völlig zu Recht. Doch darf sie – wie das Sprachenbeispiel zeigt – die Standards geschichtswissenschaftlicher Professionalität nicht unterschreiten.

Fremdsprachenkompetenz

Lektüreempfehlungen

- **Charles Feinstein / Thomas Mark, Making History Count. A Primer in Quantitative Methods for Historians**, Cambridge 2002. *Sehr gut lesbarer Einführungsband in das Spektrum quantitativer Methoden, durchaus für ein Selbststudium geeignet.* — Quantitative Methoden

- **RRZN, SPSS Grundlagen. Eine Einführung anhand der Version 15**, Hannover 2007. *Kompakte, gut verständliche Einführung in die Grundlagen des Programms, seiner Installation und Anwendung.*

- **Achim Landwehr, Geschichte des Sagbaren. Einführung in die Historische Diskursanalyse**, Tübingen 2001. *Beleuchtet wissenschaftsgeschichtliche und theoretische Grundlagen der historischen Diskursanalyse und bietet forschungspraktische Handreichungen.* — Diskursanalyse

- **Christian Klein (Hg.), Grundlagen der Biographik. Theorie und Praxis des biographischen Schreibens**, Stuttgart 2002. *Interdisziplinärer Sammelband mit prägnantem Überblick zur theoretischen und methodischen Entwicklung der Biografik in der Einleitung.* — Historische Biografik

- **Dorothee Wierling, Oral History**, in: Michael Maurer (Hg.), Aufriß der Historischen Wissenschaften, Bd. 7: Neue Themen und Methoden der Geisteswissenschaften, Stuttgart 2003, S. 81–151. *Komprimierte und praxisorientierte Einführung in die Oral History.*

- **Gerhard Paul (Hg.), Visual History. Ein Studienbuch**, Göttingen 2006. *Fundierter Überblick über den gegenwärtigen Stand der historischen Bildforschung mit Schwerpunkt 20. Jahrhundert.* — Historische Bildkunde

- **Hartmut Kaelble, Der historische Vergleich. Eine Einführung zum 19. und 20. Jahrhundert**, Frankfurt am Main 1999. *Gut strukturierte und praktisch orientierte Einführung in die historische Komparatistik.* — Historischer Vergleich

- **Sebastian Conrad / Andreas Eckert / Ulrike Freitag (Hg.), Globalgeschichte. Theorien, Ansätze, Themen**, Frankfurt am Main 2007. *Theoretische Einführung und praktische Beispiele global orientierter Geschichtsschreibung auf dem neuesten Stand.* — Globalgeschichte

10 Geschichte der Geschichtsschreibung

Dagmar Freist

Abbildung 11: Simon Wachsmuth, *Alexanderschlacht* (2007), schwarze Magnete auf weißer Tafel

Sind unsere Geschichtsbilder starr? Vermittelt die Geschichtsschreibung zeitlose Bilder der Vergangenheit, die als unantastbare Wahrheiten in die Gegenwart eingraviert werden und unser Bild vergangener Epochen prägen? Diese weit verbreiteten Vorstellungen über die Bedeutung der Geschichtsschreibung nimmt der Medien- und Konzeptkünstler Simon Wachsmuth zum Ausgangspunkt seiner Installation „Where We Were Then, Where We Are Now"? auf der documenta12 in Kassel. Mit Bildern – hier eine Verfremdung des Alexandermosaiks (Pompeji, ca. 150–100 v. Chr.) mit schwarzen Magneten auf einer weißen Tafel –, Filmen und Raumgestaltung will Wachsmuth die wechselseitigen Bezüge zwischen Geschichte und Gegenwart aufdecken und den Eurozentrismus unseres historischen Selbstbildes kritisch hinterfragen.

Das Thema „Geschichte der Geschichtsschreibung" klingt auf den ersten Blick vielleicht trocken: Warum ein historischer Überblick über die Entstehung und die Entwicklung der Geschichtsschreibung von der Antike bis in unsere Gegenwart? Warum nicht lieber gleich die Ergebnisse der Geschichtsschreibung studieren, sich Fakten aneignen, statt sich mit deren Produktion im historischen Verlauf zu befassen? Wer so denkt, reproduziert die Vorstellungen über die Bedeutung der Geschichtsschreibung, die Wachsmuth mit seiner Installation kritisch hinterfragen will. Die intensivere Beschäftigung mit der Geschichte der Geschichtsschreibung, mit der Generierung historischen Wissens über Jahrhunderte hinweg, verdeutlicht dagegen, dass die Geschichtsschreibung in der Wahl ihrer Themen und der Formulierung von Fragestellungen eng verknüpft ist mit den spezifischen Orientierungsbedürfnissen der jeweils historischen Gegenwart *und* den epochenspezifischen Vorstellungen geschichtswissenschaftlichen Denkens und Forschens. Die Geschichte der Geschichtsschreibung umfasst damit zum einen die Historisierung von Geschichtsdenken und Fragestellungen, zum anderen reflektiert sie Forschungsmethoden, Erkenntnisgewinn und Darstellungsformen.

10.1 **Wozu Historiografiegeschichtsschreibung?**
10.2 **Entwicklung von der Antike bis zur Aufklärung**
10.3 **Verwissenschaftlichung und Pluralisierung**

10.1 Wozu Historiografiegeschichtsschreibung?

Bewertung von Forschungsliteratur

Die Frage, ob für eine Hausarbeit Forschungsliteratur herangezogen werden darf, die bereits 30 Jahre und älter ist, wird von Studierenden immer wieder gestellt. Dabei schwingt Unsicherheit darüber mit, wie die Aktualität älterer Geschichtsschreibung, genauer: die Aktualität der präsentierten Fakten und Zusammenhänge, zu bewerten ist. So ist es zu Studienbeginn keine Seltenheit, dass bei der Bearbeitung eines Themas ältere und jüngere Forschungsliteratur unkommentiert und unkritisch nebeneinander gestellt wird. Geschichtsschreibung wird aus dieser Perspektive als Steinbruch verwendet, um auf der Basis einer möglichst breiten Literaturlage – oder aber auf Grundlage weniger verfügbarer Bücher ungeachtet ihres Erscheinungsdatums – ein gegebenes Thema möglichst umfassend darstellen zu können. Das kann dazu führen, dass etwa bei der Auseinandersetzung mit dem Aussagewert des Absolutismus-Begriffs für die Entstehung frühneuzeitlicher Staatlichkeit ein Zitat von Gerhard Oestreich, der das ‚Nichtabsolutistische im Absolutismus' betont hat (Oestreich 1969), in einem Atemzug genannt wird mit Nicolas Henshalls zugespitzter These, der Absolutismus sei ein Mythos (Henshall 1992). Dabei wird ignoriert, dass zwischen beiden Aussagen 23 Jahre liegen und sie Ausdruck sehr unterschiedlicher Forschungstraditionen, Wissenschaftskontexte und Erkenntnisinteressen sind. Während sich Oestreich mit dieser Aussage von der etatistischen, d. h. staatsbezogenen Forschungsperspektive seiner deutschsprachigen Kollegen lösen will und an die Stelle ein völlig neues Forschungskonzept, das der Sozialdisziplinierung, setzt, geht es Henshall um die Formulierung einer provokanten These, die er essayistisch auf der Grundlage überwiegend französisch und englischsprachiger Forschungsliteratur ohne eigene Quellenstudien entwickelt (Freist 2008).

Aktualität des Forschungsstands

Ein anderes Beispiel: Eine Hausarbeit zum Thema „Weibliche Herrschaft in der Frühen Neuzeit" vielleicht wird eingeleitet mit dem Verweis darauf, dass es zu der Bedeutung von Frauen in der Geschichte so gut wie keine Forschungsliteratur gebe und die Ursache hierfür die unzureichende Quellenbasis sei. Mit dieser Aussage stützt sich der Student oder die Studentin auf ein Werk aus den 1970er-Jahren. Zu diesem Zeitpunkt entsprach die Aussage sowohl dem damaligen Forschungsstand als auch den Quellenkenntnissen. Inzwischen liegt aber eine kaum noch überschaubare Anzahl von Publikationen zu sehr unterschiedlichen Aspekten der Frauengeschichte vor. Mithilfe neuer Fragestellungen wurden nicht nur neue Quellen erschlossen, sondern auch bereits bekanntes Quellenmaterial aus anderer Perspektive ‚gegen den Strich' gelesen. Blieb weibliche Herrschaft in der Frühen Neuzeit dem Blick des Historikers verborgen, der sich an den engen Kategorien von Rechtsnormen (Erb- oder Wahlmonarchie) orientierte, so wurden weibliche Regentinnen in dem Moment sichtbar, in dem das Augenmerk auf die Herrschaftspraxis gelenkt und das Phänomen der vormundschaftlichen Regierung entdeckt wurde (Wunder 2002). Die Auseinandersetzung mit der Geschichte der Geschichtsschreibung zu Frauen in der Frühen Neuzeit verdeutlicht in diesem Fall nicht nur, dass die oben genannte Beurteilung des Forschungsstandes überholt ist, sondern vor allem, dass sich in den vergangenen 30 Jahren völlig neue Erkenntnisinteressen aufgetan haben. Auch die zuvor bemängelte unzureichende Quellenbasis zur Frauengeschichte ist aufgrund neu eingenommener Forschungsperspektiven um ein Vielfaches angewachsen.

Wie und warum aber entstehen solche Perspektivwechsel, die offensichtlich immer wieder neu die Geschichtsschreibung inspirieren, mit neuen Fragestellungen und Forschungsmethoden bislang Verborgenes enthüllen und Bilder der Vergangenheit, die bereits in der Gegenwart verankert schienen, in Bewegung halten? Hier setzt die Bedeutung der Historiografiegeschichtsschreibung an, die erforscht, wie aus Vergangenheiten je nach Blickrichtung immer wieder neu und anders Geschichte wird. Die perspektivische Beleuchtung verschiedener Facetten der Vergangenheiten ist keine Willkür, sondern Ergebnis gegenwartsbezogener gesellschaftlicher und politischer sowie wissenschaftstheoretischer und methodischer Reflexion. Neben der Aneignung empirisch ermittelbarer Tatbestände – spezifische Ereignisse, Daten, Gesetze, Herrschaftsaufbau ebenso wie Mode, Ernährungsgewohnheiten oder Heiratsverhalten – geht es immer zugleich auch um die Deutung der Vergangenheit, um Interpretation; dabei prägen gegenwärtige Erfahrungen die Annäherung an Vergangenes.

Perspektivwechsel

Bereits ein kurzer Blick in die deutsche Geschichte der Geschichtsschreibung des 20. Jahrhunderts bietet zahlreiche Belege dafür, dass die Generierung historischen Wissens eng verknüpft ist mit den Orientierungsbedürfnissen der Gegenwart, mit politischen Fragen wie auch mit wissenschaftsimmanenten Forschungskontroversen und Auseinandersetzungen über Methoden und Theorien der Geschichtswissenschaft. Auch wenn der Bezug zwischen geschichtswissenschaftlicher Themenwahl und zeitgenössischen Erfahrungshorizonten nicht überstrapaziert werden darf und wissenschaftspolitische Entscheidungen wie die Ausschreibung von Forschungsschwerpunkten oder Jubi-

Orientierungsbedürfnisse der Gegenwart

läen zur Themenfindung beitragen: Ein Wechselspiel zwischen historischem Forschungsinteresse und gegenwartsbezogenen Fragestellungen lässt sich nicht in Abrede stellen. Exemplarisch genannt seien hier das wachsende Interesse an der europäischen Geschichte im Zuge des europäischen Einigungsprozesses, die zunehmende Attraktivität der Beziehungs-, Wahrnehmungs- und Verflechtungsgeschichte vor dem Hintergrund gegenwärtiger Globalisierungserfahrungen oder die Frage nach den Auswirkungen von Medienrevolutionen zurückliegender Epochen angesichts unseres Zeitalters des Internets.

In den immer wieder neuen Prozessen historischer Erkenntnisbildung lässt sich von den Anfängen der Geschichtsschreibung in der Antike bis heute eine Reihe von Veränderungen festmachen, die sich sowohl auf die Bedeutung der Geschichte für die jeweilige Gegenwart als auch auf den deutenden und aneignenden Umgang mit Vergangenheiten beziehen.

Paradigmenwechsel

Diese Veränderungen, die sich in Themenwahl, Theorie, Methodik und Darstellungsform ausdrücken, werden üblicherweise als Paradigmenwechsel der Geschichtswissenschaft bezeichnet. Dem voraus geht „die Evolution einer bestimmten wissenschaftlichen Tradition" (Kuhn 1977, S. 57). Die jüngere Forschung hat diese Sichtweise allerdings kritisiert, da ein Paradigma unterstelle, dass es in jeder Epoche eine Haupttendenz geschichtswissenschaftlichen Denkens und Forschens gebe, der sich alles unterordnen lasse (Eckel/Etzemüller 2007). Angesichts der Pluralität von Forschungsansätzen und Denkstilen, die vor allem die jüngere Geschichtsschreibung kennzeichnet, ist dieses Modell nicht mehr aussagekräftig (Raphael 2003). Im Folgenden wird daher der Begriff „Perspektivwechsel" verwendet.

Pluralität von Forschungsansätzen

10.2 Entwicklung von der Antike bis zur Aufklärung

Anfänge der Geschichtsschreibung

Die Suche nach den Anfängen der Geschichtsschreibung führt in die Antike und konfrontiert den Betrachter zugleich mit einer Reihe von wissenschaftsgeschichtlichen Grundsatzfragen (Becker 2005): Was ist Geschichtsschreibung und wann beginnt sie? Die Historiografiegeschichtsforschung hat bis in unsere Gegenwart hinein diese Frage überwiegend aus quellenkritischer und gattungsgeschichtlicher Perspektive bearbeitet. Handelt es sich bei den ersten Überlieferungen um Geschichtsschreibung im modernen Sinne, also um Ergebnisse geschichtswissenschaftlicher Forschung mit historisch verifizierbaren

Fakten? Oder handelt es sich angesichts des vielfach fragmentarischen Charakters eher um textliche Hinterlassenschaften der Geschichte, um Quellen?

Eng damit verbunden ist die Frage nach der Gattung, in der Geschichte geschrieben wurde. Geschichtswahrnehmung und Geschichtsgestaltung in der Antike manifestierten sich in literarisch vielfältigen Formen der Epik und Lyrik oder der Chronografie im frühen Christentum. Ein Blick in neuere Textsammlungen, die eine Bandbreite literarischer Formen vereinen, belegt, dass der Gattungsbegriff „Historiografische Literatur" längst eine Erweiterung gefunden hat und beispielsweise biografische Zeugnisse mit einschließt (Beck / Walter 2001). Dies gilt auch für spätere Epochen. Die Gattungsfrage ist abhängig von dem kulturell-wissenschaftlichen Repertoire einer Epoche und dem jeweiligen Wissenschaftsverständnis (Völkel 2006, S. 21). Auch die Geschichtsschreibung des Mittelalters offenbart eine Fülle sehr unterschiedlicher Gattungen, die alle den Anspruch der Geschichtsschreibung im weiteren Sinn erheben: Chronik, Annalen, *Gesta*, Biografie, Heiligen-Viten, Epos.

Gattungsfrage

Ein weiteres Problemfeld ergibt sich aus der Frage, wie sich das Verhältnis von Mythos und Geschichte bestimmen lässt. Stellt die Geschichtsschreibung eine lineare Ablösung der antiken Mythografie dar, handelt es sich in den Frühformen eher um eine Synthese beider Traditionen oder trägt die Geschichtsschreibung selbst zur Mythenbildung bei? Die Suche nach den Anfängen der Geschichtsschreibung wirft schließlich die Frage auf, was genau als Anfang definiert wird. Geht es darum, den ersten in der einer langen Liste überlieferten Geschichtsschreiber ausfindig zu machen oder aber den Erfinder der Disziplin Historia zu bestimmen? Oder begann alles mit der erstmals nachweisbaren Entstehung von Geschichtsdenken und Geschichtsbewusstsein?

Mythos und Geschichte

Solche Grundsatzfragen machen deutlich, dass sich mit einer übergreifenden Definition von Geschichtsschreibung, wie sie im 19. Jahrhundert im Zuge der Verwissenschaftlichung der Geschichtsschreibung angestrebt wurde, nicht erfassen lässt, was in den einzelnen Epochen als Geschichtsschreibung anerkannt und definiert wurde. Nach modernem Verständnis sind die Kennzeichen der Historiografie ein klarer Vergangenheitsbezug, historisches Erkenntnisinteresse, methodische Reflexion, Quellenkritik, klare Interpretationsmuster und Darstellungsformen, Erzählabsicht und Adressat. In Anlehnung an diese Definition hat die Forschung zur Historiografiegeschichtsschreibung zwischen einer vorwissenschaftlichen und einer verwissen-

Probleme der Definition

schaftlichen Historiografie unterschieden (Blanke/Rüsen 1985). Geschichtsschreibung, die wissenschaftlichen Kriterien entsprach, begann somit frühestens mit der Aufklärungshistoriografie.

Kultureller Entstehungskontext

Neuere Arbeiten zur Geschichte der Geschichtsschreibung fordern dagegen, den jeweils kulturellen Entstehungskontext von Geschichtsschreibung als Ausgangspunkt zu nehmen, um so das jeweils epochen- und zeitspezifische Verständnis über die Bedingungen der Geschichtsschreibung – mit Blick auf Themen, Methodik und Darstellung – erfassen zu können (Benz 2006). Was genau Geschichtsschreibung bedeutete und wann sie begann, diese Fragen wurden in jeder Epoche immer wieder neu gestellt. Dies wird nicht zuletzt darin deutlich, dass die Suche nach den Anfängen der Geschichtsschreibung ihre eigene Historiografiegeschichte hat (Mulsow 2005). Der Rückblick auf diese Suche offenbart faszinierende Einblicke in das Geschichtsdenken einzelner Epochen und die Bedeutung der Geschichte für das jeweilige Selbstverständnis. Dennoch bedarf es einer klaren Antwort auf die Frage, was Historiografie ausmacht und worin ihre Besonderheit gegenüber anderen Formen der Erinnerung besteht. Zu Recht hat die jüngere Forschung darauf verwiesen, „dass die Geschichtsschreibung in der Formung von Vergangenheitsvorstellungen kein Monopol hatte" (Gehrke 2005, S. 29). Was also kennzeichnet die Geschichtsschreibung?

Allgemeine Definition

Im weitesten Sinn umfasst die Historiografie alle menschlichen Bemühungen, die Erinnerung an und das Wissen über historische Ereignisse und Erfahrungen in dauerhafter, verständlicher und zeitlich geordneter Form festzuhalten. Während sich Erinnerung und Gedächtnis auf unterschiedliche Weise ausdrücken – Rituale, Denkmäler, Liturgie, Religion, Bilder –, ist die Schrift eine unabdingbare Voraussetzung der Historiografie. Trotz Differenzen bei der Bestimmung der Urväter der Geschichtsschreibung (Kadmos von Milet um 600 v. Chr. oder Moses) sind die Betonung der Schrift sowie der Versuch, eine eigene kulturelle oder religiöse Tradition über die Wurzeln der Geschichtsschreibung zu begründen (Droge 1989), allen Definitionsversuchen gemeinsam.

Griechische Geschichtsschreibung

Als weiteres Kriterium von Geschichtsschreibung entstand in Griechenland an der Schwelle vom 5. zum 4. Jahrhundert v. Chr. das Bewusstsein von Zeit. Daraus entwickelte sich ein Verständnis von Geschichte als Kontinuum, Kritik, Handlungsorientierung, Erklärung und Zusammenhangsstiftung. Gleichzeitig finden sich erste Anzeichen einer kritischen Auseinandersetzung mit der Geschichtsschreibung anderer. So schreibt etwa Hekataios von Milet (ca. 560–480

v. Chr.): „Das Weitere schreibe ich, wie ich es für wahr halte. Die Erzählungen der Griechen sind nämlich vielfältig und lächerlich, wie mir scheint." (Meißner 2005, S. 86) Von Herodot (ca. 480–431 v. Chr.) wurde die wissenschaftlich-kritische Methode weiterentwickelt und die Perspektive erstmals auf menschliche Werke und menschliches Handeln gelenkt. In den Augen seiner Nachfahren, etwa dem Geschichtsschreiber Dionysios (ca. 54 v. Chr.–8 n. Chr.), war Herodot der erste, der Geschichte als Geschichte von Handlungszusammenhängen geschrieben hat. Neben ihm wurde Thukydides (ca. 460–ca. 399 v. Chr.) und Xenophon (ca. 426–355 v. Chr.) bereits von antiken Autoren eine zentrale Bedeutung bei der Entwicklung der Geschichtsschreibung zugestanden. Thukydides grenzte sich gegenüber seinen Vorläufern ab und erhob die überprüfbare historische Wahrheit zum Maßstab der Geschichtsschreibung.

Eine Systematisierung der Themen und Darstellungsformen der griechischen Geschichtsschreibung unterscheidet zwischen rhetorischer Geschichtsschreibung (politische Reflexion und moralische Botschaft), tragisch-mimetischer Geschichtsschreibung (anschauliche, Emotionen weckende Vergegenwärtigung des Geschehens) und einer pragmatischen Geschichtsschreibung (nüchtern-analytische, auf Belehrung ausgerichtete Darstellung) (Beck/Walter 2001, S. 19). Thematisch bezog sich die griechische Geschichtsschreibung überwiegend auf Kriege und Konflikte sowie geografische und ethnografische Beschreibungen der damals bekannten Welt und Völker.

Themen und Darstellungsformen

Auch in der römischen Geschichtsschreibung lassen sich bereits bestimmte Motive, Methoden und Deutungsversuche der Autoren nachweisen wie auch ihre Experimentierfreudigkeit und Auseinandersetzung mit heuristischen Problemen. Ansatzpunkte zum Verständnis ihrer Werke bilden demzufolge Fragen nach der Lebenswelt der Autoren und dem Selbsterlebten, ihrem Vergangenheitswissen, den verfügbaren Quellen und dem geschichtswissenschaftlichen Denken und Forschen (Beck/Walter 2001). Neben die großen römischen Geschichtsschreiber wie Sallust (86–ca. 34 v. Chr.), Titus Livius (ca. 59 v. Chr.–17 n. Chr.) oder Tacitus (ca. 55–116 n. Chr.) treten weniger bekannte Autoren, deren Werke nur fragmentarisch überliefert sind. Dennoch erlauben sie Einblicke in Methodik, Darstellungsform und Erzählabsicht der Verfasser. Offensichtlich die Orientierungsbedürfnisse der gebildeten Kreise Roms bedienend, denen er selbst angehörte, schuf beispielsweise Fabius Pictor (um 254 v. Chr.–201 v. Chr.) die erste römische Gesamtgeschichte. Mit den Gründungsmythen, einer summarischen Beschreibung der frühen Republik und den Er-

Römische Geschichtsschreibung

Erste römische Gesamtgeschichte

oberungskriegen seiner Gegenwart setzte er sich bewusst von der griechischen Überlieferung ab und legitimierte zugleich den Aufstieg Roms.

Mittelalter: theologische Deutungen

Die Geschichtsschreibung im Mittelalter war untrennbar mit der theologischen Deutung der Welt verknüpft und lag in den Händen von Geistlichen wie Gregor von Tours (538/39–594), Widukind von Corvey (um 925–nach 973) oder Otto von Freising (um 1111/14–1158) (Reinhardt 1997). Die Geschichte spielte im Wissenschaftssystem des Mittelalters *(scientia)* keine eigenständige Rolle, sondern war der Theologie zugeordnet. Ihre Aufgabe bestand darin, die Gesamtordnung von Gott, Welt und Mensch zu untermauern. Auf einer linearen Zeitschiene wurde die „Geschichtszeit" gleichermaßen theologisch definiert: Den Anfang markierte die Schöpfungsgeschichte, die Mitte die Geburt Jesu, das Ende das Jüngste Gericht, dessen Zeitpunkt immer wieder neu berechnet wurde (von den Brincken 2003).

Einteilungsschemata der Weltgeschichte

Daraus wurden im Mittelalter in Orientierung an antiken Ordnungsmodellen drei unterschiedliche Einteilungsschemata der Weltgeschichte abgeleitet:

- die Lehre der „Vier Weltreiche" nach dem Buch des Propheten Daniel (um 160 v. Chr.);
- die Lehre von den sechs bzw. sieben Weltaltern, die den menschlichen Lebensaltern wie auch den sechs Schöpfungstagen entsprachen und ihre Wurzeln im Chiliasmus (Glaube an die Wiederkunft Jesu Christi und die Errichtung eines tausendjährigen Reiches) hatten;
- und schließlich die aus dem Alten Testament abgeleitete Weissagung, die zwischen einer Zeit vor Moses, einer Zeit von Moses bis Christus und der dann folgenden christlichen Zeit unterschied.

Ansätze einer Geschichtstheorie

Auch die Ansätze einer Geschichtstheorie, wie die von Hugo von St. Viktor (ca. 1097–1141) oder Vinzenz von Beauvais (ca. 1184–1264), Verfasser der bedeutendsten spätmittelalterlichen Enzyklopädie, waren dem christlich geprägten Weltbild unterworfen. Seine Enzyklopädie leitete Beauvais mit einer Apologie ein, in der er sein Anliegen als Autor *(Apologia Actoris)* äußerte: Aus der Fülle der Bücher wollte er das Wichtigste herausziehen, um so den Glauben zu stärken, die Sitten zu verbessern, die Liebe anzufachen und geheime und offene Wahrheiten zu offenbaren (von den Brincken 1978).

Heiligenlegenden und Profangeschichte

Obwohl die Heiligenlegenden das biografische Interesse der Epoche dominierten, hat der Ostfranke Einhard (ca. 770–840) mit seiner Vita Karls des Großen ein Werk über einen profanen Herrscher geschaffen. Stilistisch in Anlehnung an Suetons (ca. 70-140 n. Chr.) *Caesarenleben* zeichnete er unter Verzicht auf christliche Bezüge den Kaiser als legitimen Nachfolger der römischen Imperatoren und zugleich als idealen Herrscher der Franken. Diese wenigen Beispiele zeigen, dass es innerhalb eines dominanten, in diesem Fall christlich geprägten Geschichtsdenkens Spielräume für die Entstehung neuer Sichtweisen und Themenfindung auch im Mittelalter gab.

Unter dem Einfluss von Renaissance und Humanismus entstand nicht nur eine große Anzahl historischer Werke, angeregt durch die verstärkte Rezeption antiker Autoren, sondern es entwickelte sich erstmals auch eine systematische Auseinandersetzung mit der historischen Methode (Mout 1998). Dazu gehörten die von den Humanisten entwickelten Standards im Umgang mit Quellen sowie die Techniken und Formen der Darstellung. Darüber hinaus ging es um die Funktion der Geschichtsschreibung: Sollte sie belehren oder unterhalten? Neben die moralisch-pädagogische trat die empirisch-praktische Aufgabe der Geschichtsschreibung, die von politischer Rationalität und scharfer Analyse geprägt war. Ein deutliches Bewusstsein von der Geschichtlichkeit der eigenen Zeit entsprang der Vorstellung, dass zwischen der glorifizierten Römerzeit und der Gegenwart ein Bruch durch das als dunkel empfundene Mittelalter bestand.

Renaissance und Humanismus

Die Historiografie war nicht länger auf Klöster und höfische Kanzleien beschränkt, insbesondere die Stadtgeschichtsschreibung nahm einen Aufschwung (Johanek 2000). Neben die sakrale trat die profane Geschichtsschreibung. So waren bereits die Anfänge humanistischer Geschichtsschreibung in Florenz (zu nennen wären hier die Werke von Leonardo Bruni (ca. 1370-1444), Niccolò Macchiavelli (1469-1527) oder Francesco Guicciardini (1483-1540)) gekennzeichnet von der kritischen Auseinandersetzung mit den Zuständen in Staat und Kirche; religiöse Erklärungen weltlicher Ereignisse – die göttliche Vorsehung als Begründungsinstanz – wurden zunehmend außer Acht gelassen.

Entstehung der Profangeschichte

Von Italien aus breitete sich die humanistische Geschichtsschreibung in Europa aus (Helmrath/Muhlack/Walther 2002). Durch den Buchdruck fanden historische Werke eine größere Leserschaft. Gleichzeitig wurde durch den Druck älterer Werke – neben antiken Autoren die Werke vor allem byzantinischer und arabischer Geschichtsschreiber – das bereits vorhandene Wissen vielfältiger und einer breiteren Gelehrtenwelt zugänglich. Inwieweit sich jedoch die Geschichtsschreibung aus verschiedenen Kulturkreisen wechselseitig beeinflusste, ist für diesen frühen Zeitraum erst in Ansätzen erforscht worden.

Verbreitung durch Buchdruck

GESCHICHTE DER GESCHICHTSSCHREIBUNG

Nützlichkeit historischen Wissens

Allgemein betont wurde die Nützlichkeit historischen Wissens für Fürsten und Könige ebenso wie für Theologen und Juristen, auch wenn die Geschichte als eigenständige Disziplin keinen festen Platz an den frühneuzeitlichen Universitäten hatte. Der Historie wurde zusammen mit Ethik und Poesie innerhalb der philosophischen oder Artes-Fakultät ein Platz im Trivium, einer Art Vorstudium, neben Grammatik, Rhetorik und Dialektik zugeordnet. In der Praxis bestanden enge Verbindungen zu den eigenständigen theologischen und juristischen Fakultäten. Diese Zuordnung im frühneuzeitlichen System der Wissenschaften erklärt sich aus dem zeitgenössischen Denken, nach dem Historia empirische Einzelerkenntnis bedeutete, während die Philosophie wissenschaftliche Universalienerkenntnis leistete.

Konfessionalisierung und Geschichtsschreibung

Unter dem Eindruck der Reformation und der Herausbildung miteinander konkurrierender Konfessionen entwickelte sich eine Geschichtsschreibung unter konfessionellen Vorzeichen, so etwa die *Chronica* des Philipp Melanchthon (1497–1560), die bis in das 18. Jahrhundert als lutherisches Geschichtsbuch in Deutschland von Bedeutung war, oder die Geschichtsschreibung der Jesuiten (Maurer 2003). Mittelalterliche Vorstellungen der „Vier-Reiche-Lehre" wurden wiederbelebt, die konfessionellen Konflikte sowie die Türkenkriege, interpretiert als Strafe Gottes, wurden als letzte weltgeschichtliche Stufe vor dem Jüngsten Gericht gedeutet. Versuche, die oftmals polemische, konfessionsgebundene Geschichtsschreibung zu überwinden, führten zu intensiven methodischen Reflexionen über historisches Erkenntnisvermögen, die ihren Niederschlag in Jean Bodins (ca. 1530–1596) Schrift *Methode zum leichten Verstehen der Geschichte* sowie der kritischen Gegenposition von Bartholomäus Keckermann (ca. 1573–1608) fanden. Von Hermann Conring (1606–1681) wurde die historische Staatenkunde oder Staatenbeschreibung als empirische Erweiterung der Politikwissenschaft Ende des 17. Jahrhunderts in den akademischen Unterricht eingeführt.

Historische Erkenntnis

Aufklärung und Universalhistorie

Im frühen 18. Jahrhundert entwickelte sich ein neues Interesse an einer Universalhistorie, um die Ursprünge der Menschheitsgeschichte und ihre Entwicklung begreifen und darstellen zu können (Bödeker 1986). Hier kommt insbesondere Giambattista Vico (1668–1744) eine zentrale Bedeutung zu, der mit seinem Werk *Grundzüge einer neuen Wissenschaft von der gemeinsamen Natur der Nationen* (1725–1744) die Grundpfeiler einer im Kern mentalitäts- und ideengeschichtlichen Geschichtstheorie entwickelt hat (Burke 1985). Inhaltlich und methodisch neue Akzente setzte ebenfalls Francois-Marie Arouet Voltaire (1694–1778). In Abgrenzung zur Staatenkunde ging es ihm in seinem Werk *Über den Geist und die Sitten der Nationen* (1756/1769) um die gesellschaftlichen, kulturellen und geistesgeschichtlichen Aspekte der Geschichte, um das Wesen einer Nation zu begreifen. Im Vordergrund stand nicht die Identifikation einer speziellen Hochkultur, sondern die Analyse menschlichen Fortschritts in universeller Perspektive. Allerdings blieb sein Blickwinkel eurozentrisch, wurde der Fortschritt anderer Kulturen vorrangig am neuzeitlichen Europa gemessen. Radikaler war die Frühschrift von Johann Gottfried Herder (1744–1803) *Auch eine Philosophie der Geschichte zur Bildung der Menschheit* (1774). Herder kritisierte das kulturelle Überlegenheitsgefühl seiner Zeitgenossen und argumentierte, dass Geschichte in erster Linie nicht als Vorgeschichte einer besseren Gegenwart zu verstehen sei, sondern jedes Zeitalter seinen eigenen Wert habe, den es zu verstehen gelte.

Analyse menschlichen Fortschritts

Charakteristisch für die aufklärerische Geschichtsphilosophie im 18. Jahrhundert wurde die Vorstellung eines universalen Kulturprozesses der Menschheit. Ziel war die Erklärung menschlichen Fortschritts, der sowohl mit Blick auf Errungenschaften in Wissenschaft und Kunst als auch Gesellschaft (Bildung, sozialer Wandel, materielle Grundlagen) beschrieben wurde.

Aufklärerische Geschichtsphilosophie

Während diese Frühwerke der Geschichtsschreibung einen Schlüssel für das Verständnis geschichtswissenschaftlichen Denkens und Forschens in der Vergangenheit bedeuten und für den modernen Historiker damit Quellenwert besitzen, sind die methodischen und theoretischen Debatten und Perspektivwechsel in der Geschichtsschreibung der jüngsten Vergangenheit von unmittelbarer Bedeutung für das Verständnis gegenwärtigen geschichtswissenschaftlichen Denkens und Forschens.

10.3 Verwissenschaftlichung und Pluralisierung

Betrachtet man die Verwissenschaftlichung der Geschichtsschreibung als einen Prozess, der die gesamte neuzeitliche Geschichtsschreibung durchzieht, so bildet die Entstehung des Historismus als wissenschaftliches Fundament der Geschichtsschreibung im 19. Jahrhundert den Endpunkt dieses Prozesses und zugleich den Auftakt zu einer kontinuierlichen kritischen Reflexion geschichtswissenschaftlichen Denkens und Forschens (→ KAPITEL 8.3). Untrennbar mit dem Historismus verknüpft sind insbesondere die geschichtstheoretischen und methodischen Überlegungen von Leopold von Ranke (1795–1886) und

Historismus

Johann Gustav Droysen (1808–1884). Die Herausforderung geschichtswissenschaftlichen Arbeitens bestand für Ranke darin zu ermitteln, „wie es eigentlich gewesen" ist. (Ranke 1877, S. VII) (→ KAPITEL 1).

Grundlegende Merkmale

Den Ausgangspunkt bildete die systematische Quellenkritik, mit deren Hilfe objektive Erkenntnisse über die Vergangenheit gewonnen werden könnten. Die Grundannahme des Historismus war, dass jede historische Individualität einzig und allein mit den ihr innewohnenden Maßstäben beurteilt werden kann, die Annahme von verallgemeinerbaren Gesetzesmäßigkeiten wurde abgelehnt. Den Anspruch der Geschichtswissenschaft auf Autonomie gegenüber der Geschichtsphilosophie und den Naturwissenschaften rechtfertigte Johann Gustav Droysen mit der lebensweltlichen Relevanz des historischen Denkens für die Orientierung der Gegenwart. Den Forschungsprozess unterteilte Droysen in Heuristik, Kritik und Interpretation, wobei aus seiner Sicht das „forschende Verstehen" den Kern der Historischen Methode (→ KAPITEL 9) ausmachte. Der Historismus ging davon aus, dass Staat und Politik allein wirkungsmächtige Kräfte in der Geschichte darstellten – wobei der aufgeklärte Obrigkeitsstaat Preußen mit seinem Reformwerk das Vorbild war. Dieses Primat der Politik prägte historische Fragestellungen und Erkenntnisinteressen bis in die 1960er-Jahre.

Kultur und Geschichte

Während um 1900 in den neu entstandenen Nachbardisziplinen der Politikwissenschaften, der Soziologie, Nationalökonomie und der Psychologie in intensiver Auseinandersetzung mit dem Kulturbegriff von Max Weber, Georg Simmel, Ernst Cassirer u. a. die Grundlagen der späteren historischen Kulturwissenschaften gelegt wurden (Oexle 1996; Burke 2005), begegnete die Mehrheit der Historiker kulturgeschichtlichen Fragestellungen mit Vorbehalten. Dies zeigt insbesondere der so genannte „Lamprecht-Streit". Karl Gotthard Lamprechts (1856–1915) Vorschläge, den Gleichklang kultureller, politischer und sozialer Phänomene zu untersuchen, um so epochenspezifische Zusammenhänge und Gesetzesmäßigkeiten erfassen zu können, stieß auf deutliche Ablehnung (Schorn-Schütte 1984).

Wirtschafts- und sozialgeschichtliche Ansätze

Dennoch führten eine zunehmende Historismus-Kritik und die Forderung nach historischen Synthesen und Erklärungsmustern zu Neuansätzen, die sich insbesondere im Austausch mit Nachbarfächern wie der historisch arbeitenden Nationalökonomie entwickelten. Hier sind wirtschafts- und sozialgeschichtliche Studien wie die von Werner Sombart (1863–1941) oder Karl Bücher (1847–1930) aus dem frühen 20. Jahrhundert zu nennen. Ende der 1920er-Jahre entstand die Volksgeschichte, die sich gegen die leitenden Prinzipien einer staatszentrierten Politikgeschichte wandte und erstmals quantifizierende Verfahren und kartografische Methoden zur Erforschung von Bevölkerungsgeschichte und Siedlungsstrukturen entwickelte. In Anlehnung an sozialdarwinistische Strömungen und einen völkischen Rassismus wurden ‚Volk‘ und ‚Raum‘ zu schillernden Leitbegriffen (→ KAPITEL 6.2), nach 1933 gingen die wenigsten Vertreter dieser Richtung auf Distanz zur NS-Herrschaft.

Während sozial-, wirtschafts- und kulturgeschichtliche Neuansätze in Deutschland bis in die 1960er-Jahre keine Breitenwirkung entfalteten, erfolgte in den europäischen Nachbarländern wesentlich früher eine Ausdifferenzierung der Geschichtswissenschaft. In Frankreich fanden bereits in den 1930er-Jahren mit der Begründung der Zeitschrift *Annales d'histoire économique et sociale* (1929) durch Marc Bloch (1886–1944) und Lucien Febvre (1878–1956) struktur- und mentalitätsgeschichtliche Fragestellungen Eingang in die Geschichtswissenschaft. Unter dem Anspruch einer auch methodisch neu ausgerichteten Geschichtswissenschaft (*nouvelle histoire*) erfolgten die Hinwendung zu Wirtschaft und Gesellschaft, die Erschließung quantifizierbaren Materials (serielle Quellen) und die Analyse langfristiger Entwicklungen. Zu den bekanntesten Ansätzen gehört Fernand Braudels (1902–1985) Programm einer *histoire totale*, einer Gesamtgeschichte. Die Basis seiner Untersuchungen bildete das modellhaft entwickelte Zusammenspiel geohistorischer Grundlagen von langer Dauer (*longue durée*), Zyklen sozialer und wirtschaftlicher Konjunkturen mittlerer Dauer sowie kurzfristiger Ereignisse (→ KAPITEL 6.3).

Annales-Schule

Strukturgeschichte

Der zweite Schwerpunkt der *Annales*-Schule bezieht sich auf die Untersuchung kollektiver Phänomene des Bewusstseins oder „Mentalitäten". Den Ausgangspunkt dieser Forschungsrichtung bildeten die Theorien des französischen Soziologen Émile Durkheim (1858–1917) über das kollektive Bewusstsein. Methodisch lehnte sich die französische Mentalitätsgeschichte an die moderne Linguistik an, um durch die Analyse sprachlicher Äußerungen in seriellen Quellen wie etwa Testamenten bestimmte kollektive Einstellungen und Weltsichten ermitteln zu können (Jütte 1990). Mit der Mentalitätsgeschichte wurden erstmals Fragen nach kollektiven Einstellungen zu Phänomenen wie Tod, Ehe, Sexualität, Kindheit oder Frömmigkeit aufgeworfen (Dinzelbacher 1993).

Mentalitätsgeschichte

Dass die Öffnung der deutschen Geschichtswissenschaft zu sozial- und wirtschaftsgeschichtlichen wie auch kulturgeschichtlichen Fra-

Bedingungen historiografischer Perspektivwechsel in Deutschland

gestellungen so ungleich länger dauerte als in der Geschichtsforschung etwa Frankreichs, Englands oder der USA, hängt sowohl mit historischen Entwicklungen wie auch historiografischen Traditionen zusammen (Iggers 1997; Raphael 2003). Die Gründe liegen in einer Verbindung von Geschichtsdenken (Festhalten an dem Primat der Politik), institutionellen Rahmenbedingungen (Denomination von Lehrstühlen, Berufungspraxis) und zeitgenössischem Kontext (Weimarer Republik, NS-Zeit). Vereinnahmte die Kriegsschuldfrage vor 1933 die deutsche Geschichtswissenschaft und bot wenig intellektuelle Freiräume für sozialgeschichtliche Ansätze, so verhinderte nach 1933 die partiell durchgesetzte Nazifizierung der Geschichtswissenschaft neben intellektueller Isolation und Emigration die Entwicklung innovativer Forschungsperspektiven (Kaelble 1987). Eine kritische Aufarbeitung der Geschichtswissenschaft und ihrer Repräsentanten während der NS-Zeit und im Nachkriegsdeutschland erfolgte erst in den 1990er-Jahren (Schulze/Oexle 1999). Darüber hinaus dominierten Kontroversen über die Deutung der deutschen Geschichte vom Kaiserreich bis zum Ende des Nationalsozialismus die Geschichtswissenschaft nach 1945. Dazu gehören die Debatte über die „Fischer-Kontroverse" (Kriegszieldiskussion vor und während des Ersten Weltkriegs) und der „Historikerstreit" (Kontroverse über die Einzigartigkeit der nationalsozialistischen Vernichtungspolitik) (Große Kracht 2005).

Historische Sozialwissenschaft

Erst in den 1960er-Jahren etablierte sich auch in der Bundesrepublik die historische Sozialwissenschaft. Ihre Nestoren waren Werner Conze (1910–1986) und Theodor Schieder (1908–1984). Conze setzte mit seinen Forschungen zur Geschichte der Arbeiterbewegung und sozialen Lage der Arbeiter neue inhaltliche Akzente und betonte ebenso wie Schieder die zentrale Bedeutung gesellschaftlicher Strukturen für das Verständnis historischer Phänomene. In seinem Aufsatz *Strukturen und Persönlichkeiten der Geschichte* (1962) legte Schieder

Strukturgeschichte

erste methodische und theoretische Grundlagen der neuen Strukturgeschichte (Conrad 1999). Darüber hinaus wurde die Begriffsgeschichte begründet, die sich mit der Herkunft und dem Bedeutungswandel von Begriffen befasst und untersucht, inwieweit eine Gesellschaft Geschehenes bereits reflektiert hat und begrifflich fassen kann und inwieweit diese Reflexion wiederum (Bewusstseins-)Veränderungen bewirkt (Brunner/Conze/Koselleck 1972–1997). Sozialwissenschaftlich-analytische Methoden und die Anwendung theorie- und modell-orientierter Verfahrensweisen waren die logische Konsequenz veränderter Erkenntnisinteressen wie auch eines neuen Geschichtsdenkens (Wehler 1980). Kritik und Aufklärung wurden zu Schlüsselbegriffen einer neuen Generation. Nicht mehr die verstehende Deutung des Singulären in der Geschichte war ausschlaggebend für das Verständnis der Vergangenheiten, sondern die theoretisch und begriffsgeschichtlich fundierte Analyse und Erklärung verallgemeinerbarer Gesetzmäßigkeiten, Strukturen und Wandlungsprozesse. Die Bedeutung des Staates als allein wirkungsmächtiger politischer Handlungszusammenhang wurde abgelöst, stattdessen die Wirkungsmacht von Strukturen und Prozessen auf Politik und Gesellschaft betont. Mit der Zurückdrängung des traditionellen Primats der politischen Geschichte konnten auch innerhalb der Politikgeschichte Neuansätze entwickelt werden. So wurde einem integrativen Verständnis des Politischen in der historischen Analyse der Weg geöffnet (Frevert/Haupt 2005).

Zu den schnell expandierenden Forschungsfeldern gehörten neben der Arbeitergeschichte die Familiengeschichte und seit den 1980er-Jahren insbesondere die Bürgertumsforschung mit ihrem Schwerpunkt an den Universitäten Frankfurt am Main, Bielefeld und an der Humboldt-Universität zu Berlin. Mit der Gründung der Zeitschrift *Geschichte und Gesellschaft* im Jahr 1975 entstand nicht nur ein Medium, um neue Forschungsergebnisse einer breiteren wissenschaftlichen Öffentlichkeit zu präsentieren, sondern es wurde zugleich ein kritisches Diskussionsforum etabliert, in dem kontrovers über neue Methoden und Theorien der Geschichtswissenschaft debattiert wird.

Forschungsfelder

Neben der Sozialgeschichte entwickelte sich in den 1980er-Jahren die Frauen- und Geschlechtergeschichte, die sich in ihrer Gründungsphase durch die Forschungen von Karin Hausen, Gisela Bock, Heide Wunder und Ute Frevert allmählich in der universitären Forschung etablierte. Besonders in ihren Anfängen hat sich die Frauengeschichte auf die ‚Spurensuche' von Frauen in der Geschichte begeben und die Ungleichheit der Geschlechter in patriarchalischen Gesellschaftsstrukturen thematisiert. Die Geschlechtergeschichte, der es nicht zuletzt um die Beziehungen *zwischen* den Geschlechtern geht, versteht sich dagegen nicht als Teildisziplin der Geschichte, sondern als eine Perspektive auf die allgemeine Geschichte. Für die methodische und theoretische Ausdifferenzierung dieser Perspektive hat Joan Scott mit ihrem Aufsatz *Gender: A useful category of historical analysis?* wichtige Impulse geliefert (Scott 1996). Danach wird mithilfe der analytischen Kategorie *gender* (die kulturelle Konstruktion von Weiblichkeit und Männlichkeit im Unterschied zur biologischen Differenz – *sex*) das sich stets neu konstituierende Verhältnis von Frauen und Män-

Frauen- und Geschlechtergeschichte

nern als Prozess analysiert. Die thematische Breite und die international geführte Auseinandersetzung mit Methoden und Theorien spiegelt sich wider in neueren Fachzeitschriften wie den *Feministischen Studien* (seit 1982) und *L'Homme. Zeitschrift für Feministische Geschichtswissenschaft* (seit 1990) (Freist 1996).

In der Retrospektive erfolgte der Wandel geschichtswissenschaftlichen Denkens und Forschens seit den späten 1960er-Jahren in einem fast Schwindel erregenden Tempo mit der Etablierung einer nicht nur für den Studienanfänger kaum noch überschaubaren Anzahl von Ansätzen und Teildisziplinen. Nicht zuletzt aus der Kritik an einer „strukturlastigen" Sozialgeschichte entstanden die Alltagsgeschichte, Mikrogeschichte und eine Neuausrichtung der Historischen Anthropologie, die programmatisch die Rückkehr des historischen Subjekts forderten (Medick 1989). So wie sich die Sozialgeschichte der Soziologie annäherte, war auch diesen Ansätzen, die heute häufig unter dem Sammelbegriff „Neue Kulturgeschichte" zusammengefasst werden, die Rezeption theoretischer und methodischer Konzeptionen und Begriffsprägungen aus Nachbardisziplinen, insbesondere der Ethnologie, der Linguistik, der Literaturwissenschaft und der Soziologie, gemeinsam. Sie alle eint die Partizipation an den Diskursen einer zunehmend globalen Wissenschaftslandschaft (Raphael 2003).

Neue Kulturgeschichte

Begleitet wurden diese Neuansätze mit der programmatischen Gründung von Fachzeitschriften und Buchreihen sowie heftigen Kontroversen über die Relevanz neu formulierter Erkenntnisinteressen und den heuristischen Wert neuer Forschungsmethoden. Die geschichtswissenschaftliche Relevanz etwa alltagshistorischer Fragestellungen, die sich zunächst auf die subjektiven Erfahrungen der ‚einfachen' Leute richteten, wurde in den 1980er-Jahren von der gerade erst etablierten Historischen Sozialwissenschaft massiv in Zweifel gezogen – der Vorwurf der „Barfußhistoriker" erreichte die deutschen Feuilletons und gab den kämpferischen Ton vor. Sozialhistoriker befürchteten die Wiederkehr des Historismus und damit verbunden des theorielosen Erzählens statt Argumentierens (Kocka 1984). Die Vertreter der unterschiedlichen Richtungen debattierten methodenkritisch den erkenntnistheoretischen Aussagewert theoretisch-systematischer Analysen im Gegensatz zu hermeneutischen Deutungen sowie das Verhältnis von makro- und mikrohistorischer Forschung (Schulze 1994).

Forschungskontroversen

Perspektivwechsel der Geschichtswissenschaft, die sich in Methodik, Theorie und Themenwahl ausdrückten, wurden markiert mit immer neuen ‚turns': *linguistic turn* (Wirklichkeit wird ausschließlich über Sprache konstituiert), *cultural turn* (Analyse von Bedeutungs-

‚Turns'

ebenen und subjektiven Wahrnehmungen), *visual turn* (Bedeutung von Bildern für die historische Sinnstiftung). „Clio unter Kulturschock", so brachte Ute Daniel die Debatte in den 1990er-Jahren kritisch auf den Punkt (Daniel 1997).

Wie lässt sich angesichts dieser Pluralisierung historischen Denkens und Forschens, die sich nicht mehr in Paradigmenwechseln greifen lässt, sondern parallel verläuft und zu immer neuen Synthesen führt wie etwa die jüngst proklamierte kulturelle Bedingtheit staatlichen Wandels (Asch/Freist 2005) noch eine Orientierung finden geschweige denn eine eigene Forschungsposition während des Studiums entwickeln? Verwiesen sei an dieser Stelle auf die Gründungsstatements neuer Fachzeitschriften wie etwa *Historische Anthropologie* (seit 1993), auf Diskussionsforen in den großen historischen Zeitschriften wie etwa *Geschichte und Gesellschaft* oder auf Internetportalen wie H-Soz-Kult sowie auf Einführungsbände in die verschiedenen Teildisziplinen, die sich teilweise explizit auf Kontroversen in der Geschichtswissenschaft beziehen.

Orientierungshilfen

Aus der Vogelperspektive der Historiografiegeschichtsschreibung ergeben sich bei aller Differenzierung von Untersuchungsgegenständen und historischen Methoden zwei grundsätzliche erkenntnistheoretische Unterschiede, die die Kontroversen innerhalb der deutschen Geschichtswissenschaft seit den 1980er-Jahren prägen.

Diskussion und Einordnung

1. Der Wirkungsmacht von Strukturen und Prozessen setzte Mitte der 1980er-Jahre eine noch in den Anfängen steckende historische Kulturwissenschaft die Begriffe „Alltag", „Erfahrung", „Lebenswelt" und „Kultur" entgegen. In den Mittelpunkt des Forschungsinteresses rückte die lange vernachlässigte Perspektive der Subjekte, ihrer Deutungen, Handlungen und Erfahrungen.
2. Mit diesem Perspektivwechsel verbunden waren methodologische Forderungen: An die Stelle von sozialwissenschaftlich-analytischen und Theorie geleiteten Verfahren wurden systematisch-rekonstruktive hermeneutische Verfahren gesetzt (Sieder 1994). Ziel ist die Rekonstruktion der Perspektive der historischen Akteure, ihrer Deutungen im Kontext ihrer Handlungen und Handlungsbedingungen.

Ungeachtet der wissenschaftlichen Kontroversen haben sich diese verschiedenen Ansätze wechselseitig inspiriert und zu fruchtbaren Ergänzungen geführt. Das belegen etwa die Öffnung der Sozialgeschichte zu kultur- und politikgeschichtlichen Themen (Kocka 2002), die Annäherung der Wirtschaftsgeschichte an die Kulturwissenschaft (Berghoff/Vogel 2004) und Überlegungen zu einer kulturwissenschaftlich ausgerichteten Politikgeschichte (Mergel 2002; Landwehr 2003).

Lektüreempfehlungen

Primärtexte

- Wolfgang Hardtwig (Hg.), Über das Studium der Geschichte, München 1990.

- Marcus Llanque / Herfried Münkler (Hg.), Politische Ideengeschichte. Lehr- und Textbuch, Berlin 2007.

- Fritz Stern (Hg.), Geschichte und Geschichtsschreibung. Möglichkeiten, Aufgaben, Methoden. Texte von Voltaire bis zur Gegenwart, München 1966.

- Aloys Winterling (Hg.), Historische Anthropologie. Basistexte, Stuttgart 2007.

Forschung

- Eve-Marie Becker (Hg.), Die antike Historiographie und die Anfänge der Geschichtsschreibung, Berlin / New York 2005. *Neueste Ansätze zur antiken Historiografie.*

- Peter Burke, Was ist Kulturgeschichte? Aus dem Englischen von Michael Bischoff, Frankfurt am Main 2005. *Perspektivwechsel und Methoden der Kulturgeschichte vom 18. Jahrhundert bis zur Gegenwart.*

- Jan Eckel / Thomas Etzemüller (Hg.), Neue Zugänge zur Geschichte der Geschichtswissenschaft, Göttingen 2007. *Neues Selbstverständnis der Historiografiegeschichte.*

- Jürgen Kocka, Sozialgeschichte in Deutschland seit 1945. Aufstieg – Krise – Perspektiven, Bonn 2002. *Bestandsaufnahme der Sozialgeschichte mit einem Ausblick auf neue Ansätze und Fragestellungen.*

- Lutz Raphael, Geschichtswissenschaft im Zeitalter der Extreme. Theorie, Methoden, Tendenzen von 1900 bis zur Gegenwart, München 2003. *Perspektiven der Geschichtswissenschaft im 20. Jahrhundert.*

- Markus Völkel, Geschichtsschreibung. Eine Einführung in globaler Perspektive, Köln / Weimar / Wien 2006. *Einführung in die Geschichtsschreibung von der Antike bis zur Gegenwart.*

Nachschlagewerke

- Volker Reinhardt (Hg.), Hauptwerke der Geschichtsschreibung, Stuttgart 1997.

- Lutz Raphael (Hg.), Klassiker der Geschichtswissenschaft, 2 Bde., München 2006.

Schlüsselkompetenzen – für Studium und Beruf

11 Recherchieren

Mareike Witkowski

Abbildung 12: Dublin, Trinity College, Bibliothek, Innenansicht: Long Room (1995), Fotografie

Geordnete Unendlichkeit – dies ist der Eindruck, den Bibliotheken wie die des Trinity College in Dublin auf den ersten Blick erwecken. Gerade einem Studienanfänger erscheinen sie jedoch häufig eher wie ein Labyrinth. Nur mit Glück schlägt man beim ersten Besuch auf Anhieb den richtigen Pfad ein, lange Wege und einige Irrwege sind unumgänglich. Dabei beherbergen Bibliotheken nur einen Bruchteil der geschichtswissenschaftlichen Bücher. Allein 2006 waren in Deutschland auf diesem Gebiet 5 640 Neuerscheinungen zu verzeichnen (Buch und Buchhandel in Zahlen 2007). Die schier endlose Fülle wirkt zunächst einschüchternd: Wie lassen sich genau die Titel finden, die für das Schreiben der Arbeiten im Studium oder einen Seminarvortrag benötigt werden?

Mit Hilfe des Bibliografierens, des Ermittelns von Literatur und Quellen, werden Sie schnell lernen, sich die notwendigen Informationen zu beschaffen. Ziel ist es, für ein Thema und die daran geknüpfte Fragestellung die Literatur möglichst vollständig und auf dem aktuellen Stand der Forschung zu erschließen. Fand die Suche bis vor einigen Jahren noch hauptsächlich in der Bibliothek selbst mit Hilfe von Zettelkästen statt, so hat sich diese heute mehr und mehr auf das Internet verlagert. Die Bedeutung gedruckter Bibliografien, also ein zu einem Thema zusammengestelltes Literaturverzeichnis, nimmt nach und nach ab. Der Grund dafür ist einfach: Die Suche mit Hilfe des Internets geht schnell, innerhalb kürzester Zeit lässt sich eine Fülle an Literaturhinweisen und Informationen gewinnen. Allerdings hat diese Informationsflut ihre Tücken, denn unter den zahlreichen Angaben befindet sich vieles, was wissenschaftlichen Standards nicht gerecht wird.

Die Recherchestrategie richtet sich nach dem Ziel – wenn Sie sich als Vorbereitung auf eine Vorlesung in eine Epoche einlesen möchten, suchen Sie anders als bei der Literaturrecherche für eine Hausarbeit mit sehr spezieller Fragestellung. Dabei gibt es nicht *den* Königsweg, sondern mehrere Möglichkeiten, um ans Ziel zu gelangen. Aber genau diese Fähigkeit, sich in einem bestimmten Zeitraum in ein Thema einzuarbeiten, ist eine der Schlüsselkompetenzen, die Sie nach Ihrem Studium im Beruf benötigen werden.

11.1 **Wissenschaftliche Literatur**
11.2 **Bibliotheken, Datenbanken und Internet**
11.3 **Recherchestrategien und Informationsmittel**
11.4 **Recherche im Beruf**

11.1 Wissenschaftliche Literatur

Memoiren rangierten in den letzten Jahren ganz oben auf den Bestsellerlisten der Buchhandlungen und Zeitschriften. Nicht nur triviale Lebensberichte wie der Dieter Bohlens fanden reißenden Absatz, auch zahlreiche angesehene Politiker konnten mit ihren Erinnerungen Verkaufsschlager lancieren. Der erste Teil der Erinnerungen Helmut Kohls, der die Jahre 1930 bis 1982 umfasst (Kohl 2004), wurde bislang 120 000 Mal gedruckt und dominierte wochenlang die Bestsellerlisten. Unstrittig spielen in seinen Lebenserinnerungen historische Ereignisse und Akteure eine zentrale Rolle. Zudem hat Helmut Kohl vor seiner Laufbahn als Politiker Geschichte und Staatswissenschaft studiert und zu einem zeitgeschichtlichen Thema promoviert. Aber reichen diese Kriterien aus, um seine Erinnerungen als wissenschaftliche Literatur einzuordnen?

Erst wenn Sie eine Arbeit als wissenschaftlich und damit ‚zitierfähig' einstufen, dürfen Sie diese auch für Ihre Hausarbeit heranziehen. Allgemein akzeptierten Kriterien der Wissenschaftlichkeit sind:

Kriterien der Wissenschaftlichkeit

- Geschichtswissenschaftliche Literatur basiert auf vorangegangenen Forschungen und Quellen. Eigene, neue Erkenntnisse müssen für den Leser nachvollziehbar sein. Dies geschieht durch eine argumentierende Darstellung.
- Die herangezogene Literatur und die Quellen müssen für den Leser überprüfbar sein. Mit Hilfe des Anmerkungsapparates (oder nach dem „amerikanischen Prinzip" als Verweis im Text wie in diesem Band) kann dieser jederzeit erkennen, auf wen sich der Autor stützt und woher eine Information stammt. Das Gleiche gilt für die genutzten Quellen. Der Fundort, also eine Quellenedition, eine Zeitschrift oder ein Archiv, muss immer genannt werden. Am Ende des Buches werden die Angaben nochmals in einem Literatur- und Quellenverzeichnis zusammengefasst.

Helmut Kohls Autobiografie basiert allein auf seinen Erinnerungen. Ereignisse und Aussagen werden nicht mit anderen Quellen abgestützt und abgeglichen. Auch eine Absicherung durch thematisch relevante Fachliteratur nimmt der Altkanzler nicht vor. Mit diesem Verzicht bewegt er sich im Rahmen der genreeigenen Regeln von Memoiren. Zu diesen gehört auch, dass sie dem Verfasser oder der Verfasserin ein Forum zur Selbstdarstellung bieten. Kohl – wie allen anderen Akteuren der Geschichte, die ihre Lebenserinnerungen zu Papier bringen – geht es darum, sich einen Platz in zukünftigen Geschichtsbüchern zu sichern. Damit das selbst geschaffene Denkmal makellos erstrahlt, wird Unangenehmes ausgeblendet, Erfolgreiches ausgeschmückt und frühere Gegner werden nochmals ‚vorgeführt'. Die Autobiografie des ehemaligen Kanzlers ist damit nicht als wissenschaftliche Literatur einzustufen, kann aber für unterschiedliche Fragestellungen eine sehr ergiebige Quelle darstellen. Bei einer Hausarbeit etwa, die nach der Beziehung Helmut Kohls zu Richard von Weizsäcker fragt, werden Kohls Erinnerungen unverzichtbar sein (→ KAPITEL 3).

Beim Schreiben einer Hausarbeit oder bei der Vorbereitung auf ein Referat werden Sie Ihr Wissen zumeist aus themenrelevanten Monografien, Hand- und Lehrbüchern oder Aufsätzen beziehen (→ KAPITEL 12.1). Eine zunehmend größere Rolle bei der Informationssuche spielt das Internet. Für Texte und Informationen, die aus dem Web stammen, gelten die gleichen Kriterien wie für gedruckte Literatur. Vieles lässt sich im Internet wesentlich schneller herausfinden als beim aufwändigeren Suchen in Büchern, beispielsweise wenn es nur darum geht, ein Datum abzuklären. Allerdings ist das Web ein flüchtiges Medium, das Kriterium der Nachprüfbarkeit wird häufig nicht erfüllt.

<small>Informationen aus dem Internet</small>

Bevor Sie eine Internetseite zitieren, sollten Sie deshalb zum einen prüfen, seit wann diese existiert, und zum anderen, wann sie das letzte Mal aktualisiert wurde. Im Internet kann jeder, der sich dazu berufen fühlt, Texte veröffentlichen. Viele Inhalte des Netzes sind lediglich Wiedergaben aus Büchern, es handelt sich also um eine Zweit- oder Drittverwertung des Wissens. Andere weisen einen sehr zweifelhaften Charakter auf und versuchen die Leser gezielt zu manipulieren. Möchten Sie beispielsweise eine Hausarbeit über den Einsatz und die Wirkung von Soldaten- und SA-Liedern schreiben und geben in eine Suchmaschine das Stichwort „SA-Lieder" ein, dann werden Sie schnell auf unzähligen Seiten rechtsextremer Provenienz landen. Das ist in diesem Fall leicht zu durchschauen, anders verhält es sich jedoch mit subtiler Beeinflussung.

Um Literaturangaben oder Informationen aus dem Web beurteilen zu können, ist ein gewisses Vorwissen nötig. Ein veröffentlichtes Buch oder ein Aufsatz in einer fachwissenschaftlichen Zeitschrift hat eine intensive Güteprüfung durch Herausgeberschaft und Verlag durchlaufen. Für Inhalte aus dem Internet müssen Sie diese Prüfung selbst übernehmen. Fehlt beispielsweise die Angabe, wer als Autor verantwortlich zeichnet, ist ein wesentliches Kriterium der Wissenschaftlichkeit nicht gegeben. Wird der Autor genannt, dann sollten Sie prüfen, ob weitere Informationen über ihn vorhanden sind. Ist er z. B. an eine wissenschaftliche Institution angebunden? Oder handelt es sich um einen Hobbyhistoriker? Die „Wir über uns"-Seite oder

<small>Qualitätsprüfung im Internet</small>

das Impressum können dabei weiterhelfen. Ist die Seite von öffentlicher Hand gefördert, dann ist dies ein Indiz dafür, dass es sich um eine seriöse Seite handelt.

Wikipedia — Ein derzeit häufig genutztes Informationsportal ist *Wikipedia*. Die Einträge werden oft von Laien geschrieben, und da die Autoren, wenn sie überhaupt angegeben werden, fast immer unter einem Pseudonym veröffentlichen, kann ihre Kompetenz nicht kontrolliert werden. Auch die Herkunft der Informationen ist oft nicht nachprüfbar. Damit sind wichtige Kriterien der Wissenschaftlichkeit nicht erfüllt. *Wikipedia* sollten Sie deshalb in Ihrer Hausarbeit oder überhaupt in wissenschaftlichen Arbeiten nicht als Literaturangabe anführen.

11.2 Bibliotheken, Datenbanken und Internet

Bibliothek — Auch wenn die Literatur- und Informationssuche mehr und mehr online geschieht, ist die erste Adresse bei Ihrer Suche nach wie vor die Bibliothek. Fast überall wird zu Beginn des Semesters eine Einführung in die jeweilige Bibliothek angeboten. Daran teilzunehmen erspart Zeit und zahlreiche Fehlversuche bei der Literaturrecherche. Auch später sollten Sie keine Scheu haben, den Bibliotheksdienst um Hilfe zu bitten.

Alle Universitäten haben mindestens eine eigene (Leih-)Bibliothek. Große Historische Institute unterhalten zudem noch eine Seminarbibliothek, meistens mit Präsenzbeständen. Das bedeutet, dass Sie vor Ort arbeiten müssen und allenfalls über Nacht oder über das Wochenende ausleihen dürfen, hat jedoch den Vorteil, dass jedes Buch immer zugänglich ist. In der Universitätsbibliothek ist die Ausleihe dagegen jederzeit möglich, allerdings kann es passieren, dass das Buch, das gerade dringend benötigt wird, für die nächsten Wochen verliehen ist. Allein deshalb empfiehlt es sich, sehr früh mit der Zusammenstellung der für Ihr Thema einschlägigen Literatur zu beginnen und nicht erst kurz vor dem Referat oder der Hausarbeit.

Kataloge — Zu Beginn des Studiums sind die Bibliotheken vor Ort zumeist ausreichend. Ob ein Werk vor Ort vorhanden ist, können Sie über den Katalog der Bibliothek ermitteln. Für alle neueren Werke ist dieser online gestellt. Die Bibliothek gibt Auskunft darüber, bis zu welchem Jahr die Bestände in den Online-Katalog eingepflegt sind. Ältere Werke sind häufig über den Zettelkatalog zu ermitteln.

Je spezieller ein Thema ist, desto eher kommt es vor, dass ein für Sie relevantes Werk nicht angeschafft wurde. Für diesen Fall gibt es Kooperationen unter den Bibliotheken, die es Ihnen ermöglichen, über Fernleihe an Bücher aus anderen Bibliotheken zu gelangen. Auf der Seite Ihrer Universitätsbibliothek finden Sie einen Link, der Sie zu dem Verbund führt, dem Ihre Bibliothek angehört. Für die Bundesländer Bremen, Hamburg, Mecklenburg-Vorpommern, Niedersachsen, Sachsen-Anhalt, Schleswig-Holstein und Thüringen ist dies beispielsweise der Gemeinsame Bibliotheksverbund (GBV). Über die Fernleihe können Sie dann die entsprechende Literatur bestellen, sollten dabei jedoch Wartezeiten von mindestens zwei Wochen einplanen. Da die Modalitäten der Fernleihe von Universität zu Universität unterschiedlich sind, müssen Sie sich darüber früh vor Ort informieren. Das Ausleihen aus anderen Bibliotheken ist fast immer mit kleineren Kosten verbunden, deshalb sollten Sie vorher gut überlegen, was Sie bestellen. Allerdings können Sie so an fast jedes Buch gelangen, ohne in eine andere Bibliothek fahren oder das Buch kaufen zu müssen.

<small>Fernleihe</small>

Konnten Sie mit der Suche über die heimische Bibliothek und den Verbundkatalog noch nicht die für Ihr Thema einschlägige Literatur finden, dann gibt es noch weitere Datenbanken für geschichtswissenschaftliche Literatur. Mit derzeit 336 000 Einträgen (Stand: Februar 2008) seit dem Berichtsjahr 1984 sind die *Jahresberichte für deutsche Geschichte* die umfangreichste Fachbibliografie. Sie verzeichnet die deutsch- und fremdsprachigen geschichtswissenschaftlichen Veröffentlichungen. Die Suche über die *Jahresberichte* ist kostenlos. Komfortabel ist die Verknüpfung mit dem *Karlsruher Virtuellen Katalog* (KVK). Der KVK ermöglicht eine Meta-Suche für alle Verbund- und Buchhandelskataloge. Haben Sie in den *Jahresberichten* einen für Ihr Thema einschlägigen Titel gefunden, können Sie zum KVK weiterklicken, der anzeigt, in welchem Verbund das Buch vorhanden ist. Von hier aus können Sie über die Fernleihe das entsprechende Buch bestellen.

<small>Jahresberichte für deutsche Geschichte</small>

<small>Karlsruher Virtueller Katalog (KVK)</small>

Eine weitere wichtige Adresse für die Literaturrecherche ist die Datenbank *Historische Bibliographie Online*. Sie zählt 240 000 Einträge von Monografien und Aufsätzen (Stand: Februar 2008). Die Recherche ist kostenpflichtig, allerdings verfügen fast alle Universitätsbibliotheken über eine Lizenz. Auf den Rechnern in der Universität können Sie die Datenbank daher kostenlos nutzen.

<small>Historische Bibliographie Online</small>

Eine Ergänzung findet die *Historische Bibliographie Online* durch das *Jahrbuch der historischen Forschung*, das jährlich ca. 12 000 Einträge von laufenden Arbeiten verzeichnet. Sollten Sie eine Karriere in der Wissenschaft planen, können Sie hier prüfen, ob Ihr mögliches Dissertationsprojekt nicht schon von jemand anderem bearbeitet wird – allerdings ohne Garantie: Nicht alle laufenden Arbeiten sind wirklich hier verzeichnet, auch wenn sowohl die *Historische Biblio-*

<small>Jahrbuch der historischen Forschung</small>

graphie Online als auch das *Jahrbuch für historische Forschung* laufend ergänzt werden.

Deutsche Nationalbibliothek

Jeder Verleger in Deutschland ist verpflichtet, zwei Exemplare einer Neuerscheinung der *Deutschen Nationalbibliothek* zukommen zu lassen. Die Sammlung, die über den Online-Katalog eingesehen werden kann, umfasst alle deutschsprachigen Werke seit 1913. Gerade für die Suche nach älterer Literatur eignet sich dieser Katalog. Aus der Deutschen Nationalbibliothek kann nicht über Fernleihe bestellt werden, die Bibliotheken in Frankfurt am Main und in Leipzig sind allerdings für Benutzer öffentlich zugänglich.

Aufsätze recherchieren

Viele Studierende erschrecken, wenn als Faustregel für die Anzahl verwendeter Literatur ungefähr ein bis zwei Literaturtitel pro geschriebene Seite angegeben wird, also bei einer Hausarbeit von 20 Seiten 20–40 Literaturangaben erforderlich sind. Allerdings zählen bei dieser ungefähren Angabe auch Aufsätze. Aufsätze in Zeitschriften oder Sammelbänden sind im Online-Katalog der Universitätsbibliothek normalerweise nicht verzeichnet, sondern nur der Zeitschriftentitel oder der Titel des Sammelbandes.

Geschichtswissenschaftliche Zeitschriften

Die wichtigsten geschichtswissenschaftlichen Zeitschriften sind in → ABBILDUNG 13 zusammengestellt.

Epochenübergreifend	Geschichte in Wissenschaft und Unterricht (GWU), 1949ff.
	Historische Zeitung (HZ), 1859ff.
	Vierteljahresschrift für Sozial- und Wirtschaftsgeschichte (VSWG), 1903ff.
	Werkstatt Geschichte, 1992ff.
	Zeitschrift für Geschichtswissenschaft (ZfG), 1954ff.
Alte Geschichte	Chiron. Mitteilungen der Kommission für Alte Geschichte und Epigraphik des Deutschen Archäologischen Instituts, 1970ff.
	Historia. Zeitschrift für Alte Geschichte, 1952ff.
	Klio. Beiträge zur Alten Geschichte, 1901ff.
Mittelalterliche Geschichte	Deutsches Archiv für die Erforschung des Mittelalters (DA), 1937ff.
	Frühmittelalterliche Studien (FmSt), 1967ff.
Neuere Geschichte	Geschichte und Gesellschaft (GG), 1975ff.
	Vierteljahreshefte für Zeitgeschichte (VfZ), 1953ff.
	Zeitschrift für historische Forschung (ZHF), 1974ff.
Geschichtsdidaktik	Zeitschrift für Geschichtsdidaktik, 2002ff.
	Geschichte lernen, 1988ff.
	Praxis Geschichte, 1988ff.

Abbildung 13: Wichtige deutsche Zeitschriften zur Geschichtswissenschaft

Eine gute Möglichkeit, um Aufsätze zu recherchieren, ohne alle Jahrgänge der Zeitschriften in Ihrer Bibliothek durchgehen zu müssen, bietet neben der *Historischen Bibliographie Online* die *Internationale Bibliographie der Zeitschriftenliteratur* (IBZ). Die Datenbank verzeichnet die Aufsätze aller wichtigen Fachzeitschriften seit 1983. Sie können über den Online-Katalog der IBZ mit Hilfe von Stichwörtern nach einschlägigen Artikeln zu Ihrem Thema suchen. Neben dem Aufsatztitel erhalten Sie den Namen der Zeitschrift, in welcher der entsprechende Aufsatz erschienen ist, und weitere Angaben zum genauen Erscheinungsdatum. Mit Hilfe dieser Informationen finden Sie den gesuchten Artikel dann in Ihrer Bibliothek oder können ihn gezielt über Fernleihe bestellen. Die IBZ ist zwar kostenpflichtig, alle größeren Bibliotheken besitzen jedoch eine Lizenz, sodass Sie die Datenbank über Ihre Universitätsbibliothek kostenlos nutzen können.

<small>Internationale Bibliographie der Zeitschriftenliteratur (IBZ)</small>

Stoßen Sie bei der Suche auf eine Zeitschrift, die Ihnen nicht bekannt ist, können Sie über die kostenlose *Zeitschriftendatenbank* (ZDB) ermitteln, wo diese Zeitschrift geführt wird. In der ZDB sind Zeitschriften von 1500 bis heute erfasst. Nach einzelnen Aufsatztiteln können Sie allerdings nicht recherchieren. Die Internetseite der ZDB verzeichnet zudem alle Zeitschriften, die elektronisch – und zum Teil ausschließlich elektronisch – erscheinen. Der Vertriebsweg über das Internet nimmt stetig zu. Wie für die gedruckten Zeitschriften erhalten Sie auch die Information, ob Ihre Bibliothek vor Ort eine Lizenz der elektronischen Ausgabe besitzt.

<small>Zeitschriftendatenbank (ZDB)</small>

Bei der Literaturrecherche sind darüber hinaus Rezensionen ausgesprochen hilfreich. Fast alle geschichtswissenschaftlichen Zeitschriften veröffentlichen Buchbesprechungen. Allerdings kann es lange

<small>Rezensionen</small>

H-Soz-u-Kult	Hinter diesem Kürzel verbirgt sich ein Informations- und Kommunikationsnetzwerk für Historikerinnen und Historiker. Es veröffentlicht jedes Jahr über 1 000 geschichtswissenschaftliche Rezensionen. Diese sind entweder, wenn Sie die Seite abonnieren, über E-Mail zu beziehen oder können auf der Internetseite nachgelesen werden. *H-Soz-u-Kult* ist kostenlos.
Sehepunkte	Bis Februar 2008 waren auf der Internetseite der *Sehepunkte* über 5 000 Rezensionen zu allen Epochen der Geschichte erschienen. Die Nutzung ist kostenlos.
Perlentaucher	*Perlentaucher* veröffentlicht Zusammenfassungen von Rezensionen aus Tages- und Wochenzeitungen.

Abbildung 14: Internetgestützte deutsche Rezensionsdienste

dauern, bis ein neues Buch besprochen wird, die Zeitspanne zwischen Veröffentlichung des Werkes und seiner Rezension in einer Zeitschrift kann bis zu drei Jahre betragen. Daher empfiehlt es sich bei Rezensionen, auf das Internet zu setzen. Eine Zeitverzögerung gibt es auch hier, allerdings ist diese wesentlich geringer. In den letzten Jahren haben sich mehrere internetgestützte Rezensionsdienste etabliert (→ ABBILDUNG 14).

Internationale Datenbank der Rezensionen (IBR)

Über die *Internationale Datenbank der Rezensionen* (IBR) können Sie Rezensionen finden, die nach 1985 veröffentlicht wurden. Genau wie die IBZ ist die IBR zwar kostenpflichtig, aber in der Universitätsbibliothek kostenlos zugänglich.

11.3 Recherchestrategien und Informationsmittel

Je klarer das Thema einer wissenschaftlichen Arbeit ist, desto zielgerichteter können Sie auf die Suche nach relevanter Literatur gehen. Das heißt aber nicht, dass die Fragestellung im Laufe der Auswertung der gefundenen Literatur keine neuen Akzente bekommen kann. Daher wechseln sich bei der Erarbeitung eines Themas Recherche und Lesen der bereits gefundenen Literatur ab. Bei einer 15–20-seitigen Hausarbeit müssen Sie mit mehreren Tagen Literaturrecherche und -beschaffung rechnen. Abgeschlossen ist dieser Prozess selbst im Schreibprozess noch nicht. Immer wieder werden Sie auf weitere Werke stoßen, die für die Arbeit wichtig erscheinen.

Recherchestrategien

Grundsätzlich lassen sich zwei Recherchestrategien unterscheiden: das systematische Bibliografieren und das unsystematische Bibliografieren, auch „Schneeball-Recherche" genannt. Allerdings sind beide Möglichkeiten nicht eindeutig voneinander zu unterscheiden, sondern überschneiden sich häufig. Mit Hilfe der unsystematischen Literaturrecherche können Sie sich rasch einen Überblick über Ihr Thema verschaffen und eine erste Bibliografie erstellen, weil Sie direkt in themenrelevanten Büchern oder Aufsätzen suchen. Allerdings fehlen darin alle Titel, die später als Ihr Ausgangsbuch oder -aufsatz erschienen sind. Eine gute Recherchestrategie ist es, zunächst mit dem Schneeballsystem zu beginnen und sich dann mit dem systematischen Bibliografieren auch die neueste Literatur zu erschließen.

Systematische Suche

Ausgangspunkt der systematischen Suche ist der Katalog der Bibliothek vor Ort oder eine bereits vorliegende Bibliografie. Haben Sie beispielsweise ein Seminar zum Thema „Absolutismus" besucht und möchten nun eine Hausarbeit darüber schreiben, wie Ludwig XIV.

den Versailler Hof im Sinne seiner Herrschaftsvorstellung veränderte, beginnen Sie mit der Suche im Katalog der Universitätsbibliothek. Fast alle Online-Kataloge und Datenbanken haben ähnliche Suchmasken. Wenn Sie noch keinen Autor oder Titel zum Thema kennen, dann ist der erste Schritt, mögliche Titelstichwörter einzugeben, z. B. „Ludwig XIV.". Damit erhalten Sie bald eine beachtliche Literaturliste, auf der allerdings etliche Bücher stehen, die ganz andere Aspekte beleuchten.

Diese Liste können Sie einschränken, indem Sie entweder einen enger gefassten Suchbegriff eingeben oder dem ersten Schlagwort in der „erweiterten Suche" noch ein weiteres hinzufügen, z. B. „Versailles" oder „Hofhaltung". Geben Sie die Stichworte hintereinander ein, dann wird daraus eine UND-Suche. Es gibt aber auch die Möglichkeit, Begriffe mit dem logischen Operator ODER zu verknüpfen oder einen Begriff auszuschließen. Sollen beispielsweise bei der Suche nach dem Stichwort „Versailles" die Treffer, die sich auf den Versailler Vertrag von 1919 beziehen, nicht angezeigt werden, dann geben Sie mit dem Operator NICHT das Stichwort „Vertrag" ein.   Operatoren

Eine sehr weit gefasste Stichwortsuche liefert häufig zu viele Titel. Je präziser die Suchbegriffe gewählt werden, desto höher ist die Wahrscheinlichkeit, dass Sie ein passendes Werk zu Ihrer Fragestellung finden. Allerdings kann es auch passieren, dass bei zu speziellen Suchbegriffen gar keine Treffer mehr gefunden werden. Häufig hilft die Eingabe von Synonymen weiter, etwa „Sonnenkönig" oder aber auch eine veränderte Schreibweise, in diesem Fall bietet sich „Louis XIV" an. Fremdsprachige Literatur finden Sie, wenn Sie Ihre Schlagwörter übersetzen. Sind Sie sich über die Schreibweise nicht ganz sicher, dann können Sie für die unsicheren Buchstaben einen Platzhalter, ein Trunkierungszeichen eingeben. Zumeist ist dies das Zeichen „?" oder „*". Auch ganze Wortteile können Sie damit unbestimmt halten. Bei der Eingabe „Hof*" beispielsweise erfolgt die Suche auch nach Begriffen wie „Hofleben" oder „Hofkultur".   Trunkierungszeichen

Die Suche über den Online-Katalog der Bibliothek vor Ort ist bequem und schnell zu erledigen. Allerdings können Ihnen dabei einschlägige Werke zu Ihrem Thema entgehen, wenn diese keines der eingegebenen Stichworte im Titel führen. Da in Präsenzbibliotheken Literatur zu einem Themenkomplex zumeist im gleichen Regal zu finden ist, lohnt es sich, die umstehenden Werke zu dem bereits über den Katalog gefundenen genauer anzusehen. Wenn Sie an einer Universität studieren, an der mehrere Fächer eine Seminarbibliothek unterhalten, dann ist es häufig ergiebig, sich in der Bibliothek angrenzender Fächer umzuschauen. Beim Thema zu Ludwig XIV. können   Aufstellungs-
systematik

Sie etwa in der Bibliothek der Kulturwissenschaftler, Kunsthistoriker oder der Romanisten fündig werden.

Bibliografien Neben dem Online-Katalog Ihrer Bibliothek und den Seminarbibliotheken vor Ort sind Bibliografien ein sehr guter Ausgangspunkt für die systematische Literaturrecherche. In einer Bibliografie ist die Literatur zu einem bestimmten Thema verzeichnet. Auch am Ende Ihrer Suche steht eine Bibliografie zu Ihrer Fragestellung. Bibliografien liegen in gedruckter Form oder als Datenbank vor. Hierzu gehören die bereits vorgestellten *Jahresberichte für deutsche Geschichte* und die *Historische Bibliographie Online*. In beiden Fällen handelt es sich um fortlaufende Bibliografien. Es gibt allerdings auch abgeschlossene Bibliografien, die dann den Forschungsstand ihres Erscheinungsjahres widerspiegeln. Beim Einstieg in ein Thema sind Überblickswerke eine gute Hilfe. Diese sind unter anderem in der Standardbibliografie von Winfried Baumgart *Bücherverzeichnis zur deutschen Geschichte. Hilfsmittel – Handbücher – Quellen* (Baumgart 2006) verzeichnet. Allerdings fokussiert „der Baumgart" auf Politikgeschichte. Zahlreiche Werke mit einem sozial- oder kulturgeschichtlichen Ansatz sind hier nicht verzeichnet.

Schneeball-Recherche Im Gegensatz zur systematischen Suche bildet bei der Suche nach dem Schneeballsystem eine Monografie oder ein Aufsatz den Ausgangspunkt. Häufig gibt die Dozentin oder der Dozent eine Literaturliste zum Seminar heraus, die als Startpunkt genutzt werden kann. Nicht selten ergänzt ein Handapparat die vom Hochschullehrer genannte Literatur. Der Lehrende reicht dabei eine Literaturliste an die Bibliothek weiter, die die Bücher gesammelt aufstellt und während des laufenden Semesters für die Ausleihe sperrt.

Das „Ausgangsbuch" oder der „Ausgangsaufsatz" für die Schneeball-Recherche sollte möglichst aktuell sein. In einem Seminar zum Ersten Weltkrieg hat Sie beispielsweise besonders die Auseinandersetzung der Intellektuellen mit dem drohenden Krieg interessiert. Mit dem Thema im Kopf gehen Sie nun auf die Suche nach Literatur. Wenn die Dozentin eine Literaturliste im Seminar ausgeteilt hat, ist es sinnvoll, damit zu beginnen. Ein Werk genau zu Ihrem Thema ist zwar nicht aufgeführt, aber zahlreiche Überblicksdarstellungen. Auch bei der unsystematischen Literaturrecherche bietet sich die Strategie an, sich von der allgemeinen zur speziellen Literatur vorzuarbeiten. Das aktuellste Werk war z. B. im Jahr 2007 ein Buch von David Stevenson aus dem Jahr 2006 (Stevenson 2006). In dieser Monografie durchsuchen Sie den Anmerkungsapparat und die Literaturliste nach weiterer Literatur. Die zitierten Titel sind jedoch zumeist zwei bis drei Jahre alt. In diesem Fall ist das aktuellste Werk, das Stevenson aufführt, aus dem Jahr 2005. Ihre Suche ist also immer rückwärts gewandt und alle ab 2005 erschienenen Werke fehlen. In den ausgehend vom ersten Buch gefundenen Werken durchsuchen Sie nun wiederum den Anmerkungsapparat und die Literaturliste. Wie bei einem Schneeball, der durch das Rollen nach und nach immer größer wird, vergrößert sich auch die Liste der Literatur. Deshalb müssen Sie rechtzeitig innehalten, wenn Sie merken, dass der Schneeball zur Lawine wird. Hier hilft es, sich immer wieder das Thema und die Fragestellung vor Augen zu führen und durch ein erstes Überfliegen die gefundene Literatur daraufhin zu prüfen, ob sie wirklich zur Beantwortung der Frage beiträgt. Manchmal werden Sie feststellen, dass sich die Literaturliste nicht beliebig erweitert. Viele Autoren zitieren sich gegenseitig, es entsteht ein sogenanntes „Zitierkartell" (Franck 2004, S. 64). Die unsystematische Literatursuche birgt immer die Gefahr, dass Sie nur Literatur einer Denkschule finden und andere Darstellungen Ihnen entgehen. Indem Sie zusätzlich Datenbanken und Bibliografien heranziehen, können Sie dieser Gefahr begegnen.

Liegt Ihnen keine Literaturliste aus dem Seminar vor, müssen Sie selbst den Ausgangspunkt der Recherche bestimmen. Wenn Sie kaum etwas über das Thema wissen, sind Konversations- und Fachlexika ein sinnvoller Einstieg, mehr Informationen finden Sie in Überblicksdarstellungen zu bestimmten historischen Aspekten oder Epochen (→ ABBILDUNG 15). Diese Reihen sind oft speziell für die Bedürfnisse von Studierenden konzipiert, sie werden Sie vom Beginn des Studiums bis zum Examen begleiten. Deshalb sollten Sie sich in der Bibliothek einen Einblick in deren Konzeption und Themen verschaffen.

Überblicksdarstellungen

Achten Sie darauf, dass Sie immer die neueste Auflage ausleihen. Die genaue Literaturangabe zeigt Ihnen, ob es sich um eine neuere Auflage handelt oder ob diese darüber hinaus auch überarbeitet wurde.

Bei der Durchsicht der Reihen werden Sie für Ihr Intellektuellen-Thema feststellen, dass der entsprechende *Gebhardt*-Band für die Zeit des Ersten Weltkriegs bereits in einer vollständig überarbeiteten Auflage aus dem Jahr 2002 (Mommsen 2002) vorliegt. Im ausführlichen Quellen- und Literaturverzeichnis findet sich ein Abschnitt zu kulturellen Eliten. Unter anderem ist die Monografie von Kurt Flasch mit dem Titel *Die geistige Mobilmachung, Die deutschen Intellektuellen und der Erste Weltkrieg* (Flasch 2000) aufgeführt. In den Fußnoten dieses Werkes finden Sie weitere einschlägige Literaturtitel. Mit einer Monografie in der Hand, die Ihr Thema ausführlich be-

Eingrenzung der Fragestellung

Akademie Studienbücher	Die Reihe bietet in problemorientierten Darstellungen auf dem neuesten Forschungsstand fundierte Einführungen in Epochen, Themen und Methoden der Geschichtswissenschaft. Jeder Band enthält kommentierte Lektüreempfehlungen, Fragen und Anregungen für die weitere Arbeit sowie einen gut strukturierten Serviceteil.
Enzyklopädie deutscher Geschichte und Enzyklopädie der griechisch-römischen Antike	Die Bände der Enzyklopädie-Reihen sind unterteilt in die Abschnitte enzyklopädischer Überblick sowie Grundprobleme und Tendenzen der Forschung und enthalten eine systematisch geordnete Bibliografie.
Gebhardt – Handbuch der deutschen Geschichte	Das 24-bändige Standardwerk, das in erster Auflage 1891 erschienen ist, wird derzeit für die 10. Auflage komplett überarbeitet. Daher müssen Sie jeweils schauen, ob für das Sie interessierende Thema bereits der entsprechende Band veröffentlicht wurde. Jeder Teilband des *Gebhardt* enthält eine differenzierte Bibliografie.
Geschichte kompakt Kontroversen um die Geschichte	Beide Reihen bieten einen Überblick über den aktuellen Forschungsstand. Während *Geschichte kompakt* vor allem Grundlagenwissen bietet, werden in den *Kontroversen um die Geschichte* stärker die Forschungsdiskussionen beleuchtet. Die Bände beider Reihen enthalten ausführliche Literaturhinweise.
Handbuch der europäischen Geschichte	Das 10-bändige Handbuch erfasst den Zeitraum von 1000 v. Chr. bis 1990. Die Bände sind unterteilt in Charakter der Epoche, Geschichte der einzelnen europäischen Länder und europäische Gemeinsamkeiten. Das Literaturverzeichnis bietet sich als Ausgangspunkt für die Suche an, wenn Ihr Thema ein bestimmtes Land behandelt.
Oldenbourg Grundriss der Geschichte	Die Reihe deckt alle Epochen und Räume ab. Jeder Band ist in die Abschnitte Darstellung, Diskussion der Forschung und ein umfangreiches Quellen- und Literaturverzeichnis unterteilt. Die OGG-Reihe ist ein „Klassiker" und als Themeneinstieg oft unentbehrlich.

Abbildung 15: Deutsche Studienbuchreihen zur Geschichte

handelt, kommt der Zeitpunkt, an dem sich Ihre Fragestellung konkretisiert. Das Thema „Die Intellektuellen und der Erste Weltkrieg" könnte sich für eine Arbeit zu Beginn des Studiums als zu umfangreich herausstellen. Deshalb ist eine Eingrenzung der Fragestellung sinnvoll. Für unser Beispiel könnte sich die Fragestellung „Welche Bedeutung maß Ernst Jünger dem Ausbruch des Ersten Weltkrieges bei?" herauskristallisieren. Im nächsten Schritt müssten Sie jetzt nach Literatur zu Ernst Jünger suchen.

Zu Jünger, einem der umstrittensten deutschen Schriftsteller des 20. Jahrhunderts, wird die Datenbank Ihrer Bibliothek ‚auf Knopfdruck' mehrere aktuelle Werke aufführen, allein 2007 erschienen zwei dickleibige Biografien (Kiesel 2007; Schwilk 2007). Für viele Personen, deren biografische Angaben für ein Referat oder eine Hausarbeit von Bedeutung sind, sind Informationen jedoch vor allem in biografischen Handbüchern oder Lexika zu finden. Als Nationalbiografien haben diese in fast allen Staaten eine lange, ehrwürdige Tradition. Sie enthalten, alphabetisch geordnet, kürzere oder längere Artikel zu wichtigen Persönlichkeiten der jeweiligen Nation aus Politik, Wissenschaft und Kultur. Als Standard für neuere biografische Artikel gelten neben den Namen mit Namensvarianten, Geburts- und Sterbedatum und der Konfessionsangabe auch die Klärung der Familienverhältnisse (Eltern, Kinder), die schulische und berufliche Ausbildung, Karrierestationen und schließlich die individuellen Leistungen der dargestellten Person; am Schluss stehen Literatur- und Quellenhinweise. In dem ambitionierten Projekt *World Biographical Information System Online* (WBIS Online) digitalisiert der K. G. Saur Verlag 8 600 Nachschlagewerke, die seit 1600 erschienen sind, mit etwa 10 Millionen Einträgen aus aller Welt. Als Online-Version oder Mikrofiche-Ausgabe ist WBIS in vielen Bibliotheken zugänglich.

Die beiden großen deutschen Nationalbiografien sind die *Allgemeine Deutsche Biographie* (ADB) und die *Neue Deutsche Biographie* (NDB). Die ADB (1875–1912) enthält in 56 Bänden etwa 26 500 Artikel zu Personen, die vor 1900 gelebt haben. Sie repräsentiert selbstverständlich nicht mehr den aktuellen Forschungsstand, aber für viele Personen findet man nur an dieser Stelle Informationen. Alle Artikel sind inzwischen online verfügbar. Die NDB erscheint seit 1953 und umfasst inzwischen 23 Bände mit über 63 000 Artikeln. Neben diesen großen Nationalbiografien gibt es eine Vielzahl von Biografien für einzelne Bundesländer, Regionen oder Städte oder thematische Biografien wie etwa die biografischen Handbücher zur deutschsprachigen Emigration 1933–1945 oder zu den Abgeordneten des preußischen Abgeordnetenhauses.

Um sich in der biografischen Recherche zu üben, sollten Sie in Ihrer Universitätsbibliothek die Abteilung mit den biografischen Handbüchern aufsuchen und sich einen Überblick über diese spezielle Gattung verschaffen. Über Aufbau und Funktionsweise biografischer Projekte informiert die Startseite der NDB.

Biografische Handbücher, Überblicksdarstellungen, Enzyklopädien und Lexika enthalten in der Regel nicht nur Literatur-, sondern auch

Quellenrecherche Quellenangaben. In der Neueren Geschichte müssen Sie Quellen jedoch oft im Archiv erschließen (→ KAPITEL 3.3). Für die Mittelalterliche und Alte Geschichte liegt ein Großteil der literarischen Quellen gedruckt vor. Verweise, wo diese veröffentlicht sind, finden Sie beispielsweise am Ende eines Lexikonartikels.

Weist Sie Ihr Dozent an, mit der „maßgeblichen Ausgabe" von Herodot zu arbeiten, konsultieren Sie zuerst ein aktuelles Fachlexikon. *Der Neue Pauly* (DNP), der seit 1996 sukzessive erscheint, bildet den derzeitigen Forschungsstand gut ab. Am Schluss des Artikels zu Herodot finden Sie einen Abschnitt „Literatur", darunter Angaben zu Editionen, Textkommentaren und wichtigen deutschen Übersetzungen des Originals. Für das Mittelalter ist das *Lexikon des Mittelalters* (LMA) die erste Anlaufstelle: Auch hier haben Sie eine Bibliografie, die beispielsweise bei Otto von Freising unter „Editionen" die wichtigsten Ausgaben seiner *Chronica* und *Gesta* nennt.

Autorenlexika Zudem sind Autorenlexika hilfreich beim Auffinden von Informationen zu bestimmten Verfassern und ihren Werken. Mittlerweile haben manche Lexika wie der *Neue Pauly* einen Supplementband, der diese Aufgabe erfüllt. Es gibt aber auch gute Einzelwerke, mit denen sich schnell und solide arbeiten lässt. Ein Klassiker ist das *Tusculum-Lexikon griechischer und lateinischer Autoren des Altertums und des Mittelalters*. Zu Herodot und seinen *Historien* werden Sie auch im *Metzler-Lexikon antiker Autoren* oder im *Lexikon der antiken Literatur* fündig. Anders als umfangreiche Fachlexika sind diese Hilfsmittel auch für den kleinen Geldbeutel finanzierbar. Sie werden im Laufe des Studiums weitere Wege zur Quellenrecherche kennen lernen, etwa über den Anhang eines altsprachlichen Thesaurus. Für die ersten Schritte werden Ihnen die erwähnten Werke jedoch einen verlässlichen Zugriff auf zentrale Informationen verschaffen.

Abkürzungen Für einen Studienanfänger sehen die Quellenangaben zum Teil erst einmal kryptisch aus. Dies liegt an den Abkürzungen, die sowohl für die Autoren als auch für die Quellenedition verwendet werden. Bevor Sie sich auf die Suche nach der Quelle machen können, müssen Sie diese Angaben auflösen. Abkürzungsverzeichnisse finden Sie im Anhang des Lexikons. Aus dem zuerst einmal unverständlichen „Hdt." wird so rasch der Geschichtsschreiber Herodot, aus „Aug. civ." die Schrift *De civitate dei* des Kirchenvaters Augustinus.

Elektronische Texte Gerade ältere Werke, die nicht mehr urheberrechtlich geschützt sind, z. B. literarische Quellen antiker Autoren, werden seit einigen Jahren im Web veröffentlicht. Oft haben Sie es dann aber mit veralteten Editionen und Übersetzungen zu tun. Für eine rasche Orientierung reichen diese Texte aus, für eine weitere Beschäftigung führt jedoch kein Weg an den maßgeblichen Ausgaben vorbei.

Aufgrund der stetig erhöhten Leistung von Internet und Rechnern nimmt die Anzahl der Volltexte im Netz kontinuierlich zu. Vollständige Bücher können inzwischen online eingesehen werden. Dies ermöglicht eine Stichwortsuche nicht nur im Titel des Buches, sondern im gesamten Werk. Vorreiter sind die Suchmaschine *Google* und das *Gutenberg*-Projekt des *Spiegel*. *Google-Buchsuche* enthält vor allem ältere englischsprachige Literatur. Nach einen Kooperationsvertrag mit der Bayerischen Staatsbibliothek im Frühjahr 2007 werden in den nächsten Jahren aber auch über eine Million deutschsprachiger Bücher und Aufsätze online gestellt. Das *Projekt Gutenberg-DE* ist die größte Sammlung deutschsprachiger, allerdings überwiegend literarischer Texte im Internet.

11.4 Recherche im Beruf

Die Hitler-Tagebücher sind wohl die berühmteste Fälschung, der Journalisten in der jüngeren Geschichte auf den Leim gegangen sind. Der damalige Chefredakteur des *stern* hatte 1983 schon vollmundig verlauten lassen, weite Teile der NS-Geschichte müssten nun umgeschrieben werden. Umso peinlicher war die Feststellung, dass es sich um eine Fälschung handelte. Bei einer chemisch-physikalischen Prüfung stellte sich heraus, dass das Papier erst nach 1945 produziert wurde. Nicht nur für den Fälscher, auch für den Chefredakteur und den verantwortlichen Journalisten bedeutete das das Aus der Karriere. Das Beispiel zeigt, wie wichtig eine gründliche Recherche nicht nur in der Wissenschaft ist. Dies gilt in besonderem Maße für den investigativen Journalismus. Die im Geschichtsstudium erworbene Fähigkeit, sich in einem vorgegebenen Zeitrahmen in ein Thema einzuarbeiten, ist, neben einem Talent zum Schreiben, die wichtigste Qualifikation für einen Journalisten. Die Arbeit eines Wissenschaftsjournalisten ähnelt dabei sehr dem Vorgehen eines Historikers, zumal wenn er sich auf historische Themen spezialisiert hat. Er wendet zunächst die gleichen Strategien an, um an Literatur zu kommen. Im journalistischen Alltag fehlt allerdings häufig die Zeit für eine langwierige Recherche. Die Zusammenarbeit mit Fachwissenschaftlern ist dann unerlässlich, um Fehldeutungen zu vermeiden. Der Journalist fungiert so als Mittler zwischen Fachwissenschaft und Öffentlichkeit.

Journalistische Recherche

Historiker in journalistischen Berufen widmen sich allerdings selten ausschließlich historischen Themen. Ausgefeilte Recherchestrategien bewähren sich jedoch bei allen Redaktionsarbeiten. Für aktuelle Themen ist eine weitere Quelle heranzuziehen: das Interview mit Fachleuten oder Betroffenen. Unter Umständen haben Sie im Studium die Methode der *Oral History*, der Zeitzeugenbefragung, kennen gelernt (→ KAPITEL 9.3). Zeitzeugenbefragungen sind eine Form des Interviews. Um für Interviews jeder Art persönliche Kontakte aufzubauen und Informationen zu erhalten, die bislang noch nicht bekannt waren, bedarf es viel Fingerspitzengefühls. Erst eine gute Recherche im Vorfeld ermöglicht es Ihnen, die richtigen Fragen zu stellen und parteiische Aussagen einzuordnen. Eine kritische Auseinandersetzung mit einem Thema verlangt, dass immer beide Seiten die Möglichkeit haben, zu Wort zu kommen. Oft kommen Sie über Interviewpartner oder Informanten an weiteres Material. Wichtig ist die sorgfältige Dokumentation und Archivierung aller Gespräche (Ludwig 2007, S. 79ff.). Damit können Sie später die Informationen für Ihren Artikel nutzen und im Zweifelsfall belegen.

Im Museum beginnt die Recherche für eine Ausstellung mit der gründlichen Einarbeitung in das Thema. Dieses fachliche Wissen befähigt zur Suche nach geeigneten Ausstellungsobjekten. Nach der Inspektion der eigenen Sammlungsbestände können Sie in Objektdatenbanken anderer Museen recherchieren. Zudem informieren Ausstellungs- und Museumskataloge darüber, in welchen Museen welche Objekte vorhanden sind. Weitere Anlaufstellen sind Archive und Online-Datenbanken, z. B. von Bildarchiven. Abhängig vom Thema kann der Kontakt zu privaten Leihgebern von entscheidender Bedeutung sein.

„Die Recherche", schreiben Schneider/Raue in einem Handbuch für Journalisten, „ist die Kür des Journalisten. [...] Keine journalistische Aufgabe ist schwieriger [...]. Nur der Fleißige und der Couragierte nehmen sie auf sich" (Schneider/Raue 2006, S. 52). Sorgfältiges Recherchieren können Sie im Studium lernen, es ist eine Schlüsselkompetenz für viele berufliche Tätigkeiten von Historikerinnen und Historikern.

Lektüreempfehlungen und Internet-Adressen

- **Winfried Baumgart, Bücherverzeichnis zur deutschen Geschichte, Hilfsmittel – Handbücher – Quellen,** 16. Aufl. München 2006. *Erstmals 1971 erschienen ist der mehrmals aktualisierte „Baumgart" immer noch ein höchst nützlicher Einstieg in geschichtswissenschaftliche Literatur und ihre Systematik.*

  Recherchetipps

- **Ele Schöfthaler, Die Recherche. Ein Handbuch für Ausbildung und Praxis,** Berlin 2006. *Das in der Reihe „Journalistische Praxis" erschiene Werk bietet einen profunden Einstieg in journalistische Recherchetechniken. Ein umfangreicher Abschnitt widmet sich der immer wichtiger werdenden Online-Recherche. Durch zahlreiche Tipps und Hinweise ist es vor allem für Berufsanfänger besonders geeignet.*

- **Geschichte Online:** www.geschichte-online.at/. *Die Seite richtet sich speziell an Studierende der Geschichtswissenschaft. Sie enthält zahlreiche Tipps und Hilfen zur Literaturrecherche.*

- **Deutsche Nationalbibliothek:** www.ddb.de/.

  Online-Bibliografien

- **Historische Bibliographie online:** www.oldenbourg.de/verlag/ahf/.

- **Jahrbuch der historischen Forschung:** www.oldenbourg.de/verlag/ahf/.

- **Jahresberichte für deutsche Geschichte:** http://jdgdb.bbaw.de/cgi-bin/jdg.

- **Clio-Online – Fachportal für die Geschichtswissenschaft:** www.clio-online.de/. *Unter der Rubrik „Web-Verzeichnis" befindet sich eine aktuelle Liste auch sehr spezieller Bibliografien.*

- **Neue Deutsche Biographie (NDB):** www.ndb.badw-muenchen.de/ndb_links.htm. *Die Rubrik „Historisch-biographische Informationsmittel" informiert umfassend und aktuell über biografische Handbücher und Lexika.*

  Biografische Hilfsmittel

- **Allgemeine Deutsche Biographie (ADB):** http://mdz1.bib-bvb.de/~ndb/index.html.

- **Google Buchsuche:** www.google.de/books?hl=de.

  Elektronische Texte

- **Gutenberg Projekt-DE:** gutenberg.spiegel.de/.

12 **Lesen**

Martin Lindner

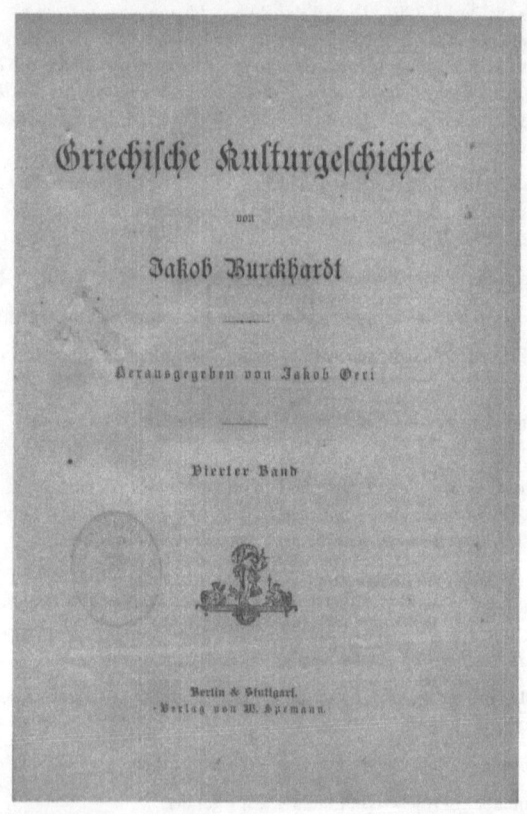

Abbildung 16: Jakob (sic!) Burckhardt, *Griechische Kulturgeschichte,* Band 4 (1902), Titelblatt der Erstausgabe

Kurz nach dem Tod des großen Schweizer Historikers Jakob Burckhardt (1818–1897) erschien dessen vierbändige „Griechische Kulturgeschichte". Für die beiden letzten Teile mussten jahrelang handschriftliche Aufzeichnungen kompiliert werden. Erst gut fünfzig Jahre später kam eine verbesserte Ausgabe auf den Markt, in der die meisten Irrtümer des ersten Editors korrigiert wurden. Kurz: Ein eigenwilliger alter Schinken, unhandlich und überholt. Niemand liest heute mehr solch ein Buch – oder doch? Burckhardts „Griechische Kulturgeschichte" ist eine der einflussreichsten Studien zu diesem Thema. Der Text erhielt erst vor wenigen Jahren eine neue elektronische Version, die Papierfassung wurde über Jahrzehnte hinweg mehrfach nachgedruckt. Die Arbeit ist so umfassend und kenntnisreich, dass sie noch heute das Lesen lohnt.

Also Burckhardt lesen – und am besten auch Mommsen, Droysen und all die anderen Klassiker? Niemand kann alles lesen. Wie aber lernt man, was man lesen soll und wie man dabei möglichst effektiv mit seiner Zeit umgeht? Alles beginnt mit den richtigen Rahmenbedingungen: einer ruhigen Arbeitsatmosphäre mit wenig Ablenkungen und einem guten Zeitmanagement. Es kommt nicht darauf an, besonders lange an einem Text zu sitzen, sondern darauf, einen vertretbaren Aufwand zu betreiben. Machen Sie sich feste Vorgaben und nutzen Sie diese Zeitfenster zur intensiven Lektüre. Die Berechnung des Workloads für die einzelnen Veranstaltungen gibt einen Richtwert vor, der auch den Anteil der Eigenaktivität beim verstehenden Lesen berücksichtigt. Gerade am Anfang werden Sie diesen Richtwert immer wieder überschreiten. Sobald Sie sich erst einmal eingelesen haben, sollte Ihnen das aber immer seltener passieren.

Gute Lektürearbeit hört jedoch mit dem einmaligen Rezipieren noch lange nicht auf. Auf den folgenden Seiten werden Sie Strategien und Hilfsmittel kennen lernen, die Ihnen den Einstieg in eine der wichtigsten Tätigkeiten des Historikers erleichtern.

12.1 **Lesen kann jeder (?)**
12.2 **Lesen mit Bleistift**
12.3 **Verstehen und Ordnen**
12.4 **Zwischen den Zeilen lesen**
12.5 **Leseziele und Hindernisse**
12.6 **Wegweiser, Landkarten und Abkürzungen**

12.1 Lesen kann jeder (?)

Wer sich an einer Universität einschreibt, bringt im Allgemeinen mindestens anderthalb Jahrzehnte Erfahrung im Lesen mit. Warum also noch das Lesen lernen?

Textgattungen — Zum einen besteht wissenschaftliche Literatur im Studium aus anderen Textgattungen als den Ihnen aus der Schule bekannten Lehr- und Sachbüchern. Zum Einstieg werden Sie oft auf wissenschaftliche Fachlexika oder Handbücher verwiesen. *Lexikonartikel* geben den aktuellen Forschungsstand wieder und liefern wichtige Lektürehinweise, komprimieren aber sehr stark und wirken objektiver als sie sein können. *Handbücher* sind kompendienartige Gesamtdarstellungen und umfassen ein relativ weites Themengebiet, etwa die Geschichte eines Landes. Wie beim Lexikonartikel werden Geschichtsverläufe konzentriert und mit starker Informationsdichte dargestellt, deshalb eignen sich Handbücher weniger zum Durchlesen als zum orientierenden Nachschlagen. Mit *Monografie* wird eine eigenständige, von einem Verfasser publizierte Studie zu einem thematisch begrenzten Gegenstand bezeichnet. Das einzelne Buch im Bibliotheksregal fällt ebenso in diese Kategorie wie eine elektronisch verfügbare Doktorarbeit. Gewissermaßen die kleine Form ist der *wissenschaftliche Aufsatz*, der in der Regel einen engeren thematischen Ausschnitt behandelt und über aktuelle Forschungsergebnisse berichtet. Solche Texte erscheinen etwa in wissenschaftlichen Zeitschriften oder in *Sammelbänden*. Letzteres ist der Überbegriff für Bücher, die mehrere Aufsätze von verschiedenen Autoren in einem Band umfassen, in der Regel unter einem gemeinsamen Oberthema. Wenn es sich um die Erträge einer Konferenz handelt, nennt man diese Form *Tagungsband*. Daneben gibt es den Brauch, zu runden Geburtstagen eines verdienten Wissenschaftlers einen Sammelband zu erstellen, zu dem Freunde und ehemalige Schüler des Jubilars beitragen. Bei einer solchen *Festschrift* kann die Thematik der einzelnen Aufsätze sehr unterschiedlich ausfallen, weil sie nicht an einem einzelnen Oberthema ausgerichtet sein muss. Mit all diesen Textgattungen werden Sie im Laufe Ihres Studiums konfrontiert, sie geben jeweils einen ersten Hinweis darauf, welche Art von Informationen Sie dem Gelesenen entnehmen können.

Lesezeit — Zum anderen bedeutet wissenschaftliches Lesen in ganz besonderem Maße Verstehen und Verarbeiten. Die Lektüre eines Fachtextes ist anstrengender als die eines Krimis und braucht auch wesentlich mehr Zeit. Rechnen Sie am Anfang mit wenigstens fünf Minuten pro zu lesender Seite. Diese Zeit wird sich mit zunehmender Übung reduzieren, etwa weil Sie Bekanntes wiederentdecken oder sich mit dem wissenschaftlichen Schreibstil der Disziplin vertraut gemacht haben.

Hier lauert jedoch eine der größten Fallen: Unser Gehirn sucht ständig nach bekannten Informationen, mit deren Hilfe sich neue Aussagen einordnen lassen. Schnelles Lesen verführt dazu, diese bekannten Informationen häufiger zu entdecken, als es bei genauem Nachsehen der Fall wäre. Wissenschaftliches Lesen braucht Struktur und viel Übung. Außerdem sind nicht alle Texte, mit denen Sie konfrontiert werden, ohne Vorkenntnisse zugänglich. Forschungsliteratur ist, wie der Name schon sagt, zuerst einmal Literatur von Forschenden für Forschende. Geben Sie also nicht gleich auf, wenn Ihnen als ‚Neuling' in der Wissenschaft ein Text etwas zu anspruchsvoll oder zu langweilig erscheint.

Wir alle wollen möglichst wenig Zeit aufwenden, um unser Verstehen zu verbessern. Aber sich einzureden, etwas verstanden zu haben, und etwas überprüfbar verstanden zu haben, sind zwei verschiedene Dinge. Es gibt unterschiedliche Lesertypen. Manche sind in der Lage, einen längeren Abschnitt zu lesen und die Kernaussagen dann in einigen Sätzen zu formulieren. Andere arbeiten besser mit einer kleinschrittigen Technik oder einer stärkeren Visualisierung. Ziel ist es in jedem Fall, möglichst viele wichtige Ideen und Informationen mit möglichst wenig Aufwand aus einem Text ‚herauszulesen'. Dazu gehören aber ebenso Gliederung, Thesen und Tendenz eines Textes, die sich bei einmaliger Kurzlektüre oft nicht gleich erschließen.

Lesertypen

12.2 Lesen mit Bleistift

Gedanken brauchen Zeit, um sich zu entwickeln. Manchmal kommen gute Ideen beim ersten Lesen, manchmal erst bei der zweiten oder dritten Wiederholung. Damit keine guten Einfälle verloren gehen und der eigene Gedankengang auch später nachvollziehbar bleibt, braucht es eine ökonomische Aufzeichnungsmethode. Die einfachste Form ist das Markieren im Text, aber auch Randnotizen oder Stichworte auf einem eigenen Blatt können helfen. Ohne derartige Maßnahmen geht der Großteil des Gelesenen rasch wieder verloren. Das Umsetzen in eigene Anmerkungen zwingt zur intensiveren Beschäftigung und schafft dabei ein Gerüst, durch das vergangene Verstehensleistungen später rasch wieder zugänglich gemacht werden können.

Aufzeichnungen

Der Idealfall ist eine Verbindung aus Markierungen im Text und eigenen Anmerkungen (bei Bibliotheksbüchern bitte nur in eigenen Kopien):

LESEN

„Kaum aus Italien zurückgekehrt, ergriff der Kaiser eine gesetzgeberische Initiative. Er wollte in Unterhandlungen mit den Fürsten eine Reihe von grundsätzlichen Problemen klären lassen und lud deshalb zu einem Hoftag nach Nürnberg. Das Ergebnis der mehrwöchigen Beratungen wurde am 10. Januar 1356 feierlich verkündet: ein Gesetz, das später nach seinem goldenen Siegel „Goldene Bulle" genannt wurde. Ein knappes Jahr später, am Weihnachtstag 1356, wurden auf einem weiteren Hoftag in Metz Hinzufügungen zu den Nürnberger Verlautbarungen verkündet, die sogenannten „Metzer Gesetze".

1356 „Goldene Bulle"

Nicht in allen Punkten, die er ursprünglich hatte regeln wollen, konnte Karl IV. tatsächlich Entscheidungen herbeiführen. Hinsichtlich des Münz-, Geleit- und Zollwesens verhinderten die rheinischen Kurfürsten weitgehend die Beschlussfassung. Auch in der Landfriedensproblematik wurde nur wenig entschieden. In vielen anderen Fragen kam es hingegen zu einem grundlegenden Kompromiss zwischen Kaiser und Kurfürsten.

Reformen Karls IV. scheitern teilweise an Kurfürsten (Zoll usw.)

Umfassend und auf Dauer regelte dieses Gesetz die Königswahl – von der Ladung der Kurfürsten zur Wahl über ihre Anreise bis zur eigentlichen Wahlhandlung. Dabei wurde in großen Teilen nicht neues Recht geschaffen. Vielmehr legten der Kaiser und die Fürsten jene Verfahrensweisen und Grundsätze schriftlich nieder, die sich in den vergangenen 100 Jahren ausgebildet hatten. Diese Regelungen sollten bis zum Ende des Reiches im Jahr 1806 Bestand haben."
(Prietzel 2004, S. 77)

Festgeschrieben v. a. Regelung zur Königswahl (gültig bis 1806)

Abbildung 17: Beispiele für Lesenotizen in Texten

Markierungen

Vermerkt werden sollten wichtige Begriffe, Namen, Daten oder Thesen – und nur diese. Als einfache Faustregel: Es sollte nie mehr als ein Viertel des Textes hervorgehoben oder unterstrichen sein. Wenn Ihnen alles in einem Text wichtig erscheint, ist das ein Zeichen dafür, dass noch ein gewisser Verständnis- und Reduktionsweg vor Ihnen liegt. Bei unklaren Aussagen gilt das Markieren in gesteigertem Maße: Schreiben Sie sich kurze Fragen an den Rand oder streichen Sie sich den Passus mit Fragezeichen an. Sie können später wieder zu diesen ‚Problemstellen' zurückkehren und häufig aus einer Frage einen besonders guten Gedanken entwickeln.

12.3 Verstehen und Ordnen

Verstehen ist zuerst schlicht das Verstehen der gelesenen Wörter. In der Geschichtswissenschaft gibt es unzählige Fachbegriffe wie „Patristik" oder „Transsumpt", für die Sie anfangs ein Lexikon brau-

Fachvokabular

chen werden. Zu den vielen neuen Begriffen kommen aber auch solche, bei denen sich der wissenschaftliche Gebrauch deutlich vom alltäglichen Gebrauch unterscheidet: Vielleicht informiert Sie ein Text darüber, eine bestimmte Inschrift sei nur ein „Abklatsch". Gemeint ist hier nicht eine einfallslose Nachahmung, sondern ein besonderes Kopierverfahren für Inschriften – das Stück als solches mag sehr bedeutsam sein, selbst wenn hier nur eine Nachbildung vorliegt. Sobald Sie also bei einem Ausdruck unsicher sind, schlagen Sie ihn nach.

Gerade bei schwierigeren Texten empfiehlt sich außerdem, ein ‚Vokabelverzeichnis' anzulegen. Taucht ein bestimmter Begriff zwanzig Seiten später wieder auf, müssen Sie diesen nicht erneut nachschlagen und Sie haben ganz nebenbei eine Übersicht wichtiger Fachtermini. Akut wird das Problem vor allem in fremdsprachigen Fachtexten: Vermutlich haben Sie die Vokabel *evidence* in der Schule gelernt und würden sie mit „Beweis" übersetzen. Das reicht für die meisten Fälle des alltäglichen Gebrauchs aus, in historischen Fachtexten kann damit aber auch „Quellenmaterial" oder „überliefertes Zeugnis" gemeint sein.

Vokabelverzeichnis

Wenn Sie an einem Begriff ‚festhängen', lesen Sie die entsprechende Passage erneut und überlegen Sie, ob die nachgeschlagene Bedeutung im Kontext schlüssig ist. Markieren Sie notfalls den unklaren Ausdruck und arbeiten Sie weiter. Häufig taucht ein Begriff mehrfach auf und wird bei späteren Nennungen verständlicher. Kehren Sie aber unbedingt im weiteren Verlauf zu unklaren Punkten zurück, sprich: Lesen Sie Texte mehrfach. Idealerweise sollten Sie sich etwas Zeit zwischen den Durchgängen gönnen. Viele Passagen, die zuerst nicht verständlich wirken, zeigen beim erneuten Lesen mit ein oder zwei Tagen Abstand viel mehr Sinn. Nebenbei verringert diese Vorgehensweise Frustererlebnisse und vertieft in der Wiederholung die neuen Erkenntnisse.

Wiederholtes Lesen

Ganz wichtig: Verzweifeln Sie nicht, wenn Sie am Ende nicht *die eine* Bedeutung erhalten haben, von der Sie vermuten, dass der Autor sie Ihnen hätte mitteilen wollen. Zu Recht heißt es, oft sei ein Text schlauer als sein Urheber. Das zielt vor allem auf den Charakter des Lesens als konstruktivistischem Akt: Bei jedem Lesen schaffen oder bekräftigen Sie für sich bestimmte Sinnzusammenhänge, die nicht mit denen des Autors übereinstimmen müssen. Texte sind nicht so eindeutig, wie ihre Urheber das vielleicht gerne hätten.

Jeder Text hat eine Gliederung – selbst wenn sie manchmal schwer zu erkennen ist. Im Idealfall erklärt die Autorin oder der Autor zu Beginn das eigene Vorgehen oder schafft in anderer Form Unterteilungen. (Die Marginalien am Rande dieses Textes fallen genauso darunter wie

Gliederung

Zwischenüberschriften oder Hervorhebungen im Schriftsatz.) Beachten Sie solche Hilfen, selbst wenn diese anfangs ungewohnt erscheinen mögen. Es braucht ein klein wenig mehr Aufmerksamkeit, kann aber anschließend das Verständnis enorm erleichtern.

Eine kleine Warnung: Gliederungshilfen des Textes sind kein Ersatz für eine eigene Erarbeitung. Autoren können durchaus offensiv über Schwachstellen in ihrer Darstellung hinweggehen, indem sie eine Reihe von gleichwertigen Punkten suggerieren. Eine Gliederung ist immer bereits eine Argumentation. Am Ende des Leseprozesses sollen Sie den Text vor allem *verstanden* haben. Überzeugt sein müssen Sie von ihm noch lange nicht und können trotzdem von der Lektüre profitieren.

<small>Forschungsorientiertes Lesen</small>

Achten Sie also darauf, wie die Fragestellung eines Textes formuliert ist und welchen Argumentationsgang Sie aus seiner Gliederung erkennen können. Gerade im Hinblick auf die eigene wissenschaftliche Bearbeitung eines Themas sollten Sie dabei stets die ‚handwerklichen Grundlagen' des Präsentierten überprüfen: Wird ein bestimmter Ansatz – etwa ein politik- oder ein wirtschaftsgeschichtlicher – gewählt? Welche Quellen wurden ausgewertet und wie breit ist diese Basis? Werden bestimmte Quellencorpora besonders häufig herangezogen, andere aber ausgeklammert? Wie stark wird auf die einzelne Quelle eingegangen und wie präzise sind die Verweise? Sind die Interpretationen und Thesen für Sie nachvollziehbar? Vergleichbare Fragen sollten Sie sich für den Umgang eines Textes mit der übrigen Fachliteratur stellen: Werden die zentralen Titel zum Thema reflektiert? Ist eine Übernahme von Thesen zu beobachten oder positioniert sich der Autor gegen eine bekannte Forschungsmeinung? Lässt sich der Text einer bestimmten ‚Schule' zuordnen?

<small>Überprüfbarkeit</small>

Kurz: Wissenschaftliches Lesen bedeutet immer auch Überprüfung der Methodik des Gelesenen. Viele dieser Fragen können Sie erst beantworten, wenn Sie sich in das betreffende Themenfeld eingearbeitet haben. Umso wichtiger ist es, immer wieder zurückzuschauen und sich den eigenen Erkenntnisweg bewusst zu machen. Kein Text, nicht einmal der Lexikonartikel, den Sie zur Erstinformation gelesen haben, sollte unkritisch hingenommen werden. Wissenschaftliche Literatur hat sich immer dem Anspruch der Nachprüfbarkeit zu stellen. Indem Sie den Verweisen nachgehen oder die Argumentationsschritte überprüfen, setzen Sie eben diesen Punkt um: Sie lesen nicht, um ‚korrektes' Wissen zu übernehmen, sondern um sich eine qualifizierte Meinung zu bilden.

Alle Gedankenleistung nützt Ihnen aber nichts, wenn diese in der Folge nicht reproduzierbar ist. Machen Sie sich also spätestens nach oder besser noch während des ersten Lesens die Struktur des Gelesenen deutlich. Das einfachste Mittel dafür sind horizontale Striche am Rand, sobald ein neuer Sinnabschnitt beginnt. Solche Abschnitte können dann durchnummeriert werden und geben in Verbindung mit Ihren eigenen Randnotizen und Markierungen schon eine solide Übersicht des Aufbaus der Darstellung. Jeder Sinnabschnitt sollte in einem Satz oder maximal zwei Sätzen zusammengefasst werden können.

Visualisierung

Das Ziel ist dabei immer die Reduktion des Gelesenen. Niemand kann sich ein ganzes Buch merken oder spontan die fünfzig wichtigsten Details wiedergeben. Unser Verstehen funktioniert in kurzen Erzählungen und Aussagen. Anders gesagt: Wir begreifen einen Sachverhalt leichter, wenn wir die fortlaufende Erzählung oder Argumentation als Ablauf mit Akten und Unterakten verstehen. Seien Sie nicht irritiert, wenn Ihre Notizen anfangs sehr umfangreich ausfallen. Sobald Sie Ihre Gliederung nochmals durchgehen, werden Sie klarer sehen, wo nur ein Exkurs vorliegt oder wo ein neuer zentraler Punkt berührt wird. Redigieren Sie also Ihre eigenen Mitschriften, wenn es sein muss, auch mehrfach. „Worum geht es eigentlich in diesem Kapitel?" Diese Frage sollten Sie am Ende auf maximal einer halben Seite oder in gut einer Minute Vortrag beantworten können.

Reduktion

Vielleicht kommt Ihnen diese Verkürzung extrem vor. Viele Texte sind mit unzähligen Fakten oder Begriffen angefüllt und besonders beim Einstieg in ein neues Thema erscheint Ihnen alles wichtig. Wenn Sie aber solche Reduktionen einüben, sind Sie zu zwei Dingen gezwungen: zum Verzicht auf Nacherzählung und zum Formulieren in eigenen Worten. Noch besser ist es, wenn Sie Anderen den Inhalt eines Textes vorstellen wollen oder müssen. Bei der Vermittlung sind Sie genötigt, die Informationsmenge auf ein solches Maß zurückschrauben, dass Ihnen Ihre Zuhörer noch folgen können. Ein derartiges Grundgerüst können Sie dann immer mit zusätzlichen Details auffüllen. Wenn Sie einen Text aber nicht auf Grundaussagen und Struktur reduzieren können, werden Sie das Meiste davon schnell wieder vergessen.

12.4 Zwischen den Zeilen lesen

Kein Text ist objektiv und keine wissenschaftliche Aussage wird dadurch ‚richtig', dass sie in irgendeinem Buch steht. Wenn Sie heute einen Text über das Judentum im Mittelalter lesen, der zur Zeit des Nationalsozialismus geschrieben wurde, müssen Sie mit einer antisemitischen Einfärbung rechnen. Und wenn Sie auf einen Aufsatz über

‚Objektive Fakten'

den „Klassenkämpfer Spartacus" stoßen, sollten Sie spätestens beim Verlagsort Karl-Marx-Stadt hellhörig werden.

Kontext Ganz wie bei antiken Papyri, mittelalterlichen Chroniken oder neuzeitlichen Tagebüchern muss also auch bei wissenschaftlicher Literatur der Kontext mit berücksichtigt werden. Schauen Sie wenigstens auf Erscheinungsdatum und -ort, besser noch: Recherchieren Sie den Autor. (Oft gibt der Klappentext erste Hinweise, aber aus Werbezwecken oft einseitige.) Gerade am Anfang des Studiums werden Sie die Glaubwürdigkeit eines Textes und die eingebetteten ‚Problemfälle' und ‚Altlasten' nicht so schnell erkennen. Umso wichtiger ist es, dass Sie einem möglichen Verdacht unbedingt nachgehen. Ein Beispiel kann zeigen, welchen Täuschungen wir erliegen können, wenn wir einen Text zu wörtlich lesen.

„Das Bild des Cäsarenwahnsinns, das uns Caligula darbietet, ist geradezu typisch. Fast alle Erscheinungen, die wir sonst bei verschiedenen Herrschern antreffen, sind in ihm vereinigt, und wenn wir die scheinbar gesunden Anfänge mit der schauerlich raschen Steigerung zu den äußersten Exzessen zusammenhalten, so gewinnen wir auch ein Bild von der Entwicklung der Krankheit.

Eine Erscheinung, die an sich noch nicht krankhaft zu sein braucht, in der sich aber, wenn man sie mit den übrigen Symptomen zusammenhält, der Größenwahn schon früh bei Caligula ankündigt, ist die ungemessene *Prunk- und Verschwendungssucht*, ein Charakterzug fast aller Fürsten, die das gesunde Urteil über die Grenzen ihrer eigenen Stellung verlieren, von orientalischen Despoten bis auf gewisse Träger der Tiara, bis auf die beiden französischen Ludwige und ihre deutschen Nachahmer, eine Reihe, die in dem unglücklichen Bayernkönig vorläufig ihren letzten berühmten Vertreter gefunden hat. Nach kurzer Zeit war nicht nur der sehr bedeutende Schatz, den der sparsame alte Kaiser hinterlassen hatte, verbraucht, sondern man mußte auch zu sehr bedenklichen Mitteln greifen, um die Einnahmen zu steigern und die Schulden zu decken. Die eben abgeschafften Steuern wurden wieder eingeführt, neue, zum Teil sehr drückenden oder schimpflichen Charakters, kamen hinzu, die Justiz wurde mißbraucht, um dem Schatz Strafen und konfiszierte Vermögen zuzuführen, und schließlich ward der Grundsatz proklamiert, daß das Vermögen der Untertanen zur Verfügung des Fürsten sei." (Quidde 2001, S. 43f.; Hervorhebungen im Original)

Das Datum 2001 deutet im ersten Moment auf einen recht aktuellen Forschungsbeitrag hin. Allerdings werden vermutlich schon manche ungewohnten Formulierungen und die Zeitbezüge im zweiten Absatz

Sie stutzig gemacht haben. Der Text ist mehr als einhundert Jahre alt und stammt von Ludwig Quidde (1858–1941), einem deutschen Schriftsteller und Historiker, der 1927 den Friedensnobelpreis erhielt. Sein wohl populärstes Werk ist der erstmals 1894 erschienene *Caligula*, aus dem das Zitat stammt. In dieser recht schmalen Schrift zeigt er die Gefahren auf, die ein unangefochtener, aber inkompetenter Alleinherrscher für eine Gesellschaft darstellt. Während der Text scheinbar die Handlungen eines römischen Kaisers anprangert und verallgemeinert, zielt die eigentliche Kritik auf Wilhelm II., den letzten deutschen Kaiser. Als Beitrag zur antik-römischen Geschichte ist das Werk somit kaum verwendbar. Um politische Propagandastrategien und den Umgang mit Zensurauflagen im wilhelminischen Deutschland auszuloten, würde es allerdings eine hervorragende Quelle (→ KAPITEL 3.2) abgeben.

12.5 Leseziele und Hindernisse

Nicht nur bei neueren Texten haben Sie oftmals noch die zusätzliche Hürde der Begriffsgeschichte zu überwinden. Womöglich finden Sie in einem Buch über die Römische Republik die Bemerkung, eine bestimmte „Sippe" habe sich besonders hervorgetan. Für uns mag dieser Begriff heute altertümlich klingen, vielleicht sogar ein bisschen abwertend. „Sippe" ist aber gar nicht so unüblicher Versuch, das lateinische Wort *gens* zu übersetzen. Eine beliebte Alternative hierzu wäre „Geschlecht" – und auch damit verbinden wir ganz andere Konnotationen als es etwa Menschen des 17. oder 18. Jahrhunderts getan hätten. Manchmal sind Sie aus unterschiedlichen Gründen gezwungen, sehr alte Nachschlagewerke oder Bücher zu benutzen. So stolpern Sie vielleicht über den Eintrag, Kaiser Otto II. habe Theophanu zum „Weib" genommen. Das ist nicht abwertend gemeint. Das Wort „Weib" wurde bis ins 20. Jahrhundert als Synonym für „Frau" oder „Ehegattin" verwendet. Andere Wörter kommen Ihnen zwar bekannt vor, scheinen aber im jeweiligen Zusammenhang keinen Sinn zu machen: Wenn bei einem mittelalterlichen Prozess vom „Umstand" die Rede ist, hat das nichts mit schwierigen Rahmenbedingungen oder schleppendem Verlauf zu tun. Die Gerichtsgemeinde stellte sich wortwörtlich um die Recht Sprechenden auf, garantierte damit die Öffentlichkeit des Verfahrens und wurde eventuell sogar zum Urteilsspruch befragt. „Umstand" ist hier also buchstäblich zu nehmen: die Leute, die um das Gericht herum stehen.

Begriffsentwicklung

Solchen und ähnlichen Problemen lässt sich nur durch zunehmende Erfahrung und vergleichendes Lesen begegnen: Zum einen hilft es, regelmäßig Handbücher und andere einschlägige Titel – der Plural steht hier bewusst – heranzuziehen. Zum anderen liefern Einführungswerke oft eine Aufarbeitung der Forschungsdiskussion und Begriffsgeschichte. In vielen Monografien gibt es eine entsprechende Abhandlung als Teil der Einleitung oder des ersten Kapitels. Gerade wenn Sie einen vermeintlich heiklen Begriff entdeckt haben, sollten Sie nachprüfen, ob er wirklich so heikel ist, wie Sie glauben. Die letzte Möglichkeit besteht im Heranziehen einschlägiger Rezensionen (→ KAPITEL 11.2). Gelegentlich gibt Ihnen eine Buchkritik Auskunft zu Ihrem speziellen Problem, und vielleicht erhalten Sie dort sogar nützliche weiterführende Lektüretipps. Ohne solche Hilfen werden Sie weder Begriffe noch Zusammenhänge ausreichend verstehen.

Leseziele Manchmal sind Sie angehalten, Texte zur allgemeinen Information zu lesen. Wenn Ihnen Ihr Dozent oder Ihre Dozentin in den Basisseminaren Einführungswerke an die Hand gibt, ist oft genau das der Grund: Sie sollen einen Einstieg in ein Thema finden, von dem Sie bisher wenig oder nichts wussten, und sich im Anschluss Ihre eigene Meinung bilden. Sehr bald werden Sie aber mit einer ganz anderen Form der Lektüre konfrontiert werden, die von Ihnen eine viel stärkere Fokussierung verlangt. Die einfachsten Beispiele hierfür sind das Referat während oder die Hausarbeit am Ende des Semesters.

Angenommen, Sie sitzen in einem Seminar über die Expansion Europas seit dem Spätmittelalter und bekommen das Thema „Japanhandel" zugeteilt. Zu diesem Zeitpunkt wissen Sie vermutlich noch nichts über niederländische Handelsgesellschaften oder die portugiesische Asienmission. Kenntnisse über diese zentralen Akteure erwerben Sie erst durch systematische Lektüre. Bei Ihrer Recherche stoßen Sie auf etliche Bücher, von denen sich jedoch die wenigsten ausschließlich mit den Wirtschaftsbeziehungen zu Japan beschäftigen. Es wäre zwar wunderbar, wenn Sie jedes Buch, das Sie finden, komplett exzerpieren, d. h. schriftlich zusammenfassen und kommentieren, – aber dafür werden Sie schlicht nicht die Zeit haben.

Recherchewege Ihr erster Schritt sollte eine Sichtung von Inhaltsverzeichnis und Gliederung sein. Womöglich finden Sie in einem Buch über das portugiesische Kolonialreich einen eigenen Abschnitt, den Sie sich vormerken sollten. Aber auch die Einleitung enthält zumeist Hinweise zum Vorgehen und zum Inhalt der einzelnen Kapitel, ebenso der Schluss und mögliche Zwischenresümees. Falls das Buch einen Index hat, gehen Sie möglichst Ihre bislang ermittelten Kernbegriffe durch. So werden Sie beispielsweise unter *Vereenigde Oostindische Compagnie* (VOC) direkt zu den Textstellen geführt, die die Aktivitäten der niederländischen Handelsgesellschaft beschreiben.

Beim Lesen sollten Sie unterscheiden zwischen einschlägigen und nur ergänzenden Informationen. Markieren Sie sich solche Stellen, entweder indem Sie verschiedene Farben einsetzen oder indem Sie auf Ausrufezeichen, Doppelstriche am Rand und ähnliche Signale zurückgreifen. Eine kleine Warnung: Übertreiben Sie es nicht mit einer ausgefeilten Farbkodierung oder einem komplexen System von verschiedenen Techniken der Unterstreichung! Maximal vier Farben oder abgestufte Markierungshilfen sollten völlig ausreichen, mehr überfrachtet nur und ist bei der praktischen Nutzung eher hinderlich.
Abgestufte Markierungen

Um im Beispiel zu bleiben: Sie finden einen Absatz über frühe Missionsversuche in Japan, der zwar spannend ist, für Ihr Thema aber eben nur eine Randinformation. (Sie können versuchen, die Mission als Wegbereiter zu verstehen, aber es geht hierbei nicht um den großen Japanhandel der späteren Zeit.) Sie markieren sich diesen Passus also beispielsweise mit grün für ergänzendes Material. Zwei Seiten weiter stoßen Sie auf einen Reisenden namens Engelbert Kaempffer, der angeblich einen einflussreichen Bericht über seine Erfahrungen im Dienste der VOC hinterlassen hat. Diese Aussage ist einschlägig und verspricht weitere wichtige Informationen, falls Sie irgendwie auf die Quelle zugreifen können. Sie markieren sich daher diese Stelle mit roter Farbe, doppelter Unterstreichung oder Ähnlichem. Ein solches Vorgehen braucht etwas Zeit, aber Sie finden hinterher alles direkt wieder und erleichtern sich die Arbeit bei der Zusammenfassung erheblich.

Gerade in den höheren Semestern wird Ihre Aufgabe bereits mit dem Finden einer Fragestellung für ein gezieltes Lesen beginnen – sobald Ihnen nämlich keine enge Vorgabe mehr gemacht wird und Sie Ihre Aufgabe aus einem größeren Gebiet selbst eingrenzen müssen. Spielen Sie daher früh eigene Zielsetzungen durch, wenn Sie sich in den Grundlagen sicher fühlen. Am besten beginnen Sie mit einem Einführungswerk und suchen nach interessanten Teilaspekten Ihres Themas. Danach prüfen Sie die restliche Literatur anhand Ihrer Markierungen und sammeln, was Ihnen bei dem jeweiligen Unterthema helfen könnte. Oft wird die Lektüre Ihre anfangs gewählte Fragestellung verfeinern oder in der Ausrichtung ändern. Solange Sie allerdings eine solide Textarbeit betrieben haben, können Sie über Ihre Markierungen die relevanten Passagen rasch wieder finden und mit geänderter Perspektive erneut einsteigen.
Eigene Fragestellung

12.6 Wegweiser, Landkarten und Abkürzungen

Das gründlichste Lesen und Exzerpieren bringt jedoch nichts, wenn Sie am Ende den Wald vor lauter Bäumen nicht mehr sehen, sprich: vor lauter wichtigen Konzepten und Theorien den eigenen Gegenstand aus den Augen verlieren. Ein erstes Gegenmittel sind die oben angesprochenen Kurzzusammenfassungen, die Sie jederzeit wieder als Einstiegshilfen nehmen können. Machen Sie sich diesen Einstieg unbedingt so klar und leicht wie möglich. Erstellen Sie sich etwa ein Vorblatt für jeden Text, auf dem Sie die allerwichtigsten Informationen und Sinnabschnitte notieren und vermerken, wie Sie den Beitrag in Ihrer eigenen Arbeit verwenden wollen. Eine solche Aufstellung kann später regelrecht als Checkliste abgehakt werden.

Checklisten

Eine andere Möglichkeit ist die grafische Umsetzung des Gelesenen in einer sogenannten Mindmap: Für Ihr Referat oder Ihre Hausarbeit sprechen Sie beispielsweise mit Ihrem Dozenten „Die Rolle von Frauen in der antiken römischen Religion" als Thema ab. Zerlegen Sie diese Themenstellungen in einzelne Sinneinheiten und markieren Sie diese grafisch, am einfachsten indem Sie diese getrennt nebeneinander auf ein Blatt schreiben. Im ersten Fall würden Sie dabei zwei Punkte erhalten: Frauen in der Antike und römische Religion. Sie werden sehr wenige Beiträge haben, die sich ausschließlich mit beiden Teilen beschäftigen, dürften aber umso mehr finden, die wenigstens einen Teilbereich abdecken.

Mindmaps

Nun lesen Sie vielleicht einen Text, der die Bedeutung von Priesterinnen im alten Rom untersucht, auf andere Beteiligungen von Frauen an der religiösen Praxis aber nur hinweist. Sie können dann den Begriff „Priesterinnen" unter den zwei Hauptpunkten vermerken und durch eine Linie mit den beiden verbinden. Dazu notieren Sie sich, welchen Text Sie benutzt haben, am besten in einer Kurzform wie „Mustermann 1998", um das Ganze übersichtlich zu halten. Ein anderes Buch hilft Ihnen dagegen bei der antiken Frauengeschichte weiter und macht Ihnen klar, wie wichtig der soziale Status für die persönliche Freiheit war. Dieser Punkt hat mit der Sinneinheit „Frauen in der Antike" zu tun und wird inklusive Textverweis mit einer Linie dazu eingetragen. Wenn Sie mit den Einzeleinträgen nicht übertreiben, entsteht so eine grobe Karte der wichtigsten Teilaspekte des Themas. Sie können über diese Karte wiederum rasch zu schon rezipierten Texten kommen und sehen umgekehrt an möglichen ‚weißen Flecken' auf der Karte, wo Sie noch nachlesen sollten. Ein einfaches

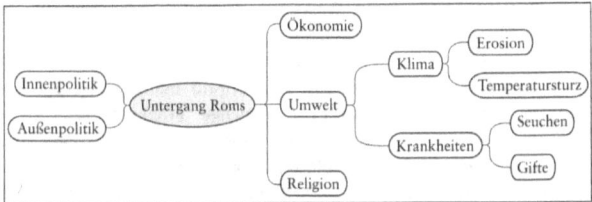

Abbildung 18: Mindmap zum Untergang des Römischen Reiches (nach Demandt 1984)

Beispiel ist die Mindmap „Theorien für den Untergang des Römischen Reiches" (→ ABBILDUNG 18).

Der Seitenast zu den Umwelteinflüssen ist bereits recht weit ausgearbeitet. Die innenpolitischen Schwierigkeiten sind dagegen noch undifferenziert, ebenso die außenpolitischen Faktoren. Hier könnte eine neue Verzweigung aufgemacht werden, als deren Äste vielleicht die diversen Rassetheorien stünden. Erklärungsansätze über schlechtere Bedingungen für die Landwirtschaft sind oft mit ökonomischen Thesen gekoppelt, also wird hier später eine Verbindungslinie zwischen den beiden Knoten gezogen und so weiter. Mit den entsprechenden Seitenzahlen der Kapitel ist auch die jeweilige Textstelle schnell nachgeschlagen.

Verzweigungen und Knoten

Nicht alle Wissenschaftler kommen gleich gut mit Visualisierungen zurecht, und es sollte Sie nicht irritieren, wenn Sie sich für solche Kartierungsversuche nicht erwärmen können. Womöglich fahren Sie mit einer anderen Methode besser, etwa indem Sie zu den einzelnen Teilthemen eine Stichwortliste auf je einem separaten Blatt anfertigen. Wenn Sie dann Ihre Argumentation umstrukturieren, brauchen Sie nur die Reihenfolge der Listen zu ändern und werden ebenfalls Ihre Nachweisstellen wieder finden. Auch die bei Manchen beliebten Karteikästchen funktionieren nach demselben Prinzip. Es gibt hier wie so oft nicht das eine für alle ideale System, aber Sie werden in der Anwendung bald feststellen, mit welcher Methode Sie die besten Ergebnisse erzielen.

Listen und Karteikarten

Sie werden einen großen Teil Ihres Studiums mit Lesen verbringen. Die eigenständige Lektüre ist daher eine der wichtigsten Techniken, die Sie sich aneignen können. Doch je mehr Sie lesen und je anspruchsvoller die Arbeitsaufgaben werden, desto mehr Zeit werden Sie dafür brauchen, die aus den Texten gewonnenen Erkenntnisse zu strukturieren. Die oben beschriebenen Markierungssysteme sind eine gute Basis, aber es kann der Punkt kommen, an dem handschriftliche Notizen, Karteikarten oder Zeichnungen unübersichtlich werden. Gerade im Hinblick auf eine Abschlussarbeit sollten Sie sich daher frühzeitig mit elektronischen Hilfsmitteln vertraut machen, die das Bewältigen einer großen Informationsmenge erheblich erleichtern können. Die einfachste Lösung sind Tabellen in Textverarbeitungs- oder besser noch Tabellenkalkulationsprogrammen, die mit der Such- und Sortierfunktion bequem zu erschließen sind. In den anschließenden Empfehlungen finden Sie darüber hinaus einige Programme zur wissenschaftlichen Literaturverwaltung, aber wie immer gilt: Gut ist das, was Ihnen am ehesten liegt. Prüfen Sie, ob das jeweilige Programm für Sie die Balance zwischen Überschaubarkeit und Funktionalität bietet – und probieren Sie unbedingt aus, wie das Zusammenspiel zwischen der Datenverwaltung und Ihrem Textverarbeitungsprogramm funktioniert. Nichts ist ärgerlicher, als nach einer aufwändigen Eingabe festzustellen, dass Datensätze beim Export in ‚Informationsmüll' verwandelt werden.

Je tiefer und systematischer Sie sich in ein Thema eingearbeitet haben, desto schneller werden Sie sich auch in neuer Literatur zurechtfinden. Viele Kurse und Bücher versprechen Ihnen darüber hinaus eine Anleitung zum ‚Blitzlesen'. So verführerisch die Idee ist, Lesezeit gegen Freizeit einzutauschen, so trügerisch ist sie. Mit der Zeit werden Ihnen aber bei der Lektüre bestimmte Signale auffallen, etwa Formulierungen, die auf einen neuen Sinnabschnitt hinweisen. Oder Sie können anhand von markanten Begriffen auf den Inhalt einzelner Passagen schließen und darauf, ob sich eine genauere Lektüre für Ihre Fragestellung lohnen könnte. Das viel gerühmte kursorische Lesen ist nicht theoretisch zu vermitteln und ersetzt vor allem keine gründliche Lektüre. In manchen Fällen können Sie nach dem Überfliegen eines Textes diesen sofort als irrelevant abhaken, in anderen Fällen bekommen Sie so zumindest eine erste Orientierung. Versuchen Sie sich ruhig an Tipps zum effektiveren Lesen, aber misstrauen Sie allzu pauschalen Versprechungen! Die Aneignung von Wissen ist eine individuelle konstruktivistische Tätigkeit, die Ihnen niemand abnehmen kann. Lesen ist aber zugleich eine Technik, und wie bei jeder Handwerkstechnik werden Sie nur mit systematischer Übung besser – schneller, präziser und gründlicher.

Lektüreempfehlungen und Internet-Adressen

- Detlef Jürgen Brauner / Hans-Ulrich Vollmer, Erfolgreiches wissenschaftliches Arbeiten. Seminararbeit – Diplomarbeit – Doktorarbeit, 2. Aufl. Sternenfels 2006. *Zu lesen als Arbeitstechnik mit praktischer Ausrichtung auf eine anschließende schriftliche Verwertung.*

    Literatur

- Christoph Metzger (Hg.), Wie lerne ich? WLI-Hochschule. Lern- und Arbeitsstrategien, 8. Aufl. Aarau 2006. *Arbeitshandbuch mit großem Teil zu Lesetechniken und einem Fragebogen zur Einschätzung des eigenen Lese- und Lernverhaltens.*

- Friedrich Rost, Lern- und Arbeitstechniken für das Studium, 4. Aufl. Wiesbaden 2005. *Hinweise zur Arbeitsorganisation und zu fortgeschrittenen Lesetechniken.*

- Wolfgang Schmale (Hg.), Schreib-Guide Geschichte. Schritt für Schritt wissenschaftliches Schreiben lernen, Wien 2006. *In vielen Beiträgen Hinweise zur Erarbeitung von Literatur für spezifische Fragestellungen.*

- Joachim Stary / Horst Kretschmer, Umgang mit wissenschaftlicher Literatur. Eine Arbeitshilfe für das sozial- und geisteswissenschaftliche Studium, 3. Aufl. Berlin 2004. *Eine Einführung in verschiedene Lesetechniken mit Ausblick auf die Texterarbeitung in Gruppen.*

- Bibliographix: www.bibliographix.de. *Teilweise kostenpflichtiges Programm mit einer Verbindung aus Arbeitsplaner und Literaturverwaltung.*

    Software

- EndNote: www.endnote.com. *Kostenpflichtiges Programm zur Literaturverwaltung mit Schnittstellen zu Internet-Datenbanken und allen verbreiteten Büro-Anwendungen.*

- Lit*link*: www.lit-link.ch. *Kostenloses Datenbank-Programm für die Verwaltung von Exzerpten, Zitaten und bibliografischen Hinweisen.*

- FreeMind: http://freemind.sourceforge.net. *Kostenlose Software für das Erstellen von Mindmaps.*

13 Schreiben

Christine G. Krüger

Abbildung 19: Ludwig Knaus, *Bildnis des Historikers Theodor Mommsen* (1881), Öl auf Holz, 120 × 85 cm, Berlin, Nationalgalerie

Gesetzt, weise, männlich – genial. So präsentiert sich das Idealbild des schreibenden Gelehrten im 19. Jahrhundert. Verkörpert im berühmten Althistoriker Theodor Mommsen (1817–1903) ist es hier von Ludwig Knaus (1829–1910) auf die Leinwand gebracht. Ernst blickt Mommsen dem Betrachter entgegen. Bücher liegen auf dem Tisch und füllen die Regale im Hintergrund. Sogar der Fußboden ist mit zerfledderten Folianten und zerknülltem Papier gepflastert. Alles zeugt von konzentrierter Arbeit, von Gedankenschwere, von leidenschaftlicher Schreibwut. Dem Meister bleibt keine Zeit, um Ordnung zu schaffen.

Ein solches Bild würde heute nicht mehr gemalt. Nicht nur, dass die Feder gegen den Computer ausgetauscht werden müsste, auch das Idealbild eines Wissenschaftlers ließe sich nicht mehr so eindeutig fixieren: Denn heute sind auch Historiker*innen* am Werk, und auch Jüngeren wird zugetraut Geschichte zu schreiben – nicht selten sind gerade sie es, die Aufregendes und Innovatives produzieren. Außerdem wird, wenngleich wohl auch der eine oder die andere noch von Genialität träumen mag, dem Geniekult von Historikern und Historikerinnen einige Skepsis entgegengebracht. Denn seit dem Aufkommen von Sozial-, Alltags- und Kulturgeschichte ist die Zunft von der Vorstellung abgerückt, dass allein ‚große Männer' Geschichte machen.

Einige Aussagen des Porträts behalten jedoch ihre Gültigkeit: Professionelles Schreiben verlangt Ausdauer, gründliche Lektüre, viel Papier und zahlreiche verworfene Gedanken. Aber die Mühe lohnt sich: Das Schreiben schult, Ideen klar zu fassen, komplexe Sachverhalte zu durchdringen, Probleme aufzuwerfen und Fragen zu entwickeln. Das sind Kompetenzen, die in allen Berufsfeldern gebraucht werden, in denen eigenständiges Arbeiten gefordert ist.

Und noch etwas lässt sich von Theodor Mommsen lernen: Mommsen wurde mit dem Literaturnobelpreis ausgezeichnet. Gewiss, der Schreibstil der Geschichtswissenschaft hat sich seit dem ausgehenden 19. Jahrhundert gewandelt. Doch das heißt nicht, dass sich Wissenschaftssprache literarischen Ansprüchen entziehen muss. Geschichtsschreibung darf Lesegenuss bereiten. Lassen Sie den Funken der beim Schreiben verspürten Begeisterung auf Ihre Leser übergreifen!

13.1 **Konzeption und Gliederung**
13.2 **Die schriftliche Hausarbeit**
13.3 **Zitierweisen, Formalia, Sprache**
13.4 **Schreiben ist Dialog**
13.5 **Schreiben im Beruf**

13.1 Konzeption und Gliederung

Wie es das Mommsen-Porträt erahnen lässt, braucht wissenschaftliches Schreiben viel Zeit. Bevor Sie ans eigentliche Werk gehen, gilt es daher, einen groben Zeitplan zu erstellen. Viele Studierende verkalkulieren sich dabei und verfehlen so ein optimales Ergebnis. In Lehrveranstaltungen lernen Sie leider nur selten etwas über Zeitplanung. Umso intensiver sollten Sie sich selbst darüber Gedanken machen. Zeitmanagement ist eine Schlüsselkompetenz, die zum selbstständigen Arbeiten gehört und die Sie im Berufsleben brauchen werden.

Zeitplanung

Da die Arbeitsgeschwindigkeit individuell verschieden ist, lassen sich für die Erstellung von Seminararbeiten keine festen Maßstäbe aufstellen. Eine Richtlinie, an der Sie sich orientieren können, ist Ihr Workload. Für eine Arbeit von etwa 15 Seiten wird vielfach ein Workload von 100 Stunden veranschlagt. Das ist nicht viel – bei einem durchschnittlichen Arbeitstag von sechs bis acht Stunden zweieinhalb bis drei Wochen. Eine Bachelor-Arbeit ist meist mit 12 Kreditpunkten (KP) bzw. neun Wochen bemessen. Berechnen Sie, wie viel Zeit Ihnen dabei für die einzelnen Arbeitsschritte jeweils zur Verfügung steht. Unterschätzen Sie nicht die Dauer des eigentlichen Schreibens. Wenn Sie an einem Tag drei Seiten schreiben, ist das beachtlich. Sich zehn Seiten pro Tag zum Ziel zu nehmen, ist unrealistisch. Kalkulieren Sie grob die Hälfte der Zeit für Recherche, Lektüre und Konzeption, die andere für Niederschrift und Korrekturen. Schieben Sie den Schreibbeginn nicht zu weit nach hinten auf. Wenn am Ende Zeit bleibt, können Sie Ihren Text immer noch überarbeiten und ergänzen. Planen Sie auf jeden Fall genügend Zeit für die Überarbeitungs- und Korrekturphase ein. Sie kann unterschiedlich lang ausfallen: Wer von Beginn an langsam, aber sorgfältig schreibt, wird anfangs mehr Zeit brauchen als derjenige, der es vorzieht, seine Gedanken schnell und dafür weniger ausgefeilt aufs Papier zu bringen.

Thema

Der erste Schritt auf dem Weg zu einer wissenschaftlichen Arbeit ist die Themenwahl. Für eine Seminararbeit können Sie vermutlich auf einen Vortrag zurückgreifen, den Sie in einem Seminar gehalten haben und dessen Thema Sie weiter bearbeiten. Es kann aber auch sein, dass Sie lieber ein neues Thema bearbeiten möchten oder müssen – beispielsweise für Ihre Bachelor-Arbeit. Eine der wichtigsten Voraussetzungen für die richtige Wahl ist, dass Sie für Ihr Thema Interesse entwickeln können.

Auf jeden Fall sollten Sie Ihr Thema mit dem zuständigen Dozenten absprechen. Gerade am Anfang des Studiums fehlen Wissen und

Erfahrung, um abschätzen zu können, ob ein Thema zu ausufernd ist und ob sich genügend Literatur dazu finden lässt. Vor Schreibbeginn sollten Sie Ihrem Dozenten außerdem eine Literaturliste sowie Ihre Fragestellung und Gliederung vorlegen und mit ihm besprechen.

Unverzichtbar für jede wissenschaftliche Arbeit ist die Fragestellung. Sie verleiht der Geschichte einen Sinn. Bereits mit der Entscheidung für diejenigen Fakten, die berichtenswert erscheinen, antworten Historiker auf vorgefasste Fragen. Dies kann unbewusst geschehen; in der Wissenschaft sollten die Fragen jedoch immer bewusst formuliert werden.

Wie aber lässt sich eine kluge Fragestellung finden? Die interessantesten Fragen sind stets problemorientiert, sie suchen etwa nach Ursachen für historischen Wandel, bemühen sich um die Analyse gesellschaftlicher Konflikte oder von Krisensituationen. Die Fragestellung sollte überdies möglichst eine Forschungsdiskussion aufgreifen. Zu Beginn des Studiums werden Sie wahrscheinlich nicht gleich in die Debatten der Fachhistoriker einsteigen können, das wird auch noch nicht von Ihnen erwartet. Doch schadet es nicht, schon früh ein Gespür für verschiedene Forschungspositionen zu entwickeln. Achten Sie bei Ihrer Lektüre auf divergierende Standpunkte, suchen Sie nach Widersprüchen. Wo es Kontroversen gibt, wird es meist spannend.

Ebenfalls unerlässlich für eine wissenschaftliche Arbeit ist eine stringente Argumentation. Viele Studienanfänger glauben, man könne ‚einfach drauf los schreiben' und daraus werde dann schon ein flüssiger und schlüssiger Text. Das ist eine Illusion. Selbst wenn Sie unter Zeitdruck eine Klausur zu schreiben haben, sollten Sie sich ausreichend Zeit nehmen, um vor Schreibbeginn eine detaillierte Gliederung zu erstellen. Ihre Argumente können noch so stichhaltig sein, sie überzeugen nur, wenn sie strukturiert zu Papier gebracht werden. Mit einer ausgefeilten Gliederung klären Sie Ihre Gedanken und legen einen ‚roten Faden'. So vermeiden Sie Redundanzen oder Widersprüche, die verwirren und den Eindruck entstehen lassen, Sie wüssten selbst nicht, was Sie sagen wollen.

Wie gelangt man zu einer plausiblen Gliederung? Sehen Sie Ihre Exzerpte und Notizen durch und versuchen Sie, diese zu ordnen. Das ist nicht einfach, denn um eine Seminararbeit von 10 bis 20 Seiten zu schreiben, benötigt man Etliches an Material. Hier hilft Ihnen Ihre Fragestellung, die bei der Durchsicht Ihrer Notizen als Leitfaden dienen sollte. Bleiben Sie aber flexibel und überdenken Sie Ihre Fragestellung angesichts Ihrer Lektüreergebnisse kritisch. Prüfen Sie, ob Sie Ihre Fragen mit dem erarbeiteten Material beantworten können.

Vielleicht bemerken Sie auch, dass bei den Recherchen neue Fragen entstanden sind, die Ihnen jetzt wichtiger erscheinen. Verändern oder präzisieren Sie in diesem Fall Ihre Ausgangsfragestellung.

Wenn die Fragestellung in etwa feststeht, ist der nächste Schritt, den Argumentationsgang zu gestalten. Mit welchen Rechercheergebnissen können Sie Ihre Fragen beantworten? Welche Aspekte sind dabei zu bedenken? In welcher Reihenfolge und in welcher Ausführlichkeit wollen Sie Ihre Argumente bringen? Entwickeln Sie aus Ihrer Fragestellung und aus Ihren Notizen eine Gliederung für Ihre Arbeit: *Gliederungspunkte* Der Hauptteil wird in zwei bis vier Kapitel unterteilt – größer sollte die Kapitelzahl bei kürzeren Arbeiten nicht sein. Die Kapitel können in mehrere Unterkapitel gegliedert werden, bei umfangreicheren Arbeiten, etwa einer Bachelor-Arbeit, kann auch noch eine dritte Gliederungsebene sinnvoll sein. Da eine zu starke Untergliederung aber den Lesefluss stört, sind Unterkapitel von weniger als einer Seite nicht empfehlenswert. Für kleinere Sinneinheiten werden Absätze gesetzt. Ein Absatz umfasst im Normalfall mindestens drei Sätze oder sechs Zeilen, pro Seite ergeben sich im Schnitt zwei bis vier Absätze.

Jede Gliederung verlangt eine innere Logik. Die einzelnen Gliederungsabschnitte sollten miteinander in Verbindung stehen. Im Allgemeinen ist bei historischen Arbeiten zwischen chronologischen oder systematischen Gliederungen zu unterscheiden. Keine der beiden Varianten ist grundsätzlich vorzuziehen, vielmehr ist die Gliederung jeweils an Fragestellung, Thema und Gegenstand der Arbeit anzupassen. Oft bietet es sich an, eine Mischform zu wählen.

Argumente ordnen Wie aber erstellt man aus seinen Notizen konkret eine sinnvolle Gliederung? Es gibt verschiedene Vorgehensweisen und Sie müssen für sich selbst herausfinden, mit welcher dieser Methoden Sie am besten zurechtkommen. Sie können etwa Ihre Notizen in verschiedenen Farben unterstreichen. Den Hauptthemen, welche die einzelnen Kapitel bilden sollen, weisen Sie jeweils eine Farbe zu. Beschränken Sie sich auf drei bis fünf Themen, die Ihnen am wichtigsten erscheinen, andernfalls wird die Farbenvielfalt unübersichtlich und ebenso Ihre Gliederung. Auch innerhalb der einzelnen Kapitel sollten die Argumente logisch aufeinander folgen. Nachdem das Material grob den Kapiteln zugeordnet worden ist, muss es also, z. B. mit Hilfe einer Tabelle, weiter hierarchisiert und untergliedert werden.

Wenn Sie sich nicht von Beginn an für eine überschaubare Anzahl an Hauptthemen entscheiden können, empfehlen sich andere Metho- *Schlagworttechnik* den. Bewährt hat es sich etwa, mit Schlagwörtern zu arbeiten. Als Schlagwörter wählen Sie zentrale Begriffe, mit denen Sie die wichtigsten Themen, die Sie in Ihrer Arbeit behandeln möchten, auf den Punkt bringen. Diese notieren Sie dann an den Rand neben Ihre Notizen oder – wenn Sie am Computer arbeiten – in einem auffälligen Format, z. B. farbig, unter einzelne Exzerptabschnitte. Wichtig ist, dass Sie die Schlagwörter als solche erkennen und schnell wiederfinden. Auch bei den Schlagwörtern sollten Sie sich bemühen, deren Anzahl nicht ausufern zu lassen, 20 oder 30 Begriffe dürfen es aber für eine Hausarbeit sein. In einem zweiten Schritt lassen sich auch diese einer kleineren Anzahl von drei bis fünf Hauptthemen unterordnen, welche die einzelnen Kapitel bilden. Innerhalb dieser gilt es dann wieder, die Gliederung durch Unterkapitel zu verfeinern. Dazu bietet es sich an, die Schlagwörter auf kleine Karteikarten zu schreiben und damit zu puzzeln. So kann man verschiedene Gliederungsvarianten durchprobieren. Wenn Sie gut mit Mindmaps (→ KAPITEL 12.6) arbeiten können, lassen sich auch damit die Schlagwörter ordnen und in eine Gliederung umwandeln.

Je detaillierter Sie im Vorfeld Material und Gedanken ordnen, desto einfacher wird die Niederschrift. Zögern Sie aber den Schreibbeginn nicht lediglich deshalb immer weiter hinaus, weil noch nicht jede Kleinigkeit einen festen Platz in ihrer Argumentation gefunden hat. Vermutlich müssen Sie während des Schreibprozesses ohnehin kleinere Änderungen an Ihrer Konzeption vornehmen, weil Ihnen neue Gedanken kommen oder Schwachstellen bei Ihrem ersten Entwurf auffallen. Sie können und sollten Ihre Arbeit bis zuletzt immer wieder auf Stringenz hin überprüfen und gegebenenfalls überarbeiten.

Schreibbeginn

13.2 Die schriftliche Hausarbeit

Sind Sie mit Ihrer Konzeption zufrieden und haben diese mit Ihrem Dozenten abgesprochen, ist der Start frei für die Niederschrift. Beginnen Sie mit der Einleitung, denn gerade beim Schreiben der Einleitung schaffen Sie noch einmal Klarheit über die eigenen Gedanken, über die genaue Fragestellung und das Ziel der Arbeit.

Einleitung

Die Einleitung einer wissenschaftlichen Arbeit hat einen zentralen Stellenwert. Daher sollte besonders viel Mühe auf sie verwendet werden. Ihre Aufgabe ist es, das Interesse des Lesers zu wecken. Sie eröffnet den Spannungsbogen und formuliert die Fragestellung. Bei der Gestaltung der Einleitung sind Sie jedoch nicht völlig frei. Es gibt einige Bestandteile, die enthalten sein müssen. Beginnen sollten Sie mit einer Hinführung zum Thema, mit der das Sujet der Arbeit vorgestellt und dessen Relevanz erläutert wird. Verzichten Sie auf Standardfloskeln wie: „Diese Hausarbeit behandelt...", es lassen sich spannendere Einstiege in ein Thema finden. Als ‚Aufhänger' können Sie etwa mit einem Quellenzitat beginnen, an dem Sie exemplarisch die Problemstellung Ihres Themas skizzieren (→ KAPITEL 3.1). Oder Sie umreißen mit ein oder zwei Sätzen ganz allgemein die historische Bedeutung des behandelten Gegenstandes. Denkbar wäre auch eine kurze Präsentation einer Forschungsthese oder -kontroverse, die für Ihre Arbeit Erkenntnis leitend ist. Achten Sie darauf, wie professionelle Historiker ihre Arbeiten beginnen, und überlegen Sie, weshalb es einigen gelingt, Sie zum Weiterlesen zu animieren, anderen aber nicht.

Relevanz

Über der ausgefeilten Ouvertüre darf nicht vergessen werden, das Thema präzise zu benennen. Dazu gehört auch dessen Abgrenzung: Sie sollten begründen, was Sie behandeln, aber ebenso, was Sie *nicht* behandeln, und weshalb Sie das Thema so und nicht anders abstecken. Damit lässt sich die Einordnung des Themas in den breiteren historischen Kontext verbinden. Wenn Sie die Bedeutung, Relevanz und Problematik des Themas nicht bereits in der Hinführung zum Thema verdeutlicht haben, sollte das an dieser Stelle erfolgen. Daraus leiten Sie Ihre Fragestellung ab und legen das Erkenntnisinteresse und Ziel Ihrer Arbeit dar. Der Leitfrage können speziellere Fragen untergeordnet werden. Abschließend folgt oft eine These, die im Hauptteil der Arbeit argumentativ belegt und entfaltet wird.

Erkenntnisinteresse

Wenn Sie im Studium fortgeschritten sind, wird von Ihnen erwartet, dass Sie in der Einleitung auch die Vorgehensweise begründen. Dazu bestimmen und rechtfertigen Sie Ihren „Ansatz", d. h. Sie geben an, ob Sie etwa politik-, wirtschafts- oder kulturgeschichtlich arbeiten. Außerdem erläutern Sie Ihr methodisches Vorgehen, skizzieren also auf welche Weise und in welchen Schritten Sie zu Ihren Ergebnissen kommen, etwa mit einem Vergleich, einer Zeitungsanalyse oder einer Zeitzeugenbefragung. Des Weiteren sollten Sie sich in der Einleitung um eine Einordnung Ihrer Arbeit in den Forschungsstand bemühen. Für Studienanfänger ist dies freilich schwierig, denn um die Forschungslage zu überblicken, braucht man Einiges an Wissen und Übung. Sie können aber bereits in den ersten Semestern kurz die zwei oder drei wichtigsten Werke der Forschungsliteratur vorstellen, auf die Sie sich bei Ihrer Arbeit stützen. Spätestens in der Bachelor-Arbeit sollten Sie die von Ihnen benutzte Literatur kritisch zu würdigen wissen. Beschreiben Sie in der Einleitung außerdem die

Vorgehensweise

wichtigsten der in Ihrer Arbeit verwendeten Quellen. Legen Sie dar, weshalb Sie diese Quellengrundlage gewählt haben und welche Erkenntnisvor- und -nachteile damit verbunden sind. Die Einleitung endet schließlich mit einer kurzen, begründeten Vorstellung der Gliederung. Alles in allem sollte die Einleitung möglichst knapp gehalten werden, als grobe Richtlinie ist etwa zehn bis fünfzehn Prozent des gesamten Textes für sie zu veranschlagen.

Der Hauptteil ist die eigentliche Erörterung des Themas. Hier legen Sie alles dar, was für die Beantwortung ihrer Leitfrage wichtig ist. Schreiben Sie Ihre Arbeit nicht für die Lehrenden, sondern richten Sie sich an einen fiktiven Leser, der kein Spezialist ist. Erläutern Sie im Laufe Ihrer Arbeit all das, was für jemanden, der sich noch nicht näher mit dem Thema auseinandergesetzt hat, unklar sein könnte. Einen gewissen Bildungsstand und genügend Intelligenz, um eine komplexere Argumentation zu verfolgen, dürfen Sie dabei allerdings voraussetzen. Hauptteil

Im Mittelpunkt der Arbeit steht die Analyse von Strukturen, Kausalitäten und Zusammenhängen. Bemühen Sie sich um eine Balance zwischen eher faktenorientierter Darstellung, Diskussion und Deutung. Eine Dokumentation von Fakten ist unabdingbar, für einige Textgattungen, etwa Lexikonbeiträge, überwiegt die Faktenwiedergabe. Die höhere Kunst und das eigentliche Ziel von Seminararbeiten ist jedoch die schlüssige Interpretation und Reflexion. Darstellung

Dafür gilt es, die aus der Forschungsliteratur gewonnenen Informationen mit denjenigen aus den Quellen zu verknüpfen und daraus eigene Schlüsse zu ziehen: Lassen Sie verschiedene Forschungsstandpunkte miteinander in Diskussion treten; wägen Sie diese kritisch gegeneinander ab und beziehen Sie Position in Form einer begründeten und sachlichen Stellungnahme; nehmen Sie keine moralischen Wertungen vor. Aufgabe des Historikers ist es zu erklären, nicht zu richten. Beurteilen Sie daher historische Persönlichkeiten, Epochen etc. nicht nach Kriterien wie gut oder böse, klug oder dumm. Hüten Sie sich auch davor, auf vermeintliche Rückständigkeiten einer Epoche herabzusehen.

Der Hauptteil wird *nicht* mit „Hauptteil" überschrieben! Die einzelnen Kapitel erhalten jeweils eine thematische Überschrift. Bei den Kapitelübergängen sollten Sie deutlich machen, wie die einzelnen Teile Ihrer Arbeit miteinander zusammenhängen. Am Ende eines Gliederungspunktes leiten jeweils ein oder zwei Sätze zum nächsten über. Überschriften

Der Schluss bleibt bei Ihren Lesern als letzter Eindruck im Gedächtnis und sollte nicht vernachlässigt werden. Hier stellen Sie unter Schluss

Beweis, dass Sie Ihre Ergebnisse auf den Punkt zu bringen wissen. Dafür gehen Sie noch einmal auf die in der Einleitung gestellten Fragen ein und ziehen ein Fazit. Der Schluss sollte keine völlig neuen Argumente enthalten, geht aber auch über eine bloße Zusammenfassung hinaus, indem er kritisch bilanziert, Befunde bündelt und zuspitzt. Außerdem können hier weiterführende Fragen formuliert werden, die sich aus Ihrer Untersuchung ergeben haben und für deren Beantwortung zusätzliche Recherchen notwendig wären. Für Studienanfänger ist ein solcher „Ausblick" jedoch nicht unbedingt zu empfehlen, da es nicht einfach ist, die ‚richtigen' Fragen zu finden. Wenn Sie hier Fragen aufwerfen, die Sie hätten beantworten können, werden Ihre Leser dies monieren. Der Schluss ist noch kürzer als die Einleitung, eine angemessene Länge sind fünf bis zehn Prozent des Gesamttextes.

13.3 Zitierweisen, Formalia, Sprache

Belegen

Sie werden im Studium schnell bemerken, wie viel Wert Ihre Dozenten darauf legen, dass Sie die Regeln des Zitierens und Belegens sorgfältig beachten. Der amerikanische Historiker Anthony Grafton hat die Fußnote mit einer Toilette verglichen: Für lästige, aber notwendige Verrichtungen bestimmt, an „vornehm versteckt[em]" Ort, errege sie „Aufmerksamkeit vor allem dann, wenn sie nicht [...] funktioniert" (Grafton 1995, S. 18f.) – und Unsauberkeit ist hier nicht gefragt.

Wissenschaft gründet auf Nachvollziehbarkeit und Überprüfbarkeit, diesem Zweck dienen Belege. Hinzu kommt ein Zweites: Dass Sie nicht abschreiben dürfen, wissen Sie seit der ersten Klassenarbeit in der Schule. In der Wissenschaft dürfen Sie zwar gewissermaßen von anderen ‚abschreiben', doch müssen Sie dies kennzeichnen. Wissenschaft ist immer auch ein Ideenwettbewerb. Mit den Belegen bezeugen Sie Achtung gegenüber den Gedanken und Werken anderer.

Zitate

Zu belegen sind daher nicht nur wörtliche Zitate, sondern auch sinngemäße Übernahmen fremder Gedanken. Jede Sinneinheit und damit jeder Absatz erhält normalerweise einen Beleg, das ergibt im Schnitt also mindestens vier bis sechs Fußnoten pro Seite. Allgemein unumstrittene und weithin bekannte Fakten – etwa, dass der Zweite Weltkrieg von 1939 bis 1945 dauerte – müssen nicht belegt werden. Aber setzen Sie in den ersten Semestern lieber eine Fußnote zu viel als zu wenig.

Zitieren Sie in Ihrer Arbeit aus den Quellen, vor allem, wenn es sich um besonders wichtige Textstellen oder um aussagekräftige oder einprägsame Formulierungen handelt. Vermeiden Sie jedoch allzu lange Zitate und lassen Sie Zitate nicht unkommentiert stehen, sondern erläutern Sie deren Bedeutung. Sparsam sollten Sie mit Zitaten aus der Forschungsliteratur sein, diese ist nur dann wörtlich wiederzugeben, wenn es auf den genauen Wortlaut ankommt, etwa bei einer Begriffsneuschöpfung oder einer sehr pointierten Stellungnahme. Wenn Sie etwa eine Hausarbeit zum Thema „Krieg und Nationalismus" schreiben, ließe sich beispielsweise die Formulierung „Symbiose von Nationsbildung und Krieg" von Dieter Langewiesche zitieren, mit der die These vertreten wird, dass Nationen im 19. Jahrhundert meist im Krieg entstanden und Kriege meist durch Nationalismus (Langewiesche 2000, S. 27).

Zitieren

Wörtlich übernommene Textpassagen erfordern zusätzlich zum Beleg eine Kennzeichnung durch Anführungszeichen. Zitate müssen sich flüssig in Ihren Argumentationsgang fügen, sie sind so in den Text einzugliedern, dass vollständige, grammatisch korrekte Sätze entstehen. Wenn Sie zitierte Textstellen grammatikalisch verändern oder kürzen, muss dies mit eckigen Klammern und gegebenenfalls Auslassungspunkten markiert werden. Schauen Sie sich das Grafton-Zitat im ersten Absatz dieses Abschnitts an: Es wurde verkürzt und bei „versteckt" wurde ein „em" angefügt, das im Originaltext nicht steht.

In der Geschichtswissenschaft wird üblicherweise mithilfe von Fußnoten belegt, seltener mit Endnoten oder – wie in diesem Buch – mit der sogenannten „amerikanischen" Zitierweise. Wie die Literaturangaben im Einzelnen aussehen, kann variieren. Wichtig ist es vor allem, innerhalb einer Arbeit Einheitlichkeit zu wahren und nicht zwischen verschiedenen Zitierweisen hin und her zu wechseln. Aus der Tabelle (→ **ABBILDUNG 20**) sind die Bestandteile von Literaturangaben zu ersehen. Exemplarisch werden in ihr für drei Literaturgattungen die im Internet verfügbaren Zitierrichtlinien von *Geschichte und Gesellschaft* und der *Historischen Zeitschrift* vorgestellt (Stand: 2007). Sehen Sie sich als weiteres Beispiel die Lektüreempfehlungen dieses Buches an.

Zitiervorschriften für Fußnoten

Vergessen Sie nicht, in den Fußnoten die Seitenzahlen für die Stelle, auf die Bezug genommen wurde, anzugeben. Ist ein Text in mehreren Fußnoten als Beleg angeführt, steht von der zweiten Nennung an nur noch ein Kurztitel. Bei zwei direkt aufeinander folgenden Verweisen auf dasselbe Werke kann man den Titel durch ein „ebd." ersetzen. Wird derselbe Autor zweimal nacheinander, aber mit ver-

	Historische Zeitschrift	Geschichte und Gesellschaft
Monografie	*Eric Hobsbawm*, Nations and Nationalism since 1780. Programme, Myth, Reality. 2. Aufl. Cambridge 1993.	Eric Hobsbawm, Nations and Nationalism since 1780. Programme, Myth, Reality, Cambridge 1993[2].
Aufsatz in einer Zeitschrift	*Oliver Zimmer*, Nation und Religion. Von der Imagination des Nationalen zur Verarbeitung von Nationalisierungsprozessen, in: HZ 238, 2006. 617–656.	Oliver Zimmer, Nation und Religion. Von der Imagination des Nationalen zur Verarbeitung von Nationalisierungsprozessen, in: HZ 238, 2006, S. 617–656.
Aufsatz in einem Sammelband	*Friedrich Prinz*, Der Weißwurstäquator, in: Etienne François / Hagen Schulze (Hrsg.), Deutsche Erinnerungsorte. 3 Bde., Bd. 1. München 2003. 471–783.	Friedrich Prinz, Der Weißwurstäquator, in: Etienne François u. Hagen Schulze (Hg.), Deutsche Erinnerungsorte, 3 Bde., Bd. 1, München 2003, S. 471–783.

Abbildung 20: Zwei Beispiele für Zitiervorschriften in Zeitschriften

schiedenen Werken zitiert, kann beim zweiten Mal statt seines Namens „ders.", bei einer Autorin oder mehreren Autoren „dies." gesetzt werden. Fußnoten beginnen immer mit einem Großbuchstaben und enden mit einem Punkt.

Layout Hausarbeiten sind in der Regel geheftet und haben ein Deckblatt mit folgenden Angaben:
- Name der Universität und des zuständigen Fachbereichs bzw. der Fakultät; der Titel der Lehrveranstaltung sowie Jahr und Semester, in dem sie stattgefunden hat; der Name des Betreuers; Abgabedatum;
- Titel der Arbeit (groß in der Mitte);
- Name, Anschrift und E-Mail-Adresse des Verfassers.

Je nach Universität, Institut oder Dozent kann es noch genauere Vorgaben geben.

Nach dem Deckblatt kommt das Inhaltsverzeichnis, in dem alle Kapitel und Unterkapitel nummeriert und mit Seitenangaben aufgeführt werden. Die Seitenzählung beginnt mit dem Inhaltsverzeichnis. Ihm folgt der eigentliche Text. Am Ende der Arbeit sind schließlich je ein Quellen- und Literaturverzeichnis anzufügen, in denen, alphabetisch nach Autor geordnet, alle in den Fußnoten angeführten Titel aufgelistet werden. Alternativ ist ein Literaturverzeichnis wie in diesem Band möglich, das auf die Besonderheiten der amerikanischen Zitierweise Rücksicht nimmt. Bei beiden Formen können Sie für die korrekte alphabetische Reihenfolge die Sortierfunktion Ihres Textverarbeitungsprogramms nutzen. Gegebenenfalls kommen ein Abkürzungs- oder ein Abbildungsverzeichnis hinzu.

Die übliche Formatierung für Hausarbeiten ist:
- Fließtext: eine schlichte Schriftart, Blocksatz, ausreichend Korrekturrand (insgesamt 4 bis 6 cm), 12 pt, anderthalbzeilig;
- Anmerkungen: 10 pt, einzeilig;
- Überschriften: hervorgehoben durch eine größere Schrift, Kursiv- oder Fettdruck.

Es zahlt sich aus, frühzeitig solide Kenntnisse in Textverarbeitungsprogrammen zu erwerben.

Gute und präzise Ausdrucksfähigkeit ist im Geschichtsstudium unabdingbar, um komplexe Sachverhalte differenziert darzustellen und überzeugend zu argumentieren. Bemühen Sie sich daher um einen sicheren Ausdruck – er lässt sich trainieren! Beispiele für ein solches Trainingsfeld sind die indirekte Rede und der Konjunktiv. Viele Studierende verwenden gar keinen Konjunktiv oder verwechseln Konjunktiv I und II. Das kann zu gravierenden Bedeutungsunterschieden führen, wie etwa bei folgenden Aussagen: „Er ist nicht der NSDAP beigetreten", „Er sei nicht der NSDAP beigetreten", „Er wäre nicht der NSDAP beigetreten". Achten Sie bewusst darauf, wie die indirekte Rede bei professionellen Historikern verwendet wird. Zumal wenn Ihr Berufswunsch in den journalistischen Bereich weist, eignet sich da auch die Lektüre von Qualitätszeitungen. *Ausdrucksfähigkeit*

Oberstes Gebot für einen wissenschaftlichen Text sind Klarheit und Präzision. Dies muss einen Text nicht trocken werden lassen. Ein eleganter Sprachfluss erleichtert die Lektüre nicht nur, weil sie vergnüglicher wird, sondern auch weil der Text dadurch an Verständlichkeit gewinnen kann. Bandwurmsätze und Wortungetüme trüben die Klarheit der Gedankenführung. Ein wissenschaftlicher Text muss weder im Nominalstil verfasst sein (Substantive z. B., die auf „-ung" enden, lassen sich meistens leicht in Verbalkonstruktionen umwandeln: „Das Pamphlet wurde veröffentlicht" statt „Es kam zu einer Veröffentlichung des Pamphlets"), noch muss er von Fremdwörtern strotzen. Fremdwörter können jedoch Ihre Ausdrucksfähigkeit bereichern, wenn bestimmte fachliche Differenzierungen und Nuancierungen erforderlich sind. Sie sollten also keine grundsätzliche Abneigung gegen sie entwickeln. Umgangssprachliche Formulierungen hingegen gehören nicht in einen wissenschaftlichen Text. Verfänglich ist es auch, die Quellensprache zu übernehmen, denn sie ist oft ungebräuchlich und enthält möglicherweise moralische Wertungen, denen Sie sich ungewollt anschließen würden. *Stil*

Zu vermeiden sind überdies Füllwörter wie „natürlich" oder „selbstverständlich". Seien Sie auch mit Ausdrücken wie „vielleicht", „vermutlich", „offenkundig" etc. sparsam. Alle Ihre Aussagen sollten sich auf nachvollziehbare Argumente stützen. Fehlen Ihnen dafür Informationen, versuchen Sie, diese herbeizuschaffen – dazu hilft allein der Weg in die Bibliothek. Gänzlich unterbleiben sollten Sätze wie: „Ich glaube ..." oder „Ich könnte mir vorstellen ...". Ob es statthaft ist, die „Ich"-Form zu verwenden, ist umstritten. Lange Zeit galt die Konvention, in wissenschaftlichen Arbeiten nicht in der ersten Person zu schreiben, weil man fand, das entspreche eher dem akademischen Objektivitätsanspruch. Heute wird das weniger streng gesehen, immer mehr Dozenten fordern sogar dazu auf, die „Ich"-Form zu gebrauchen, weil sie die unpersönlichen Ersatzformeln weniger ehrlich finden.

Tempus

Geschichtswissenschaftliche Texte berichten über historische Vorgänge im Präteritum, z. B. „Julius Cäsar überschritt den Rubikon". Wird das methodische Vorgehen der Arbeit erläutert, geschieht dies jedoch im Präsens. Dies gilt auch für die Diskussion von Forschungsstand und -positionen, es sei denn, auch sie werden historisch verortet, etwa durch die Nennung von Jahreszahlen. Es hieße also: „1854 schrieb Theodor Mommsen im ersten Band seiner *Römischen Geschichte* ...", aber: „In einer jüngst erschienenen Studie zur Geschichte des Schokoladenhandels wird der Standpunkt vertreten, dass ...".

Korrekturdurchgänge

Achten Sie in Ihren Arbeiten auf einen korrekten Satzbau und eine fehlerfreie Orthografie. Lesen Sie Ihre Arbeit nach Fertigstellung mehrmals aufmerksam durch. Lassen Sie sie zudem Korrektur lesen. Den eigenen Texten gegenüber wird man ‚betriebsblind': Man sieht die Fehler darin nicht. Das automatische Korrekturprogramm des Computers reicht nicht aus, denn es überprüft weder Sinn und Verständlichkeit noch findet es alle grammatikalischen Unsauberkeiten. Tempussprünge etwa entgehen ihm. Bitten Sie daher Freunde oder Bekannte, von denen Sie wissen, dass sie Rechtschreibung und Kommasetzung sicher beherrschen, Ihre Arbeiten gegenzulesen. Ein aktueller *Duden* gehört zur Standardausrüstung jedes Studierenden, hilfreich ist es zudem, sich daraus die Richtlinien für die Textkorrektur und Textverarbeitung anzueignen.

13.4 Schreiben ist Dialog

Eine wissenschaftliche Arbeit zu verfassen, ist kein Kinderspiel. Selbstständige Arbeit erfordert es, sich selbst zu motivieren. Vergegenwärtigen Sie sich immer wieder, was Sie an Ihrer Arbeit interessant finden. Sinnvoll sind außerdem geregelte Arbeitszeiten, in denen Sie sich nicht ablenken lassen, die aber auch Raum für genügend Freizeit lassen. Ein verbreitetes Schreibhindernis, das sogar in eine völlige Schreibblockade münden kann, ist Perfektionismus. Vollkommenheit ist ein unerreichbares Ziel, stecken Sie Ihre Ansprüche hoch, aber nicht zu hoch.

Schreibschwierigkeiten

Dass während des Schreibprozesses Unsicherheiten und Probleme auftauchen, ist normal, oftmals sogar produktiv. Diskutieren Sie mit Freunden und Kommilitonen über Ihre Arbeit und über Probleme, die dabei auftauchen. Zögern Sie auch nicht, bei Schwierigkeiten Ihre Dozenten anzusprechen. Zu denken, man könne wissenschaftliche Texte völlig auf sich allein gestellt schreiben, ist ein Trugschluss. Wissenschaft lebt vom geistigen Austausch.

Ein letzter Ratschlag zum Abschluss: Vergessen Sie nicht, die Arbeit, nachdem sie korrigiert wurde, mit dem Dozenten durchzusprechen. Seit die Scheine im Bachelor-Studium direkt an das Prüfungsamt geschickt und nicht mehr von den Studierenden abgeholt werden, verzichten viele auf eine Besprechung ihrer Arbeit. Nur durch das Feedback lernen Sie jedoch, was Sie künftig besser machen können. Und verbesserungsfähig sind alle Arbeiten, selbst bei einer optimalen Note.

Feedback

13.5 Schreiben im Beruf

Das Schreiben im Studium ist eine Vorbereitung für das spätere Schreiben im Beruf. Daher sollen hier exemplarisch einige Textgattungen vorgestellt werden, die Sie nach Ihrem Geschichtsstudium vielleicht im Berufsleben beherrschen müssen.

Den Seminararbeiten am ähnlichsten werden Ihre Texte aussehen, wenn Sie im Wissenschaftsbetrieb weiterarbeiten möchten. Die im Studium angefertigten Hausarbeiten sind gewissermaßen Monografien in Miniaturform. Als „Monografien" werden Bücher bezeichnet, die einen Gegenstand unter einer bestimmten Fragestellung möglichst umfassend behandeln und sich dazu in der Regel auf Quellen stüt-

Monografien

zen. Monografien präsentieren neue Forschungsergebnisse. Darin unterscheiden sie sich von Handbüchern, die anstatt eigener und vertiefter (Quellen-)Studien Synthesen der Forschungsliteratur und breiteres Überblickswissen liefern.

Aufsätze Wesentlich kürzer als Monografien sind Aufsätze, wie sie gewöhnlich in Sammelbänden und Zeitschriften veröffentlicht werden. In ihnen werden Teilaspekte eines Forschungsgebietes präsentiert, Thesen lanciert oder methodische Probleme diskutiert. Für Monografien und Aufsätze gelten die oben skizzierten Stil- und Zitierregeln und auch im Aufbau entsprechen sie gemeinhin – mit Einleitung, Hauptteil und Schluss – einer Seminararbeit.

Eine Textgattung, die sich in der Wissenschaft ebenso wie im Journalismus findet, ist die Buchbesprechung. Ihr Ziel ist es, zu informieren, ob, weshalb und für wen es sich lohnt, ein neu erschienenes
Rezensionen Buch zu lesen. Daher sollte eine Rezension einerseits Auskunft über den Inhalt des Buches geben, andererseits eine Bewertung vornehmen. Das Schreiben von Rezensionen schult die kritische Reflexion der gelesenen Literatur – Dozenten machen es deshalb gern auch im Seminar zur Aufgabe.

In der Kopfzeile oder am Ende einer Rezension finden sich üblicherweise der Name des Autors, der Titel des rezensierten Buches, Erscheinungsort, Verlag, Erscheinungsjahr, ISBN-Nummer, Seitenanzahl und Kaufpreis des Buches, außerdem der Name des Rezensenten. Für den Einstieg in eine Rezension bietet es sich an, mit einer knappen Vorstellung des in dem rezensierten Buch behandelten Themas dessen Relevanz zu verdeutlichen. Einleitend sollten außerdem Gegenstand, Fragestellung und Ziel des Buches genannt werden, eventuell auch die Zielgruppe, an die sich das Werk richtet. Es folgt gewöhnlich eine Inhaltsangabe, die auch die Gliederung des Buches erläutert.

Wichtig ist es, in einer Rezension die Hauptthesen des Buches herauszuarbeiten. Sucht man Zugang zu einem neuen Thema, kann die Lektüre von Rezensionen sehr hilfreich sein. Normalerweise wird in ihnen auch eine Einordnung in die Forschungsdiskussion vorgenommen: Welchen methodischen Ansatz verfolgt das Buch? Welche unerwarteten Erkenntnisse bringt es? Welche Forschungslücken schließt es? Wenn Sie im Bachelor-Studium selbst eine Rezension schreiben, ist von Ihnen ein Urteil hierüber kaum zu leisten, aber ersatzweise können Sie einen Vergleich mit thematisch ähnlichen Werken vornehmen, die Sie z. B. aus der Lehrveranstaltung kennen, für die Sie das Buch rezensieren.

Den Abschluss einer Rezension bildet eine zusammenfassende Würdigung des besprochenen Buches. Die Bewertungskriterien sollten erkennbar sein, das Urteil begründet. Zu bewerten sind in erster Linie die Fragestellung (Klarheit, Relevanz), die Argumentation (Stringenz der Gliederung, Schlüssigkeit der Thesen), die Ergebnisse, der Umgang mit Quellen sowie Stil und Sprache. Rezensionen werden oft mit einer Leseempfehlung abgeschlossen (z. B. „Das Buch eignet sich für ..."), die freilich auch einschränkend oder negativ ausfallen kann.

Wenn Sie in einer Rezension aus dem besprochenen Werk zitieren, vermerken Sie die entsprechenden Seitenzahlen in Klammern im Fließtext. Ansonsten müssen Sie in einer Rezension nicht zwingend Anmerkungen setzen, es sei denn, Sie zitieren oder erwähnen explizit einen bestimmten Literaturtitel.

„Der Kuss des Elefanten" lautet der Titel einer Ausstellungsbesprechung aus der ZEIT vom 3. Juli 2003, und im Untertitel liest man weiter: „Was Okzident und Orient verbindet: Eine faszinierende Ausstellung in Aachen erzählt die Reise des Elefanten Abul Abbas von Bagdad an den Hof Karls des Großen" (Erenz 2003). Ausstellungsbesprechungen ähneln im Genre den Rezensionen. Aber hier sehen Sie, was die Wochenzeitung von der Fachzeitschrift unterscheidet: Anstatt einer nüchternen „Rezension zur Ausstellung Ex-Oriente, Aachen", wie es wohl in einem Fachjournal heißen würde, formuliert der Autor einen anregenden oder überraschenden Titel und einen Untertitel. *Journalistische Texte*

Zeitungsartikel werden oft nach dem sogenannten *Lead*-Stil konzipiert und bestehen statt aus Einleitung, Hauptteil und Schluss aus *Lead-Stil*

I. einer Schlagzeile (headline),
II. einem Untertitel (subline),
III. einem Vorspann (lead), der in äußerst komprimierter Form die Hauptinformationen des Artikels mitteilt, und schließlich
IV. dem vollständigen Artikel (body).

Gewichtung und Länge dieser Bestandteile lassen sich grafisch veranschaulichen (→ ABBILDUNG 21): Die wichtigsten Informationen finden sich in der oberen Spitze des Dreiecks, also zu Beginn des Artikels, sie beanspruchen indes den geringsten Platz.

Der „Lead" (Vorspann) hat die Funktion, einerseits gleich zu Beginn die wichtigsten Informationen – wer? was? wann und wo? – zu nennen, andererseits Appetit zu machen. Je nach Artikelart kann die eine oder die andere Funktion im Vordergrund stehen. Der vollständige Artikel nach dem Vorspann enthält genauere Informationen

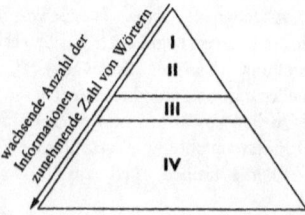

Abbildung 21: Aufbau von journalistischen Texten im Lead-Stil (Teach-Sam-Lehren und Lernen online)

und beantwortet die Fragen „Wie?" und „Warum?". Der Vorspann findet sich vor allem im Politik- und im Wirtschaftsteil, das Feuilleton verzichtet meistens auf den Lead, dessen Funktion übernimmt der oft umfangreiche Untertitel.

Die Schlagzeile des ZEIT-Artikels „Der Kuss des Elefanten" folgt der journalistischen Regel, indem sie Erstaunen hervorruft und damit zum Weiterlesen motiviert. Der Untertitel fungiert wie der Lead, in ihm fallen die Stichwörter „Okzident", „Orient", „Bagdad". Im Jahr des Irak-Krieges sind dies Eye-Catcher: Es geht um die Begegnung von West und Ost, um Kulturtransfers, wie sie nicht nur die Geschichtswissenschaft im beginnenden 21. Jahrhundert interessieren.

Dann folgt die eigentliche Besprechung. Auf fast einer ganzen Zeitungsseite wird detailliert die Ausstellung beschrieben, die am Beispiel der Reise des Elefanten mittelalterliche Kulturkontakte zwischen Christen, Moslems und Juden thematisiert. Ganz wie in der Grafik und im Gegensatz zu wissenschaftlichen Texten fehlt der Besprechung ein Schlussfazit, etwa in Form einer abschließenden Würdigung. Zur Abrundung führt stattdessen lediglich ein kurzer Absatz noch einmal zurück zum Untertitel, nachdem der Artikel den Dickhäuter zugunsten der west-östlichen Begegnung gänzlich aus den Augen verloren hatte: „Und Abul Abbas, der weiße Elefant? Er starb 810, Karl stand wieder im Krieg, beim heutigen Städtchen Wesel am Niederrhein. Der graue Strom, das war wohl das Letzte, das er gesehen hat von dieser Welt: der große Fluss, der durch die Ebene strömt, der Nebelnacht des nördlichen Meeres entgegen" (Erenz 2003).

Journalistischer Stil

Journalistische Texte unterscheiden sich nicht nur im Aufbau von wissenschaftlichen Texten. Wenngleich auch Zeitungsartikeln meistens eine Recherche vorausgeht, werden in ihnen keine wissenschaftsförmigen Belege verlangt. Der beschränkte Platz eines Zeitungsartikels duldet diese ebenso wenig wie allzu ausführliche Differenzierungen. Der ZEIT-Artikel „Der Kuss des Elefanten" hat zwar das Privileg einer Wochenzeitung, die sich an ein überwiegend akademisches Publikum richtet, fast eine ganze Seite füllen zu dürfen, die Artikel der Tagespresse sind jedoch zumeist kürzer. Auch der journalistische Stil unterscheidet sich vom wissenschaftlichen: Einerseits ist er im Allgemeinen einfacher und frei von Fachjargon, andererseits bestehen größere sprachliche Freiheiten. Dennoch lässt sich das Schreiben im Studium als Vorübung nutzen. In seinem Metier, so urteilt der Journalist und ehemalige Geschichtsstudent Michael Horn in einem Interview, müsse er imstande sein, „auch über komplizierte Themen so zu schreiben, dass die Darstellung allgemein verständlich ist, ohne falsch zu sein. Dazu ist die solide Beherrschung der deutschen Sprache [...] eine unabdingbare Voraussetzung. Inwieweit das Geschichtsstudium hierbei hilft, hängt davon ab, wie viel Mühe man sich beim Abfassen seiner Studienarbeiten gibt" (Horn 2004, S. 37).

Der journalistische Sprachduktus ist nicht immer gleich, er unterscheidet sich: ob bei einer Meldung, einem Kommentar, einer Glosse oder einer Reportage, ob im Feuilleton, Politik- oder Sportteil und je nach Zeitungstyp. Qualitätsblätter legen Wert auf stilistische Eleganz. Das journalistische Schreiben erfordert viel Schulung, wer im Journalismus arbeiten möchte, sollte daher schon während des Studiums als Praktikant oder freier Mitarbeiter einer Zeitung Erfahrung sammeln.

Textsorten

Wenn Sie statt über Ausstellungen zu schreiben, lieber selbst Ausstellungen gestalten möchten, müssen Sie eine andere Textgattung beherrschen: sogenannte „Informationstexte", d. h. Objektbeschriftungen und Tafeltexte, die in ein Ausstellungsthema einleiten und Hintergrundinformationen liefern. Das geschriebene Wort nimmt in Ausstellungen eine untergeordnete Rolle ein. Im Vordergrund stehen die Exponate, denen die Texte lediglich zuspielen sollen: Ausstellungsbesucher möchten lieber sehen als lesen. Empirische Untersuchungen belegen, dass sich kaum ein Ausstellungsbesucher die Zeit nimmt, alle Informationstexte ausführlich zu studieren, viele überfliegen die Tafeln nur und lesen lediglich eine kleine Auswahl genauer (Waidacher 2005, S. 128).

Informationstexte im Museum

Ein Beispiel für einen Informationstext bietet die Ausstellung „Novos Mundos – Neue Welten. Portugal und das Zeitalter der Entdeckungen" im Deutschen Historischen Museum (24.10.2007–10.2.2008):

Beispieltext

„In der Frühen Neuzeit spielte Portugal weltgeschichtlich eine bedeutende Rolle. Mit der verkehrstechnischen Verbindung von Atlantik und Indischem Ozean kamen unterschiedliche Zivilisationen in Europa, Afrika, Asien und Amerika erstmalig in einen direkten und dauerhaften Kontakt. Es entstand ein weltweiter Austausch von gegenseitigem Wissen, Handelsprodukten, Rohmaterialien, Tieren und Pflanzen. Aber auch religiöse Vorstellungen, technische Entwicklungen, Sprachen und Ideen begannen um den Globus zu wandern. Die folgenreichsten Entdeckungsfahrten fanden um die Wende vom 15. zum 16. Jahrhundert in einem Zeitraum von nur 30 Jahren statt. 1488 umsegelte Bartolomeu Dias die Südspitze Afrikas. 1492 erreichte Christoph Kolumbus in spanischem Auftrag die Karibik. Vasco da Gama fand 1498 den Seeweg bis Indien. Pedro Álvares Cabral nahm 1500 für Portugal das östliche Südamerika in Besitz. Von 1519–1522 gelang unter Ferdinand Magellan wiederum im Auftrag der spanischen Krone die erste Weltumseglung."

Stil Für Ausstellungstexte gelten besondere Regeln. Sie müssen sich auf ein Publikum mit unterschiedlichen Vorkenntnissen einstellen. Daher ist es nicht einfach, aber auch besonders wichtig, an Erfahrungen des Publikums anzuknüpfen und Informationen über Unbekanntes mit Vertrautem zu verbinden. Die Texte führen vom Grundlegenden zum Detail, vom Konkreten zum Abstrakten. Sätze und Absätze von Ausstellungstexten sind kurz, Museumsfachleute empfehlen 12 bis 15 Wörter pro Satz und einen Schnitt von vier Zeilen pro Absatz. Die Texte sollten nicht in der Wissenschaftssprache verfasst sein, sondern dem gesprochenen Wort nahe kommen. Mit Fragesätzen, z. B. als Tafelüberschriften oder -einleitungen, lässt sich das Publikum ansprechen. Nebensätze und komplizierte Satzstrukturen hingegen schmälern die Lesebereitschaft von Ausstellungsgängern. Auch die Wortwahl sollte einfach sein, Fachbegriffe sind zu vermeiden oder zu erläutern, auf Abkürzungen wird verzichtet.

In Ausstellungen wird die Anordnung der Informationstexte durch die Ausstellungskonzeption vorgegeben. Da die Besucher nur selektiv lesen und eine Reihenfolge der Ausstellungstexte vielleicht nicht unbedingt vorgegeben ist, müssen die einzelnen Textsegmente für sich verständlich sein und können in viel geringerem Maße als andere Textgattungen aufeinander aufbauen (Waidacher 2005, S. 165–173).

Lektüreempfehlungen und Internet-Adressen

- Willy Sanders, Gutes Deutsch. Stil nach allen Regeln der Kunst, München 2002. *Sensibilisiert für sprachliche Eleganz.*

- Wolf Schneider, Deutsch! Das Handbuch für attraktive Texte, 3. Aufl. Reinbek bei Hamburg 2006. *Gibt viele Anregungen zu Stilfragen und formuliert „Verständlichkeitsregeln".*

- Wolf Schneider / Paul-Josef Raue, Das neue Handbuch des Journalismus, 2. Aufl. Reinbek bei Hamburg 2006. *Einführung in das journalistische Handwerk.*

- Friedrich Waidacher, Museologie – knapp gefasst, mit einem Beitrag von Marlies Raffler, Wien 2005. *Einführung in die Museumspraxis mit ausführlichen Informationen zur Gestaltung von Ausstellungstexten.*

Literatur

- Clio online. Fachportal für die Geschichtswissenschaft: www.clio-online.de/. *Clio Online ist das geschichtswissenschaftliches Fachportal, das neben zahlreichen hilfreichen Links und Informationen auch eine Rubrik „Rezensionen" enthält.*

- H-Soz-u-Kult: http://hsozkult.geschichte.hu-berlin.de/. *Eines der größten deutschsprachigen Rezensionsjournale im Netz.*

- Nachrichtendienst für Historiker: www.nfhdata.de/premium/index.shtml. *Bietet neben anderen Serviceleistungen in der täglichen Presseschau Links zu Rezensionen und Aufsätzen in Zeitungen zu historischen und geschichtswissenschaftlichen Themen.*

- Sehepunkte. Rezensionsjournal für die Geschichtswissenschaft: www.sehepunkte.de/. *Umfangreiches, aktuelles und redaktionell gepflegtes Online-Rezensionsjournal.*

Internet-Ressourcen

- *An vielen Universitäten gibt es Schreibwerkstätten oder Schreiblabore, die Hilfen und Kurse für professionelles wissenschaftliches Schreiben anbieten (z. B. Universität Münster – http://spzwww.uni-muenster.de/schreibwerkstatt/start.php).*

Schreibwerkstätten

14 Geschichte präsentieren

Hilke Günther-Arndt

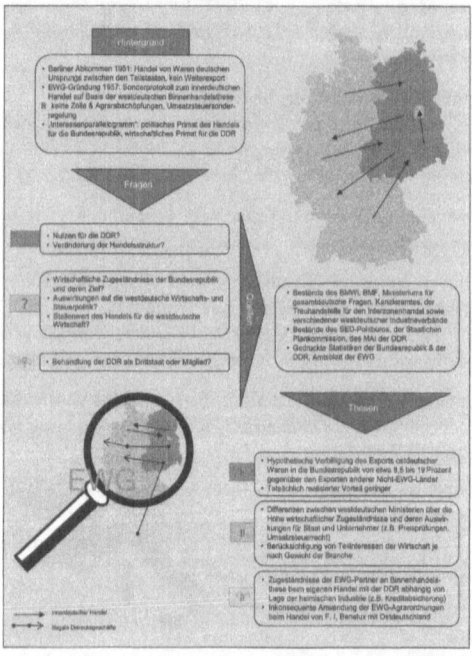

Abbildung 22: Sibylle Gausing, *Innerdeutscher Handel und westeuropäischer Integrationsprozeß – Die These von der Quasi-Mitgliedschaft der DDR in der EWG (1953–1973)* (2006), Poster

Ein Dissertationsprojekt, dargestellt auf einer Fläche von 84,1 × 118,9 cm, einem sogenannten Poster: Das ist für Historiker noch gewöhnungsbedürftig. Sie veröffentlichen ihre Forschungsergebnisse traditionell als Fließtext auf vielen Druckseiten zwischen zwei Buchdeckeln. Poster kennen sie vielleicht als Präsentationsform bei den Kollegen aus den Naturwissenschaften oder der Psychologie mit deren ‚kleinteiligen' Themen. Doch sind Poster für die Geschichtswissenschaft mit ihrer Notwendigkeit zur ständigen sprachlichen Differenzierung geeignet?

Inzwischen stellen auf dem alle zwei Jahre stattfindenden deutschen Historikertagen Doktoranden ihre Poster aus und der Verband vergibt Preise für die besten Poster. Die Präsentation von Forschungsergebnissen in unterschiedlichen Formaten gilt nicht mehr als ‚unwissenschaftlich', sondern als Demonstration beruflicher Kompetenz. Das Poster ist eine neue, stark visualisierende Präsentationsform. Die ‚Urform' historischer Präsentationen im Studium bleibt dennoch der Vortrag. Doch nicht nur in der Wissenschaft sind Vorträge weit verbreitet: Der Lehrervortrag ist eine wichtige Lehr- und Lernform, Archive veranstalten Vortragsabende, Vorträge gehören zum Begleitprogramm von Ausstellungen und auch die Erwachsenenbildung bietet sie an. Sie sind ein fester Bestandteil der Geschichtskultur.

Daniel Zimmermann, Lektor in einem Wissenschaftsverlag, rät in einem Interview, „schon im Studium jede Chance zur Präsentation zu benutzen. Ob schriftliche Seminararbeit oder mündlicher Vortrag – mir hat es immer große Befriedigung verschafft auszuprobieren, wie sich ein bestimmtes Thema unter vorgegebenen Rahmenbedingungen gestalten lässt. Das ist auch heute noch ein wichtiger Teil meiner Tätigkeit und in der einen oder anderen Form auch der meisten anderen Berufe, in denen man als Geisteswissenschaftler später arbeiten wird" (Zimmermann 2004, S. 113). Der Seminarvortrag im Studium soll diese berufliche Anforderung antizipieren. Der vorherrschende Modus der Präsentation im Vortrag ist verbal, doch kann der visuelle Modus Präsentationen wirkungsvoll unterstützen – auch in neuen Formen der Präsentation wie der eines Posters.

14.1 **Referate vorbereiten und schreiben**
14.2 **Referate halten: Vom Schreiben zum Sprechen**
14.3 **Das Handout**
14.4 **Visualisieren**

14.1 Referate vorbereiten und schreiben

Funktionen des Seminarvortrags

Ein Seminarvortrag soll Wissen zum Referatthema vermitteln, dieses in einer anschließenden Besprechung durch Beiträge der Seminarteilnehmer vertiefen, in die wissenschaftliche Diskussion einordnen und reflektieren. Damit dient es der Einübung in wissenschaftsadäquates und verständnisförderndes Vortragen und in die Praxis wissenschaftlicher Kommunikation.

Thema besprechen

Jedes Referat beginnt mit den unerlässlichen vorbereitenden Schritten. Wenn Sie Ihr Referatthema ‚haben', sprechen Sie es in jedem Fall frühzeitig mit dem Dozenten ab. Bereiten Sie sich auf diese Besprechung gründlich vor, informieren Sie sich mindestens über Lexika und Handbücher zum Thema und tätigen Sie erste Recherchen (→ KAPITEL 11). Überlegen Sie vorher auch selbst, welche Funktion und Bedeutung Ihr Referat im Rahmen des Seminars haben könnte, indem Sie die Seminarankündigung, Ihre Mitschrift aus der ersten Seminarsitzung zur Aufgabenstellung des Seminars und die Reihenfolge im Seminarplan prüfen: Welche Referate gehen Ihrem Referat voraus, welche folgen? Daraus können Sie bereits erste Ideen für Ihr Referat (Fragestellung, Schwerpunkte) entwickeln. Solche Vorbereitung für eine Besprechung erfreut die Dozenten, vor allem sind Sie viel besser in der Lage, präzise Fragen zu Ihrer Arbeit zu stellen, die Voraussetzung für präzise Antworten ist. Eine zielorientierte Vorbesprechung erleichtert Anfängern wie Fortgeschrittenen die Weiterarbeit ungemein.

Arbeitskladde und Kalender

‚Profis' führen für solche und ähnliche Zwecke eine festgebundene Arbeitskladde, gewöhnen Sie es sich auch an. Nehmen Sie diese mit in die Bibliothek zum Notieren von Literatur, zu Besprechungen, zu Gruppenarbeitssitzungen, kleben Sie relevante Zeitungsausschnitte ein oder vermerken Sie Ideen und einschlägige Zitate. Arbeitskladde und Kalender, beide sorgsam geführt, sollten Ihre ständigen Begleiter sein. Zu Beginn ist es vielleicht mit Ihren Vorstellungen vom ‚freien Studentenleben' inkompatibel und erfordert Zeit, später verschafft es Ihnen Übersicht und Zeit. Für eine effektive Zeitplanung sollten Sie zudem bedenken, dass Sie nicht in jeder Veranstaltung ein Referat halten können. Sie schaffen höchstens vier pro Semester (zusammen in allen Studienfächern!), wenn die Referate gut sein sollen. Achten Sie deshalb bei der Semesterplanung auf die Modulleistungen, die erbracht werden müssen.

Rahmenbedingungen klären

Neben den thematischen sind die organisatorischen Fragen möglichst früh zu klären. Manches wissen Sie selbst durch die Seminarteilnahme: Teilnehmer (allgemeiner: Adressaten), Anspruchsniveau,

Raum, Zeit, Ausstattung mit technischen Hilfsmitteln wie Tageslicht- oder Datenprojektor. Manches muss eigens für die Sitzung beschafft werden, etwa Wandkarten oder farbige Folienstifte. Sehen Sie sich auch die Tafel im Seminarraum genau an: Wie groß ist sie, ist es eine Klapptafel, sodass vor der Sitzung vielleicht schon etwas angeschrieben werden kann, das zunächst verdeckt bleibt? Eine reibungslose Organisation erhöht während des Vortrags die Konzentration auf das Wesentliche.

Nach den üblichen Definitionen in Prüfungsordnungen umfasst ein Referat die vertiefte schriftliche Auseinandersetzung mit einem Problem aus dem Arbeitszusammenhang der Lehrveranstaltung unter Einbeziehung und Auswertung einschlägiger Literatur sowie die Darstellung der Arbeit und die Vermittlung ihrer Ergebnisse im Vortrag und in der anschließenden Diskussion. Die schriftliche Auseinandersetzung geht dem Vortrag *voraus*, daher gelten für die Vorbereitung eines Vortrags *grosso modo* alle Hinweise aus dem Kapitel „Schreiben" (→ KAPITEL 13): Festlegung der Fragestellung, Literaturrecherche und -studium, Überprüfung der Fragestellung, Gliederungsentwurf, Niederschrift. Die schriftliche Vorbereitung ist allerdings noch nicht der Vortrag, meistens ist dafür eine stärkere inhaltliche Fokussierung notwendig.

Inhaltliche Vorbereitung

In der Regel wird der Dozent Ihnen sagen, das Thema solle problemorientiert behandelt werden. Leider gibt es keine Problemtypologie für die Geschichtswissenschaft, aber Sie können doch einige Aspekte bei jedem Thema prüfen (Barricelli 2007):

- Quellenprobleme (Zugänglichkeit, Vollständigkeit, Quellenerschließung);

Problemstellungen

- Forschungsprobleme (Forschungskontroversen, unterschiedliche wissenschaftliche Zugriffe wie Mentalitätsgeschichte oder Wirtschaftsgeschichte, unterschiedliche methodische Ansätze wie Vergleichsgeschichte oder Diskursanalyse, historische Urteile);
- Probleme der Vergangenheit (wie Entscheidungssituationen, Handlungsalternativen, Wendepunkte, Strukturwandel);
- Probleme der Gegenwart, die als Fragen an die Geschichte formuliert werden (z. B. Herrschaft und Freiheit, Umweltgeschichte, Beginn der Globalisierung).

Versuchen Sie sich mittels einer Tabelle, die immer zur Systematik zwingt, eine Übersicht zu verschaffen und legen Sie dann Ihre Schwerpunkte fest. Es ist relativ einfach, zu prüfen, ob es sich um ein Problem handelt: Sie müssen bei der Problembearbeitung nicht nur beschreiben, berichten oder definieren, sondern in jedem Falle argumentieren.

GESCHICHTE PRÄSENTIEREN

Schlüsselbegriffe der Dramatik

Bei der weiteren Ordnung Ihres Materials sind sogenannte „Schlüsselbegriffe der Dramatik" (Steffens/Dickerson 1999, S. 67f.) hilfreich:
- Handlung (Was geschieht? Was geschieht nicht?);
- Akteur – Agent (Wer macht was? Wer führt was herbei oder wer verursacht was?);
- Zeit und Schauplatz (Wann passiert was? Wo passiert was?);
- Zweck (Warum fand was statt? Welche Bedingungen machten was möglich?).

Sie können – und das ist das Erstaunliche – die Schlüsselbegriffe der Dramatik ebenso auf Ereignisse, etwa den Bruch der Großen Koalition 1930, wie auf Strukturen, z. B. Veränderungen des Konsumverhaltens in der Bundesrepublik Deutschland, beziehen. Denken Sie nicht, es sei unwissenschaftlich, solche Standardfragen zu stellen – Professoren machen es ähnlich, wenn sie ein neues Thema erschließen müssen. Es entsteht auch kein Schematismus, weil die historischen Themen und das Material unterschiedliche Antworten hervorrufen. Nicht zuletzt unterstützen strukturierte Fragen die Gliederung des Stoffes, weil Aspekte wie Stufen einer Entwicklung, Ursachen und Folgen, Konfliktanlässe und Konfliktparteien leicht identifiziert und in eine zeitlich und systematisch sinnvolle Reihenfolge gebracht werden können.

Gliederung

Die Gliederung eines Vortrags entspricht einer schriftlichen Arbeit: Einleitung, Hauptteil, Schluss (→ KAPITEL 13.2). Die Einleitung erläutert die historische Bedeutung des Themas und die Art seiner Bearbeitung, außerdem soll sie Interesse hervorrufen; im Idealfall ergibt sich eine Kongruenz der Funktionen. Der Hauptteil bietet in drei bis fünf Gliederungspunkten die Bearbeitung des Themas. Der Schluss fasst die Ergebnisse zusammen, außerdem ist dies der Ort einer expliziten historischen Bewertung. Die schriftliche Ausarbeitung sollte vor dem Vortrag abgeschlossen sein, Sicherheit und Klarheit in der Sache sind Voraussetzungen für einen guten Vortrag – oder in Abwandlung des bekannten Sprichworts „Ein leerer Sack kann nicht stehen": Ein verwirrter Kopf kann nicht vortragen.

14.2 Referate halten: Vom Schreiben zum Sprechen

Umwandlung in einen Vortrag

Mit der inhaltlichen Vorbereitung ist es bei einem Vortrag aber nicht getan: Sie müssen Ihr Thema so darstellen, dass es Interesse weckt, erhält und beim Zuhören nachvollziehbar und verständlich ist. Ganz prosaisch zwingt meistens die Zeit für den Vortrag im Seminar zu einer Kürzung. Als Umfang für ein verschriftlichtes Referat sehen die meisten Prüfungsordnungen 10–15 Seiten vor. Bei ruhiger Vortragsweise benötigt ein Redner für eine normal formatierte Seite etwa drei Minuten Redezeit. Wenn Sie nur zwanzig Minuten Zeit für den Vortrag haben, müssen Sie kürzen. Sie könnten natürlich auch schneller sprechen, aber darunter leidet die Verständlichkeit, zudem steigert ein zu schnelles Sprechtempo die innere Anspannung des Referenten, als Folge wirkt er weniger souverän. Erkundigen Sie sich also nach der Zeit, die Ihnen zur Verfügung steht – und halten Sie sich daran!

Da Ihr schriftlicher Text sicher keine überflüssigen Passagen enthält, die einfach gestrichen werden können, erfordern Kürzungen eine ‚Umordnung'. Entbehrlich ist häufig eine längere Vorgeschichte des Themas (besonders dann, wenn ein anderer Referent diese Vorgeschichte bereits behandelt hat). Schon in Kurt Tucholskys *Ratschlägen für einen schlechten Redner* (1930) heißt es: „Fang nie mit dem Anfang an, sondern immer drei Meilen *vor* dem Anfang!" (Tucholsky 1972, S. 600). Fangen Sie immer mit der Hauptsache an, das erfreut auch die Zuhörer. Ansonsten gibt es nur einen Ratschlag für Kürzungen: Versuchen Sie nicht, durch Streichen von einzelnen Sätzen oder Halbsätzen den Umfang zu reduzieren. Besser ist es, einen größeren Block wie einen selbstständigen Aspekt oder Unterpunkt aus dem schriftlichen Text vollständig zu streichen. Sie können das in der Einleitung Ihres Vortrages erwähnen, auf jeden Fall sollten Sie eine solche Kürzung mit Ihrem Dozenten absprechen.

Kürzungen

Die Anpassung des Vortragstextes an die Zeitvorgaben ist eine Notwendigkeit bei der Umwandlung des schriftlichen Referats in einen Vortrag, die Berücksichtigung der Zuhörer, der Adressaten, eine andere. Anders als beim Lesen können Zuhörer nicht innehalten, um sich neu zu konzentrieren, oder zurückblättern, wenn sie etwas nicht verstanden haben. Der Text darf deshalb ihre Aufnahmefähigkeit nicht überfordern. Das gelingt am besten, wenn sie weithin bekanntes mit neuem Wissen kombinieren, so wie es Edgar Wolfrum zu Beginn seines Kapitels über die „zweite formative Phase" in der Geschichte der Bundesrepublik Deutschland macht:

Adressatenorientierung

> „In der relativ kurzen Zeitspanne zwischen 1959/60 und 1974 wechselte in der Bundesrepublik insgesamt viermal die Kanzlerschaft. Schon allein dieser Umstand zeigt, dass etwas in Bewegung geraten war. Konrad Adenauer, dessen Stern allmählich verblasste, wurde von dem eher glücklosen Ludwig Erhard abgelöst; auf ihn folgte der bisweilen unterschätzte Kurt Georg Kiesinger, und ab

1969 war Willy Brandt am Ruder, dessen Aufforderung ‚Mehr Demokratie wagen' zum Signum einer Epoche wurde" (Wolfrum 2006, S. 187).

Gestaltungsregeln

Die meisten Leser dieser Passage kennen die Namen der Bundeskanzler und deren noch recht plakative Charakterisierung, das erleichtert die Aufnahme. Die richtige Reihenfolge und eine zeitliche Einordnung werden mitgeliefert. Vor diesen weithin bekannten und damit für die Adressaten verständlichen Informationen spannt der Autor den Problemhorizont auf: Der rasche Wechsel des politischen Personals steht für beschleunigten gesellschaftlichen und politischen Wandel. Die eigentliche Kunst des Vortragens liegt nicht darin, die Zuhörer ständig mit neuen Fakten und noch nie gehörten Thesen zu traktieren, sie werden aufmerksamer und entspannter sein, wenn sie den Ausführungen des Redners inhaltlich folgen können. Auch bei den Adressaten gibt es für das Verstehen einen Primat des (klar strukturierten) Inhalts. Motivationstechniken und Medien können dieses Verstehen unterstützen, aber nicht ersetzen.

Erzählen und Argumentieren

Der Text von Wolfrum demonstriert darüber hinaus die Erzählung als Grundform der historischen Darstellung. Die chronologische Reihung von Ereignissen mit einem Anfang und einem Schluss ist jedem Menschen geläufig, weil sie unserem Alltagsdenken entspricht und damit verständlich ist. Nennen Sie in einem historischen Referat auch regelmäßig die relevanten Daten, das erleichtert den Zuhörern ebenfalls die Einordnung des Gehörten. Sie können das Vorgehen mit einer Zeitleiste an der Tafel oder auf einer Folie noch unterstützen. Erzählungen weisen darüber hinaus immer eine gewisse Dramatik auf, weil sie von Menschen und ihren Handlungen berichten. Historisches Verstehen erschöpft sich jedoch nicht in einer noch so spannenden Erzählung im zeitlichen Nacheinander. Um zu verstehen, müssen die Motive der Akteure einbezogen werden. Und selbst das reicht noch nicht aus. Motive sind jeweils individuell bedingt, Menschen handeln in der Regel jedoch nicht isoliert von ihrer Außenwelt, sie sind in soziale Strukturen und Bedingungen eingebettet. Mit der Erzählung wird der historische Ablauf rekonstruiert, der jedoch nur zu verstehen ist, wenn die Motive der Handelnden und die Strukturen beschrieben, analysiert und erklärt werden. Ein historischer Vortrag pendelt so stets zwischen Erzählen und Argumentieren. Das entspricht auf der darstellerischen Ebene den historischen Erkenntnismethoden Verstehen und Erklären (→ KAPITEL 1.2).

Historisches *Verstehen* erleichtern Sie den Zuhörern durch eine stimmige Anordnung des historischen Materials und plausible Erklärungen. *Verständlichkeit* kann dieses Verstehen zusätzlich unterstützen, bei einem Vortrag ist sie sogar unerlässlich. Eine Warnung jedoch vorweg: Ein historischer Vortrag wird nicht verständlicher, wenn er sich der Umgangssprache bedient – das verwirrt die Zuhörer sogar, weil es dem Genre nicht entspricht. Ebenso wenig ist das Vorlesen einer schriftlichen, oft sehr verknappten Wissenschaftssprache angemessen. Die Merkmale von Verständlichkeit in Vorträgen sind empirisch gut erforscht (Wellenreuther 2005, S. 183ff.). Dazu gehören:

Verständlichkeit

- eine verständliche Sprache: Obwohl sprachliche Verständlichkeit ein fluides Maß ist, weil es immer auf bestimmte Adressaten bezogen ist, gibt es einige Grundregeln: Hauptsachen an den Anfang von Hauptsätzen, bekannte Wörter (neue Fachwörter erklären!), aktive Verben. Sehr gute Tipps für eine genaue und verständliche Sprache finden Sie bei Wolf Schneider (z. B. 2001);
- kurze Vorschau (*advance organizer*) auf den Inhalt des Vortrags unter Angabe der Gliederungspunkte mit zusätzlicher Visualisierung (Tafel, Folie) und Erläuterung der Bedeutung des Themas;
- Zwischenzusammenfassungen zur Steigerung der Redundanz, also der Mehrfachinformation, am Ende jedes Gliederungspunktes. In geschriebenen Texten stören Redundanzen, in gesprochenen Texten entlasten sie das Arbeitsgedächtnis der Zuhörer. Außerdem sollte der neue Abschnitt mit dem alten verbunden werden, etwa durch eine rhetorische Frage (Wie ging es weiter? Welche Handlungsalternativen gab es?);
- Herstellung von Kohärenz zwischen Aussagen durch sogenannte Verbindungswörter wie „als Ergebnis von", „im Gegensatz dazu", „ebenso wie", „weil";
- unterstützende Visualisierung;
- Illustration: Der Begriff „Illustration" wird meistens entgegen der eigentlichen Wortbedeutung eher negativ konnotiert: als didaktischer Zierrat. Die wörtliche Bedeutung des Verbs *illustrare* ist jedoch „ans Licht oder zu Tage bringen, erläutern oder aufklären". So kann das Zusammenleben der Menschen in einer mittelalterlichen Stadt an einem sozialtopografischen Grundriss, der Begriff „Depression" an einer längerfristigen Konjunkturkurve erläutert werden. Illustrationen in diesem Sinne verknüpfen Wissen und tragen zum historischen Verstehen bei; didaktischer Zierrat wie eine anekdotenhafte ‚Auflockerung' lenkt dagegen die Aufmerksamkeit von den wesentlichen Punkten ab;
- abschließende Zusammenfassung.

Die Verständlichkeit sollten Sie erproben. Lesen Sie sich den Vortragstext mehrmals selbst vor. Wenn Sie dabei irgendwo den natürlichen Sprachrhythmus verlieren, d. h. ‚anstoßen', oder einen Satz ‚merkwürdig' finden, überarbeiten Sie den Text an diesen Stellen, bis das Sprechen ganz selbstverständlich klingt. Darüber hinaus sollte der Vortrag möglichst auch einem Probepublikum vorgelesen werden, damit Sie Rückmeldungen zur inhaltlichen und sprachlichen Verständlichkeit haben und verbessern können.

Richtiges Auftreten

Für viele Studienanfänger ist der ‚Auftritt' vor einem größeren, unvertrauten Publikum wie den Seminarteilnehmern zu Studienbeginn noch eine Art Mutprobe. An Tipps für richtiges Verhalten während des Vortrags mangelt es deshalb nicht, im Grunde gibt es aber nur drei: gut vorbereiten, Verständlichkeitsregeln beherzigen, ruhig bleiben. Vor der Seminarsitzung sollten Sie nochmals alle organisatorischen Vorkehrungen überprüfen: Funktionieren Hard- und Software? Ist die Tafel geputzt? Sind Kreide, Folienstifte oder Handouts vorhanden? Ordnen Sie die Unterlagen so, dass Sie diese jederzeit zur Hand haben. Technische Pannen werden in Fächern wie Geschichte zwar eher humorvoll registriert, trotzdem: Sie beschleunigen den Blutdruck des Referenten und steigern die Aufgeregtheit. Bitte verteilen Sie ein Handout vor dem Vortrag, während des Vortrages führt es zu Unruhe und einem Verlust der Aufmerksamkeit – beim Redner und bei den Zuhörern. Während des Vortrags sollten Sie stehen (am besten mit Rednerpult), dann sind Sie nicht nur besser zu sehen, sondern auch zu hören! Bevor Sie anfangen zu reden: Nehmen Sie Blickkontakt mit den Zuhörern auf und warten Sie ab, bis es ruhig wird. Dann beginnen Sie mit der Vorschau auf das Thema und mit dessen historischer Bedeutung. Das reicht in einem Universitätsseminar zur Motivierung in der Regel aus. Wenn Sie ein zündendes Zitat oder ein ‚sprechendes' Bild für den Anfang gefunden haben, setzen Sie es ein – es erhöht die Spannung bei den Zuhörern. Auf reine ‚Gags' sollten Sie jedoch verzichten.

Zuhörern Zeit lassen

Beim Vortragen des Hauptteils sollten Sie die Zwischenzusammenfassungen nicht vergessen: Redundanzen, also Mehrfachinformationen, erleichtern Zuhörern das ‚Mitkommen', weil sie Zeit erhalten, die neuen Informationen zu verarbeiten. Geben Sie auch genügend Zeit, wenn Sie z. B. eine Grafik präsentieren oder die Zuhörer ein Zitat im Handout verfolgen sollen. Jede Hektik beeinflusst die Vortragssituation negativ. Der Schluss des Vortrags sollte wie der Anfang anregend formuliert werden – der letzte Satz muss sitzen und nicht irgendwie im Ungewissen enden.

Generell gilt, dass ein frei vorgetragener Vortrag verständlicher ist, allerdings setzt das einige Übung im Vortragen und sachliche Souveränität voraus. Wenn Sie sich noch unsicher fühlen, sollten Sie den Vortrag (als Vortrag!) deshalb vorher vollständig ausformulieren und als Manuskript vor sich liegen haben. In der Regel gelingt es so vorbereitet, frei zu sprechen und nur bei Bedarf oder bei Zeitdruck zum Manuskript zurückzukehren. Viele Geschichtsprofessoren folgen in Vorlesungen dieser Praxis. Aber auch beim vollständig freien Sprechen benötigen Sie z. B. auf Karteikarten vermerkte und geordnete Stichwörter, Zitate, ‚Regieanweisungen' usw. Probieren Sie beide Methoden aus, Sie werden dann sehen, welche besser Ihrer Arbeits- und Redeweise entspricht.

Freies Vortragen?

14.3 Das Handout

Noch um 1995 war das Wort „Handout" ungeläufig, hat sich aber als Sammelbezeichnung für Informationsunterlagen zu Vorträgen, für Thesenpapiere oder Arbeitsblätter inzwischen durchgesetzt. Ursprünglich meinte *hand-out* in bisweilen abwertendem Sinne Almosen, aber so sollten Sie es nicht halten. Gute Handouts sind für das Studium ein Schatz.

Ein Handout in einem Hochschulseminar soll beim Zuhören entlasten und das Mitschreiben erleichtern (breiten Rand für Notizen frei halten!) sowie die Nacharbeitung des Seminars erleichtern. Deshalb sind folgende Elemente sinnvoll:

Gestaltung

- ein übersichtlich gestalteter Kopf mit Angabe der Hochschule, des Semesters, der Veranstaltung und des Dozenten in kleinerer und in größerer, fett hervorgehobener Schrift: Vortragsthema und Name des Referenten;
- die Gliederung des Vortrags, vielleicht zusätzlich als Mindmap visualisiert;
- eine Zeitleiste, ggf. auch biografische Angaben zu den historischen Akteuren oder eine Geschichtskarte;
- wichtige Informationen zum Vortragsthema wie Zahlen (als Tabellen oder in grafisch aufbereiteter Form), Abbildungen, Quellenzitate und Zitate aus der Forschungsliteratur – alles selbstverständlich mit genauen Literaturnachweisen;
- zwei bis fünf Literaturtitel zur Weiterarbeit, möglichst mit einer kurzen Annotation (so wie Sie es in diesem Buch finden).

Die Einzelelemente folgen der Reihenfolge im Vortrag, die Gliederung steht immer am Anfang, die Literaturhinweise bilden den Schluss.

Das Handout soll nicht nur fachlich überzeugen, sondern auch gestalterisch. Die Schrift muss gut zu lesen und Abbildungen sollten so groß sein, dass die Einzelheiten zu erkennen sind. Und vermeiden Sie ‚fliegende Blätter' durch vorheriges Heften von mehrseitigen Handouts – die Zuhörer werden dankbar sein!

14.4 Visualisieren

Visual History

Visualisierungen in einem Vortrag können unterschiedliche Funktionen haben. Vorträge können die stark anwachsende Visual History thematisieren oder berücksichtigen. Unter Visual History werden die Historische Bildkunde, die Historische Bildforschung, die historische Bildmedienforschung und verschiedene Ansätze zur Visualität der Geschichte zusammengefasst (Paul 2006, S. 25). In einen Vortrag zum Wandel des Wohnens in der Nachkriegszeit gehören z. B. unbedingt Bildquellen, um verschiedene Stufen der Entwicklung oder die Gleichzeitigkeit von Wohnstilen in einer Stufe mit Bildquellen zu illustrieren. Ein Vortrag zur sozialliberalen Ost- und Deutschlandpolitik könnte mit der Fotografie vom Kniefall Willy Brandts 1970 vor dem Denkmal für die Opfer des Warschauer Ghettoaufstands beginnen. In der öffentlichen Rezeption zu diesem Ereignis bündeln sich die Kontroversen zu Beginn der 1970er-Jahre; es ist ein Schlüsselbild der Epoche, das nicht nur einen Akt in der damaligen Gegenwart dokumentiert, sondern weit in die deutsche Geschichte des 20. Jahrhunderts zurück weist. Visuelle Geschichte bedarf also in einem Vortrag immer der Bilder.

Der *visual turn* (→ KAPITEL 10.3) in der Geschichtswissenschaft reflektiert, dass Menschen über eine visuelle und eine verbale Sprache verfügen (Doelker 1997). Unter Visualisierungen im engeren Sinne werden ikonische und symbolische, also nicht-schriftsprachliche, Zeichen zusammengefasst. Ein typisches ikonisches Zeichen ist die Krone, die beispielsweise auf einer Staatenkarte für Monarchien steht. Visualisierungen können Nichtanschauliches wie eine Staatsform in Form von logischen Bildern veranschaulichen. Der Zeitstrahl ist ein solches logisches Bild: Er veranschaulicht den abstrakten Gegenstand „Zeit" mittels einer durchgehenden Linie mit einem Anfangspunkt, das ikonische Zeichen Pfeil am Ende der Linie weist Zeit als endlos

Logische Bilder

aus. Damit wird aber auch schon eine Interpretation geliefert: Zeit ist ein linearer Zusammenhang mit einem Ursprung, das offene Ende verspricht optimistisch Entwicklung. Das einfache Beispiel „Zeitstrahl" zeigt die wesentlichen Eigenschaften von Visualisierungen in Form logischer Bilder auf (Hinrichs 2007, S. 236):

- Reduktion und Vereinfachung komplexer Zusammenhänge (Zeit als Strahl); *Funktionen logischer Bilder*
- Interpretation von Zusammenhängen (Geschichte hat einen Anfang, aber kein Ende);
- statt verbaler eine visuelle Darstellung mit Symbolen (Punkt, Linie, Pfeil), die einem hohen Verallgemeinerungsgrad aufweisen.

Sinnvoll visualisieren lassen sich Zahlen (in Tabellen oder Diagrammen), Strukturen, Zusammenhänge und Abläufe. → ABBILDUNG 23 visualisiert z. B. die Faktoren bei der Vortragsvorbereitung.

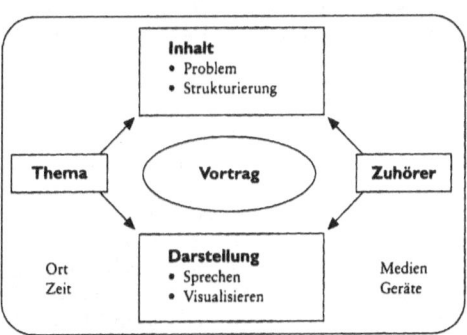

Abbildung 23: Faktoren bei der Vorbereitung eines Vortrages

Grundformen der Visualisierung sind beispielsweise der Stammbaum oder die Pyramide. Viele Präsentationsprogramme stellen solche Grundformen bereit.

Zur Präsentation von Visualisierungen wird ein ‚Träger' oder ein Medium benötigt. Das kann das Handout sein, angesichts der räumlichen Frontalsituation bei einem Vortrag sind Tafel, Overhead- oder Datenprojektoren aber angemessener. *Präsentationsmedien*

Die Wandtafel ist zugleich das einfachste und das schwierigste Medium zur Visualisierung: einfach, weil eine Tafel in fast jedem Seminarraum vorhanden ist und Tafeln keinen Strom und keine Kabel benöti- *Tafel* gen, schwierig, weil Tafelanschriebe und Tafelbilder handwerkliches Können voraussetzen, über das noch nicht jeder Anfänger verfügt. Trotzdem sollten Sie beim Medieneinsatz immer überlegen, ob die Tafel nicht ausreicht. Ein wesentlicher Vorteil der Tafelarbeit ist nämlich, dass sich die Visualisierung vor den Augen der Zuhörer vollzieht, sich damit besser einprägt und das Mitschreiben erleichtert.

Tafelpraxis

Für Visualisierungen an der Tafel eignen sich vor allem einfache Formen: Listen und Tabellen, logische Bilder wie Zeitstrahl oder Pyramidendiagramme, auch noch Begriffsfelder, in denen Beziehungen mit Pfeilen dargestellt werden. Die Tafelschrift kann man üben (zukünftige Lehrer müssen es ohnehin lernen!): Am besten ist eine eher eng geschriebene nüchterne Druckschrift in Groß- und Kleinbuchstaben mit wenig Ober- und Unterlängen (Franck/Stary 2006, S. 91). Außerdem sollte die Schrift so groß sein, dass auch die hinteren Zuhörer sie lesen können. Weitere Regeln sind: Sprechen Sie nicht beim Anschreiben oder Anzeichnen; treten Sie beim Erläutern neben die Tafel (sonst wird der Blick verdeckt) und nehmen Sie zum Zeigen einen Zeigestab.

Wandtafeln sind mit der richtigen Ausrüstung ‚Mehrfachkönner'.

Metaplan

Sie können auch als Metaplan-Tafel genutzt werden, etwa um zu Beginn der Seminarsitzung die Ergebnisse eines Brainstormings zu visualisieren. Dafür werden benötigt: verschiedenfarbige große Karteikarten, dicke Filzstifte und Klebepads, mit dem die Karten an die Tafel ‚geklebt' werden. Hinterher können die Pads ohne Rückstände wieder abgenommen und erneut verwendet werden.

Overhead-Projektor

Ebenfalls zur Standardausrüstung eines Seminarraums gehört inzwischen ein Overhead-Projektor, der anders als das ältere Episkop oder ein Dia-Projektor bei Tageslicht funktioniert. Da die Projektion gespiegelt wird, können Sie frontal vor den Zuhörern stehen und den Blickkontakt aufrechterhalten, während hinter Ihnen die Folie zu sehen ist. Wenden Sie sich bei Erläuterungen niemals der Präsentationsfläche zu – das ist eine Todsünde! Nehmen Sie einen kleinen Stift und hantieren Sie mit diesem direkt auf der Folie. Nachteilig bei einer Overhead-Projektion ist besonders für Historiker die Begrenzung auf die quadratische Form, gerade für die Darstellung von Prozessen von links nach rechts (Zeitstrahl) ist sie eher hinderlich.

Neben selbst gestalteten Folien können Bildquellen in Farbe oder schwarz-weiß auf Folien kopiert und projiziert werden. Für die Foliengestaltung gelten grundsätzlich dieselben Regeln wie für Präsentationsfolien (s. u.), vor allem: Folien sollen das Zuhören visuell unterstützen, die Zuhörer sollen und wollen nicht das Manuskript mitlesen. Eine ‚Materialschlacht' überfordert Referent und Zuhörer. Zehn Folien reichen bei einem Vortrag von 20 bis 30 Minuten Dauer völlig aus.

Präsentationen mittels eines Datenprojektors, kurz „Beamer" genannt, scheinen inzwischen eine Art Statussymbol zu sein, das den Vortragenden als ‚modern' ausweist. Und Beamer haben auch etliche Vorteile, besonders die Präsentation von Bildquellen ist bei guter Bildauflösung deutlicher und wirkungsvoller als bei der Overhead-Projektion. Allerdings gibt es unendlich viele Störquellen: falsche Kabel, inkompatible Softwareprogramme auf Herstellungs- und Präsentationscomputer, fehlerhafte Kommunikation zwischen Beamer und Computer. Der Beamer sollte deshalb nur bei einem eindeutigen didaktischen Mehrwert genutzt werden, für ‚normale' Folien reicht der Overhead-Projektor aus. Datenprojektor (Beamer)

Ein didaktischer Mehrwert einer Beamer-Präsentation entsteht durch Multimedialität, also die Integration von Text, Bild, Video und Audio. Präsentationsfolien können z. B. mit einem Hyperlink (bei einer Internet-Verbindung bzw. einer entsprechenden Datei auf dem Datenträger) Multimedia
• eine Bildfolge aus einem virtuellen Museum,
• die Simulation eines Rundgangs durch ein Kloster oder
• eine Audio-Datei mit Auszügen aus einer politischen Rede
in den Vortrag integrieren. Gängige Präsentationsprogramme bieten darüber hinaus die Möglichkeit, die Darstellung einer Verfassung, eines Bündnissystems oder der Entwicklung von Wählerstimmen über einen längeren Zeitraum auf einfache Weise zu ‚animieren', indem für die Einzelobjekte einer Grafik die Reihenfolge ihres Erscheinens entsprechend festgelegt wird. Ähnlich funktionieren elektronische Markierungen, die *hotspots*. Damit können z. B. einzelne Teile einer Karikatur markiert und mit einem Hyperlink, der zu weiteren Informationen oder Bildern führt, versehen werden. Alle diese durchaus faszinierenden technischen Möglichkeiten sind aber kein Selbstzweck, sie sind nur sinnvoll, wenn damit die inhaltliche Qualität des Vortrags erhöht oder den Zuhörern das Verstehen erleichtert wird.

Die technische Herstellung von Folien ist mit den benutzerfreundlichen modernen Präsentationsprogrammen relativ einfach, wenn die kompetente Arbeit mit einem Textverarbeitungsprogramm vorausgesetzt werden kann. Entscheidend ist jedoch die Fähigkeit, Folien sach- und adressatengemäß zu gestalten, sonst wird „PowerPoint" – das bislang bekannteste Präsentationsprogramm – „zur Plage" (Franck/Stary 2006, S. 137). Ein Buch ist im Grunde ein ungeeig- Foliengestaltung netes Medium, um die Herstellung und Gestaltung von Folien zu erläutern – das geschieht besser direkt am Computer. Im Internet gibt es dafür zahlreiche kostenlose Einführungen von seriösen Anbietern (→ INTERNET-ADRESSEN). Folien sollen allerdings nicht nur technisch funktionieren, sie müssen bestimmten Ansprüchen an Gestaltung und Didaktik genügen. Dafür lassen sich einige Regeln formulieren, die bei der Planung und Beurteilung von Präsentationen beachtet werden sollten. Die Grundsätze für die Gestaltung von Folien gelten dabei für alle Folien unabhängig von der Projektionstechnik.

Informationsdichte
1. Weisen Sie jeder Folie eine überschaubare Menge an Informationen zu: Folien sollten strukturieren und visualisieren, nicht ‚erzählen'. Textfolien sollten maximal zehn Zeilen umfassen. Ein Bild oder eine Grafik steht meistens allein auf einer Folie.

Layout und Design
2. Gestalten Sie das Layout und das Design aller Seiten einer Präsentation einheitlich, das erleichtert den Zuhörern die Orientierung. Der inhaltlich-informierende Bereich mit Titel und Texten/Bildern sollte etwa 60 Prozent der Gesamtfläche einnehmen, der instruktionale Bereich, der z. B. Navigationsflächen enthält, unauffällig am linken Rand platziert werden. Ein Logo steht meistens rechts oder links oben. Fußzeilen sind bei einem wissenschaftlichen Vortrag überflüssig. Für das Foliendesign wird in wissenschaftlichen oder Bildungszusammenhängen (auch bei Internet-Auftritten) der *white space* mit dunkler Schrift bevorzugt, der den Augen eine sehr gute Orientierung erlaubt.

Farben
3. Gehen Sie sparsam mit Farben um, da diese die Aufmerksamkeit stark (ab)lenken. Vermeiden Sie Komplementärfarben (wie rot/grün oder blau/orange) und Farbkombinationen mit geringem Kontrast. In einer Präsentation sollten alle Elemente mit gleicher Funktion, z. B. Beziehungspfeile, immer die gleiche Farbe aufweisen; das erzeugt formale Kohärenz.

Schrift
4. Verwenden Sie ausreichend große Schriften: mindestens 20 Punkt für Fließtexte und entsprechend abgestufte größere Schriftgrade für Hervorhebungen und Folientitel. Für Hervorhebungen im Fließtext können auch Schriftauszeichnungen wie „fett" verwendet werden, Kursivauszeichnungen sind ebenso wie Engschriften bei Präsentationen schwer zu lesen. Bevorzugen Sie serifenlose und eindeutig zu erkennende Schriften wie Arial oder Verdana. Serifenschriften wie Times bzw. Times New Roman oder Book Antiqua erleichtern zwar das Lesen in Büchern, weil das Auge besser gleitet, aber genau diese feinen Serifen können vom Monitor nicht optimal aufgelöst werden.

5. Vermeiden Sie in jedem Fall Animationen wie in die Folie einfliegende Zeilen oder kreiselnde Überschriften. Historische Sachverhalte werden dadurch nicht besser strukturiert und die Informationsaufnahme wird erschwert. Nur wenn es dem Verständnis des Vortrages dient, dürfen die einzelnen Bestandteile einer Liste oder einer Grafik nacheinander erscheinen – aber ohne jede zusätzlichen ‚Mätzchen'! *Animationen*

6. Schließlich: Das grundlegende Gesetz für Folienpräsentationen ist das der Entsprechung von Inhalt und Form. Für einen stärker ereignisgeschichtlich erzählenden Vortrag, z. B. über die napoleonischen Kriege, ist eine Folienpräsentation meistens überflüssig, der erzählende Vortrag lebt von der Ordnung und der Eleganz der Sprache. Eine Analyse der Wahlentwicklung in der Weimarer Republik bedarf dagegen der Visualisierung in Form von Zahlentabellen oder Diagrammen, eine rein sprachliche Vermittlung würde die Zuhörer überfordern. *Inhalt und Form*

In Wissenschaft und Lehre wird als Poster eine kompakte und anschauliche Darstellung von Forschungsergebnissen bezeichnet. In der dazugehörigen „Postersession" erläutert der Autor in einem Mini-Vortrag an seinem Poster seine Arbeit und beantwortet Nachfragen des Publikums. *Poster*

Das zentrale Merkmal von Postern ist die Reduktion eines komplexen Sachverhalts mit Texten, Bildern und symbolischen Zeichen auf einer begrenzten Fläche (DIN-A0). Das Kapitelauftakt-Poster von Sybille Gausing (→ ABBILDUNG 22) ist 2006 vom Historikerverband mit einem Preis ausgezeichnet worden, an ihm lassen sich die Vorteile dieser Darstellungsform demonstrieren: *Merkmale*

1. Poster visualisieren den Prozess wissenschaftlichen Arbeitens: historischer Hintergrund, aus dem die Fragestellungen entwickelt werden, die Aufzählung der Quellen zur Klärung der Fragen und die Darstellung der Ergebnisse (in Thesenform). Der Prozess wird in diesem Poster vorbildlich durch formal gleiche Pfeile visualisiert.
2. Ebenso vorbildlich ist die Verwendung der gleichen grafischen Elemente für Fragestellung und Thesen – so ergibt sich auch argumentative Konsistenz.
3. Die Texte sind kurz, einprägsam formuliert, gut gegliedert und in ausreichender Größe (24–36 Punkt) präsentiert.
4. Die kartografische Darstellung rechts oben von BRD/DDR mit Pfeilen, die die Warenströme symbolisieren, visualisiert das Problem, das unten links um die Europäische Wirtschaftsgemein-

schaft (EWG) erweitert wird. Die Verwendung des Bildelements Lupe schließlich stellt das, was heute Fokussierung genannt wird, auf bildhafte Weise überzeugend dar.

Poster eignen sich besonders für forschungsorientierte Seminare und Abschlusskolloquien im Bachelor- und Masterstudium, wenn Studierende ihre eigenen Arbeiten vorstellen und diese diskutiert werden. Der Referent trägt vor dem Poster stehend seinen Ansatz, seine Methoden und seine Ergebnisse vor, die Visualisierung gibt die Gliederung vor, regt aber auch zu Nachfragen an. Neben der Informationsfunktion hat das Poster auch eine starke Kommunikationsfunktion.

Gestaltung

Die Gestaltung von Postern ist ein Prozess, der intellektuelle Anstrengung mit kreativer Gestaltung verbindet: Die Struktur muss absolut klar sein, bevor nach einer überzeugenden, ja zündenden grafischen Umsetzung gesucht wird. Muster (→ ABBILDUNG 24) erleichtern die Einarbeitung in die Postergestaltung (Höge 2002, S. 98ff.; Franck/Stary 2006, S. 94ff.).

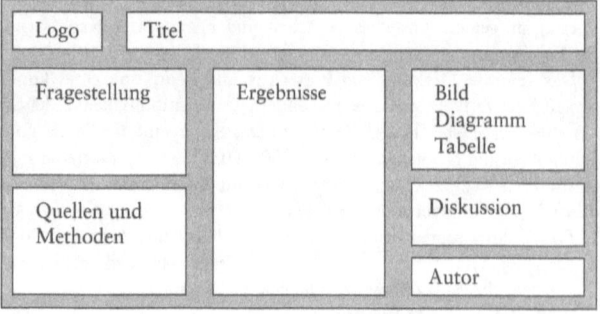

Abbildung 24: Muster für ein wissenschaftliches Poster (nach: Franck/Stary 2006, S. 97)

Poster sind keine rasch erstellten Wandzeitungen, die vom Charme der Improvisation leben. Sie werden sorgfältig am Computer gestaltet und dann an Großformatdruckern, Plotter genannt, gedruckt. Plotter können in Hochschulrechenzentren kostenlos oder doch kostengünstig genutzt werden. Die besondere Leistung von Postern liegt darin, dass sie die oft hinter die Ergebnisse historischer Forschung zurücktretende historische Methode (→ KAPITEL 9.1) visualisiert und die direkte wissenschaftliche Kommunikation anregt.

Lektüreempfehlungen und Internet-Adressen

Die Ratgeberliteratur zur ‚richtigen' Vortragsgestaltung ist kaum noch zu überblicken. Stöbern Sie selbst ausführlich in Buchhandlungen und stellen Sie fest, was Ihrem Anspruchsniveau entspricht. Die beiden folgenden Titel setzen besondere Schwerpunkte: Ratgeberliteratur

- Norbert Franck / Joachim Stary, Gekonnt visualisieren. Medien wirksam einsetzen, Paderborn 2006. *Eine praxisnahe, überfachliche Einführung sowohl zum Vortragen wie (umfangreicher) zum Visualisieren, obwohl der Buchtitel nur auf das Visualisieren verweist.*

- Gerd Presler / Jürgen Döhmann, Referate schreiben, Referate halten. Ein Ratgeber, München 2002. *Ein knapper, gut aufgebauter Ratgeber für schriftliche und mündliche Referate, sogar die Anleitung zum Bau eines Rednerpults wird mitgeliefert.*

Die Sprache ist das wichtigste Werkzeug von Historikern, jede Zeitinvestition dafür lohnt sich. Solche Bücher kann man sogar abends im Bett lesen!   Sprachtraining

- Karl-Heinz Göttert, Kleine Schreibschule für Studierende, München 1999. *Göttert nimmt sich ‚Sprachschnitzer' von Studierenden vor und zeigt, wie man viele sprachliche Klippen umschifft und zu einem besseren Stil kommt.*

- Wolf Schneider, Deutsch für Profis. Wege zu gutem Stil, 9. Aufl. München 2001. *Amüsant geschriebenes Buch über ‚Sprachsünden' (überwiegend) von Journalisten und wie man sie vermeidet.*

Bei Anleitungen für Präsentations- oder Bildbearbeitungsprogramme oder die Einbindung von Audio- und Videodateien sollten Sie kostenlose Angebote von Bildungseinrichtungen nutzen, z. B.   Software-Training

- MeHu – Medieneinsatz im Hochschulunterricht: www.uni-duesseldorf.de/mehu/index.html.

- Landesakademie für Fortbildung und Personalentwicklung an Schulen (Landesbildungsserver Baden-Württemberg): http://lehrerfortbildung-bw.de/werkstatt/praes/ppt_xp/.

Serviceteil und Anhang

15 Serviceteil

15.1 Studienstart

Sie haben es geschafft: Die Immatrikulation an der Universität ist erfolgt, Sie können bei Ihren Eltern wohnen bleiben oder haben eine Wohnung bzw. einen Platz in einem Studierendenwohnheim mit Telefon- und DSL-Anschluss, die Versicherungsfragen sind geklärt, ein Konto wurde eröffnet, vielleicht war auch das Besorgen einer Steuerkarte oder das Einreichen eines BAföG-Antrages notwendig. Nützliche Informationen zu all diesen Fragen finden Sie bei der „Stiftung Warentest" in der Rubrik „Bildung + Soziales" (www.test.de) oder auf der Homepage Ihrer Universität.

Jetzt endlich kann das ‚richtige' Studium beginnen! Doch in den ersten Wochen haben Sie parallel zum Besuch von Vorlesungen und Seminaren noch eine Menge zu besorgen oder zu erkunden. Einiges ist organisatorischer Art und muss regelrecht ‚abgehakt' werden. Hierfür steht Ihnen die Checkliste (→ **ABBILDUNG 25**) zur Verfügung.

Organisatorisches

Von zentraler Bedeutung sind daneben eine gute Zeitplanung und räumliche Orientierung. Stellen Sie Ihren Stundenplan so zusammen, dass Sie zwar alle nach der Bachelorprüfungsordnung für das jeweilige Semester vorgesehenen Veranstaltungen belegen, aber keinesfalls mehr. Sonst leidet die Qualität Ihrer Studienleistungen und die Folge sind schlechte Modulnoten. Beachten Sie für die Zeitplanung den „Workload" der Module. Der Workload gibt den ungefähren studentischen Arbeitsaufwand für den Veranstaltungsbesuch, die begleitende Lektüre oder das Erbringen von Prüfungsleistungen an. Sehen Sie im Zeitplan bewusst Lücken für Bibliotheksstudien vor. Lassen Sie Ihren Stundenplan von Lehrenden in deren Sprechstunde und von Vertretern der studentischen Fachschaft überprüfen, so vermeiden Sie Fehler und erhalten manchen guten Tipp.

Zeitplanung

In der ersten und zweiten Woche werden Sie bisweilen noch ‚orientierungslos' auf der Suche nach Hörsälen, Seminarräumen, Computerarbeitsräumen, LAN-Punkten oder Seminarbibliotheken durch die Universität irren. Das gibt sich. Sie sollten von Ihrer Universität allerdings mehr kennen als die unbedingt erforderlichen Funktionsräume: Erkunden Sie Ihre Universität gründlich, sie wird für einige Zeit Ihr Lebensraum sein. Laufen Sie durch alle Fakultäten und durchstreifen Sie die gesamte Universitätsbibliothek vom Keller bis

Orientierung in der Universität

Studierendenausweis vorhanden? (An vielen Universität auch wichtig für die kostenlose Nutzung von öffentlichen Verkehrsmitteln).	
Nutzerausweis für die Universitätsbibliothek besorgt?	
E-Mail- und Internetanschluss beim Universitätsserver eingerichtet? (Dafür E-Mail-Adresse und Kennwort beim zuständigen Hochschulrechenzentrum besorgen, an manchen Universitäten erhält man die Unterlagen mit der Immatrikulationsbescheinigung).	
Zugang zu der an Ihrer Universität eingeführten, internetbasierten Plattform für die universitäre Lehre, z. B. ILIAS, Moodle oder Stud.IP, eingerichtet? (An vielen Universitäten werden die Lehrveranstaltungen inzwischen ausschließlich elektronisch ‚verwaltet', d. h. Seminarprogramme oder Unterlagen für das Seminar werden nur noch ins Netz gestellt, auch der E-Mail-Verkehr, Anmeldungen für die Sprechstunde oder die Mitteilung von Modulnoten erfolgen über die Plattform. Richten Sie sich Ihren Zugang zur Plattform am Besten als Startseite auf dem Computer ein, so kommen Sie nicht nur rasch zu den von Ihnen belegten Lehrveranstaltungen, sondern auch in den Bibliothekskatalog oder zu den Essensplänen der Mensa).	
Bachelorprüfungsordnung einschließlich der Anhänge für Ihre Fächer und die Praktika besorgt?	
Informationsblätter zu möglichen anschließenden Masterstudiengängen besorgt? (Rechtlich bindend ist für Studienanfänger zwar nur die Bachelorprüfungsordnung, trotzdem sollten Sie sich schon frühzeitig über die Zugangsbedingungen für Masterstudiengänge informieren, um vielleicht spätere Auflagen erfüllen zu können.).	

Checkliste für den Studienstart

Abbildung 25: Checkliste für den Studienstart

zum Dachgeschoss. Wo liegen die Dekanate der für Sie relevanten Fakultäten bzw. Fachbereiche, wo die Fachschaften? Wo tagen Senat und Fakultäts- bzw. Fachbereichsräte? Wo ist das Hochschulrechenzentrum? Indem Sie Ihre Universität ‚erlaufen', lernen Sie deren Struktur kennen. Ergänzen und vertiefen Sie diese Kenntnisse durch Stöbern auf den Internetseiten der Universität. Manches schließlich macht erheblich mehr Freude als das Ansehen von Verwaltungsräumen oder technischen Einrichtungen. Besuchen Sie den Botanischen Garten Ihrer Universität. Welche Sportmöglichkeiten bietet die Universität? Wo spielen Universitätsorchester und studentische Theatergruppen, wo probt der Universitätschor? Gibt es einen Raum der Stille? Sie werden beim ‚Erlaufen' viele Anregungen bekommen.

Weiten Sie so schnell wie möglich die Orientierung auf ‚Ihre' Uni-Stadt aus: Wo befinden sich weitere Bibliotheken, welche könnten für Sie nützlich werden? Welche Archive und Museen gibt es, wo liegen sie und was bieten sie für das Geschichtsstudium? Befinden

Orientierung in der Stadt

sich historische Stätten oder Gedenkstätten vor Ort? Welche Verlage oder andere Medienunternehmen sind hier angesiedelt? In welcher Buchhandlung können Sie in Ruhe stöbern, welche weist ein gutes Geschichtssortiment auf? Mit welchen historischen Sehenswürdigkeiten kann die Stadt aufwarten? Mit diesen ‚Ortungen' sammeln Sie manche nützlichen Kenntnisse – und erfahren außerdem, dass die Vergangenheit in der Gegenwart präsent, Geschichte mitten unter uns ist: Wir müssen sie nur wahrnehmen und ansehen.

15.2 Sprachanforderungen

Für das Studium der Geschichtswissenschaft sind die Sprachanforderungen an deutschen Universitäten relativ streng normiert. Für die Bachelor- und Masterstudiengänge müssen in der Regel zwei Fremdsprachen nachgewiesen werden. Fremdsprachenkenntnisse gelten als *Voraussetzung* für das Studium, sie sind nicht Teil des Studiums. Allerdings ist an vielen Universitäten ein ‚Nachlernen' von Sprachen während des Bachelorstudiums erlaubt, dafür bieten Fremdsprachenzentren, deren Bezeichnungen von Universität zu Universität variieren, Kurse an.

Die Grundregel „zwei Fremdsprachen" muss jedoch nach Studiengängen differenziert werden:

Latinum
- Studierende, die den Master of Education für das Gymnasium anstreben, müssen nach einem Beschluss der Kultusministerkonferenz *immer* das Latinum durch das Abiturzeugnis (mindestens „ausreichend" bzw. 5 Punkte) oder eine vergleichbare staatliche Prüfung nach dem Abitur nachweisen. Das sogenannte „Kleine Latinum" reicht nicht aus. Wer also im Abiturzeugnis keinen Vermerk wie „schließt Lateinkenntnisse auf der Stufe des Latinums ein" stehen hat, muss das Latinum nachholen.

Das Latinum, teilweise sogar das „Große Latinum", müssen auch alle Studierenden für den Master of Arts nachweisen, die ausschließlich oder schwerpunktmäßig Alte Geschichte, Mittelalterliche Geschichte oder Geschichte der frühen Neuzeit studieren.

Graecum
- Für das Studium der Alten Geschichte als Fach oder als Schwerpunkt wird zusätzlich in der Regel das Graecum gefordert.

Moderne Fremdsprachen
Die Masterstudiengänge sind oft sehr speziell ausgerichtet und entsprechend differenziert sind die Sprachanforderungen. Für das Studium der Osteuropäischen Geschichte wird in der Regel neben Russisch eine weitere slawische Sprache gefordert. In anderen Studiengängen

kann das Französisch oder Japanisch sein. Einige Universitäten fordern für den Schwerpunkt 19. und 20. Jahrhundert drei moderne Fremdsprachen.

Da Bachelor- und Masterprüfungen eine rein akademische Angelegenheit, also nicht (außer beim Master of Education) staatlich geregelt sind, sollten Sie sich gründlich über die Fremdsprachenanforderungen an Ihrer Universität informieren und mögliche Defizite rasch abbauen. Den Erwerb von Fremdsprachenkenntnissen sollten Sie aber nicht nur als Last ansehen: Für viele Berufe, in denen Historiker später arbeiten (→ KAPITEL 2), sind Fremdsprachen Schlüsselkompetenzen.

Informationen

15.3 Stipendien und Studienpreise

Stipendien sollen Studierenden ein Studium ermöglichen, das weitgehend frei von materiellen Sorgen ist. Neben Vollstipendien gibt es Förderstipendien, etwa ein monatliches Büchergeld und die kostenfreie Teilnahme an wissenschaftlichen Tagungen. Die Stipendien vergeben Stiftungen, bei denen sich prinzipiell alle Studierenden bewerben können. Die Stiftungen sind nicht ausschließlich der wissenschaftlichen Elitenförderung verpflichtet, obwohl sehr gute fachliche Leistungen überall vorausgesetzt werden. Für die Auswahl spielt in der Regel auch das gesellschaftliche Engagement der Bewerberin oder des Bewerbers eine große Rolle.

Bedingungen

Die Bewerbungstermine, -verfahren und -bedingungen unterscheiden sich von Stiftung zu Stiftung; informieren Sie sich über die Internetseiten der einzelnen Stiftungen. Die großen überregionalen Stiftungen sind:

Überregionale Stiftungen

- Cusanuswerk Bischöfliche Studienförderung (www.cusanuswerk.de),
- Evangelisches Studienwerk Villigst (www.evstudienwerk.de),
- Friedrich-Ebert-Stiftung (www.fes.de),
- Friedrich-Naumann-Stiftung (www.fnst.de),
- Hanns-Seidel-Stiftung (www.hss.de),
- Hans-Böckler-Stiftung (www.boeckler.de),
- Heinrich-Böll-Stiftung (www.boell.de),
- Konrad-Adenauer-Stiftung (www.kas.de),
- Rosa-Luxemburg-Stiftung (www.rosalux.de),
- Studienförderwerk Klaus Murmann der Stiftung der Deutschen Wirtschaft (www.sdw.org),
- Studienstiftung des deutschen Volkes (www.studienstiftung.de).

Die Stiftungen haben an vielen Universitäten Vertrauensdozenten, die auch für Beratungen zur Verfügung stehen. Die Namen finden Sie auf den Internetseiten Ihrer Universität.

Regionale Stiftungen

Neben den großen, überregionalen Stiftungen agieren viele kleinere regionale Stiftungen, die Studierende mit teilweise sehr speziellen Programmen fördern, etwa durch Finanzierung von Auslandssemestern oder ein Vollstipendium in der Abschlussphase des Studiums, um unbelastet von finanziellen Sorgen die Bachelor- oder Masterarbeit schreiben zu können. Über solche Stiftungen und deren Fördermöglichkeiten geben spezielle Internetseiten der Universitäten Auskunft.

Studienpreise

Zweck von regionalen Stiftungen kann auch die Vergabe von Studienpreisen sein. An vielen Universitäten gibt es solche Studienpreise für unterschiedliche Leistungen, beispielsweise für herausragende Leistungen in den Anfangssemestern, für Examensarbeiten oder Dissertationen. Diese Preise sind mehr oder weniger hoch dotiert, aber für die spätere Karriere sind sie eine Empfehlung; außerdem ist es schön, wenn man nach besonderen Anstrengungen für seine Leistung belohnt wird. Erkunden Sie, welche Studienpreise an Ihrer Universität ausgelobt werden. Um Studienpreise kann man sich selbstverständlich nicht bewerben, man wird vorgeschlagen. Aber Sie könnten z. B. als studentischer Vertreter im Instituts-, Seminar-, Fachbereichs- oder Fakultätsrat mit dafür sorgen, dass Ihr Fach immer genügend Vorschläge für Studienpreise einreicht.

15.4 Studium im Ausland

Interkulturelle Kompetenzen

Auslandserfahrung, interkulturelle Kompetenzen, die Beherrschung von Fremdsprachen – diese Qualifikationen bereichern Ihren Lebenslauf und verbessern die Chancen auf dem Arbeitsmarkt. Viele gehen heute bereits während der Schulzeit für einen längeren Zeitraum ins Ausland. Andere verbringen nach dem Abitur ein soziales Jahr in einem anderen Land, verfügen also bereits zu Studienbeginn über solche Kompetenzen. Wieder andere entscheiden sich erst während des Studiums ins Ausland zu gehen. Unabhängig von Ihren persönlichen Erfahrungen vermittelt ein Studium im Ausland eine Fülle an Eindrücken und Kompetenzen, die sich von anderen Auslandsaufenthalten deutlich abheben. Womit lässt sich das begründen?

Internationale scientific community

Während eines Auslandsaufenthaltes werden Sie Teil der mehr oder weniger international orientierten *scientific community* des gewählten Landes und erleben die Herausforderung wie auch die Faszination, mit Menschen aus unterschiedlichen Ländern und Kulturen gemeinsam über wissenschaftliche und gesellschaftspolitische Fragen nachzudenken und zu diskutieren. Je nach Studienortwahl werden Sie konfrontiert mit einer Ihnen bis dahin höchstens aus den Feuilletons vertrauten Wissenschafts- und Studienkultur, etwa ein Studium in ganz kleinen Gruppen oder das Verfassen von Essays anstelle von Hausarbeiten. Nicht selten bietet Ihnen die Auslandsuniversität Studieninhalte und Fächerkombinationen, die sie an ihrer Heimatuniversität so nicht vorfinden. Da jede Wissenschaft eigene Forschungstraditionen entwickelt und diese selbst in unserer globalisierten Welt noch Unterschiede aufweisen, lernen Sie während Ihres Auslandsstudiums neue Fragestellungen kennen und tauchen ein in Forschungsdebatten, die Ihnen bislang unbekannt waren. Nicht selten kehren Sie mit konkreten Ideen für Ihre Abschlussarbeit zurück und haben die Fähigkeit erworben, historische Fragestellungen in nicht-deutschen Kontexten zu entwickeln und zu bearbeiten. Häufig entstehen Freundschaften, die Sie ein Leben lang begleiten werden.

Haben Sie sich für ein Auslandsstudium entschieden, kommen eine Reihe praktischer Fragen auf Sie zu. Eine erste allgemeine Orientierung rund ums Auslandsstudium bieten Ihnen der Deutsche Akademische Austauschdienst (DAAD; www.daad.de) sowie das Akademische Auslandsamt Ihrer Universität.

In welchem Studienabschnitt bietet sich ein Auslandsstudium an? Grundsätzlich sollten Sie den bestmöglichen Zeitpunkt mit den Lehrenden Ihrer Universität absprechen und dabei auf die Anrechenbarkeit Ihres Auslandsstudiums achten. Sowohl für den BA- als auch für den MA-Studiengang ist zu empfehlen, dass sie die Basis- bzw. Grundlagenmodule bereits erfolgreich besucht haben. So verfügen Sie über fachwissenschaftliche Kenntnisse, haben vielleicht schon besondere Interessenschwerpunkte entwickelt und können Ihr Studium zielgerichtet ergänzen. Einige Studiengänge haben bereits ein Auslandsstudium fest integriert.

Zeitpunkt

Wie finden Sie die geeignete Universität? Viele Institute für Geschichte haben internationale Kooperationsverträge und halten eine Liste von Partneruniversitäten bereit. Bei der Wahl sollten Ihre eigenen persönlichen und fachwissenschaftlichen Interessen im Vordergrund stehen. Weltweit stellen geschichtswissenschaftliche Institute Informationen über ihre Lehr- und Forschungsschwerpunkte ins Internet, sodass Sie hier weitere Orientierungsmöglichkeiten finden. Haben Sie sich für eine Universität im Ausland entschieden, besteht der nächste Schritt in der Bewerbung.

Wahl der Universität

SERVICETEIL

Bewerbung — Handelt es sich um eine Partneruniversität, erfolgt die Bewerbung über das Austauschprogramm Ihrer Universität. Hier sollten Sie die Auslandsbeauftragten Ihres Faches ansprechen. Möchten Sie sich direkt an einer Universität bewerben, recherchieren Sie zunächst mithilfe der Internetpräsentation ihrer Wahluniversität die Ansprechpartner für ausländische Studierende. Beachten Sie dabei die jeweils aktuellen Bewerbungsfristen und Studienvoraussetzungen.

Sprachliche Anforderungen — Über welche sprachlichen Kompetenzen sollten Sie verfügen? Grundsätzlich gilt, dass ein erfolgreiches Auslandsstudium bereits sehr gute Kenntnisse der Landessprache voraussetzt. Die meisten Universitäten bieten Intensivsprachkurse vor Semesterbeginn an, einige fordern einen Sprachtest. An einer Reihe von Universitäten, etwa in Skandinavien, findet das Lehrangebot weitgehend in englischer Sprache statt.

Finanzierung — Wie können Sie Ihr Auslandsstudium finanzieren? Da die meisten Universitäten weltweit deutlich höhere Studiengebühren als in Deutschland fordern, ist die große Mehrheit der Studierenden auf finanzielle Unterstützung angewiesen.

DAAD
- Auslandsstipendien vergibt der DAAD (www.daad.de), über dessen Internetseite Hinweise auf weitere Stipendienangebote zu finden sind. Sind Sie bereits Stipendiat einer Studienfördereinrichtung, so können Sie sich dort in der Regel für die zusätzliche Finanzierung eines Auslandsstudiums bewerben.

BAföG
- BAföG-Empfänger sind bei einem Studium in EU-Ländern und in der Schweiz seit 2008 den Studierenden in Deutschland gleichgestellt, für andere Länder gibt es unterschiedliche Bestimmungen. Auf jeden Fall sollten Sie die Bedingungen und Möglichkeiten beim zuständigen Studentenwerk erfragen. Informationen zu den erforderlichen Bewerbungsunterlagen und -fristen erhalten Sie auf den jeweiligen Internetseiten. In der Regel müssen Sie mit Ihren persönlichen Unterlagen mindestens ein Gutachten von einem Hochschullehrer einreichen.

ERASMUS
- Verfügt Ihre Universität im Fach Geschichte über europäische Kooperationsverträge im Rahmen des Erasmus-Programms, so können Sie sich auf einen der Erasmus-Austauschplätze bewerben. Die Förderung umfasst die Studiengebühren sowie einen kleinen monatlichen Zuschuss zu den Lebenshaltungskosten.

Pädagogischer Austauschdienst (PAD)
- Studierende mit dem Ziel Lehramt haben darüber hinaus die Möglichkeit, sich für das Fremdsprachenassistentenprogramm des Pädagogischen Austauschprogramms der Kultusministerkonferenz (PAD) zu bewerben. Im Fremdsprachenassistentenprogramm wir-

ken Studierende als *assistant teachers* in englisch- oder französischsprachigen Ländern etwa 12 Stunden pro Woche im Deutschunterricht an einer Sekundarschule des Gastlandes mit. Der Aufenthalt dauert sieben bis zehn Monate, während dieser Zeit erhalten Fremdsprachenassistenten ein ‚Gehalt', das die Lebensunterhaltungskosten deckt.
- Daneben ist der PAD auch für das COMENIUS-Sprachassistenten-Programm zuständig, das angehende Lehrerinnen und Lehrer an Schulen in der Europäischen Union vermittelt. Umfangreiche Informationen zu allen Programmen des PAD finden Sie unter www.kmk.org/pad/home.htm. Die meisten Universitäten erkennen die Tätigkeit in diesen Programmen als Schulpraktikum an.

COMENIUS-Sprachassistenten-Programm

15.5 Historische Institute

Nicht nur an der Universität wird Geschichte betrieben. Im In- und Ausland finden Sie eine Reihe von Instituten und Institutionen, die sich der historischen Forschung widmen.

Zu den bekannten historischen Instituten im Ausland gehören die sechs „Deutschen Historischen Institute" (DHI). Hauptziel ihrer Arbeit ist es, die historischen Beziehungen und Verflechtungen zwischen Deutschland und dem jeweiligen Partnerland, in dem das Institut arbeitet, zu erforschen. Folgende DHIs sind bislang etabliert:

Deutsche Historische Institute (DHI)

- Rom: Instituto Storico Germanico di Roma seit 1888: www.dhi-roma.it,
- Paris: Institut Historique Allemand Paris (IHAP), seit 1958: www.dhi-paris.fr,
- London: German Historical Institute London (GHIL), seit 1976: www.ghil.ac.uk,
- Washington: German Historical Institute Washington D. C. (GHI), seit 1987: www.gh-dc.org,
- Warschau: Niemiecki Instytut Historyczny w Warszawie (NIH), seit 1993: www.dhi.waw.pl,
- Moskau: Германский Исторический Институт в Москве (ГИИМ), seit 2005: www.dhi-moskau.de.

Seit 2002 sind die DHIs Teil der Stiftung Deutsche Geisteswissenschaftliche Institute im Ausland (DGIA – www.stiftung-dgia.de/). Finanziert werden die Einrichtungen vom Bundesministerium für Bildung und Forschung.

SERVICETEIL

Die DHIs bieten regelmäßig wissenschaftliche Tagungen, Kolloquien und Vorträge zur deutschen Geschichte, zur Geschichte des Partnerlandes und zur Vergleichs- und Beziehungsgeschichte an. Sie vergeben vor allem für Doktoranden Stipendien. Fortgeschrittene Studierende haben überdies an einigen DHIs die Möglichkeit, ein sechswöchiges Praktikum zu absolvieren (u. a. in Rom). Jedes Jahr werden für fortgeschrittene Studierende und Doktoranden des Fachs Geschichte zehntägige Studienkurse zu einer ausgewählten Thematik durchgeführt.

Deutsche Forschungsinstitute zur Geschichte

Historische Forschung wird in Deutschland außer an Universitäten in speziellen Forschungsinstituten betrieben (→ KAPITEL 2.3). Neben umfangreichen, in der Regel öffentlich zugänglichen Bibliotheken und Archiven bieten viele regelmäßige Kolloquien und Konferenzen an und vergeben Promotionsstipendien. Hier eine Auswahl:

Georg-Eckert-Institut für internationale Schulbuchforschung

- **Georg-Eckert-Institut für internationale Schulbuchforschung,** Braunschweig; seit 1975: www.gei.de. *Das Institut untersucht Unterrichtsmaterialien aus den Fächern Geschichte, Geografie und Sozialkunde und verfügt über eine bedeutende Sammlung von Schulbüchern aus dem In- und Ausland.*

Herder-Institut

- **Herder-Institut,** Marburg, seit 1950: www.herder-institut.de. *Das Institut betreibt vor allem Forschung über die historischen deutschen Ostgebiete und das östliche Mitteleuropa, verfügt über eine reichhaltige Bibliothek und eine umfangreiche Kartensammlung. Es vergibt auch Stipendien.*

Institut für die Geschichte der deutschen Juden

- **Institut für die Geschichte der deutschen Juden,** Hamburg, seit 1966: www.igdj-hh.de. *Das Institut entstand aus dem Bedürfnis, die über die Zeit des Nationalsozialismus geretteten reichen Archivbestände der jüdischen Gemeinden im Raum Hamburg auszuwerten. Es veranstaltet regelmäßig Kolloquien und verfügt über eine gut sortierte Bibliothek (einschließlich Bilddatenbank) zur Geschichte der deutschen Juden.*

Institut für Europäische Geschichte

- **Institut für Europäische Geschichte,** Mainz, seit 1950: www.ieg-mainz.de. *Das Institut fördert europabezogene Grundlagenforschung, veranstaltet Kolloquien und vergibt Forschungsstipendien an Doktoranden mit der Auflage, für die Dauer des Stipendiums nach Mainz zu ziehen. Gefördert werden vergleichende und/oder transnationale Projekte, die sich mit europäischen Transfer- und Kommunikationsprozessen sowie mit Europa-Vorstellungen und Europa-Konzeptionen zwischen ca. 1450 und ca. 1950 befassen.*

- **Institut für Zeitgeschichte München**, seit 1949: www.ifz-muenchen.de. *Das Institut entstand 1949 und unterhält seit 1993 auch eine Abteilung in Berlin. Ursprünglich waren die Forschungen des Instituts für Zeitgeschichte auf die Geschichte des Nationalsozialismus konzentriert, seit 1989 hat sich der Fokus erweitert um die Erforschung der Geschichte der Bundesrepublik und der DDR.*

- **Zentrum für Zeithistorische Forschung Potsdam (ZZF)**, seit 1996: www.zzf-pdm.de. *Hier forschen Historiker aus Ost- und Westdeutschland zusammen mit auswärtigen Gästen zu Fragen der jüngeren europäischen Geschichte des 20. Jahrhunderts. Das ZZF veranstaltet regelmäßige Kolloquien und Konferenzen zu zeitgeschichtlichen Fragen und verfügt über einen umfangreichen Bibliotheksbestand.*

15.6 Verbände

- **Verband der Historiker und Historikerinnen Deutschlands**, seit 1948: www.vhd.gwdg.de. *Der Verband ist 1948 als Nachfolger des 1895 ins Leben gerufenen „Verbandes deutscher Historiker" gegründet worden. Der zur Gründungszeit noch lautende Name „Verband der Historiker Deutschlands" (seit Ende der 1990er-Jahre werden auch die weiblichen Mitglieder im Titel aufgeführt) war durchaus Programm. Ungeachtet der deutschen Teilung sollten im Verband alle deutschen Historiker zusammengeführt werden. Von 1958 bis 1990 gingen west- und ostdeutsche Historiker jedoch auch verbandsmäßig getrennte Wege. Seit 1990 ist der VHD mit zurzeit rund 2 300 Mitgliedern der größte deutsche Verband hauptberuflicher Geschichtswissenschaftler. Laut Satzung geht es dem VHD u. a. um die „Vertretung der deutschen Historiker vor der Öffentlichkeit, insbesondere der internationalen Geschichtswissenschaft". Die wichtigste Aufgabe ist die Organisation der „Deutschen Historikertage", die im zweijährigen Turnus in Kooperation mit dem „Verband der Geschichtslehrer Deutschlands" und der gastgebenden Universitätsstadt stattfinden. Seit einigen Jahren bemüht sich der Verband gezielt darum, auf den Historikertagen auch Nachwuchshistorikerinnen und -historikern ein Forum zu bieten. (Habilitandenforum, Doktorandenforum mit Posterpräsentationen). Seit 1988 gibt es einen mit 6 000 EUR dotierten Preis* *für ausgezeichnete Habilitationen, seit 1998 den „Hedwig-Hintze-Preis" (5 000 EUR) für herausragende Dissertationen. Die Mitglieder des Verbandes erhalten regelmäßig erscheinende Verbandsmitteilungen. Weiterhin können sie eine Reihe von Fachzeitschriften zu einem ermäßigten Preis beziehen.*

- **Verband der Geschichtslehrer Deutschlands**, Marburg, seit 1913: www.geschichtslehrerverband.de. *Der Verband vertritt die fachbezogenen Interessen der Geschichtslehrerinnen und Geschichtslehrer in der Bundesrepublik. Er gibt Verbandszeitschriften wie „Geschichte in Wissenschaft und Unterricht" (GWU) oder „Geschichte, Politik und ihre Didaktik" heraus. Überdies ist der Verband mitverantwortlich für die Veranstaltung der „Deutschen Historikertage". Vor allen in Fragen des Geschichtsunterrichts an den Schulen gehört der Verband zu den wichtigsten Gesprächspartnern der Kultus- und Bildungsministerien. Hinzu kommen Kooperationen mit Bundesinstituten, Verlagen, Universitäten und Akademien.*

- **International Commitee of Historical Sciences (ICHS) bzw. Comité International des Sciences Historiques (CISH)**, Genf, seit 1926: www.cish.org. *Ziel des Weltverbandes der Historiker ist es, historisch arbeitende Wissenschaftler aus aller Welt zu vernetzen. Seit 1950 finden im Fünfjahresrhythmus internationale Historikertage statt. Mittlerweile umfasst der Verband 53 Länder aus aller Welt.*

- **Verband deutscher Archivarinnen und Archivare (VdA)**, seit 1946: www.vda.archiv.net. *Der 1946 gegründete und bis 2000 „Verein deutscher Archivare" genannte Verband hat rund 2 200 korporative und persönliche Mitglieder. Jedes Jahr veranstaltet der VdA den „Deutschen Archivtag" und seit 2001 auch regelmäßig den bundesweiten „Tag des Archivs".*

16 Anhang

16.1 Zitierte Literatur

Arnold 2007   Klaus Arnold, Der wissenschaftliche Umgang mit den Quellen, in: Hans-Jürgen Goertz (Hg.), Geschichte. Ein Grundkurs, 3. revidierte und erweiterte Aufl. Reinbek bei Hamburg 2007, S. 48–65.

Asch/Freist 2005   Ronald G. Asch/Dagmar Freist (Hg.), Staatsbildung als kultureller Prozess. Strukturwandel und Legitimation von Herrschaft in der Frühen Neuzeit, Köln/Weimar/Wien 2005.

Assmann 1992   Jan Assmann, Das kulturelle Gedächtnis. Schrift, Erinnerung und politische Identität in frühen Hochkulturen, München 1992.

Assmann 1997   Aleida Assmann, Gedächtnis, Erinnerung, in: Klaus Bergmann u. a. (Hg.), Handbuch der Geschichtsdidaktik, 5. Aufl. Seelze-Velber 1997, S. 33–37.

Assmann 2006   Aleida Assmann, Der lange Schatten der Vergangenheit. Erinnerungskultur und Geschichtspolitik, München 2006.

Aughterson 2005   Kate Aughterson, Renaissance Woman: A Sourcebook. Constructions of Feminity in England, London 2005.

Bachmann-Medick 2006   Doris Bachmann-Medick, Cultural Turns. Neuorientierungen in den Kulturwissenschaften, Reinbek bei Hamburg 2006.

Bade 2000   Klaus J. Bade, Europa in Bewegung. Migration vom späten 18. Jahrhundert bis zur Gegenwart, München 2000.

Bailyn 2005   Bernard Bailyn, Atlantic History: Concept and Contours, Cambridge 2005.

Baker 2003   Alan R. H. Baker, Geography and History. Bridging the Divide, Cambridge 2003.

Barricelli 2007   Michele Barricelli, Problemorientierung, in: Ulrich Mayer u. a. (Hg.), Handbuch Methoden im Geschichtsunterricht, 2. überarbeitete Aufl. Schwalbach/Ts. 2007, S. 78–90.

Baumgart 2006   Winfried Baumgart, Bücherverzeichnis zur deutschen Geschichte, Hilfsmittel – Handbücher – Quellen, 16. Aufl. München 2006 (Erstauflage 1971).

Beck/Walter 2001   Hans Beck/Uwe Walter (Hg.), Die Frühen Römischen Historiker I. Von Fabius Pictor bis Cn. Gellius, Darmstadt 2001.

Becker 2005   Eve-Marie Becker, Historiographieforschung und Evangelienforschung. Zur Einführung in die Thematik, in: dies. (Hg.), Die antike Historiographie und die Anfänge der Geschichtsschreibung, Berlin/New York 2005, S. 1–17.

Becker/Komlosy 2004   Joachim Becker/Andrea Komlosy (Hg.), Grenzen weltweit. Zonen, Linien, Mauern im historischen Vergleich, Wien 2004.

Benz 2006   Stefan Benz, Geschichtskultur. Neuerscheinungen zur Historizität und zu ihren sozialen Orten in der Frühneuzeit, in: Archiv für Kulturgeschichte 88, 2006, S. 157–201.

Berger/Luckmann 1969   Peter L. Berger/Thomas Luckmann, Die gesellschaftliche Konstruktion der Wirklichkeit. Eine Theorie der Wissenssoziologie. Frankfurt am Main 1969.

Berghoff/Vogel 2004   Hartmut Berghoff/Jakob Vogel (Hg.), Wirtschaftsgeschichte als Kulturgeschichte. Dimensionen eines Perspektivwechsels, Frankfurt am Main 2004.

ZITIERTE LITERATUR

Blanke/Rüsen 1985 Horst-Walter Blanke/Jörn Rüsen (Hg.), Von der Aufklärung zum Historismus. Zum Strukturwandel des historischen Denkens, Paderborn 1985.

Bödeker 1986 Hans-Erich Bödeker u. a. (Hg.), Aufklärung und Geschichte. Studien zur Geschichtswissenschaft im 18. Jahrhundert, Göttingen 1986.

Borgolte 2007 Michael Borgolte, „Totale Geschichte" des Mittelalters?, in: Revue du Mauss permanente, 2007, http://www.journaldumauss.net/spip.php?article19#nb21, Zustand: 12.2.2008.

Bourdieu 1992 Pierre Bourdieu, Die feinen Unterschiede. Kritik der gesellschaftlichen Urteilskraft, 2. Aufl. Frankfurt am Main 1992.

Braudel 1990 Fernand Braudel, Das Mittelmeer und die mediterrane Welt in der Epoche Philipps II., 3 Bde., Frankfurt am Main 1990 (französische Erstauflage 1949).

Breisach 1994 Ernst Breisach, Historiography. Ancient, Medieval & Modern, 2. Aufl. Chicago 1994.

Bromme 1997 Rainer Bromme, Kompetenzen, Funktionen und unterrichtliches Handeln des Lehrers, in: Franz E. Weinert (Hg.), Psychologie des Unterrichts und der Schule, Göttingen 1997, S. 177–212.

Brunner/Conze/Koselleck 1972–1997 Otto Brunner/Werner Conze/Reinhart Koselleck (Hg.), Geschichtliche Grundbegriffe: Historisches Lexikon zur politisch-sozialen Sprache in Deutschland, 9 Bde., Stuttgart 1972–1997.

Buch und Buchhandel 2007 Buch und Buchhandel in Zahlen, hg. vom Börsenverein des Deutschen Buchhandels, Frankfurt am Main 2007.

Budde 1990 Gunilla Budde (Hg.), In Träumen war ich immer wach. Das Leben des Dienstmädchens Sophia, von ihr selbst erzählt, 2. Aufl. Bonn 1990.

Budde 1994 Gunilla Budde, Auf dem Weg ins Bürgerleben. Kindheit und Erziehung in deutschen und englischen Bürgerfamilien, 1840–1914, Göttingen 1994.

Budde/Conrad/Janz 2006 Gunilla Budde/Sebastian Conrad/Oliver Janz (Hg.), Transnationale Geschichte. Themen, Tendenzen und Theorien, Göttingen 2006.

Burckhardt 1982 Jacob Burckhardt, Über das Studium der Geschichte. Der Text der „Weltgeschichtlichen Betrachtungen" aufgrund der Vorarbeiten von Ernst Ziegler nach den Handschriften hg. von Peter Ganz, München 1982.

Burke 1985 Peter Burke, Vico. Philosoph, Historiker, Denker einer neuen Wissenschaft, Berlin 1985.

Burke 2005 Peter Burke, Was ist Kulturgeschichte?, Frankfurt am Main 2005.

Burkhardt 2006 Martin Burkhardt, Arbeiten im Archiv. Praktischer Leitfaden für Historiker und andere Nutzer, Paderborn 2006.

Casanova 1960/61 Giacomo Casanova, Histoire de ma vie, Wiesbaden/Paris 1960/61.

Chaudhuri 1985 Kirti N. Chaudhuri, Trade and Civilisation in the Indian Ocean. An Economic History from the Rise of Islam to 1750, Cambridge 1985.

Chaudhuri 1990 Kirti N. Chaudhuri, Asia before Europe: Economy and Civilization of the Indian Ocean from the Rise of Islam to 1750, Cambridge 1990.

Chladenius 1985 Johann Martin Chladenius, Allgemeine Geschichtswissenschaft (Leipzig 1752), Wien/Köln/Graz 1985 (Neudruck).

Conrad 1999 Sebastian Conrad, Auf der Suche nach der verlorenen Nation. Geschichtsschreibung in Westdeutschland und in Japan 1945–1960, Göttingen 1999.

Conrad 2006 Christoph Conrad, Die Dynamik der Wenden. Von der neuen Sozialgeschichte zum cultural turn, in: Jürgen Osterhammel/Dieter Langewiesche/Paul Nolte (Hg.), Wege der Gesellschaftsgeschichte, Göttingen 2006, S. 133–160.

Conrad/Kessel 1994a Christoph Conrad/Martina Kessel (Hg.), Geschichte schreiben in der Postmoderne. Beiträge zur aktuellen Diskussion, Stuttgart 1994.

Conrad/Kessel 1994b Christoph Conrad/Martina Kessel, Geschichte ohne Zentrum, in: dies. (Hg.), Geschichte schreiben in der Postmoderne. Beiträge zur aktuellen Diskussion, Stuttgart 1994, S. 9–36.

Conrad/Randeria 2002 Sebastian Conrad/Shalini Randeria (Hg.), Jenseits des Eurozentrismus. Postkoloniale Perspektiven in den Geschichts- und Kulturwissenschaften, Frankfurt am Main 2002.

Conze 1957 Werner Conze, Die Strukturgeschichte des technisch-industriellen Zeitalters als Aufgabe für Forschung und Unterricht, Köln 1957.

Corfield 2007 Penelope J. Corfield, Time and the Shape of History, New Haven 2007.

Daniel 1997 Ute Daniel, Clio unter Kulturschock: Zu den aktuellen Debatten der Geschichtswissenschaft, in: Geschichte in Wissenschaft und Unterricht 48, 1997, S. 195–219, S. 259–278.

Daniel 2001 Ute Daniel, Kompendium Kulturgeschichte. Theorien, Praxis, Schlüsselwörter, Frankfurt am Main 2001.

Danto 1987 Arthur C. Danto, Historisches Erklären, historisches Verstehen und die Geisteswissenschaften, in: Pietro Rossi (Hg.), Theorie der modernen Geschichtsschreibung, Frankfurt am Main 1987, S. 27–56.

Davis 1987 Natalie Davis, Fiction in the Archives: Pardon Tales and their Tellers in 16th century France, Stanford 1987.

Demandt 1984 Alexander Demandt, Der Fall Roms. Die Auflösung des römischen Reiches im Urteil der Nachwelt, München 1984.

Demel 1997 Walter Demel, „Fließende Epochengrenzen". Ein Plädoyer für eine neue Periodisierungsweise historischer Zeiträume, in: Geschichte in Wissenschaft und Unterricht 48, 1997, S. 590–98.

Dinzelbacher 1993 Peter Dinzelbacher (Hg.), Europäische Mentalitätsgeschichte. Hauptthemen in Einzeldarstellungen, Stuttgart 1993.

Doelker 1997 Christian Doelker, Ein Bild ist mehr als ein Bild. Visuelle Kompetenz in der Multimedia-Gesellschaft, Stuttgart 1997.

Droge 1989 Droge Arthur J., Homer or Moses? Early Christian Interpretations of the History of Culture, Tübingen 1989.

Droysen 1977 Johann Gustav Droysen, Historik. Bd. 1: Rekonstruktion der ersten vollständigen Fassung der Vorlesungen (1857). Grundriss der Historik in der ersten handschriftlichen Fassung (1857/58) und in der letzten gedruckten Fassung (1882). Historisch-kritische Ausgabe von Peter Leyh, Stuttgart-Bad Cannstatt 1977.

Eckel/Etzemüller 2007 Jan Eckel/Thomas Etzemüller, Neue Zugänge zur Geschichte der Geschichtswissenschaft, Göttingen 2007.

Eichhorn 2006 Jaana Eichhorn, Geschichtswissenschaft zwischen Tradition und Innovation. Diskurse, Institutionen und Machtstrukturen der bundesdeutschen Frühneuzeitforschung, Göttingen 2006.

Elvin 2004 Mark Elvin, The Retreat of the Elephants. An Environmental History of China, New Haven 2004.

Erenz 2003 Benedikt Erenz, Der Kuss des Elefanten. Was Okzident und Orient verbindet: Eine faszinierende Ausstellung in Aachen erzählt die Reise des Elefanten Abul Abbas von Bagdad an den Hof Karls des Großen, in: Die Zeit, 3.7.2003, Nr. 28.

Erler 1998 Gotthard Erler (Hg.), Emilie und Theodor Fontane: Der Ehebriefwechsel, 1844–1898, 3 Bde., 2. Aufl. Berlin 1998.

ZITIERTE LITERATUR

Ernst/Ernst 2004   Antje Ernst/Mathias Ernst, „Das Mägtlein ist nicht todt, sonders es schlaffet" – Die Grabplatten an der St. Johannis-Kirche in Soltau, unveröffentlichtes Exposé zu einer entstehenden Monografie über Kindergrabsteine, Soltau 2004.

Evans 1998   Richard J. Evans, Fakten und Fiktionen. Über die Grundlagen historischer Erkenntnis, Frankfurt am Main 1998.

Faber 1974   Karl-Georg Faber, Theorie der Geschichtswissenschaft, 3. Aufl. München 1974.

Falter 1991   Jürgen W. Falter, Hitlers Wähler, München 1991.

Falter/Schoen 2005   Jürgen W. Falter/Harald Schoen (Hg.), Handbuch Wahlforschung, Wiesbaden 2005.

Fest 2006   Joachim Fest, Ich nicht. Erinnerungen an eine Kindheit und Jugend, Frankfurt am Main 2006.

Feuerstein-Herzig 2005   Petra Feuerstein-Herzig, „Gotts verhengnis und seine straffe" – Zur Geschichte der Seuchen in der Frühen Neuzeit, Wiesbaden 2005.

Flasch 2000   Kurt Flasch, Die geistige Mobilmachung. Die deutschen Intellektuellen und der Erste Weltkrieg, Berlin 2000.

Foucault 1973   Michel Foucault, Archäologie des Wissens, Frankfurt am Main 1973 (französische Erstauflage 1969).

Franck 2004   Norbert Franck, Handbuch wissenschaftliches Arbeiten, Frankfurt am Main 2004.

Franck/Stary 2006   Norbert Franck/Joachim Stary, Gekonnt visualisieren. Medien wirksam einsetzen, Paderborn 2006.

Freist 1996   Dagmar Freist, Zeitschriften zur Historischen Frauenforschung. Ein internationaler Vergleich, in: Geschichte und Gesellschaft 22, 1996, S. 97–117.

Freist 2008   Dagmar Freist, Absolutismus: Kontroversen um die Geschichte, Darmstadt 2008.

Frevert 2001   Ute Frevert, Die kasernierte Nation. Militärdienst und Zivilgesellschaft in Deutschland, München 2001.

Frevert/Haupt 2005   Ute Frevert/Heinz-Gerhard Haupt (Hg.), Neue Politikgeschichte. Perspektiven einer historischen Politikforschung, Frankfurt am Main 2005.

Fuchs 2002   Eckhardt Fuchs, Nomothetisch/idiographisch, in: Stefan Jordan (Hg.), Lexikon Geschichtswissenschaft. Hundert Grundbegriffe, Stuttgart 2002, S. 224–227.

Füßmann 1994   Klaus Füßmann, Historische Formungen. Dimensionen der Geschichtsdarstellung, in: ders./Heinrich Theodor Grütter/Jörn Rüsen (Hg.), Historische Faszination. Geschichtskultur heute, Köln 1994, S. 27–44.

Gay 2003   Peter Gay, Das Zeitalter des Doktor Arthur Schnitzler. Innenansichten des 19. Jahrhundert, 2. Aufl. Frankfurt am Main 2003.

Geertz 1983   Clifford Geertz, Dichte Beschreibung. Beiträge zum Problem kultureller Systeme, Frankfurt am Main 1983.

Gehrke 2005   Hans Joachim Gehrke, Die Bedeutung der (antiken) Historiographie für die Entwicklung des Geschichtsbewusstseins, in: Eve-Marie Becker (Hg.), Die antike Historiographie und die Anfänge der Geschichtsschreibung, Berlin/New York 2005, S. 29–51.

Ginzburg 1982   Carlo Ginzburg, Der Käse und die Würmer. Die Welt eines Müllers um 1600, Berlin 1982.

Goertz 2001   Hans-Jürgen Goertz, Unsichere Geschichte. Zur Theorie historischer Referentialität, Stuttgart 2001.

Goertz 2007 Hans-Jürgen Goertz, Geschichte – Erfahrung und Wissenschaft. Zugänge zum historischen Erkenntnisprozeß, in: ders. (Hg.), Geschichte. Ein Grundkurs, 3. revidierte und erweiterte Aufl. Reinbek bei Hamburg 2007, S. 19–47.

Grafton 1995 Anthony Grafton, Die tragischen Ursprünge der deutschen Fußnote, Berlin 1995.

Green 1992 William A. Green, Periodization in European and World History, in: Journal of World History 3, 1992, S. 13–53.

Green 2007 Anna Green, Cultural History, Basingstoke 2007.

Große Kracht 2005 Klaus Große Kracht, Die zankende Zunft. Historische Kontroversen in Deutschland nach 1945, Göttingen 2005.

Grosser 1999 Thomas Grosser, Reisen und soziale Eliten. Kavalierstour – Patrizierreise – bürgerliche Bildungsreise, in: Michael Maurer (Hg.), Neue Impulse der Reiseforschung, Berlin 1999, S. 135–176.

Hamann 2006 Christoph Hamann, Fluchtpunkt Birkenau. Stanislaw Muchas Foto vom Torhaus Auschwitz-Birkenau 1945, in: Gerhard Paul (Hg.), Visual History. Ein Studienbuch. Göttingen 2006, S. 283–300.

Hänke-Portscheller 2003 Michaela Hänke-Portscheller, Berufswerkstatt Geschichte. Lernorte für die Erinnerungskultur, Köln 2003.

Hardtwig 1990 Wolfgang Hardtwig (Hg.), Über das Studium der Geschichte, München 1990.

Hardtwig 2002 Wolfgang Hardtwig, Geschichtskultur, in: Stefan Jordan (Hg.), Lexikon Geschichtswissenschaft. Hundert Grundbegriffe, Stuttgart 2002, S. 112–115.

Haupt/Kocka 1996 Heinz-Gerhard Haupt/Jürgen Kocka (Hg.), Geschichte und Vergleich. Ansätze und Ergebnisse international vergleichender Geschichtsschreibung, Frankfurt am Main 1996.

Haussmann 1991 Thomas Haussmann, Erklären und Verstehen: Zur Theorie und Pragmatik der Geschichtswissenschaft. Mit einer Fallstudie über die Geschichtsschreibung zum Deutschen Kaiserreich von 1871–1918, Frankfurt am Main 1991.

Helmrath/Muhlack/Walther 2002 Johannes Helmrath/Ulrich Muhlack/Gerrit Walther (Hg.), Diffusion des Humanismus. Studien zur nationalen Geschichtsschreibung europäischer Humanisten, Göttingen 2002.

Henshall 1992 Nicholas Henshall, The myth of absolutism: change and continuity in early modern European monarchy, London 1992.

Hinrichs 2007 Carsten Hinrichs, Visualisieren, in: Hilke Günther-Arndt (Hg.), GeschichtsMethodik. Handbuch für die Sekundarstufe I und II, Berlin 2007, S. 236–246.

Hobsbawm 1998 Eric Hobsbawm, Wieviel Geschichte braucht die Zukunft?, München/Wien 1998.

Hobsbawm 2003 Eric Hobsbawm, Gefährliche Zeiten. Ein Leben im 20. Jahrhundert, München 2003.

Hobsbawm/Ranger 1992 Eric Hobsbawm/Terence Ranger, The Invention of Tradition, Cambridge 1992.

Höge 2002 Holger Höge, Schriftliche Arbeiten im Studium. Ein Leitfaden zur Abfassung wissenschaftlicher Texte, 2. Aufl. Stuttgart 2002.

Horn 2004 Michael Horn, „Schnelle Auffassungsgabe und ein aufgeräumter Kopf". Ein Historiker im Alltag der Tageszeitung, in: Margot Rühl (Hg.), Berufe für Historiker, Darmstadt 2004, S. 30–40.

Hughes 2004 Thomas P. Hughes, Human-built World. How to Think about Technology and Culture, Chicago 2004.

ZITIERTE LITERATUR

Huizinga 1942   Johan Huizinga, Im Bann der Geschichte. Betrachtungen und Gestaltungen, Nijmegen 1942.

Humboldt 1809   Wilhelm von Humboldt, Litauischer Schulplan (1809), in: Berthold Michael/Heinz-Hermann Schepp (Hg.), Politik und Schule von der Französischen Revolution bis zur Gegenwart. Eine Quellensammlung zum Verhältnis von Gesellschaft, Schule und Staat im 19. und 20. Jahrhundert. Bd. 1, Frankfurt am Main 1973, S. 210-214.

Humphreys 2001   Stephen R. Humphreys, Historiography and Historical Thought: Islamic Tradition, in: International Encyclopedia of the Social & Behavioral Sciences (IESBS), Bd. 10, Amsterdam 2001, S. 6787-6793.

IESBS 2001   International Encyclopedia of the Social & Behavioral Sciences (IESBS), Bd. 10, Amsterdam 2001.

Iggers 1997   Georg Iggers, Deutsche Geschichtswissenschaft. Eine Kritik der traditionellen Geschichtsauffassung von Herder bis zur Gegenwart, 3. erweiterte und durchgesehene Aufl. Wien/Köln/Weimar 1997 (Erstauflage 1976).

Iggers 2007   Georg Iggers, Geschichtswissenschaft im 20. Jahrhundert, 2. Aufl. Göttingen 2007.

Iggers/Wang 2008   Georg G. Iggers/Edward Q. Wang, A global history of modern historiography, Harlow 2008.

Imhof 1977   Arthur E. Imhof, Einführung in die Historische Demographie, München 1977.

Institut für Museumsforschung 2003   Institut für Museumsforschung, Statistische Gesamterhebung an den Museen der Bundesrepublik Deutschland für das Jahr 2002, Berlin 2003. http://elib.zib.de/museum/ifm/mat57.pdf, Zustand: 19.8.2007.

Jenkins 2003   Keith Jenkins, Re-thinking History, London 2003 (Erstauflage 1991).

Johanek 2000   Peter Johanek (Hg.), Städtische Geschichtsschreibung im Spätmittelalter und in der Frühen Neuzeit, Köln/Weimar/Wien 2000.

Jütte 1990   Robert Jütte, Moderne Linguistik und „Nouvelle Histoire", in: Geschichte und Gesellschaft 16, 1990, S. 104-120.

Kaelble 1987   Hartmut Kaelble, Sozialgeschichte in Frankreich und der Bundesrepubik: Annales gegen historische Sozialwissenschaft? in: Geschichte und Gesellschaft 13, 1987, S. 77-93.

Kaelble 1999   Hartmut Kaelble, Der historische Vergleich. Eine Einführung zum 19. und 20. Jahrhundert, Frankfurt am Main 1999.

Kant 1781   Immanuel Kant, Werke III: Kritik der reinen Vernunft I, hg. von Wilhelm Weischedel, Frankfurt am Main 1968.

Kant 1794   Immanuel Kant, Werke XI: Schriften zur Anthropologie. Geschichtsphilosophie. Politik und Pädagogik I, hg. von Wilhelm Weischedel, Frankfurt am Main 1968.

Keller 2004   Reiner Keller, Diskursforschung. Eine Einführung für SozialwissenschaftlerInnen, Opladen 2004.

Kellerhoff 2006   Sven Felix Kellerhoff, Zwischen Vermittlung und Vereinfachung: Der Zeithistoriker und die Medien, in: Zeitschrift für Geschichtswissenschaft 54, 2006, S. 1082-1092.

Kemp 1992   Wolfgang Kemp, Der Betrachter ist im Bild. Kunstwissenschaft und Rezeptionsästhetik, Berlin 1992.

Kiesel 2007   Helmuth Kiesel, Ernst Jünger. Die Biographie, München 2007.

Kirsch 1999   Jan-Holger Kirsch, „Wir haben aus der Geschichte gelernt." Der 8. Mai als historischer Gedenktag in Deutschland, Köln 1999.

ANHANG

Klein 2002 Christian Klein (Hg.), Grundlagen der Biographik. Theorie und Praxis des biographischen Schreibens, Stuttgart 2002.

Klein/Mackenthun 2003 Bernhard Klein/Gesa Mackenthun (Hg.), Das Meer als kulturelle Kontaktzone. Räume, Reisende, Repräsentationen, Konstanz 2003.

KMK 2007 Vorausberechnung der Schüler- und Absolventenzahlen 2006–2020, hg. vom Sekretariat der Kultusministerkonferenz, Bonn 2007 (Statistische Veröffentlichungen der Kultusministerkonferenz 182).

Kocka 1975 Jürgen Kocka, Theorien in der Sozial- und Gesellschaftsgeschichte. Vorschläge zur historischen Schichtungsanalyse, in: Geschichte und Gesellschaft 1, 1975, S. 9–42.

Kocka 1977 Jürgen Kocka (Hg.), Theorien in der Praxis des Historikers. Forschungsbeispiele und ihre Diskussion (Geschichte und Gesellschaft, Sonderheft 3), Göttingen 1977.

Kocka 1984 Jürgen Kocka, Zurück zur Erzählung? Plädoyer für historische Argumentation, in: Geschichte und Gesellschaft 10, 1984, S. 395–408.

Kocka 1986 Jürgen Kocka, Sozialgeschichte. Begriff – Entwicklung – Probleme, 2. Aufl. Göttingen 1986.

Kocka 1987 Jürgen Kocka, Sozialgeschichte zwischen Strukturgeschichte und Erfahrungsgeschichte, in: Wolfgang Schieder/Volker Sellin (Hg.), Sozialgeschichte in Deutschland, Bd. 1, Göttingen 1987, S. 67–88.

Kocka 1989 Jürgen Kocka, Geschichte und Aufklärung. Aufsätze, Göttingen 1989.

Kocka 1998 Jürgen Kocka, Nach dem Ende des Sonderwegs. Zur Tragfähigkeit eines Konzepts, in: Arnd Bauerkämper u. a. (Hg.), Doppelte Zeitgeschichte. Deutsch-deutsche Beziehungen 1945–1990, Bonn 1998, S. 364–375.

Kocka 2002 Jürgen Kocka, Sozialgeschichte in Deutschland seit 1945. Aufstieg – Krise – Perspektiven, Bonn 2002.

Kocka/Ritter 1982 Jürgen Kocka/Gerhard A. Ritter (Hg.), Deutsche Sozialgeschichte 1870–1914, 3. Aufl. Stuttgart 1982.

Kohl 2004 Helmut Kohl, Erinnerungen 1930–1982, München 2004.

Korinman 1990 Michel Korinman, Quand l'Allemagne pensait le monde. Grandeur et décadence d'une géopolitique, Paris 1990.

Koselleck 1975 Reinhart Koselleck u. a., Geschichte, Historie, in: Otto Brunner u. a. (Hg.), Geschichtliche Grundbegriffe. Historisches Lexikon zur politisch-sozialen Sprache in Deutschland, Bd. 2, Stuttgart 1975, S. 593–717.

Koselleck 1977 Reinhart Koselleck u. a. (Hg.), Objektivität und Parteilichkeit in der Geschichtswissenschaft, München 1977.

Koselleck 1979 Reinhart Koselleck, Vergangene Zukunft. Zur Semantik geschichtlicher Zeiten, Frankfurt am Main 1979.

Koselleck 1982 Reinhart Koselleck u. a. (Hg.), Formen der Geschichtsschreibung, München 1982.

Koselleck 2000 Reinhart Koselleck, Zeitschichten. Studien zur Historik, Frankfurt am Main 2000.

Kuhn 1976 Thomas S. Kuhn, Die Struktur wissenschaftlicher Revolutionen, 2. revidierte Aufl. Frankfurt am Main 1976.

Landes 1983 David S. Landes, Revolution in Time. Clocks and the Making of the Modern World, Cambridge 1983.

Landwehr 2001 Achim Landwehr, Geschichte des Sagbaren. Einführung in die Historische Diskursanalyse, Tübingen 2001.

ZITIERTE LITERATUR

Landwehr 2003   Achim Landwehr, Diskurs – Macht – Wissen. Perspektiven einer Kulturgeschichte des Politischen, in: Archiv für Kulturgeschichte 85, 2003, S. 71–117.

Langewiesche 2000   Dieter Langewiesche, Nation, Nationalismus, Nationalstaat in Deutschland und Europa, München 2000.

Lewis/Wigen 1997   Martin W. Lewis/Kären E. Wigen, The Myth of Continents. A Critique of Metageography, Berkeley 1997.

Lieberman 1999   Victor Lieberman (Hg.), Beyond Binary Histories. Re-imagining Eurasia to c. 1830, Ann Arbor 1999.

Lincke/Paletschek 2002   Hans-Joachim Lincke/Sylvia Paletschek, Situation des wissenschaftlichen Nachwuchses im Fach Geschichte: Berufungsaussichten und Karrierestadien von Historikern und Historikerinnen an deutschen Universitäten. Ergebnisse einer Erhebung im Jahr 2002, http://hsozkult.geschichte.huberlin.de/daten/2002/lincke_paletschek_2002.pdf, Zustand: 10.8.2007.

Lingelbach 2003   Gabriele Lingelbach, Clio macht Karriere. Die Institutionalisierung der Geschichtswissenschaft in Frankreich und den USA in der zweiten Hälfte des 19. Jahrhunderts, Göttingen 2003.

Lorenz 1997   Chris Lorenz, Konstruktion der Vergangenheit. Eine Einführung in die Geschichtstheorie, Köln 1997.

Lorenz 2001   Chris Lorenz, History: Forms of Presentation, Discourses, and Functions, in: International Encyclopedia of the Social & Behavioral Sciences (IESBS), Bd. 10, Amsterdam 2001, S. 6836–6842.

Loth/Osterhammel 2000   Wilfried Loth/Jürgen Osterhammel (Hg.), Internationale Geschichte. Themen, Ergebnisse, Aussichten, München 2000.

Lübbe 1979   Hermann Lübbe, Wieso es keine Theorie der Geschichte gibt, in: Jürgen Kocka/Thomas Nipperdey (Hg.), Theorie und Erzählung in der Geschichte, München 1979, S. 65–84.

Lübbe 1989   Hermann Lübbe, Die Aufdringlichkeit der Geschichte. Herausforderungen der Moderne vom Historismus bis zum Nationalsozialismus, Graz 1989.

Lüdtke 1989   Alf Lüdtke (Hg.), Alltagsgeschichte. Zur Rekonstruktion historischer Erfahrungen und Lebensweisen, Frankfurt/New York 1989.

Ludwig 2007   Johannes Ludwig, Investigativer Journalismus, 2. Aufl. Konstanz 2007.

Luhmann 1984   Niklas Luhmann, Soziale Systeme. Grundriss einer allgemeinen Theorie, Frankfurt am Main 1984.

Lundgreen 2007   Peter Lundgreen, Datenhandbuch zur deutschen Bildungsgeschichte, Bd. 8, Göttingen 2007.

Lutz 2000   Felix Philipp Lutz, Das Geschichtsbewusstsein der Deutschen. Grundlagen der politischen Kultur in Ost und West, Köln 2000.

Maier 2000   Charles S. Maier, Consigning the Twentieth Century to History. Alternative Narratives for the Modern Era, in: American Historical Review 105, 2000, S. 807–831.

Mann 1979   Golo Mann, Plädoyer für die historische Erzählung, in: Jürgen Kocka/Thomas Nipperdey (Hg.), Theorie und Erzählung in der Geschichte, München 1979, S. 40–56.

Marx 1852   Karl Marx, Der achtzehnte Brumaire des Louis Bonaparte (1852), in: ders./Friedrich Engels, Werke, Bd. 8, Berlin 1972, S. 115–123.

Maset 2002   Michael Maset, Diskurs, Macht und Geschichte. Foucaults Analysetechniken und die historische Forschung, Frankfurt am Main 2002.

Maurer 2003 Michael Maurer, Neuzeitliche Geschichtsschreibung, in: ders. (Hg.), Aufriß der Historischen Wissenschaften, Bd. 5: Mündliche Überlieferung und Geschichtsschreibung, Stuttgart 2003, S. 281–354.

Mauss 1990 Marcel Mauss, Die Gabe. Form und Funktion des Austauschs in archaischen Gesellschaften, Frankfurt am Main 1990.

McAdam/Tarrow/Tilly 2001 Doug McAdam/Sidney Tarrow/Charles Tilly, Dynamics of Contention, Cambridge 2001.

McNeill 2003 John R. McNeill, Blue Planet. Die Geschichte der Umwelt im 20. Jahrhundert, Frankfurt am Main 2003.

Medick 1989 Hans Medick, „Missionare im Ruderboot"? Ethnologische Erkenntnisweisen als Herausforderung an die Sozialgeschichte, in: Alf Lüdtke (Hg.), Alltagsgeschichte: Zur Rekonstruktion historischer Erfahrungen und Lebensweisen, Frankfurt am Main 1989, S. 48–84.

Medick 1996 Hans Medick, Weben und Überleben in Laichingen 1650–1900. Lokalgeschichte als allgemeine Geschichte, Göttingen 1996.

Meier 2007 Mischa Meier, Antike und Mittelalter im Film. Konstruktion, Dokumentation, Projektion, Köln 2007.

Meinhold 1967 Peter Meinhold, Geschichte der kirchlichen Historiographie, Freiburg 1967.

Meißner 2005 Burkhard Meißner, Anfänge und frühe Entwicklungen der griechischen Historiographie, in: Eve-Marie Becker (Hg.), Die antike Historiographie und die Anfänge der Geschichtsschreibung, Berlin/New York 2005, S. 83–109.

Mergel 2002 Thomas Mergel, Überlegungen zu einer Kulturgeschichte der Politik, in: Geschichte und Gesellschaft 28, 2002, S. 574–606.

Mill 1881 John Stuart Mill, Philosophy of Scientific Method, hg. von E. Nagel, New York 1881.

Momigliano 1990 Arnaldo Momigliano, The Classical Foundations of Modern Historiography, Berkeley 1990.

Mommsen 1971 Wolfgang J. Mommsen, Die Geschichtswissenschaft jenseits des Historismus, Düsseldorf 1971.

Mommsen 1988 Wolfgang J. Mommsen, Wandlungen im Bedeutungsgehalt der Kategorie des ‚Verstehens', in: Christian Meier/Jörn Rüsen (Hg.), Historische Methode, München 1988, S. 200–226.

Mommsen 2002 Wolfgang J. Mommsen, Die Urkatastrophe Deutschlands. Der Erste Weltkrieg 1914–1918, Stuttgart 2002.

Mout 1998 Nicolette Mout, Einleitung. Der Humanismus in der Renaissance, in: dies. (Hg.), Die Kultur des Humanismus. Reden, Briefe, Traktate, Gespräche von Petrarca bis Kepler, München 1998, S. 11–26.

Müller-Funk 2002 Wolfgang Müller-Funk, Die Kultur und ihre Narrative. Eine Einführung, Wien 2002.

Mulsow 2005 Martin Mulsow, Zur Geschichte der Anfangsgeschichten, in: Eve-Marie Becker (Hg.), Die antike Historiographie und die Anfänge der Geschichtsschreibung, Berlin/New York 2005, S. 19–28.

Mumford 1963 Lewis Mumford, Technics and Civilization, New York 1963.

Niethammer/Plato 1983–1985 Lutz Niethammer/Alexander von Plato (Hg.), Lebensgeschichte und Sozialkultur im Ruhrgebiet, 3 Bde., Bonn/Berlin 1983–1985.

Nipperdey 1983 Thomas Nipperdey, Deutsche Geschichte 1800–1866. Bürgerwelt und starker Staat, München 1983.

ZITIERTE LITERATUR

Novick 1988 Peter Novick, That Noble Dream. The "Objectivity Question" and the American Historical Profession, Cambridge 1988.

NRW 2007 Ministerium für Schule und Weiterbildung des Landes Nordrhein-Westfalen: Beruf mit Perspektive – Prognosen zum Lehrerarbeitsmarkt in Nordrhein-Westfalen, 2007, www.bildungsportal.nrw.de/ZBL/Basisinformationen/Chancen_im_Lehrerberuf/Prognosen.pdf, Zustand: 7.7.2007.

Oestreich 1969 Gerhard Oestreich, Geist und Gestalt des frühmodernen Staates. Ausgewählte Aufsätze, Berlin 1969.

Oexle 1996 Otto Gerhard Oexle, Geschichte als historische Kulturwissenschaft, in: Wolfgang Hardtwig / Hans-Ulrich Wehler (Hg.), Kulturgeschichte heute, Göttingen 1996, S. 14–40.

Opielka 2006 Michael Opielka, Gemeinschaft in Gesellschaft. Soziologie nach Hegel und Parsons, 2., überarbeitete Aufl. Wiesbaden 2006.

Osterhammel 2007 Jürgen Osterhammel, Globalgeschichte, in: Hans-Jürgen Goertz (Hg.), Geschichte. Ein Grundkurs, 3. revidierte und erweiterte Aufl. Reinbek bei Hamburg 2007, S. 592–610.

Panofksy 1975 Erwin Panofsky, Sinn und Deutung in der bildenden Kunst, Köln 1975.

Paul 2006 Gerhard Paul (Hg.), Visual History. Ein Studienbuch. Göttingen 2006.

Pernau 2004 Margrit Pernau, Global history – Wegbereiter für einen neuen Kolonialismus?, 17.12.2004, http://hsozkult.geschichte.hu-berlin.de/forum/id=572&tpye=artikel, Zustand: 27.1.2008.

Pflaum 1907 Christoph Pflaum, J. G. Droysens Historik in ihrer Bedeutung für die moderne Geschichtswissenschaft, Gotha 1907.

Pierson 2004 Paul Pierson, Politics in Time. History, Institutions, and Social Analysis, Princeton 2004.

Popp 2002 Susanne Popp, Der Gedenkstättenbesuch. Ein Beitrag zur historisch-politischen Bildung, in: sowi-online-Methodenlexikon 2002, www.sowi-online.de/methoden/lexikon/gedenkstaette-popp.htm, Zustand: 17.8.2007.

Pot 1999 Johan Hendrik Jacob van der Pot, Sinndeutung und Periodisierung der Geschichte. Eine systematische Übersicht der Theorien und Auffassungen, Leiden 1999.

Prietzel 2004 Malte Prietzel, Das Heilige Römische Reich im Spätmittelalter, Darmstadt 2004.

Prüfer 2002 Thomas Prüfer, Die Bildung der Geschichte. Friedrich Schiller und die Anfänge der modernen Geschichtswissenschaft, Köln 2002.

Quidde 2001 Ludwig Quidde, Caligula, eine Studie über den Caesarenwahnsinn, in: Karl Holl / Hans Kloft / Gerd Fesser (Hg.), Caligula – Wilhelm II. und der Caesarenwahnsinn. Antikenrezeption und wilhelminische Politik am Beispiel des „Caligula" von Ludwig Quidde, Bremen 2001, S. 40–88.

Ranke 1877 Leopold von Ranke, Geschichten der romanischen und germanischen Völker von 1494–1514, Leipzig 1877 (Erstauflage 1824).

Raphael 2003 Lutz Raphael, Geschichtswissenschaft im Zeitalter der Extreme. Theorien, Methoden, Tendenzen von 1900 bis zur Gegenwart, München 2003.

Raulff 1999 Ulrich Raulff, Der unsichtbare Augenblick. Zeitkonzepte in der Geschichte, Göttingen 1999.

Reill 1975 Peter H. Reill, The German Enlightenment and the Rise of Historicism, Los Angeles 1975.

Reinhard 1999 Wolfgang Reinhard, Geschichte der Staatsgewalt. Eine vergleichende Verfassungsgeschichte Europas von den Anfängen bis zur Gegenwart, München 1999.

Reinhardt 1997 Volker Reinhardt (Hg.), Hauptwerke der Geschichtsschreibung, Stuttgart 1997.

Revel 1996   Jacques Revel (Hg.), Jeux d'échelles. La micro-analyse à l'expérience, Paris 1996.

Röttgers 1982   Kurt Röttgers, Kritik, in: Otto Brunner u. a. (Hg.), Geschichtliche Grundbegriffe. Historisches Lexikon zur politisch-sozialen Sprache in Deutschland, Bd. 3, Stuttgart 1982, S. 651–675.

Rüsen 1983   Jörn Rüsen, Historische Vernunft. Grundzüge einer Historik I: Die Grundlagen der Geschichtswissenschaft, Göttingen 1983.

Rüsen 1986   Jörn Rüsen, Rekonstruktion der Vergangenheit. Grundzüge einer Historik II: Die Prinzipien der historischen Forschung, Göttingen 1986.

Rüsen 1997   Jörn Rüsen, Geschichtskultur, in: Klaus Bergmann u. a. (Hg.), Handbuch der Geschichtsdidaktik, 5. Aufl. Seelze-Velber 1997, S. 38–41.

Rüsen 2001   Jörn Rüsen, History: Overview, in: International Encyclopedia of the Social & Behavioral Sciences (IESBS), Bd. 10, Amsterdam 2001, S. 6857–6864.

Rüsen 2002   Jörn Rüsen, Die Karriere eines Außenseiters, in: Anja Berger, Karrieren unter der Lupe: Geschichtswissenschaftler, Würzburg 2002, S. 28–37.

Sabean 1990   David W. Sabean, Property, Production and Family in Neckarhausen, 1700–1870, Cambridge 1990.

Sabean 1998   David W. Sabean, Kinship in Neckarhausen, 1700–1870, Cambridge 1998.

Sabrow 1997   Martin Sabrow, Verwaltete Vergangenheit. Geschichtskultur und Herrschaftslegitimation in der DDR, Leipzig 1997.

Sarasin 2001   Philipp Sarasin, Diskurstheorie und Geschichtswissenschaft, in: Reiner Keller/Werner Schneider/Willy Viehöver (Hg.), Handbuch Sozialwissenschaftliche Diskursanalyse, Bd. I: Theorien und Methoden, Opladen 2001, S. 53–79.

Sarasin 2003   Philipp Sarasin, Geschichtswissenschaft und Diskursanalyse, Frankfurt am Main 2003.

Sato 2001   Masayuki Sato, Historiography and Historical Thought: East Asia, in: International Encyclopedia of the Social & Behavioral Sciences (IESBS), Bd. 10, Amsterdam 2001, S. 6776–6782.

Schiller 1789   Friedrich Schiller, Was heißt und zu welchem Ende studiert man Universalgeschichte? Eine akademische Antrittsrede (1789), in: Schillers Werke. Nationalausgabe, Bd. 17, hg. von Karl-Heinz Hahn, Weimar 1970, S. 359–376.

Schilling 1999   Heinz Schilling, Die neue Zeit. Vom Christenheitseuropa zum Europa der Staaten 1250 bis 1750, Berlin 1999.

Schimank 2001   Uwe Schimank, Art.: Differentiation, social, in: International Encyclopedia of the Social & Behavioral Sciences (IESBS), Bd. 10, Amsterdam 2001, S. 3663–3668.

Schneider 2001   Wolf Schneider, Deutsch für Profis. Wege zu gutem Stil, 9. Aufl. München 2001.

Schneider 2004   Ute Schneider, Die Macht der Karten. Eine Geschichte der Kartographie vom Mittelalter bis heute, Darmstadt 2004.

Schneider/Raue 2006   Wolf Schneider/Paul-Josef Raue, Das neue Handbuch des Journalismus, 2. Aufl. Reinbek bei Hamburg 2006.

Schönemann 2003   Bernd Schönemann, Geschichtsdidaktik, Geschichtskultur, Geschichtswissenschaft, in: Hilke Günther-Arndt (Hg.), Geschichtsdidaktik. Praxishandbuch für die Sekundarstufe I und II, Berlin 2003, S. 11–22.

Schorn-Schütte 1984   Luise Schorn-Schütte, Karl Lamprecht. Kulturgeschichtsschreibung zwischen Wissenschaft und Politik, Göttingen 1984.

Schroer 2006   Markus Schroer, Räume, Orte, Grenzen: Auf dem Weg zu einer Soziologie des Raums, Frankfurt am Main 2006.

ZITIERTE LITERATUR

Schultz 2002 Hans-Dietrich Schultz, Raumkonstrukte der klassischen deutschsprachigen Geographie des 19./20. Jahrhunderts im Kontext ihrer Zeit, in: Geschichte und Gesellschaft 28, 2002, S. 343–377.

Schulze 1994 Winfried Schulze (Hg.), Sozialgeschichte, Alltagsgeschichte, Mikro-Historie, Göttingen 1994.

Schulze 2002 Winfried Schulze, Einführung in die Neuere Geschichte, 4. Aufl. Stuttgart 2002.

Schulze/Oexle 1999 Winfried Schulze/Gerhard Otto Oexle (Hg.), Deutsche Historiker im Nationalsozialismus. Unter Mitarbeit von Gerd Helm und Thomas Ott, Frankfurt am Main 1999.

Schweizer 2004 Stefan Schweizer, Geschichtsdeutung und Geschichtsbilder. Visuelle Erinnerungs- und Geschichtskultur in Kassel 1866–1914, Göttingen 2004.

Schwilk 2007 Heimo Schwilk, Ernst Jünger. Ein Jahrhundertleben. Die Biografie, München 2007.

Scott 1988 Joan W. Scott, Gender and the Politics of History, New York 1988.

Scott 1996 Joan Scott, Gender: A Useful Category of Historical Analysis, in: American Historical Review 91, 1996, S. 1053–1075.

Seidensticker 1995 Mike Seidensticker, Werbung mit Geschichte. Ästhetik und Rhetorik des Historischen, Köln 1995.

Sewell 2005 William H. Sewell Jr., Logics of History. Social Theory and Social Transformation, Chicago/London 2005.

Sieder 1994 Reinhard Sieder, Sozialgeschichte auf dem Weg zu einer historischen Kulturwissenschaft? in: Geschichte und Gesellschaft 20, 1994, S. 445–468.

Siemann 2003 Wolfram Siemann (Hg.), Umweltgeschichte. Themen und Perspektiven, München 2003.

Sokoll/Gehrmann 2003 Thomas Sokoll/Rolf Gehrmann, Historische Demographie und quantitative Methoden, in: Michael Maurer (Hg.), Aufriß der Historischen Wissenschaften, Bd. 7: Neue Themen und Methoden der Geschichtswissenschaft, Stuttgart 2003, S. 152–229.

Statistisches Bundesamt 2006 Statistisches Bundesamt, Bildung im Zahlenspiegel 2006, Wiesbaden 2006.

Steffens/Dickerson 1999 Henry J. Steffens/Mary Jane Dickerson, Schreib- und Lernstrategien, in: Wolfgang Schmale (Hg.), Schreib-Guide Geschichte. Schritt für Schritt wissenschaftliches Schreiben lernen, Wien 1999, S. 59–81.

Stern 1966 Fritz Stern (Hg.), Geschichte und Geschichtsschreibung. Möglichkeiten, Aufgaben, Methoden. Texte von Voltaire bis zur Gegenwart, München 1966.

Stevenson 2006 David Stevenson, Der Erste Weltkrieg 1914–1918, Düsseldorf 2006.

Stillich 1902 Oscar Stillich, Die Lage der weiblichen Dienstboten in Berlin, Berlin 1902.

Suter/Hettling 2001a Andreas Suter/Manfred Hettling (Hg.), Struktur und Ereignis, Göttingen 2001.

Suter/Hettling 2001b Andreas Suter/Manfred Hettling, Struktur und Ereignis – Wege zu einer Sozialgeschichte des Ereignisses, in: dies. (Hg.), Struktur und Ereignis, Göttingen 2001, S. 7–32.

Tenfelde 1994 Klaus Tenfelde (Hg.), Bilder von Krupp. Fotografie und Geschichte im Industriezeitalter, München 1994.

Tilly 1984 Charles Tilly, Big structures, large processes, huge comparisons, New York 1984.

Todorova 2002 Maria Todorova, Der Balkan als Analysekategorie. Grenzen, Raum, Zeit, in: Geschichte und Gesellschaft 28, 2002, S. 470–492.

Torstendahl/Veit-Brause 1996   Rolf Torstendahl/Irmline Veit-Brause, History-Making. The Intellectual and Social Formation of a Discipline, Stockholm 1996.

Troebst 2006   Stefan Troebst, Kulturstudien Ostmitteleuropas. Aufsätze und Essays, Frankfurt am Main 2006.

Trunz 1982   Johann Wolfgang von Goethe, Campagne in Frankreich, in: ders. Werke, Bd. 10: Autobiographische Schriften II, textkritisch durchgesehen von Lieselotte Blumenthal und Waltraud Loos, kommentiert von Waltraud Loos und Erich Trunz, 8. Aufl. München 1982, S. 188–363.

Tucholsky 1926   Kurt Tucholsky (pseud. Ignaz Wrobel), „Interessieren Sie sich für Kunst?", in: Zürcher Student, 01.05.1926, Nr. 2, S. 64.

Tucholsky 1972   Kurt Tucholsky, Gesammelte Werke. Bd. III: 1929–1932, hg. von Mary Gerold-Tucholsky und Fritz J. Raddatz, Frankfurt am Main 1972.

Ullrich 2006   Maren Ullrich, Geteilte Ansichten. Erinnerungslandschaft deutsch-deutsche Grenze, Berlin 2006.

Völkel 2006   Markus Völkel, Geschichtsschreibung. Eine Einführung in globaler Perspektive, Köln 2006.

Von den Brincken 1978   Anna-Dorothee von den Brincken, Geschichtsbetrachtung bei Vincenz von Beauvais. Die Apologia Actoris zum Speculum Maius, in: Monumenta Germaniae Historica 34, 1978, 410–499.

Von den Brincken 2003   Anna-Dorothee von den Brincken, Mittelalterliche Geschichtsschreibung, in: Michael Maurer (Hg.), Aufriß der Historischen Wissenschaften, Bd. 5: Mündliche Überlieferung und Geschichtsschreibung, Stuttgart 2003, S. 188–275.

Waidacher 2005   Friedrich Waidacher, Museologie – knapp gefasst, mit einem Beitrag von Marlies Raffler, Wien 2005.

Walter 2004   Uwe Walter, Memoria und res publica. Zur Geschichtskultur im republikanischen Rom, Frankfurt am Main 2004.

Weber 1980   Max Weber, Wirtschaft und Gesellschaft. Grundriss der verstehenden Soziologie, hg. von Johannes Winckelmann, 5. Aufl. Tübingen 1980 (Erstauflage 1922).

Weber 1985   Max Weber, Gesammelte Aufsätze zur Wissenschaftslehre, 6. Aufl. Tübingen 1985 (Erstauflage 1922).

Wehler 1980   Hans-Ulrich Wehler, Historische Sozialwissenschaft und Geschichtsschreibung. Studien zu Aufgaben und Traditionen deutscher Geschichtswissenschaft, Göttingen 1980.

Wehler 1987   Hans-Ulrich Wehler, Deutsche Gesellschaftsgeschichte, Bd. 1: Vom Feudalismus des Alten Reiches bis zur Defensiven Modernisierung der Reformära 1700–1815, 2. Aufl. München 1987.

Wehler 1989   Hans-Ulrich Wehler, Deutsche Gesellschaftsgeschichte. Bd. 2: Von der Reformära bis zur industriellen und politischen ‚Deutschen Doppelrevolution' 1815–1845/49, 2. Aufl. München 1989.

Wehler 1995   Hans-Ulrich Wehler, Deutsche Gesellschaftsgeschichte. Bd. 3: Von der ‚Deutschen Doppelrevolution' bis zum Beginn des Ersten Weltkrieges. 1849–1914, München 1995.

Wellenreuther 2005   Martin Wellenreuther, Lehren und Lernen – aber wie? Empirisch-experimentelle Forschungen zum Lehren und Lernen im Unterricht, 2. Aufl. Baltmannsweiler 2005.

Welskopp 1997   Thomas Welskopp, Der Mensch und die Verhältnisse. „Handeln" und „Struktur" bei Max Weber und Anthony Giddens, in: Thomas Mergel/Thomas Welskopp (Hg.), Geschichte zwischen Kultur und Gesellschaft. Beiträge zur Theoriedebatte. München 1997, S. 39–69.

Welskopp 1998   Thomas Welskopp, Die Sozialgeschichte der Väter. Grenzen und Perspektiven der Historischen Sozialwissenschaft, in: Geschichte und Gesellschaft 24, 1998, S. 169–194.

ZITIERTE LITERATUR

Welskopp 2001 Thomas Welskopp, Die Theoriefähigkeit der Geschichtswissenschaft, in: Renate Mayntz (Hg.), Akteure, Mechanismen, Modelle. Zur Theoriefähigkeit makro-sozialer Analysen, Frankfurt am Main 2002.

Welskopp 2002a Thomas Welskopp, Erklären, in: Lexikon Geschichtswissenschaft. Hundert Grundbegriffe, hg. von Stefan Jordan, Stuttgart 2002, S. 81–84.

Welskopp 2002b Thomas Welskopp, Die Theoriefähigkeit der Geschichtswissenschaft, in: Renate Mayntz (Hg.), Akteure, Mechanismen, Modelle. Zur Theoriefähigkeit makro-sozialer Analysen, Frankfurt am Main 2002, S. 61–90.

Welskopp 2006 Thomas Welskopp, Von der Geschichte der Staaten zur Geschichte der Gesellschaft, in: Andreas Wirsching (Hg.), Oldenbourg Geschichte Lehrbuch – Neueste Zeit, München 2006, S. 195–214.

Welskopp 2007 Thomas Welskopp, Erklären, begründen, theoretisch begreifen, in: Hans-Jürgen Goertz (Hg.), Geschichte. Ein Grundkurs, 3. revidierte und erweiterte Aufl. Reinbek bei Hamburg 2007, S. 137–177.

Wendorff 1993 Rudolf Wendorff, Tag und Woche, Monat und Jahr. Eine Kulturgeschichte des Kalenders, Opladen 1993.

Werner/Zimmermann 2004 Michael Werner/Bénédicte Zimmermann (Hg.), De la comparaison à l'histoire croisée, Paris 2004.

White 1991 Hayden White, Metahistory: Die historische Einbildungskraft im 19. Jahrhundert in Europa, Frankfurt am Main 1991 (amerikanische Erstauflage 1973).

Wierling 2002 Dorothee Wierling, Geboren im Jahr Eins: Der Jahrgang 1949 in der DDR. Versuch einer Kollektivbiographie, Berlin 2002.

Winkler 2000 Heinrich August Winkler, Der lange Weg nach Westen, 2 Bde., München 2000.

Wittkau 1992 Annette Wittkau, Historismus. Zur Geschichte des Begriffs und des Problems, Göttingen 1992.

Wolfrum 2006 Edgar Wolfrum, Die geglückte Demokratie. Geschichte der Bundesrepublik Deutschland von ihren Anfängen bis zur Gegenwart, Stuttgart 2006.

Wrigley 2002 Edward A. Wrigley, Population and Society in an East Devon Parish. Reproducing Colyton, 1540–1840, Exeter 2002.

Wunder 2002 Heide Wunder, Dynastie und Herrschaftssicherung. Geschlechter und Geschlecht, Berlin 2002.

Zimmermann 2004 Daniel Zimmermann, „Bücher muss man verkaufen wie Tiefkühlpizza". Lektor in einem Buchverlag, in: Margot Rühl (Hg.), Berufe für Historiker, Darmstadt 2004, S. 112–118.

16.2 Abbildungsverzeichnis

Abbildung 1: Jan Vermeer van Delft, *Die Malkunst* (um 1665/66), Öl auf Leinwand, 120 × 100 cm, Wien, Kunsthistorisches Museum. akg-images / Erich Lessing.

Abbildung 2: Michael Mathias Prechtl, *Eine Zukunft für unsere Vergangenheit* (1974), Plakat; Ergebnisse einer repräsentativen Meinungsumfrage der Forschungsgruppe Wahlen im Auftrage der Zeitung *Die Welt und des ZDF* (2005).

Abbildung 3: Curriculare Grundstruktur des Geschichtsunterrichts in Deutschland.

Abbildung 4: Unbekannter Künstler, *Eine Berliner Reportage-Fotografin fotografiert von einem Kran des noch im Bau befindlichen Berliner Stadthauses* (um 1910). Fotografie. bpk.

Abbildung 5: Jacques Louis David, *Der Schwur im Ballhaus am 20. Juni 1789 (Le Serment du Jeu de Paume)* (1791), Federzeichnung / Tusche (schwarzbraun), weiß gehöht, 66 × 101 cm, Versailles, Musée national du chateau, depot du musée du Louvre. bpk / RMN / Gérard Blot.

Abbildung 6: Alexander Radó, *Die proletarische Großmacht – Die Sowjetunion*, aus: Alexander Radó, Atlas für Politik, Wirtschaft, Arbeiterbewegung. Bd. I: Der Imperialismus, Wien / Berlin 1930.

Abbildung 7: Giovanni Antonio Canal genannt Canaletto, *The Piazetta, Venice, Looking North (Die Piazzetta in Venedig, nach Norden schauend)* (1730/31), Öl auf Leinwand, 75,9 × 119,7 cm, Pasadena, Norton Simon Museum of Art. The Norton Simon Foundation, Pasadena, CA.

Abbildung 8: Salvador Dalí, *Dalí von hinten, Gala von hinten malend, die von sechs virtuellen, sich vorübergehend in sechs echten Spiegeln widerspiegelnden Hirnhäuten verewigt wird* (1972/73), Öl auf Leinwand, 60 × 60 cm, Figueres, Teatre-Museo Dalí. akg-images / Erich Lessing.

Abbildung 9: *Notizzettel von Jens Lehmann* (2006), Axel Thünker (Fotograf), Haus der Geschichte, Bonn 2008.

Abbildung 10: Choice of Route (undatiert), Fotografie. Getty Images.

Abbildung 11: Simon Wachsmuth, *Alexanderschlacht* (2007), schwarze Magnete auf weißer Tafel. VG Bild-Kunst, Bonn 2008.

Abbildung 12: Dublin, Trinity College, Bibliothek, Innenansicht: Long Room (1995) Fotografie. akg-images / Michael Teller.

Abbildung 13: Wichtige deutsche Zeitschriften zur Geschichtswissenschaft.

Abbildung 14: Internetgestützte deutsche Rezensionsdienste.

Abbildung 15: Deutsche Studienbuchreihen zur Geschichte.

Abbildung 16: Jakob (sic!) Burckhardt, *Griechische Kulturgeschichte*, Band 4 (1902), Titelblatt der Erstausgabe.

Abbildung 17: Beispiele für Lesenotizen in Texten.

Abbildung 18: Mindmap zum Untergang des Römischen Reiches, nach: Alexander Demandt, Der Fall Roms. Die Auflösung des römischen Reiches im Urteil der Nachwelt, München 1984.

Abbildung 19: Ludwig Knaus, *Bildnis des Historikers Theodor Mommsen* (1881), Öl auf Holz, 120 × 85 cm, Berlin, Nationalgalerie. bpk / Nationalgalerie, SMB.

Abbildung 20: Zwei Beispiele für Zitiervorschriften in Zeitschriften.

Abbildung 21: Aufbau von journalistischen Texten im Lead-Stil. TeachSam-Lehren und Lernen online.

Abbildung 22: Sibylle Gausing, *Innerdeutscher Handel und westeuropäischer Integrationsprozeß – Die These von der Quasi-Mitgliedschaft der DDR in der EWG (1953–1973)* (2006), Poster. Sibylle Gausing, Berlin.

Abbildung 23: Faktoren bei der Vorbereitung eines Vortrages.

Abbildung 24: Muster für ein wissenschaftliches Poster, nach: Norbert Franck / Joachim Stary, Gekonnt visualisieren. Medien wirksam einsetzen, Paderborn 2006.

Abbildung 25: Checkliste für den Studienstart

(Der Verlag hat sich um die Einholung der Abbildungsrechte bemüht. Da in einigen Fällen die Inhaber der Rechte nicht zu ermitteln waren, werden rechtmäßige Ansprüche nach Geltendmachung abgegolten.)

16.3 Personenverzeichnis

Adenauer, Konrad 257
Akihito, japanischer Ks. 74
Ankersmit, Frank 134f.
Assmann, Aleida 23, 36
Assmann, Jan 23, 35f.
Augustus, römischer Ks. 64, 162

Baedeker, Karl 59
Baumgart, Winfried 208, 214
Berger, Peter L. 127
Berghoff, Hartmut 120, 195
Bismarck, Otto von 107
Bloch, Marc 136, 191
Bock, Gisela 193
Bodins, Jean 188
Bohlen, Dieter 200
Bourdieu, Pierre 150f., 157
Brandt, Willy 258, 262
Braudel, Fernand 78, 96f., 115, 120, 191
Brown, Peter 75
Bruni, Leonardo 187
Brunner, Otto 192
Bücher, Karl 190
Burckhardt, Jacob 26, 28f., 75, 108, 217
Burke, Peter 188, 190, 196

Cabral, Pedro Álvares 250
Caligula, römischer Ks. (Gaius Caesar Augustus Germanicus) 224, 225
Cambiasso, Esteban 140
Canal, Giovanni Antonio (Canaletto) 102f.
Casanova, Giacomo 66
Cassirer, Ernst 190
Cezanne, Paul 98
Chladenius, Johann Martin 23f., 104
Conring, Herman 188
Conze, Werner 116, 120, 192
Corfield, Penelope J. 80, 85
Cruz, Julio Ricardo 139

Dalí, Salvador 122–124
Daniel (AT Prophet) 186
Daniel, Ute 19, 157, 195
David, Jacques Louis 70, 71
Derrida, Jacques 154
Diana (Diana Spencer, Lady Di) 66
Dias, Bartolomeu 250
Dilthey, Wilhelm 131
Dinzelbacher, Peter 191
Dionysius, Exiguus 63
Dionysius, Petavius 73

Droysen, Johann Gustav 15, 17f., 20, 28f., 75, 124–130, 137, 143, 145–148, 150, 157, 190, 217
Durkheim, Emile 191

Einhard 186
Einstein, Albert 104
Erenz, Benedikt 247f.
Erhard, Ludwig 257
Evans, Richard J. 24, 134, 137

Fabius Pictor 185
Febvre, Lucien 191
Fest, Joachim 66
Fontane, Emily 56
Fontane, Theodor 56
Foucault, Michel 136, 153f., 166
Freising, Otto von 186, 212
Frevert, Ute 56, 120, 193
Fukuyama, Francis 145

Gadamer, Hans-Georg 131
Gama, Vasco da 250
Gausing, Sibylle 252, 267
Gay, Peter 56
Geertz, Clifford 154
Ginzburg, Carlo 57
Goethe, Johann Wolfgang von 59, 82
Gregor von Tours 186
Guicciardini, Francesco 187

Habermas, Jürgen 111
Hardtwig, Wolfgang 15, 35, 196
Haupt, Heinz-Gerhard 120, 172, 193
Hausen, Karin 193
Hegel, Georg Wilhelm Friedrich 28, 145f.
Hekataios von Milet 184
Herder, Johann Gottfried 189
Herodot 16, 185, 212
Hobsbawm, Eric 25, 66, 117, 242
Horn, Michael 249
Hugo von St. Victor 186
Huizinga, Johan 15, 75
Humboldt, Alexander von 99
Humboldt, Wilhelm von 37

Iggers, Georg 16, 19, 30, 192

James, Cyril Lionel Robert 97
Jenkins, Keith 135
Jimmu, japanischer Urkaiser 74

Julius Caesar 71, 114
Jünger, Ernst 210

Kadmos von Milet 184
Kaelble, Hartmut 18, 172, 177, 192
Kaempffer, Engelbert 227
Kafka, Franz 154
Kant, Immanuel 21
Karl der Große 247f.
Keckermann, Batholomäus 188
Kennedy, John-John 58
Kiesinger, Kurt Georg 257
Knaus, Ludwig 66, 232f.
Kocka, Jürgen 18f., 24, 26, 30, 61, 68, 116, 120, 148–150, 157, 172, 194–196
Kohl, Helmut 200f.
Kolumbus, Christoph 71, 116, 250
Kondratjew, Nikolai 79
Köpke, Andreas 139
Koselleck, Reinhart 19f., 24, 28, 30, 54, 72, 80, 84f., 105, 126–128, 143, 157, 192
Kuhn, Thomas S. 182

Lamprecht, Karl Gotthard 190
Landwehr, Achim 166, 177, 195
Langewiesche, Dieter 241
Lehmann, Jens 138–140
Lieberman, Victor 78
Lorenz, Chris 19, 21, 127, 143, 157
Lübbe, Hermann 27, 142
Ludwig XIV. 77, 206f., 224
Luhmann, Niklas 152

Macchiavelli, Niccolò 187
Magellan, Ferdinand 250
Mann, Golo 140
Markus (NT Evangelist) 103
Marsh, George Pirkens 99
Marx, Karl 115, 145, 156
Mauss, Marcel 113
Medick, Hans 164, 194
Melanchthon, Philipp 188
Mergel, Thomas 157, 195
Michelet, Jules 75
Mill, John Stuart 172
Mommsen, Theodor 232–234, 244
Mommsen, Wolfgang J. 17, 149, 209, 217
Moses (AT) 184, 186

Nipperdey, Thomas 128

Oestreich, Gerhard 180
Oexle, Otto Gerhard 119, 190, 192
Osterhammel, Jürgen 78, 175f.
Otto II., Ks. und Kg. 225

Pflaum, Christoph 147
Pot, Johan Hendrik Jacob van der 78
Prechtl, Michael Mathias 32

Quidde, Ludwig 224f.

Rado, Alexander (Sandor) 86f.
Ranke, Leopold von 16f., 128f., 145, 147f., 190
Raphael, Lutz 16, 30, 36f., 182, 192, 194, 196
Raue, Paul-Josef 214, 251
Reinhard, Wolfgang 94
Rickert, Heinrich 130
Riquelme, Juan Román 139
Rostow, Walt Whitman 145
Rüsen, Jörn 15, 30, 35f., 43, 72 , 147, 184

Sallust 185
Sarasin, Philipp 155, 165
Schieder, Theodor 192
Schiller, Friedrich 26, 34
Schilling, Heinz 76
Schlegel, Johann Elias 59
Schmoller, Gustav von 108
Schneider, Wolf 214, 251, 259, 269
Schnitzler, Arthur 56
Schulze, Winfried 20, 192, 194
Scott, Joan W. 155, 193
Sieder, Reinhard 195
Siemann, Wolfram 99
Simmel, Georg 156, 190
Sombart, Werner 190
Strousberg, Bethel Henry 66
Sueton 186

Tacitus 66, 185
Theophanu, Gem. Ks. Otto II., Ksn. 225
Thukydides 16, 185
Tilly, Charles 142, 172
Titus Livius 185
Tucholsky, Kurt (pseud. Ignaz Wrobel) 27, 257

Vermeer, Jan 12f.
Vico, Giambattista 188
Victoria, Kgn. 67, 77
Vincent von Beauvais 186
Voltaire, Francois-Marie Arouet 188, 196

Wachsmuth, Simon 178f.
Weber, Max 23f., 29f., 110–112, 125, 127, 133f., 137, 144, 156f.,190
Wehler, Hans-Ulrich 28, 110–112, 117, 119, 192
Weizsäcker, Richard von 201

Welskopp, Thomas 18, 122, 130–132, 133, 137, 140, 144f., 149f., 157
Wendorff, Rudolf 73, 85
White, Hayden 24, 134f., 137, 146
Widukind von Corvey 186
Wierling, Dorothee 169, 177
Wilhelm II., Kaiser 225

Windelband, Wilhelm 130
Wolfrum, Edgar 257f.
Wunder, Heide 181, 193

Xenophon 185

Zimmermann, Daniel 253

www.ingramcontent.com/pod-product-compliance
Lightning Source LLC
Chambersburg PA
CBHW032052220426
43664CB00008B/969